CB041457

COMENTÁRIO AO CÓDIGO
DAS SOCIEDADES COMERCIAIS

# DISSOLUÇÃO E LIQUIDAÇÃO DE SOCIEDADES

**DISSOLUÇÃO E LIQUIDAÇÃO DE SOCIEDADES**

AUTOR
Raúl Ventura
EDITOR
EDIÇÕES ALMEDINA, S.A.
Rua Fernandes Tomás nºs 76, 78, 80
3000-167 Coimbra
Tel.: 239 851 904 · Fax: 239 851 901
www.almedina.net · editora@almedina.net
DESIGN DE CAPA
FBA.
PRÉ-IMPRESSÃO, IMPRESSÃO E ACABAMENTO
G.C. – GRÁFICA DE COIMBRA, LDA.
Palheira Assafarge, 3001-153 Coimbra
producao@graficadecoimbra.pt
Setembro, 2011
DEPÓSITO LEGAL
16052/87

RAÚL VENTURA

# COMENTÁRIO AO CÓDIGO DAS SOCIEDADES COMERCIAIS

# DISSOLUÇÃO E LIQUIDAÇÃO DE SOCIEDADES

4.ª REIMPRESSÃO
DA 1.ª EDIÇÃO DE 1987

(Parte geral, artigos 141.º a 165.º;
Sociedades em nome colectivo, artigos 195.º e 196.º;
Sociedades por quotas, art. 270.º;
Sociedades anónimas, art. 464.º;
Sociedades em comandita, art. 473.º)

ALMEDINA

COMENTÁRIO AO CÓDIGO DAS SOCIEDADES COMERCIAIS

**Do mesmo autor:**

Publicados:
*Alterações do contrato de sociedade*
*Sociedades por quotas*, Vol. I

Em preparação:
*Sociedades por quotas*, Vol. II
*Fusão, cisão e transformação de sociedades*

**De J. Pinto Furtado:**

Em preparação:
*Parte Geral, arts. 1.º a 84.º*

# TÍTULO I

# PARTE GERAL

## CAPÍTULO XII

## DISSOLUÇÃO DA SOCIEDADE

### ARTIGO 141.º

### (CASOS DE DISSOLUÇÃO IMEDIATA)

**1 — A sociedade dissolve-se nos casos previstos no contrato e ainda:**

***A*) Pelo decurso do prazo fixado no contrato;**
***B*) Por deliberação dos sócios;**
***C*) Pela realização completa do objecto contratual;**
***D*) Pela ilicitude superveniente do objecto contratual;**
***E*) Pela declaração de falência da sociedade.**

**2 — Nos casos de dissolução imediata previstos nas alíneas *A*), *C*) e *D*) do número 1, podem os sócios deliberar, por maioria simples dos votos produzidos na assembleia, o reconhecimento da dissolução e, bem assim, pode qualquer sócio, sucessor de sócio, credor da sociedade ou credor de sócio de responsabilidade ilimitada promover a justificação notarial da dissolução.**

NOTA: O art. 148.º (Casos de dissolução imediata) do Projecto de CS tinha a seguinte redacção:

«1. A sociedade dissolve-se imediatamente quando se verificar algum facto a que a lei ou o contrato atribuam esse efeito e ainda:

*a*) Pelo decurso do prazo fixado no contrato;

*b*) Por deliberação dos sócios;

*c*) Pela realização completa do objecto contratual;

*d*) Pela ilicitude superveniente do seu objecto contratual;

*e*) Pela redução a um único sócio durante mais de um ano;

*f*) Pela declaração de falência da sociedade.

2. O disposto no n.º 1, alínea *e*), não é aplicável quando esta lei permite constituir ou manter sociedades unipessoais e bem assim quando o único sócio for o Estado ou entidade a ele equiparada por lei para este efeito».

O n.º 2 do actual art. 141.º era o n.º 3 do art. 150.º do Projecto, cuja redacção era, em parte, diferente.

Para todos os artigos que compõem os Capítulos XII e XIII da Parte Geral não existem trabalhos preparatórios publicados, a não ser as disposições relativas a dissolução e liquidação de sociedades contidas em ante-projectos de Lei de Sociedades por Quotas, quando houve a ideia de publicação autónoma de tal Lei.

## SUMÁRIO

### I

### Introdução

## II

### Artigo 141.º



1. As obrigações extinguem-se normalmente pelo seu cumprimento e, sendo a obrigação «uma relação jurídica de que é objecto o direito atribuído a certa pessoa de exigir doutra uma prestação» (GOMES DA SILVA), o cumprimento da prestação extingue a relação jurídica.

O inadimplemento da obrigação, segundo a concepção mais vulgar, não afecta *essencialmente* o dever de prestar, embora o modifique; segundo outros, substitui ao dever de prestar um dever de indemnizar cuja fonte jurídica é ainda o próprio acto que constituiu o dever de prestar; numa terceira tese, o dever de prestar é distinto do dever de indemnizar, tanto pelo objecto e pelo fim como ainda pela fonte, constituída, para o dever de indemnizar, pelos prejuízos, em si e de per si considerados.

Nas suas primeiras concepções, a relação jurídica obrigacional extingue-se pelo cumprimento, voluntário ou coactivo, do dever de indemnizar e o mesmo acontece na terceira, visto que a distinção por ela feita entre os dois deveres não impede que ambos sejam objecto da mesma relação jurídica. Houve, contudo, em qualquer das concepções, uma alteração da relação jurídica, na medida em que um dos deveres nela compreendidos foi extinto ou modificado.

No fim do contrato de locação, o locatário é obrigado a restituir a coisa locada; terminado o contrato de trabalho, a entidade patronal, é obrigada a passar o chamado «certificado de trabalho»; o mandatário é obrigado a dar contas do seu mandato. Surgem assim, previstas por lei ou por acto jurídico, nestes e noutros casos semelhantes, algumas obrigações para um ou outro dos sujeitos da relação, *depois de findo o contrato*, como vulgarmente costuma dizer-se e por vezes se lê em disposições legais. Mas ou estas obrigações fazem parte da mesma relação jurídica e, portanto, esta rigorosamente não está extinta enquanto elas subsistirem, ou essas obrigações formam relações jurídicas distintas, embora relacionadas com a primeira, quanto mais não seja, por nascerem quando aquela morre.

Parece-nos que a resposta mais consentânea com a nossa lei é — em geral, pois não excluímos que em algum caso outra coisa resulte dos textos — a primeira: todas essas obrigações nascem do mesmo acto e fazem parte da mesma relação jurídica, a qual vive enquanto alguma delas subsistir.

Vive, contudo, uma vida diferente. A sua função social esgotou-se, o núcleo desapareceu; resta apagar os últimos vestígios, eliminando uma série de obrigações acessórias, cuja importância varia conforme as hipóteses — a importância da passagem do certificado de trabalho, por exemplo, não é equivalente à da prestação de contas do mandatário ou à restituição da coisa locada.

Pondo agora de lado os casos de inadimplemento, podem, pois, distinguir-se em certas relações jurídicas duas fases, que por enquanto denominaremos fase plena e fase mitigada ou, se atendermos à importância relativa delas, fase principal e fase secundária. É conveniente, para muitos efeitos, ter presente a distinção, designadamente para interpretar certas disposições legais ou contratuais que marcam ou pressupõem termos *ad quem*, e que, embora possam aparentar o contrário, só respeitam à fase plena ou principal. O prazo de cinco anos fixado para um contrato de trabalho, por exemplo, marca apenas a duração da fase principal (a da obrigação de prestar o trabalho) e as obrigações mantidas durante a fase mitigada ou secundária só estão sujeitas ao prazo que especificamente lhes tenha sido atribuído.

No contrato de sociedade, desde a época romana, há da parte dos sócios obrigação de *conferre in societatem* as coisas corpóreas ou incorpóreas relacionadas com a sociedade, quer se trate da entrada inicial do sócio, quer de coisas adquiridas por um deles durante a sociedade. Feitas as entradas dos sócios, que permitiram o funcionamento da sociedade, os negócios sociais, mesmo que individualmente realizados pelos sócios, produzem certos resultados, traduzidos em débitos, créditos ou direitos reais, que não devem ser atribuídos a um só mas cair em comunhão.

Para os créditos, abre-se participação aos sócios, atribuindo-lhes reciprocamente as acções (D.17.2.3.pr: *Ea vero quae in nominibus erunt, manent in suo statu, sed actiones invicem praestare debent*); para os direitos reais devem realizar-se os actos de transmissão, embora no direito justinianeu haja a tendência para considerar também uma *traditio* tácita (D.17.2.2).

Tomando agora apenas a comunicação de direitos sobre coisas corpóreas, pode o sócio realizá-la antes de a sociedade se dissolver ou pode chegar o momento da dissolução — o qual pode ser inteiramente imprevisto para os sócios, visto que a sociedade se dissolve *ex personis, ex rebus, ex voluntate, ex actione* — sem os direitos adquiridos por um dos sócios terem sido comunicados aos restantes. Nenhum texto indica um prazo, a partir da dissolução, para as coisas serem tornadas comuns e, portanto, o sócio pode cumprir a sua obrigação de conferir as coisas sem estar em mora, até que os outros sócios decidam exigir-lhe judicialmente o adimplemento.

O momento em que os sócios conferem ou devem conferir as coisas vem a reflectir-se no regime das relações jurídicas entre eles, dissolvida a sociedade. Quanto às coisas que os sócios voluntariamente conferiram antes da dissolução, todos os sócios se tornaram proprietários delas em comunhão; as coisas conferidas voluntariamente pelo sócio depois da dissolução acabaram também por ingressar na comunhão, mas durante algum tempo houve uma obrigação do sócio cuja natureza não foi alterada pelo facto da dissolução, isto é, o sócio tinha obrigação de conferir a coisa desde que a adquiriu a título individual e esta obrigação *é a mesma* antes e depois de dissolvida a sociedade, até ao momento em que foi cumprida; se o sócio não confere a coisa voluntariamente, é preciso tentar judicialmente que essa obrigação seja cumprida.

O destino dos bens que ingressaram na comunhão não exige, depois de dissolvida a sociedade, qualquer providência especial para que os sócios possam retirar deles os benefícios a que aspiravam ao constituir aquela. Os sócios exercem já sobre eles um direito real e tanto pode convir-lhes manter a contitularidade de direitos como dividi-los para exercerem sobre objectos materiais separados direitos de propriedade isolados. O contrato de sociedade esgotou a sua função, quanto a esses bens, quando no património dos sócios entrou o direito de compropriedade; o que depois se passe é estranho à sociedade e próprio de qualquer compropriedade, de modo que para proceder à divisão usa-se a *actio communi dividundo* e não a *actio pro socio* — *etsi distracta esset societas, nihilominus divisio rerum superest*.

Da falta de personalidade colectiva das sociedades romanas resultava que as relações jurídicas estabelecidas entre qualquer sócio e terceiros se desenvolviam no campo meramente individual. Assim, se alguém contraísse uma sociedade e comprasse alguma coisa, a coisa comprada tornava-se propriedade sua e não comum, muito embora pela acção da sociedade se obrigasse a torná-la comum (D.17.2.7); pela mesma razão, o sócio não era, em princípio, obrigado pelas dívidas de outro sócio — D.17.2.82.

A dissolução da sociedade, quer ocorra em momento previsto pelos sócios quer aconteça imprevistamente, em nada afecta as relações entre os sócios e os terceiros — sócios que, para os terceiros, não revestem essa qualidade. Entre os sócios, porém, a dissolução teve um efeito importantíssimo; se depois da renúncia (forma de dissolução por vontade do sócio), um sócio, ou, se se preferir, ex-sócio, adquirir qualquer coisa que, segundo as regras da sociedade, devesse ser comunicada, «non erit communicando» — D.17.2.65.3 — quer dizer, cessou para o futuro a obrigação fundamental de comunicar. Nós diríamos que a fase principal da relação jurídica de sociedade terminou pela dissolução; na fase secundária há apenas que arrumar.

A arrumação não respeita a terceiros pelos motivos já indicados, mas pode ser provocada pelos direitos ou pelas obrigações de terceiros. Por exemplo, constituída uma dívida «social» antes da dissolução, mas vencida só depois da dissolução, deve ser paga pelos bens comuns ou por conta dos bens comuns — «licet posteaquam societas distracta est solutum sit» — D.17.2.27.

Tomando, por exemplo, este texto, verifica-se que são separados dois períodos — um, designado pela expressão *manente societate*, outro pelas palavras *societas distracta est*. Não ocorreu certamente ao espírito de um jurisconsulto romano investigar o problema teórico de saber se a relação jurídica da sociedade terminou pela dissolução ou se apenas terminou uma fase dela, continuando outra fase da mesma relação, mas todos os elementos para a solução do problema teórico estão colocados, de modo a podermos dogmaticamente concluir pela manutenção da relação jurídica, dividida em duas fases.

Alguns séculos mais tarde, uma decisão da Rota de Génova sintetizou numa frase lapidar o princípio que procurámos descrever: «durat effectus societatis donec fuerit exactum omne id quod pertinet ad societatem.»

Os sócios têm interesse não apenas em que a sociedade continue a produzir os referidos efeitos mesmo depois de dissolvida, como também em que o património comum não seja repartido enquanto houver dívidas que por ele devam ser suportadas, embora indirectamente. Talvez visassem esse interesse as convenções entre sócios de que nos dá notícia D.17.2.14, para que a coisa comum não seja dividida dentro de certo tempo. A eventualidade de pagar individualmente uma dívida, que o fundo comum deveria satisfazer, suscita, quando esse fundo já não existe, uma possível dúvida quanto à cobrança pelos patrimónios individuais dos outros sócios.

Aos terceiros interessam a existência e a consistência de um conjunto de coisas comuns resultante da sociedade, desde que a lei os ponha em contacto directo com elas, isto é, desde que a lei deixe de considerar exclusivamente responsável pelos débitos contraídos por um indivíduo, para os fins de uma sociedade, o património desse indivíduo. O máximo do interesse é atingido quando pela personalidade colectiva atribuída à sociedade as coisas comuns se transformam em coisas da pessoa colectiva, mas existe também quando a sociedade não é pessoa colectiva, se a execução movida por um credor puder ou dever exercer-se sobre os bens comuns e não sobre os bens próprios do sócio.

Assim, a relação jurídica criada pelo contrato de sociedade pode e deve ser encaminhada para uma extinção gradual, em vez de ser sujeita a um termo brusco. As legislações modernas realizam geralmente este objectivo pela concatenação da *dissolução* e da *liquidação* da sociedade.

Os comparatistas ensinam que, na generalidade das legislações, a extinção das sociedades é um facto (ou processo) complexo, porque não se trata exclusivamente de extinguir relações contratuais entre os sócios, mas de atender a uma rede de vínculos jurídicos com terceiros, que merecem ser protegidos.

Sem a pretensão de expor um quadro completo de direito comparado, apontam-se seguidamente algumas legislações, onde é feita — embora, como se verá, em duas modalidades diferentes — a distinção e simultaneamente a conjugação entre dissolução e liquidação da sociedade.

O art. 247.º do projecto modificado de Sociedade Anónima Europeia — que inicia a Secção intitulada *dissolution* enumera cinco causas de *dissolution* (quatro com efeito imediato e uma mediante decisão judicial); o art. 251.º — primeiro de uma Secção epigrafada *liquidation* — determina: «Sauf en cas de déclaration de faillite, la dissolution de la société entraîne sa liquidation conformément aux dispositions de la présente section.»

A lei brasileira de Sociedade Anónimas (Lei n.º 6404, de 15 de Dezembro de 1976) contém um Capítulo XVII dedicado a «Dissolução, Liquidação e Extinção».

O art. 206.º admite que a sociedade se dissolva de pleno direito, por decisão judicial, por decisão de autoridade administrativa competente. Para as duas primeiras modalidades, enumera os casos em que elas são aplicáveis; para a terceira remete para os casos previstos em lei especial. O art. 207.º determina: «A companhia dissolvida conserva a personalidade jurídica, até à extinção com o fim de proceder à liquidação.» O art. 219.º dispõe: «Extingue-se a companhia: I — pelo encerramento da liquidação; II — pela incorporação ou fusão, e pela cisão, com versão de todo o património em outras sociedades.»

Na Suiça, o Código das Obrigações trata da dissolução e da liquidação a propósito de cada tipo de sociedade. Tomando agora apenas a sociedade simples, o art. 545.º declara «La société prend fin» pelos factos ali enumerados, mas os artigos seguintes mostram que quando ocorre algum desses factos a sociedade se considera dissolvida e a ligação entre dissolução e liquidação é feita no art. 550.º: «La liquidation *qui suit la dissolution* de la société doit être faite, etc.»

Na lei alemã das Sociedades por Acções de 6 de Setembro de 1965, a Parte 8.ª é intitulada «Dissolução e Declaração de Nulidade da Sociedade» e, na parte que nos interessa agora, contém um primeiro capítulo epigrafado «Dissolução» *(Auflösung)* dividido em dois sub-capítulos, um dedicado a «Fundamentos da dissolução e registo» e o outro a «Liquidação» *(Abwicklung)*. São agora especialmente de registar, o § 264 (1) — o primeiro do sub-capítulo da liquidação — segundo o qual «Depois da dissolução da sociedade tem lugar a liquidação, se não tiver sido aberta a falência sobre o património da sociedade» e o § 273 (1): «Logo que a liquidação esteja terminada e as contas finais estejam concluídas, os liquidatários devem requerer o registo do termo da liquidação. A sociedade é cancelada.»

Também na Lei das Sociedades de Responsabilidade Limitada, um quinto capítulo trata da Dissolução *(Auflösung)* e Nulidade da Sociedade; o § 60 começa por enumerar os fundamentos de dissolução e o § 66 (1) determina que «Nos casos de dissolução, fora do caso de processo de falência, segue-se a liquidação...»

O RegEnt. da GmbHG reúne, na 8.ª Parte, a exclusão e exoneração de sócios, a dissolução e a declaração de nulidade da sociedade. Os §§ 212 e 214 contêm a lista dos fundamentos de dissolução. A liquidação é tratada nos §§ 216 e seguintes, encontrando-se logo no 1.º trecho do § 216 a regra tradicional: «Depois da dissolução da sociedade tem lugar a liquidação, a não ser que quanto ao património da sociedade se abra processo de falência.» Quanto ao encerramento da liquidação e cancelamento da sociedade, o § 225 (1) coincide com o § 273 (1) da AktG.

A lei francesa de 24 de Julho de 1966 distingue dissolução e liquidação da sociedade, mas enquanto a dissolução é tratada esporadicamente a propósito de alguns tipos de sociedade, à liquidação é dedicada uma Secção dentro do Capítulo que contém as «Disposições comuns às diversas sociedades comerciais dotadas de personalidade moral». O art. 391.º (com a enganadora epígrafe «Publicidade») começa por declarar que «A sociedade está em liquidação desde o momento da sua dissolução por qualquer causa que seja». O 2.º trecho do art. 391.º explicita a regra tradicional em França: «A personalidade moral da sociedade subsiste para as necessidades da liquidação, até ao encerramento desta.»

No Código Civil Italiano, a propósito da *società semplice*, existe uma Secção epigrafada «Da dissolução da sociedade», em que o primeiro artigo, 2272.º, enumera os casos de dissolução *(Scioglimento)* e o art. 2274.º determina: «Ocorrida a dissolução da sociedade, os sócios administradores conservam o poder de administrar, limitadamente aos negócios urgentes, até que sejam tomadas as providências necessárias para a liquidação.» Para os outros tipos de sociedades existem, directamente ou por remissão, disposições paralelas; assim, para as sociedades por acções, as causas de dissolução estão enumeradas no art. 2448.º; o art. 2449.º, 2.º trecho, manda que, tendo-se verificado um facto que determine a dissolução da sociedade, os administradores convoquem, no prazo de trinta dias, a assembleia para as deliberações relativas à liquidação, e o art. 2456.º dispõe que «aprovado o balanço final de liquidação, os liquidatários devem requerer o cancelamento da sociedade do registo das empresas».

A Lei Espanhola de Sociedades Anónimas ocupa-se pormenorizadamente da dissolução e da liquidação nos arts. 150 e segs.

No art. 150.º estão enumerados os casos em que a sociedade se dissolverá. O art. 155.º determina:«Uma vez dissolvida a sociedade abrir-se-á o período de liquidação, salvo nas hipóteses de fusão ou absorção ou qualquer outro de cessão global do activo e passivo.»

No direito inglês, a substância é idêntica à dos direitos continentais, mas a terminologia é diferente. Para se atingir a extinção de uma *company*, há normalmente (excepto casos de fusão ou semelhantes) uma fase de liquidação *(winding up)*. A Sec. 211 (1) do Companies Act 1948 indica os modos de liquidação: pelo tribunal; voluntário; sujeita a supervisão do tribunal. A propósito de cada uma destas modalidades são indicados os casos em que ela pode ter lugar (Secs. 222, 278).

A dissolução *(dissolution)* aparece como final efeito da liquidação. Organizadas as contas da liquidação e submetidas à assembleia geral, são elas enviadas ao registo: «ao fim de três meses contados do registo, a sociedade considerar-se-á dissolvida» (Secs. 290 (4) e 300 (4).

Do sistema inglês aproxima-se a Lei sueca das Sociedades por Acções, de 14 de Setembro de 1944, que, epigrafando um capítulo «Liquidação e Dissolução» mostra logo ordem de factos semelhante à do direito inglês. Na verdade, os §§ 140 a 165 regulam pormenorizadamente a liquidação e o § 166 determina que quando os liquidatários cumprirem a sua tarefa e a assembleia geral aprovar as suas contas, a sociedade considera-se dissolvida, seguindo-se imediatamente a apresentação ao registo.

2. Dissolução da sociedade é a modificação da relação jurídica constituída pelo contrato de sociedade, consistente em ela entrar na fase de liquidação.

Como *modificação*, a dissolução é um efeito e não um facto jurídico. Pode suceder que a dissolução seja encarada *também* como um facto jurídico (por exemplo, se em certo contrato de promessa de venda de imóveis pertencente a uma sociedade comercial estiver previsto que o contrato caduca se a sociedade se dissolver) mas essencialmente é um efeito jurídico de certos factos (*factos modificativos*, correntemente chamados, nesta hipótese especial, *causas ou casos de dissolução*).

*Modificação* e não *extinção*. A sociedade, como relação e como pessoa colectiva, não se extingue quando se dissolve. Outros factos jurídicos devem produzir-se para que a extinção se verifique.

O carácter específico desta modificação indica-se sinteticamente dizendo que a sociedade entrou na fase de liquidação.

Este conceito de dissolução é confirmado pelo art. 146.°, n.° 1, CSC, quando diz «a sociedade dissolvida entra imediatamente em liquidação», mas pode parecer incorrecto perante as palavras iniciais do mesmo preceito: «Salvo quando a lei disponha diferentemente»; quando a lei disponha que à dissolução não se segue à liquidação, a dissolução não poderá ser definida como acima foi indicado.

Desde há muito tempo, a doutrina de vários países apontou hipóteses em a liquidação da sociedade é eliminada pela própria força da lei e discutiu a licitude e o enquadramento de hipóteses em que a liquidação seria dispensada pelos sócios.

No primeiro grupo de hipóteses incluem-se a fusão (quanto a todas as sociedades fundidas ou apenas quanto à sociedade incorporada), a cisão (na modalidade de cisão-fusão e de cisão-dissolução) e a transformação (quando importe dissolução).

O CCom, art. 120.°, n.° 7, dispunha que as sociedades comerciais dissolvem-se «pela fusão com outras sociedades» e o art. 127.° falava em «a sociedade que se estabelecer tomar todos os direitos e obrigações das sociedades dissolvidas». O Decreto-Lei n.° 598/73, art. 14.°, mudara esta terminologia, passando a falar em «extinção» da sociedade e assim se exprime também o art. 112.° CSC: «*extinguem-se* as sociedades...», «os sócios das sociedades *extintas* ...», «as conservatórias das sedes das sociedades *extintas* ...». Hoje, o regime da fusão evita, portanto, qualquer confusão com a dissolução da sociedade, devendo, contudo, reconhecer-se a extinção por fusão como uma hipótese de extinção da sociedade paralela à extinção por liquidação subsequente à dissolução.

Já assim não sucede nos arts. 118.º, n.º 1, alínea *b*), 126.º e 127.º, relativos à cisão-dissolução, 118.º, n.º 1, al. *c*) relativo à cisão-fusão, e 130.º, n.ºs 3 e 4, relativos à transformação; em todos eles o CSC fala em «dissolução» e em nenhum desses casos à tal dissolução se seguem liquidação e partilha do património da sociedade, mas sim a sucessão de outras sociedades na totalidade ou em partes (que, somadas, perfazem a totalidade) desse património.

Na realidade, em todos esses casos, as sociedades *extinguem-se* pelo acto a que a lei chama «dissolução»; veja-se que, quanto à cisão, o art. 120.º manda aplicar o disposto relativamente à fusão, onde se inclui o citado art. 112.º, que fala em «extinção» e não em «dissolução».

Há, pois, hipóteses excepcionais em que a lei emprega a palavra «dissolução» para designar o efeito extintivo e não apenas modificativo de certos factos.

Quanto às hipóteses da chamada «dispensa de liquidação», veremos no comentário aos artigos do CSC relativos à liquidação que não há verdadeira dispensa, mas apenas processos simplificados de liquidação.

3. No domínio do Código Civil de 1867, a infixidez da terminologia legal e a variação das nomenclaturas doutrinais tornavam tarefa delicada o confronto da dissolução da sociedade com outras figuras do direito geral das obrigações ou até da teoria dos factos jurídicos.

Era no entanto ensinamento bastante generalizado que a resolução e a dissolução constituíam as formas que revestiam a revogação, a caducidade e a rescisão, conforme operavam *ex nunc* ou *ex tunc*; a resolução produzia a inutilização retroactiva do contrato; a dissolução inutilizava-o para o futuro.

Se a distinção fosse feita sempre por esse critério, seria nítida a separação entre a resolução e a dissolução da sociedade e haveria coincidência entre o conceito de dissolução da sociedade que se retirava da lei comercial e aquela definição, visto ser indubitável que uma sociedade dissolvida não sofria quanto ao passado qualquer perturbação.

Sucedia, porém, que a doutrina considerava especialmente os contratos de execução continuada ou periódica e afirmava, na terminologia de uns, que a rescisão desses contratos operava como dissolução e, na terminologia de outros, que nesses contratos a resolução não tinha efeitos retroactivos. Deste modo quem — como eu — empregava a palavra resolução de modo a abranger somente a extinção com efeito retroactivo, diria que nos contratos de execução continuada alguns factos que, em contratos de execução instantânea, produziriam a resolução, tinham meros efeitos de dissolução. Outros diriam simplesmente que nesses contratos de execução continuada a resolução não tinha efeitos retroactivos.

No actual Código Civil, a distinção entre resolução e dissolução, nos termos que anteriormente pareciam preferíveis, deixou de ser possível. O art. 433.º dispõe que, na falta de disposição especial, a resolução é equiparada quanto aos seus efeitos, à nulidade ou anulabilidade do negócio jurídico, com ressalva do disposto nos artigos seguintes. Como o art. 289.º, n.º 1, determina que tanto a nulidade como a anulabilidade têm efeito retroactivo, logo daí se seguiria que a resolução, salvas as excepções legais, tem efeito retroactivo. Isto é confirmado pela frase inicial do art. 434.º — «A resolução tem efeito retroactivo» — a qual constitui repetição por palavras expressas do disposto no artigo anterior, devida possivelmente a facilidade de redacção: enunciar novamente a regra, para em seguida lhe apor as excepções («salvo se a retroactividade contrariar a vontade das partes ou a finalidade da resolução» e mais o determinado no n.º 2 quanto aos contratos de execução continuada ou periódica).

A lei reconhece claramente que a *resolução* pode deixar de ter efeito retroactivo; não é possível entender que a resolução sem efeito retroactivo não é resolução, devendo chamar-se, por exemplo, dissolução.

No que respeita a factos extintivos das relações jurídicas nascidas de um contrato — ou como sinteticamente se diz, factos extintivos do contrato — a terminologia do CC não é fácil de compreender; à primeira vista, poderia parecer que a resolução seria a extinção do contrato, invocando-se nesse sentido um argumento de sistematização: a resolução é o único facto extintivo tratado na Secção dedicada aos contratos. O argumento, porém, não seria decisivo em si mesmo, visto que logicamente seria possível tratar na secção geral dos contratos um dos vários admitidos modos de extinção; além disso, é desmentido nas disposições especiais dos contratos. Vejam-se arts. 969.° e segs., «revogação da doação»; arts. 1047.° e segs., «revogação, caducidade e denúncia da locação»; arts. 1093.° e 1095.°, «resolução e denúncia do arrendamento»; art. 1140.°, «resolução do comodato»; art. 1150.°, «resolução do contrato de mútuo»; arts. 1170.° e segs., «revogação e caducidade do mandato»; arts. 1229.° e segs., «extinção do contrato de empreitada»; art. 1235.°, «resolução do contrato de renda perpétua».

«Dissolução» só aparece a propósito do contrato de sociedade e do casamento (arts. 1007.° e 1789.°).

Como não tenho o propósito de esclarecer ou de harmonizar a nomenclatura do CC a este respeito, basta-me observar que, olhando os factos que no CC produzem o efeito extintivo dos contratos e que, conforme os casos, são chamados «resolução», «revogação», «caducidade», todos eles quanto ao contrato de sociedade produzem o efeito denominado «dissolução»; assim acontece com a vontade dos próprios sócios (a que corresponderia a revogação) e com o decurso do tempo (a que corresponderia a caducidade).

Problema diferente é o de saber se, por força da lei ou do contrato, a extinção da sociedade, em casos que, segundo o regime geral dos contratos, seriam de resolução, pode ser sujeita a esse regime geral ou é forçosamente submetida ao regime específico da dissolução da sociedade. Tal problema era resolvido pelo art. 15.°, n.° 2 do Projecto de CSC, que desapareceu no texto definitivo, por motivos que desconhecemos. Aí se dispunha que «as condições resolutivas do contrato de sociedade funcionam como causas contratuais de dissolução». Ficou assim e desnecessariamente em aberto esse problema, que no entanto deve ser resolvido no sentido do preceito eliminado. A lei pretende fundamentalmente que a extinção da sociedade seja antecedida por um processo de liquidação; uma resolução do contrato imediatamente extintiva é inconcebível nesse sistema. E se a liquidação é necessária, os sócios não podem pactuar um regime diferente da dissolução-liquidação.

A dissolução da sociedade é distinta da anulação e da declaração de nulidade, porquanto estas resultam de um vício da constituição da sociedade. Só se dissolvem sociedades validamente constituídas.

O mecanismo próprio da anulação, subordinando a destruição do contrato a requerimento judicial do sujeito protegido pela norma cominatória da anulação torna teoricamente possível — ao contrário do que sucede quanto à nulidade — a coincidência de uma causa de anulação e de uma causa de dissolução. Adiante trataremos desse problema.

A distinção entre invalidade — tanto nulidade como anulabilidade — e dissolução do contrato de sociedade não é prejudicada pelo facto de o CSC, art. 52.°, determinar que «a declaração de nulidade e a anulação do contrato de sociedade determinam a entrada da sociedade em liquidação, nos termos do artigo 165.°, devendo esse efeito ser mencionado na sentença». No aspecto prático, bastam as especialidades do processo de liquidação para ter interesse determinar se a sociedade é nula, anulada ou dissolvida. No aspecto teórico, a semelhança dos efeitos não faz confundir as causas de entrada em liquidação, nuns casos, factos que produziram a dissolução, noutros casos, factos que determinaram a nulidade ou a anulação do contrato, estes últimos consistentes em vícios na constituição da sociedade. Quando, por vezes, se lê que a sociedade nula ou anulada «se dissolve», ou frases semelhantes, ou se trata de erro crasso ou se pretende dizer que, na ordem jurídica considerada, tanto à dissolução como à nulidade ou à anulação deve seguir-se a liquidação da sociedade.

4. Os arts. 141.º e 142.º CSC prevêem a dissolução *total* da sociedade; os factos enumerados nesses artigos e bem assim aqueles outros previstos por meio de remissão para a lei ou para o contrato, têm como efeito a dissolução de toda a sociedade, como primeiro passo dum processo que eventual, mas normalmente, conduzirá à extinção da sociedade.

O CSC prevê, contudo, certos factos cuja ocorrência determina apenas a extinção de um vínculo social, subjectivamente definido, ou seja, a eliminação de um dos sócios, sem, por esse facto, a sociedade deixar de subsistir: para as sociedades em nome colectivo, arts. 184.º — falecimento de um sócio — 183.º — exoneração do sócio, — 186.º — exclusão do sócio; para as sociedades por quotas, arts. 225.º — transmissão por morte, — 240.º — exoneração do sócio — 241.º — exclusão do sócio.

No Código Civil italiano, relativamente à sociedade simples, existe uma Secção epigrafada «Dello scioglimento del rapporto sociale limitatamente a un socio», na qual estão reunidos os preceitos relativos à morte, exoneração e exclusão de um sócio, com o efeito limitado que a epígrafe indica. Tanto no CC como no CSC, o legislador português evitou o emprego de uma epígrafe, igual ou semelhante à italiana, talvez com receio de comprometimentos dogmáticos, mas nada impede a doutrina de efectuar a reunião que o legislador não quis fazer e falar, para esses casos, em dissolução limitada a um sócio ou *dissolução parcial.*

No nosso direito, como também noutros, caminhou-se no sentido da dissolução parcial, isto é, factos a que a lei antiga atribuía, ao menos como regra, o efeito dissolutivo total, passaram nas novas leis, a produzir efeito dissolutivo parcial. Adiante se verá que, por força das próprias realidades, esse movimento não conseguiu êxito completo.

O Código Comercial, art. 120.º, dispunha no § 1.º que «As sociedades em nome colectivo dissolvem-se pela morte ou interdição de qualquer dos sócios e, sendo por tempo indeterminado, pela simples vontade de um dos sócios» e no § 2.º que «As sociedades em comandita dissolvem-se pela morte ou interdição de um dos sócios de responsabilidade ilimitada»; o § 5.º mandava entender as disposições dos §§ 1.º e 2.º sem prejuízo de quaisquer estipulações em contrário.

A consagração legislativa da dissolução parcial apareceu com o CC de 1966, arts. 1001.º e seguintes, por nítida influência do Código Civil italiano; basta comparar aqueles artigos portugueses com os arts. 2284.º e seguintes italianos. Em princípio, falecendo um sócio, deve a sociedade liquidar a sua quota em benefício dos herdeiros; em certas condições, é permitido a um sócio exonerar-se da sociedade, mantendo-se esta com os outros sócios; em determinados casos, pode a sociedade excluir um sócio — efeitos, portanto, limitados ao vínculo de um sócio.

Pelo DL n.º 363/77, de 2 de Setembro, o movimento alargou-se às sociedades comerciais; por um lado, foram revogados os referidos §§ 1.º, 2.º e 5.º do art. 120.º CCom., assim deixando a morte, a interdição e a vontade de um sócio de constituir causas legais de dissolução total da sociedade em nome colectivo; por outro lado, o art. 156.º passou a tornar aplicável às sociedades em nome colectivo o disposto nos arts. 1001.º a 1005.º e 1006.º, n.º 1, do Código Civil, no caso de morte, exoneração ou exclusão de sócios.

Finalmente, o CSC, nos artigos acima referidos, adoptou a dissolução parcial, não só para sociedades em nome colectivo (extensiva às sociedades em comandita) mas também para as sociedades por quotas.

A consagração legislativa da dissolução parcial representa a superação de convicções muito antigas. No direito romano atribuía-se a máxima relevância à interdependência dos vínculos sociais: os factos relativos a um sócio dissolviam toda a sociedade; não era possível aos sócios modificar pelos seus pactos o carácter total da dissolução (salvo no direito justinianeu e mesmo aí a título inteiramente excepcional, o pacto de continuação da sociedade entre os sócios sobrevivos, no caso de falecimento de algum deles).

O *intuitus personae* que domina a sociedade manifesta-se, entre outras direcções que não interessam agora, na regra de que a sociedade só existe enquanto fizerem parte dela todos os sócios que a constituíram. Além do que no lugar próprio se dirá sobre o falecimento de um sócio, essa regra implicava, por exemplo, a impossibilidade de os sócios excluírem qualquer deles. Caso típico é o da renúncia de um sócio com fundamento no mau comportamento de outro; em teoria, tornando-se um sócio indesejável à sociedade, duas atitudes são concebíveis: ou excluir o sócio culpado ou um sócio inocente, que já não possa suportar aquele *(eum pati)*, renunciar à sociedade com esse fundamento; a solução romana é a renúncia do sócio inocente e não a exclusão do culpado, porque a exclusão pressuporia a continuação da sociedade com menos um sócio, violando o *intuitus personae* (D.17.2.14; Ordenações Filipinas, 4.44.8; CC de 1867, art. 1279.º, § único).

São, contudo, facilmente apreensíveis os motivos por que os sócios podem preferir conservar a sociedade, apesar da falta de um deles: em primeiro lugar, pode na realidade o *intuitus personae* relativamente ao sócio faltoso não ser tão vincado como o sistema jurídico pressupõe; pode também suceder que os interesses de todos sejam prejudicados pela intempestiva paralisação da sociedade. É certo que os sócios restantes teriam sempre o recurso de constituir entre si uma nova sociedade, destinada a retomar a actividade da primeira, mas já nos direitos antigos poderia haver dificuldades em fazer continuar na nova sociedade as relações com terceiros estabelecidas durante a sociedade anterior, dificuldades essas que aumentam gradualmente, até que no direito moderno a personalidade jurídica das sociedades opõe dificuldades de monta, ao mesmo tempo que encargos fiscais podem tornar inviável esta solução.

É, pois, natural que os sócios tentem estipular a continuação da sociedade e reflexamente a dissolução limitada ao vínculo de um sócio, mas nos direitos influenciados pela tradição romanista abria-se logo o problema de saber se tais pactos eram válidos. Não admira, portanto, que as cláusulas de conservação da sociedade e mera dissolução parcial tenham aberto caminho na prática germânica, onde era menor a influência romana; primeiro foram julgadas válidas as cláusulas que importassem dissolução meramente parcial; depois os próprios textos legislativos consagraram o princípio da dissolubilidade limitada ao vínculo de um dos sócios.

O reconhecimento da dissolução parcial é apenas um primeiro passo, pois ao legislador deparam-se depois numerosos problemas, cuja solução marca a maior ou menor intensidade de tal princípio. Assim, por exemplo, pode o legislador admitir a dissolução parcial apenas quando uma cláusula contratual a estabeleça, isto é, pode manter como regra a dissolução total e consentir na disponibilidade total dessa regra, ou pode derrogar ele próprio a regra da dissolução total, criando casos de dissolução parcial *ex lege*; pode fazer variar numa extensa gama a disponibilidade contratual ou a derrogação legal da regra da dissolução total — gama quer de tipos de sociedade, quer de causas de dissolução, pois é evidente que não podem merecer idêntico tratamento as mesmas causas em todos os tipos de sociedades e bem assim podem não merecer idêntico tratamento diversas causas em todos os tipos de sociedades, etc.

É possível que as concepções do legislador sobre a natureza e a estrutura do contrato de sociedade e da personalidade jurídica das sociedades influam também no modo como trata a dissolução parcial, mas devemos reconhecer que nenhuma delas é essencial para a admissão do princípio. A personalidade colectiva pode dar ao legislador uma ideia de solidez dos vínculos sociais, mas em si mesma não postula a dissolução total, visto que a personalidade pode manter-se independentemente das pessoas que constituem a sociedade, e, por outro lado, esta independência entre as flutuações das pessoas dos sócios e a personalidade do ente social não é requisito *sine qua non* da dissolução parcial, porquanto esta foi consagrada muito antes de desenvolvida a teoria da personalidade colectiva das sociedades e mantém-se hoje para sociedades que, em muitos países, não gozam de personalidade.

A qualificação da sociedade como contrato plurilateral contribui para a compreensão da dissolução parcial, mas esta não postula aquela, como se prova antes de mais pela muito maior antiguidade da dissolução parcial; não foi certamente por conceber a sociedade como um contrato plurilateral que o direito territorial prussiano de 1794 (*Allgemein Landrecht für die Preussischen Staaten*) ou o Código Civil austríaco de 1811 admitiram a dissolução parcial por exclusão do sócio.

Os factores jurídicos são naturalmente acompanhados por elementos de outras ordens, nomeadamente de política económica. O legislador comercial não fica indiferente àquelas considerações que impelem os interessados a pactuar a continuação da sociedade, pois a paralisação de uma actividade economicamente relevante pode constituir um prejuízo nacional. À medida em que essa consideração for sentida reflectir-se-á também na facilidade com que o legislador permitirá a dissolução da sociedade limitadamente a um sócio.

Neste volume do Comentário teremos ainda ocasião de pormenorizar a evolução no sentido da dissolução parcial, pelo que respeita à morte de um sócio. Há, no entanto, um aspecto do regime concreto dos casos de dissolução parcial no CSC que deve ser posto em relevo para se avaliar com maior precisão o alcance da nova orientação legislativa.

Ao legislar sobre a morte, a exoneração, a exclusão do sócio nas sociedades reguladas pelo Código Civil, o legislador não se preocupou com a possibilidade ou impossibilidade legal ou material de a sociedade pagar ao sócio ou seus herdeiros o valor de liquidação da quota, que manda calcular nos termos do art. 1021.°. Deixando agora de parte a possibilidade material (que pode conduzir à dissolução total da sociedade, por deliberação dos sócios, para uma liquidação do activo social permitir o pagamento do valor da quota de um sócio), não há quanto a essas sociedades preocupação de conservar um capital da sociedade, mesmo contra o interesse do sócio ou herdeiros de sócio.

Diferentemente, nas sociedades reguladas pelo CSC vigora o princípio da conservação do capital, de modo que a liquidação e o pagamento do valor da quota ao sócio ou herdeiros podem e devem ser impedidos, se por esse facto o capital for afectado. Ora, quando isso suceda, coloca-se ao legislador um dilema: ou preterir a sua preferência pela dissolução parcial ou violar o princípio da conservação do capital; como esta violação ofenderia interesses de terceiros, vê-se forçado a optar pela primeira alternativa. E assim regressa à cena a «indesejável» dissolução total.

Nem sempre assim sucede, porque nalguns casos o legislador descobre outros expedientes; por exemplo, para o caso de exclusão do sócio, não é permitido provocar a dissolução total da sociedade e a lei tenta uma solução de compromisso entre o interesse económico do sócio e a continuação da sociedade sem interferência do sócio excluído: art. 186.°, n.° 5.

O recurso último à dissolução judicial aparece nas sociedades por quotas, no art. 240.°, n.° 5, relativo à exoneração do sócio, mas aplicável à transmissão da quota dependente da vontade dos sucessores de sócio falecido por força do art. 226.°, n.° 3: «Se a contrapartida não puder ser paga por virtude do disposto no art. 236.°, n.° 1, e o sócio não optar pela espera de pagamento, tem ele direito a requerer a dissolução judicial da sociedade. A mesma faculdade tem o sócio no caso de o adquirente da quota não pagar tempestivamente a contrapartida, sem prejuízo de a sociedade se substituir, o que só poderá fazer observando o disposto no art. 236.°, n.° 1».

5. O CCom. não usava uma expressão genérica para indicar os factos determinantes da dissolução da sociedade. O art. 120.° começava por declarar que «As sociedades comerciais dissolvem-se» e a seguir enumerava vários factos produtores daquele efeito. No art. 128.° falava incidentalmente em «motivo de dissolução».

A doutrina e a jurisprudência tinham, no entanto, adoptado a expressão «causas de dissolução», que passou a ser empregada no actual Código Civil — epígrafe do art. 1007.° e alínea *f*) do mesmo artigo; art. 1011.°, n.° 2.

O CSC parece ter dado preferência a «casos de dissolução», mas «causa de dissolução» aparece nos arts. 142.°, n.° 4, 144.°, n.° 3, 161, n.° 3; al. *b*, 464.°, n.° 2.

Continuaremos a usar a expressão tradicional e definiremos «causa de dissolução» como um facto jurídico que produz a dissolução da sociedade ou permite que a sociedade seja dissolvida. Na verdade, como melhor adiante se verá, nem todas as causas de dissolução produzem efeito idêntico, podendo até duvidar-se da licitude ou conveniência de reunir todos esses factos sob aquela rubrica genérica. Limitamo-nos, por enquanto, a dizer que, apesar daquela diversidade de efeitos, sempre o acto designado por «causa de dissolução» é indispensável para que o efeito «dissolução» se produza, embora nalgumas hipóteses esse facto não seja bastante; essa circunstância justifica a reunião de todos esses factos sob a mesma designação, embora não possa, na respectiva definição, ser esquecida a referida diferença.

6. Atendendo à fonte criadora da causa de dissolução, estas classificam-se em *causas legais* e *causas voluntárias*, também chamadas *causas contratuais* e *causas estatutárias*, quando se faz

ressaltar que a vontade dos sócios ao atribuir efeito dissolutivo a certo facto é manifestada no contrato ou nos estatutos da sociedade.

Como o nome indica, a causa é *legal*, quando a lei determina que certo facto conduz à dissolução da sociedade, quer por si só, quer acompanhada por outros factos. No respeitante às sociedades reguladas pelo CSC, as causas legais estão nele enumeradas, devendo a essas ser acrescentadas algumas que porventura constem de leis especiais. Para essas sociedades é irrelevante a enumeração de causas de dissolução de sociedades prevista no Código Civil, pois o disposto a este respeito no CSC substitui-a por completo.

A licitude de causas voluntárias de dissolução está consagrada nos arts. 141.° e 142.°, quando respectivamente dispõem: «A sociedade dissolve-se nos casos previstos no contrato» e «Pode ser requerida a dissolução judicial da sociedade com fundamento em facto previsto na lei *ou no contrato*». Não tem, pois, cabimento discutir, no nosso actual direito, se *em geral* são lícitas causas voluntárias ou contratuais de dissolução e, como o Capítulo XII do CSC está colocado na Parte Geral, a regra é válida para todos os tipos de sociedade.

Problema diferente é o de saber se a liberdade de estipulação de causas de dissolução é total ou se, para todos ou para alguns tipos de sociedade, certos factos não podem constituir causas contratuais de dissolução.

Em teoria, nada impede que o legislador, ao estabelecer uma causa de dissolução da sociedade, permita que a vontade dos sócios, manifestada no contrato de sociedade, a elimine. Exemplo desse procedimento encontrava-se no CCom. art. 120.°, § 5.°, primitiva redacção, que tornava derrogável o disposto nos §§ 1.° e 2.°.

Não é, contudo, essa a intenção presumível do legislador, de modo que, salvo expressa indicação de outro carácter, os preceitos que estabelecem causas de dissolução devem ser tidos por imperativos.

Pode parecer que esta afirmação se justifica quanto às causas de eficácia imediata mas não quanto a causas facultativas. Para estas últimas, pode pensar-se que, só actuando por meio de requerimento de interessado ou de deliberação da sociedade, praticamente estão dependentes dessa iniciativa e, portanto, também logo no contrato de sociedade poderiam ser afastadas causas de dissolução que a lei constrói de modo a poderem, na prática, deixar de actuar. A isso pode contrapor-se, por um lado, que a iniciativa da actuação de causa facultativa de dissolução é legalmente aberta não só a sócios como a terceiros — credores da sociedade e, nalguns casos, Ministério Público; não faria, pois, sentido que os sócios, no seu contrato, eliminassem os direitos dos credores e até a intervenção do Ministério Público. Por outro lado, o estabelecimento de uma causa facultativa legal significa a intenção de atribuir uma faculdade, que pode deixar de ser usada mas que nem por isso será eliminável; o legislador quer que essa faculdade exista, para que, na altura própria, os interessados possam escolher usá-la ou não (não uso pelos interessados que, em certas hipóteses, não exclui o uso pelo Ministério Público).

7. Atendendo às espécies de sociedades relativamente às quais os factos produzem efeito dissolutivo, as causas classificam-se em *comuns*, quando abrangem todos os tipos de sociedades e *especiais* quando se limitam a certos tipos de sociedades (algum ou alguns).

A classificação em causas comuns e causas especiais abre-se dentro das causas legais, visto que as voluntárias só podem, por definição, respeitar *a uma sociedade*, embora a prática mostre a repetição, mais ou menos frequente, de algumas em contratos de sociedade.

As *causas comuns* de dissolução de sociedades reguladas pelo CSC estão enumeradas nos arts. 141.° e 142.°, bem como noutros preceitos dispersos do CSC. As causas especiais estão enumeradas no art. 196.° (sociedades em nome colectivo), art.

464.º, n.º 3 (sociedades anónimas), art. 473.º (sociedades em comandita).

8. Não é nítida nem praticamente interessante a distinção que por vezes se faz entre *causas normais* e *causas anormais* de dissolução. A ideia de normalidade ou anormalidade da causa de dissolução parece, contudo, estar na base da terminologia usada em Itália e em França, referindo a dissolução por vontade (deliberação) dos sócios como uma *dissolução antecipada*. Pressupõe-se que a sociedade tenha uma duração normal — resultante ou do tempo fixado ou da realização do objecto — e entende-se, correlativamente, que a vontade dos sócios para dissolução, manifestada antes de ter sido atingido o termo normal da sociedade, *antecipa* a dissolução. Assim, o art. 239.º da Lei francesa de 1966 dispõe que «A dissolução antecipada da sociedade é pronunciada pela assembleia geral extraordinária».

9. O confronto entre os arts. 141.º e 142.º CSC mostra diferença entre o funcionamento de causas de dissolução da sociedade, pois enquanto o primeiro diz que a sociedade *se dissolve*, o segundo diz que *pode ser requerida a dissolução judicial* da sociedade. Em ambos os artigos seguem-se alguns outros pormenores sobre esse aspecto, mas todos relacionados com essa diferença básica.

Para se compreender o sistema instituído pelo CSC convirá expor a distinção tradicional entre causas de dissolução *ipso jure* e outras causas de dissolução, por vezes chamadas *causas facultativas*.

O art. 1865.º do Código Civil francês enumerava cinco causas de dissolução da sociedade civil (referimo-nos aos cinco números do art. 1865.º, pois é possível desdobrar cada um deles em várias causas de dissolução, de modo que os autores franceses falavam em cinco, seis e mais causas de dissolução). A doutrina francesa cedo as separou em dois grupos: as dos quatro primeiros números, que operavam *de pleno direito*, e a do n.º 5.º, que, juntamente com algumas contidas noutros preceitos legais, não operava *ipso iure*.

A dissolução *ipso iure* foi entendida em França com notável permanência de ideias, a tal ponto que os autores repetiam frequentemente as palavras que MERLIN escrevera a tal respeito: «Chacune de ces causes opère le même effet, et la société finit par l'une comme par les autres. Or ces mots, la société finit, qu'elle idée presentent-ils? Celle du droit de demander la dissolution de la société? Non, mais bien celle de cette dissolution opérée *ipso facto*. Il ne dépend donc pas d'un des associés, dans un cas soumis à l'action de l'une de ces cinque causes, de se refuser à la dissolution de la société: la société se dissout donc, soit qu'il veuille, soit qu'il ne le veuille pas.»

A base da distinção encontra-se, pois, na imposição à vontade dos associados e no carácter automático da actuação; não há dissolução de pleno direito quando deve intervir a vontade dos associados ou um requerimento ao tribunal. Assim, não é possível manter a sociedade, depois de ter ocorrido uma causa de dissolução *ipso iure*; só uma nova sociedade poderá ser pactuada entre os sócios, se quiserem continuar as suas relações jurídicas.

A natureza da sociedade civil e a falta de formalidades relacionadas com direitos de terceiros permitiam que este sistema funcionasse satisfatoriamente, mas quando, devido à falta de preceitos sobre dissolução de sociedades comerciais, o âmbito daquele artigo se alargou a estas, ao lado daquela distinção passou a funcionar uma outra, separando causas de dissolução sujeitas a publicidade e não sujeitas a publicidade. Estavam sujeitas a publicidade todas as causas de dissolução *ipso iure*, ou algumas delas? As divergências doutrinárias acentuaram-se e o legislador interveio mais de uma vez. A partir de um Decreto de 30 de Outubro de 1935, o regime de publicidade prescindiu da distinção entre dissolução *ipso iure* e não *ipso iure*.

A Lei de reforma das sociedades comerciais, de 24 de Julho de 1966, não contém uma teoria completa da dissolução das sociedades, mas é indubitável que a ideia de dissolução *ipso iure* ou não *ipso iure* persistiu. Característico é o art. 9.º, incluído nas disposições gerais, segundo o qual «La réunion de toutes les parts ou actions en une seule main n'entraîne pas la dissolution de la société. Tout intéressé peut demander la dissolution de la société si la situation n'a pas été régularisée dans le délai d'un an».

No Código Comercial italiano a distinção obteve foros de cidade. O art. 190.º dispunha: «Decorso il termine stabilito per la sua durata o compiuto l'oggetto della sua impresa, la società è sciolta di diritto, nè può essere tacitamente prorogata» e o art. 146.º estabelecia que, diminuído em dois terços o capital da sociedade anónima, «lo scioglimento a luogo di diritto». O Código era, porém, omisso sobre as características da dissolução *ipso iure* e por isso nasceram inúmeras dúvidas e correlativas teorias. O Codice Civile de 1942 alterou profundamente o sistema anterior, mas nem por isso a ideia de dissolução de pleno direito desapareceu completamente, embora para certos autores — como melhor adiante veremos — ela só seja lembrada para a contrapor ao sistema vigente.

O nosso Código Comercial não reproduziu o art. 190.º Cod. Com. italiano nem a frase «dissolução de direito» do art. 146.º. Apesar disso, a discutida classificação das causas de dissolução assentou arraiais entre nós e provocou acesas discussões.

Em vez de discutirmos teorias, mais ou menos tendentes à interpretação de certos preceitos legais, procuremos alinhar os factores possivelmente relevantes para o legislador nesta matéria e as opções que a este se abrem.

Em primeiro lugar, há que separar a eficácia externa e a eficácia interna dos factos dissolutivos. Instituído um sistema de publicidade obrigatória de factos relativos às sociedades e abrangida nela a dissolução, fica logo decidido que a eficácia dela relativamente a terceiros depende da referida publicidade. Talvez se pudesse discutir a conveniência da obrigatoriedade de publicidade, mas não vale a pena — pelo menos em geral — de tal modo ela é internacionalmente reconhecida. Já, contudo, seria mais plausível que se discutisse a vantagem de separar eficácia interna e eficácia externa do facto dissolutivo e, sendo a eficácia externa dependente da publicidade, também da mesma publicidade ficaria dependente a eficácia interna. A coincidência da eficácia interna ou *stricto sensu*, entre os sócios, e da eficácia externa ou oponibilidade para com terceiros evitaria eventuais problemas resultantes da diferenciação de situações jurídicas provenientes do mesmo facto. Não está, porém, conforme ao sistema geral de publicidade em matéria de sociedades a atribuição de valor constitutivo e a distinção de eficácias é inevitável no sistema actual.

Agora interessa acentuar que as questões resultantes da publicidade obrigatória colocam-se e resolvem-se por factores diferentes dos que influenciam o carácter imediato ou não da dissolução. Para aquelas questões importam os interesses gerais ligados à publicidade, os quais intervêem posteriormente à solução das questões relativas ao carácter imediato ou não da dissolução. Assim, quando se fala em dissolução de pleno direito ou imediata, pressupõe-se que, no respeitante a terceiros, a oponibilidade depende da publicidade.

Em segundo lugar e embora isso pareça óbvio, recorde-se que o carácter imediato ou não da dissolução nada tem a ver com a liquidação que, nos termos gerais, deve seguir-se à dissolução. Seria errado supor que dissolução imediata significa extinção imediata da sociedade; seja imediato ou não o efeito do facto dissolutivo, a partir do momento em que a sociedade deva considerar-se dissolvida passa-se à fase de liquidação, salvo se esta for dispensada por motivos que nada têm a ver com aquele carácter da dissolução.

As opções abertas ao legislador, adiante referidas, podem colocar-se quanto a todas as causas de dissolução ou apenas quanto a alguma delas. Só um exagerado e por isso descabido conceitualismo levaria a estabelecer logo à partida um regime único neste aspecto, ou melhor, a não admitir a relevância de factores que justificariam para algumas causas regime diverso do de outras. Dizemos «logo à partida», porque também pode suceder que algum dos factores relevantes seja considerado decisivo no sentido do estabelecimento de um regime unitário.

Ao criarem causas legais ou causas voluntárias de dissolução de sociedades, a lei ou os sócios querem, como mínimo, que um determinado facto *possa conduzir* à extinção da sociedade; para além desse mínimo, é concebível que queiram que a ocorrência de um facto dissolutivo *conduza* à extinção da sociedade. A realização prática deste segundo intuito é conseguida tornando a dissolução dependente *unicamente* da ocorrência de certo facto. Isto está evidentemente ao alcance da lei, que procede constantemente à ligação de um efeito jurídico a um facto e bem assim está ao alcance dos sócios, no contrato de sociedade, ao abrigo da autonomia privada, admitida geralmente para as vicissitudes dos negócios jurídicos.

Para que a lei ou o contrato assim não procedam e, pelo contrário, tornem um facto necessário mas não suficiente para a dissolução ser produzida, é indispensável a intervenção de outros interesses, os quais podem ser duas ordens: ou o interesse na *reconsideração* actual da situação inicialmente prevista ou a *certeza* na ocorrência do facto dissolutivo.

Sob o primeiro aspecto, a dissolução da sociedade ficará dependente da ocorrência de algum facto, mas além disso, da vontade manifestada por alguém de que esse facto produza efectivamente a dissolução. Esse «alguém» tanto pode ser uma entidade estranha à sociedade, como o Ministério Público, como ser apenas um sócio, como pode ainda ser um certo número de sócios, designadamente neste último caso, um certo número de sócios que, segundo os critérios de voto adoptados, constituam uma maioria. Em todos estes casos há um factor comum: a lei ou o contrato protegem um eventual interesse na continuação da sociedade, apesar da ocorrência de certos factos, pois a sociedade continuará, não obstante tal ocorrência, se ninguém manifestar a vontade de a fazer actuar.

Sob o segundo aspecto, a lei ou o contrato preocupam-se com o reconhecimento objectivo do facto ocorrido e admitem que a sociedade continue, não porque estejam interessados nessa continuação, mas sim porque tal é necessário para que a dissolução ocorra em circunstâncias que não deixem dúvidas a ninguém.

Um só facto dissolutivo reúne todas estas condições para ter efeito imediato: a dissolução por deliberação dos sócios. Pode o legislador ponderar qual o número relativo de sócios — unanimidade, maioria qualificada, maioria simples — conveniente para emissão eficaz da vontade de dissolver a sociedade, mas quando os sócios emitam, nos termos legais e contratuais, essa vontade, há não só vontade de dissolver a sociedade como também certeza na ocorrência do facto dissolutivo. Poderá parecer que o mesmo sucede quanto a outro facto dissolutivo, o tempo estipulado para a duração da sociedade, mas nesse caso só o requisito de certeza está preenchido; o eventual interesse na continuação da sociedade pode levar o legislador a permitir que, mesmo nesse caso, os sócios reconsiderem quanto à duração, apesar da estipulação inicial.

Exemplo de um sistema em que a continuação da sociedade prevalece sobre outros possíveis interesses encontra-se no Código Civil italiano, arts. 2449.° e 2450.°, para as sociedades anónimas, se estes deverem ser interpretados segundo uma das doutrinas a tal respeito surgidas e que se desenvolve da seguinte maneira: os administradores, quando se verificou um facto (qualquer) que determina a dissolução da sociedade, não podem iniciar novas operações e devem no prazo de trinta dias, convocar a assembleia para as deliberações relativas à liquidação; estes são os únicos efeitos directos das chamadas causas de dissolução e destinam-se apenas a preparar a decisão a tomar pela assembleia, nomeadamente impedindo que por obra dos administradores seja alterado o estado em que a sociedade se encontrava à data daquele facto; a assembleia tem um poder dispositivo sobre a liquidação, podendo resolver que a sociedade entre em liquidação e nomeando consequentemente os liquidatários, ou podendo resolver que a sociedade continue a sua vida activa, contanto que remova a causa da dissolução; a assembleia produz uma deliberação que é simultaneamente enunciativa, porque se pronuncia sobre a existência da causa de dissolução reconhecendo ou não a sua existência, e constitutiva ou declaração volitiva, porque dela depende ou a entrada em liquidação ou a remoção da causa de dissolução: intervenção do tribunal neste processo só é concebível relativamente ao aspecto enunciativo da deliberação — existência ou inexistência da causa da dissolução, consoante a deliberação de que o sócio discorda — não podendo uma sentença judicial substituir-se à vontade expressa da assembleia.

A opção que a lei ou o contrato faça, quanto aos factores acima referidos, tem consequências lógicas em vários aspectos do regime subsequente das causas de dissolução.

Quando o efeito do facto é independente da vontade de quem quer que seja ou por outras palavras, quando o efeito do facto se impõe à vontade de todos, uma intervenção judicial só se concebe com natureza declarativa; o litígio só pode recair sobre a existência do facto e sobre a natureza do efeito deste, que o tribunal declarará a pedido de quem para tal for considerado legítimo. A benefício da certeza, pode ser admitida uma deliberação de assembleia, mas esta também terá carácter meramente declarativo ou enunciativo e deve constituir apenas *um dos meios* para o reconhecimento da real situação existente, nomeadamente ao lado do reconhecimento por via judicial, que deve sempre estar aberto.

Quando a lei ou o contrato tornam a dissolução dependente, além da causa de dissolução, da vontade de alguém, terá de escolher a entidade a quem atribui legitimidade para tanto. Pode ser apenas a sociedade, por meio de deliberação da assembleia (como na teoria italiana acima descrita), como pode a legitimidade ser estendida a qualquer sócio. Desta escolha resultará a impossibilidade ou possibilidade de a vontade de dissolver a sociedade ser manifestada directamente por acção judicial.

A data da dissolução é influenciada também pelo sistema escolhido. Por definição, uma causa de dissolução que produz efeitos *imediatos* faz coincidir no tempo o facto e a produção do efeito. Aguardando a manifestação de vontade de dissolver a sociedade, com fundamento em certo facto previsto na lei ou no contrato, a dissolução não pode existir antes de essa vontade ser manifestada e, segundo as circunstâncias, pode mesmo ser reportada a um momento posterior, como o da sentença, se for usada a via judicial.

Na exposição do sistema português apontar-se-ão mais alguns pormenores, corolários da opção feita pelo nosso legislador.

10. Atendendo à natureza dos efeitos produzidos pelo facto previsto na lei ou no contrato, podem estes classificar-se em *causas de dissolução* e *causas de dissolubilidade*.

Acentuámos acima a diversidade intrínseca das chamadas causas de dissolução, tendo verificado que alguns factos nelas incluídos produzem só por si a dissolução da sociedade, enquanto outros constituem pressupostos necessários para que determinadas entidades dissolvam a sociedade. Rigorosamente, portanto, impõe-se separar aquela situação intermédia em que a sociedade ainda não está dissolvida, mas já pode ser dissolvida, ou seja, a situação de dissolubilidade.

Fazendo reflectir esta distinção sobre os factos jurídicos, podem constituir-se duas categorias, conforme os factos, em si e por si mesmo, produzem ou a dissolução ou a dissolubilidade e denominá-las causas de dissolução e causas de dissolubilidade.

Tal distinção coincide, porém, com a distinção entre causas de efeito imediato e outras causas, representando apenas outra faceta desta última. Além disso, a sua utilização prática pode quebrar a unidade de todas as causas de dissolução, levando a esquecer que os seus termos não constituem mais do que desdobramentos de uma categoria única de factos.

A distinção entre causas de dissolução e causas de dissolubilidade pode ser abonada com a distinção entre nulidade e anulabilidade dos factos jurídicos, mas quanto a estas o conceito de invalidade — que não tem correspondente no campo da dissolução — assegura a unidade do género e define a rigorosa posição das espécies.

Por isso, sem negar o rigor teórico da distinção, preferimos abster-nos do seu uso.

11. A possibilidade de cúmulo de causas de dissolução interessa sob dois pontos de vista: o de determinar qual das causas cumuladas produz a dissolução; o de saber se todas as causas cumuladas devem ser eliminadas para a sociedade dissolvida regressar à actividade. Deste segundo aspecto trataremos no comentário ao art. 161.º, mas notemos desde já que a própria noção de cúmulo pode variar conforme o efeito considerado.

Quando o cúmulo é encarado sob o ponto de vista da determinação de qual das causas cumuladas produz a dissolução da sociedade, só pode haver cúmulo desde que as duas causas ocorram enquanto a sociedade não está dissolvida por alguma delas; quando o cúmulo é apreciado para o efeito de eventual regresso da sociedade à actividade, pode interessar — a seu tempo veremos se interessa — a ocorrência de uma causa de dissolução depois de a sociedade ter sido dissolvida por outra causa.

Logicamente, para se chegar a um problema de cúmulo de causas de dissolução, é indispensável a prévia solução dos eventuais problemas quanto a cada uma dessas causas (existência do facto e natureza dos seus efeitos jurídicos). Por exemplo, quando se discute, nos termos adiante referidos, se a sociedade se dissolve pelo decurso do prazo ou pela realização do objecto, tendo aquele ocorrido antes desta, parte da doutrina tenta interpretar a cláusula de prazo no sentido de ela não fixar o tempo de duração da sociedade.

Partindo da observação acima feita de que só pode haver, para este efeito, cúmulo de causas de dissolução se ambas ocorrerem antes de a sociedade estar dissolvida por alguma delas, não pode haver cúmulo de causas imediatas de dissolução; ocorrida a primeira delas, a dissolução produziu-se e a segunda nenhum efeito pode já ter.

Entre causas facultativas pode haver cúmulo; como estas causas não produzem só por si a dissolução, concebe-se que se cumulem, antes de, com fundamento em qualquer delas, a sociedade ser dissolvida, ou por deliberação dos sócios, ou por sentença do tribunal. Nesses casos, o processo pode continuar quanto a uma delas e por ela se considerará a sociedade dissolvida, quando o respectivo processo se completar. Logicamente, não deveriam os sócios deliberar nem o tribunal decretar a dissolução por mais do que uma causa de dissolução, mas certamente não será por sócios ou tribunal assim procederem que a sociedade não será dissolvida nem por uma nem outra causa.

Entre causa imediata e causa facultativa, não haverá cúmulo se a segunda ocorrer depois da primeira; a sociedade já está dissolvida pela primeira causa quando ocorre a segunda. Se a causa facultativa ocorre antes da causa imediata, haverá ou não cúmulo conforme o processo da primeira ainda não esteja ou já esteja terminado; havendo cúmulo, a sociedade dissolve-se pela causa imediata, visto ter sido esta que primeiro produziu efeito.

## II

1. Comparando as frases iniciais do art. 141.º, n.º 1, CSC e do art. 148.º do Projecto, nota-se que o texto definitivo

eliminou o advérbio «imediatamente», que qualificava esta dissolução, e a referência a factos e que a lei atribuísse o efeito de dissolver (imediatamente) a sociedade.

Tais eliminações não produziram qualquer modificação substancial do preceito. O art. 141.º, n.º 1, refere-se a casos de dissolução *imediata* da sociedade, como continua a ler-se ainda na epígrafe do artigo e no início do seu n.º 2. Os factos a que a lei atribua o efeito de dissolver imediatamente a sociedade produzirão tal efeito por força dos respectivos preceitos legais, apesar de não serem genericamente considerados no art. 141.º, n.º 1.

Como problema *de iure condendo* poderia discutir-se se o efeito dissolutivo imediato deveria ser reservado para causas *legais* de dissolução ou se deveria também ser consentido para causas voluntárias ou contratuais. A solução ampla aparece claramente no art. 141.º, n.º 1, e justifica-se porque o carácter imediato do efeito não corresponde necessariamente a um interesse público, além de que, se a lei abre a possibilidade de dissolução com efeitos imediatos por deliberação dos sócios, não se vê motivo para impedir que todos eles, logo no contrato, criem esse efeito.

Já acima apontámos os traços essenciais do regime das causas de dissolução imediata da sociedade. Haverá que analisar agora o disposto no art. 141.º, n.º 2.

Essa norma é aplicável aos casos de dissolução imediata previstos nas alíneas *a*), *c*) e *d*) do n.º 1, ou seja, decurso do prazo fixado no contrato, realização completa do objecto contratual, ilicitude superveniente do objecto contratual. Fora do âmbito do preceito ficam a dissolução por deliberação dos sócios e a dissolução por declaração de falência; nestes dois casos, o regime criado por este n.º 2 não faria sentido: a deliberação dos sócios, como causa de dissolução imediata, é, por natureza, certa, assim como a certeza está assegurada na sentença judicial de declaração de falência, a qual, além disso e evidentemente, é insusceptível de substituição por qualquer outro facto.

Ao redigir o art. 141.º, n.º 2, o legislador limitou o seu ângulo visual aos cinco casos de dissolução imediata previstos nas alíneas do n.º 1. Outros casos de dissolução imediata podem aparecer nas leis ou resultar dos contratos de sociedade, e quanto a eles perguntar-se-á se estão incluídos ou excluídos do regime criado por aquele preceito.

O art. 141.º, n.º 2, tem a intenção de criar meios de *certeza* da dissolução, sem, contudo, prejudicar o carácter imediato da eficácia destas causas. É atribuída a certas pessoas a faculdade de utilizar certos meios para se conseguir que a dissolução se torne certa, o que se justifica pela importância que para essas pessoas tem a alteração da sociedade provocada pela dissolução; não é, porém, tornada obrigatória a utilização desses meios (sem prejuízo de todos ou alguns deles constituírem requisito para certos propósitos, como o registo), nada impedindo que os órgãos da sociedade e os sócios procedam, sem mais formalidades, em consonância com a situação de sociedade dissolvida criada por força da causa de dissolução imediata.

Assim, o art. 141.º, n.º 2, deverá ser aplicado a todas as causas legais ou contratuais de dissolução imediata, em conformidade com as razões determinantes dos seus aspectos positivo e negativo: em geral, será conveniente assegurar a certeza da ocorrência do caso de dissolução e, portanto, aquele regime será aplicável; quando excepcionalmente a certeza estiver tão assegurada como nos casos das alíneas *b*) e *e*) do n.º 1, o preceito não será aplicado (o que supomos só sucederá quando a dissolução for determinada, a título de pena, por sentença judicial ou acto administrativo).

O art. 141.º, n.º 2, prevê duas providências: deliberação de reconhecimento e justificação notarial. Não houve intenção de excluir uma terceira via — a judicial — para obtenção do mesmo resultado. A omissão desta terceira via explica-se por se tratar de um meio normal e geral, cuja explicitação é desnecessária. Quem para tanto tiver legitimidade pode, por acção ou por excepção, obter do tribunal o reconhecimento da dissolução da sociedade, por causa produtora de efeito imediato. A sentença, na acção, é meramente declarativa e a declaração reporta-se à data em que a causa de dissolução ocorreu. É igualmente possível a impugnação judicial da deliberação que erradamente tenha reconhecido ou tenha recusado reconhecer uma causa com tal efeito.

Os sócios podem deliberar, por maioria simples dos votos produzidos na assembleia, o reconhecimento da dissolução.

Esta deliberação é tomada por maioria simples, pois nada tem a ver com a deliberação dos sócios que, nos termos do art. 141.º, n.º 1, al. *b*), *dissolve* a sociedade, deliberação para a qual a lei, conforme os tipos de sociedade, exige requisitos de maioria, reforçáveis no contrato de sociedade. Deve entender-se que, para a deliberação de reconhecimento, prevista neste n.º 2, não podem os contratos de sociedade exigir outra maioria, pois isso seria contrário à finalidade do preceito.

A deliberação tem por objecto *o reconhecimento da dissolução*, que se desdobra em dois aspectos: a ocorrrência de facto que constitua, segundo a lei ou o contrato, causa de dissolução; o efeito imediato atribuído, pela lei ou pelo contrato, à causa de dissolução ocorrida.

Não é de estranhar uma deliberação com tal objecto. Há muito tempo é admitido que não apenas as declarações de vontade têm valor jurídico, embora sejam as mais importantes e despertadoras de atenção: ao lado das declarações de vontade há as declarações de ciência, distinguindo-se uma das outras conforme «o pensamento se transmite para acrescer o conhecimento do destinatário ou para lhes determinar a acção; para *fazer saber* ou para *fazer fazer*» (CARNELUTI). É corrente também falar-se em declarações de conteúdo testemunhal, assertório ou confessório — declarações enunciativas ou representativas — a que se contrapõem declarações de carácter preceptivo (terminologia de BETTI).

Muito mais, porém, do que o enquadramento em qualquer categoria doutrinal, interessa a descrição do fenómeno, tal como a lei o desenha, e que julgamos ter ficado feita.

A justificação notarial prevista no mesmo preceito constitui ainda um meio de reconhecimento da dissolução ocorrida. Para a promoção dessa justificação é aberto um vasto leque de legitimidade, pois é posta ao alcance de qualquer sócio, de sucessor *mortis causa* de sócio, de credor da sociedade e de credor de sócio de responsabilidade ilimitada. Manifestamente, o acesso à justificação notarial não está aberto simultaneamente a todas essas pessoas, em todos os casos; para a generalidade dos casos cumula-se a legitimidade de qualquer sócio e de qualquer credor social; o credor de sócio de responsabilidade ilimitada só terá essa faculdade em tipos de sociedades onde seja admitida a responsabilidade ilimitada do sócio devedor; o sucessor *mortis causa* do sócio só tem interesse na justificação notarial, quando a causa da dissolução tenha sido a morte do sócio.

Suponho que, na prática, esta justificação notarial — que deveria ser regulamentada no Código do Notariado — encontrará emprego mais frequente para efeitos do registo da dissolução, quando este não for oportunamente requerido pelo órgão social competente. Assim se evitará que, para efeito do registo, tenha o interessado que recorrer ao reconhecimento judicial da dissolução, como sucede noutros ordenamentos (por exemplo, o art. 250.º, n.º 2, do projecto modificado de Sociedade Anónima Europeia dispõe que, se a declaração de dissolução não for feita, no registo europeu de comércio, pelos liquidatários no prazo de duas semanas, a contar da dissolução, qualquer interessado pode requerer ao tribunal da sede que seja ordenada a transcrição da dissolução no dito registo).

2.1. No Código Comercial, o art. 114.º mandava que o título constitutivo especificasse a duração da sociedade e foi pacificamente interpretado e praticado como exigindo sempre que a duração fosse mencionada, mas contentando-se com a menção de que a sociedade durará por tempo indeterminado. Preceitos semelhantes de outras leis receberam interpretações divergentes, quanto à possibilidade de ser estipulada a duração indeterminada da sociedade; por exemplo, as disposições argentinas que mandam mencionar o prazo de duração das sociedades anónimas e das sociedades de responsabilidade limitada têm sido entendidas no sentido de ser ilícita a estipulação de duração por tempo indeterminado. A prática portuguesa era no sentido de serem incluídas nos contratos — e a maioria deles contém tal cláusula — a estipulação de duração ilimitada — «A sociedade durará por tempo indeterminado», «A duração da sociedade é por tempo indeterminado», «A duração da sociedade não está sujeita a prazo» e semelhantes. Se contra esta prática fossem levantadas objecções, poderiam elas ser vitoriosamente rebatidas pela menção do art. 120.º, § 1.º, na sua primitiva redacção, onde expressamente estava previsto que a sociedade em nome colectivo «seja por tempo indeterminado».

O Código Civil não exige, mas também não é expresso a permitir, que a duração da sociedade seja fixada no contrato. Contudo, a licitude da estipulação de termo final da sociedade, que já decorreria dos princípios gerais, resulta necessariamente do art. 1002.º, que atribui ao sócio o direito de se exonerar, se a duração da sociedade não tiver sido fixada no contrato, e do art. 1007.º, al. *b*), segundo o qual a sociedade se dissolve pelo prazo fixado no contrato, não havendo prorrogação.

O citado art. 1002.º mostra ainda ser lícita a estipulação da duração da sociedade por tempo indeterminado, visto isso equivaler a não ter sido estipulada a duração do contrato; no art. 1002.º, *fixar a duração* tem restrito significado de estipular um termo final, não abrangendo a cláusula que expressamente faça durar a sociedade por tempo indeterminado. Desde que esteja estipulado um qualquer termo final, a duração da sociedade está fixada no contrato; a redacção da parte final do art. 1002.º, apesar de ter o cuidado de ressalvar «para este efeito», é incorrecta e quer simplesmente dizer que o sócio tem o direito de se exonerar da sociedade quer a duração desta não tenha sido fixada no contrato, quer o tenha sido por toda a vida de um sócio ou por um período superior a trinta anos. Faltando a fixação de termo final no contrato de sociedade civil, a sociedade considera-se contratada por tempo indeterminado, isto é, não se dissolve pelo decurso do tempo.

No CSC, o art. 9.º, que enumera os elementos que devem constar do contrato de qualquer tipo de sociedade, não refere, por essa ou por outras palavras, o tempo de duração da sociedade. O art. 15.º ocupa-se, porém, da «duração» da sociedade e o seu n.º 1 dispõe que «A sociedade dura por tempo indeterminado se nenhuma duração for estabelecida no contrato».

É evidente a confirmação, por esse preceito, da aposição de termo final ao contrato de sociedade — «Se nenhuma duração for estabelecida no contrato». Dizemos confirmação, visto o termo final ser uma cláusula acessória aponível em geral — CC, art. 278.º — e não se ver motivo que imponha a exclusão do contrato de sociedade, desse regime geral. Aos sócios pode interessar que a sua vinculação contratual seja limitada no tempo e nenhum interesse público se opõe a essa consagração da vontade dos interessados.

Não faltam exemplos de leis que colocam limites à duração da sociedade: arts. 102.º e 239.º das *Lois Coordonnés* belgas, limitando a trinta anos, salvo prorrogação, a duração das sociedades anónimas e de responsabilidade limitada; Lei francesa de 1966, art. 2.º, segundo o qual a duração, que não pode exceder 99 anos, é determinada pelos estatutos da sociedade. Não existe preceito semelhante no CSC, antes o citado art. 15.º, n.º 1, mostra que o legislador não impõe aos contratos de sociedade uma duração máxima. Aliás, não se encontram na prática portuguesa prazos exagerados para a duração da sociedade, como alguns que a prática italiana regista: «A duração da sociedade é fixada até 31 de Dezembro de 3000 prorrogável.»

Ligando o art. 9.º com o art. 15.º, n.º 1, compreende-se que o primeiro não tenha exigido menção contratual de duração do contrato, uma vez que o segundo dispõe que a sociedade dura por tempo indeterminado, se nenhuma duração for estabelecida no contrato. A primeira parte da norma é, portanto, tornada dispositiva pela sua segunda parte. A disponibilidade está, contudo, subordinada a um requisito de forma: a duração deve ser estabelecida *no contrato*. Como, por força do art. 9.º, n.º 3, «Só em contrato de sociedade podem ser derrogados os preceitos dispositivos desta lei, a não ser que ela expressamente admita a derrogação por deliberação dos sócios», e como neste caso não existe norma expressa a permitir a derrogação da primeira parte do art. 15.º, n.º 1, a parte final deve ser entendida literal e restritamente.

Um autor alemão observa que a cláusula contratual de indeterminação da duração da sociedade é tão supérflua quando a lei exige a menção de duração, como quando não o faz. Nos contratos de sociedade celebrados depois da entrada em vigor do CSC essa observação é rigorosa, pois tal cláusula apenas repete o preceito legal e exprime que os sócios não têm vontade contrária àquela que a lei presume.

A duração prevista no art. 15.º, n.º 1, quer como regra dispositiva quer como lícita cláusula contratual, é a duração *máxima* da sociedade. Podem aparecer cláusulas em que seja estipulada uma duração *mínima* da sociedade, com a intenção de impedir, durante esse tempo, o funcionamento de causas de dissolução, dependentes da vontade de todos ou alguns sócios. A validade de tais cláusulas depende da posição tomada quanto à imperatividade das causas de dissolução, visto que nessas cláusulas se procura paralisar o funcionamento destas causas durante certo tempo. Agora apenas interessa notar que elas nada têm a ver com o disposto no art. 15.º, n.º 1.

2.2. A duração da sociedade tanto pode ser estipulada em termos de tempo fixo — até ao dia X — como de tempo móvel — tantos anos a partir de X. No segundo caso será preciso determinar com precisão o dia a partir do qual o prazo se conta. A menção, muito corrente nos contratos portugueses, de que a sociedade se considera iniciada em certo dia — normalmente o próprio dia da escritura — só tem importância para o efeito agora estudado, se estiver fixado um prazo de duração, a contar daquele dia (estipulação que hoje deverá ser repensada, à face do art. 6.º CSC).

Não é apenas o termo certo *se* e certo *quando* — prazo, em sentido técnico — que pode ser estipulado para determinar a extinção da sociedade; concebe-se que num contrato de sociedade as partes subordinem a duração desta a condição resolutiva ou a termo incerto. Pode, pois, perguntar-se se quando a lei se refere a tempo ou a duração da sociedade tem em vista todas essas cláusulas. Adiante voltaremos ao problema.

2.3. A admissão pelo art. 15.º, n.º 1, da duração ilimitada da sociedade não significa que o CSC tenha admitido a perpetuidade dos vínculos contratuais contraídos pelos sócios. Significa apenas que não considerou necessário reagir contra tal perpetuidade pela imposição legal de duração máxima da sociedade.

Para as sociedades em nome colectivo, o art. 185.º, n.º 1, al. *a*) permite que o sócio se exonere da sociedade se não estiver fixada no contrato a duração da sociedade ou se esta tiver sido constituída por toda a vida de um sócio ou por um período superior a trinta anos, desde que aquele que se quer exonerar seja sócio há, pelo menos, dez anos; é assim repetido o disposto no art. 1002.º, com diferenças de redacção e com o aditamento de um prazo mínimo de dez anos de duração do vínculo contratual da pessoa que pretenda exonerar-se.

Para as sociedades anónimas, dois factores justificam que os sócios não recebam neste campo alguma protecção especial: a limitação da responsabilidade ao montante da acção e a negociabilidade das acções.

Para as sociedades por quotas, foi adoptado um sistema intermédio — art. 229.º, n.º 1, para cujo comentário remetemos.

2.4. Concebe-se que os sócios, apesar de no contrato fixarem um prazo de duração, prevejam logo a continuação da sociedade para além desse prazo. Dessas cláusulas, algumas merecem análise: a que disponha que, findo o prazo estipulado, a sociedade poderá ser prorrogada; a que, à semelhança de outros contratos de duração, estabeleça que, findo o prazo estipulado no contrato, a sociedade se considera prorrogada, salvo se o contrato for denunciado por algum dos sócios com determinada antecedência.

A primeira cláusula prevê que mais tarde venha a ser praticado um acto de prorrogação e, só por si, não tem efeito útil. Prever a prorrogação por acto futuro só teria interesse se, na falta dessa estipulação, o contrato fosse improrrogável, o que não acontece — ou se essa previsão fosse logo acompanhada por uma regulamentação contratual desse futuro acto, caso em que tal regulamentação deverá ser apreciada perante os preceitos legais que disciplinam as modalidades de extensão do prazo inicialmente fixado.

A segunda cláusula tem o indiscutível interesse prático de a sociedade continuar para além do prazo inicialmente fixado, no caso de não se verificar, em tempo oportuno, a denúncia por parte de um sócio. Duvidosas são, porém, a natureza e até a validade desta cláusula, no todo ou em parte.

Em primeiro lugar, a cláusula difere dos actos de prorrogação da sociedade, quer como tal se entenda um acto anterior quer um acto posterior ao fim do termo estipulado, visto que no funcionamento da cláusula não intervém nenhum acto dos sócios, antes pelo contrário é a falta de acto dos sócios destinado a extinguir a sociedade que permite a continuação dela. Também esta cláusula não pode ser reconduzida a uma modificação do contrato de sociedade, pois não há nenhum acto dos sócios a modificar aquilo que foi primitivamente estipulado. A cláusula realmente significa que o prazo contratual é o prazo completo (eventualmente, tempo indeterminado), mas que em certo momento da vida da sociedade, pode ocorrer uma causa de dissolução: a manifestação da vontade de algum sócio para a sociedade se dissolver em certa data.

Entendida deste modo, a cláusula suscita o problema de saber se é lícito estabelecer a vontade de um sócio como causa de dissolução, embora manifestada com relação a certa data, o que adiante se averiguará.

2.5. A duração inicial da sociedade pode ser posteriormente alterada, num de dois sentidos, o do encurtamento e o do alargamento. Nem a lei nem a doutrina se preocupam com a hipótese de encurtamento, a qual deverá ser tratada como qualquer modificação do contrato, devendo obedecer aos respectivos requisitos substanciais e formais.

Em teoria e na prática pode suceder que os sócios pretendam alargar a duração da sociedade em uma de duas ocasiões: ou antes ou depois de ter decorrido o prazo inicialmente fixado (por comodidade, referimo-nos ao prazo inicial, mas pode haver modificações sucessivas). Em muitos direitos, a palavra correspondente a «prorrogação» designa apenas a primeira hipótese — alargamento anterior ao decurso do prazo inicial — e nalguns deles, essa hipótese é sujeita a especial regulamentação. Por exemplo, em França desde a Ordonnance n.º 59-73, de 7 de Janeiro de 1959, art. 1, e posteriormente pela redacção que a Lei n.º 66-538, de 24 de Julho de 1966 deu ao art. 1886.º, al. 2 do Code Civil, pelo menos um ano antes da data da expiração da sociedade, os representantes legais desta devem convocar uma reunião da colectividade dos sócios para decidir se a sociedade é ou não prorrogada; a deliberação deve ser tomada nas condições exigidas para a modificação dos estatutos; prevendo a inércia dos representantes legais, admite-se a possibilidade de a convocação ser efectuada por um mandatário nomeado pelo tribunal, a requerimento de um sócio.

Se determinada lei usa a palavra «prorrogação», haverá que determinar, pelos meios normais de interpretação, qual das duas citadas hipóteses é designada por essa palavra; doutrinariamente, preferir o termo «prorrogação» para uma ou para outra dessas hipóteses, é questão de palavras, que no entanto se complica com importantes questões de fundo. Assim, por exemplo, quem entenda que, depois de extinto o prazo de duração, a sociedade não pode continuar e o acto que pretenda fazê-lo será realmente a constituição de uma nova sociedade, e bem assim quem entenda que nesse caso não há uma pura continuação da sociedade, tenderá a reservar o termo «prorrogação» para a modificação do prazo, antes de ter terminado, e buscará outra palavra — por exemplo, «renovação», usada por autores italianos — para designar a outra hipótese.

No nosso direito anterior ao CSC, de prorrogação do prazo falavam o art. 1008.º, n.º 2, CC, para as sociedades civis, e o art. 128.º CCom para as sociedades comerciais.

No CSC, a palavra *prorrogação* aparece no art. 15.º, n.º 2 e no art. 240.º, n.º 1, al. *a*). No primeiro, a palavra é aplicada à hipótese de a sociedade já estar dissolvida quando os sócios resolvem continuá-la, portanto, à hipótese de já ter expirado o prazo contratualmente fixado, mas isso não significa necessariamente que não possa ser aplicado também à outra hipótese, pois seria inadmissivelmente apriorístico supor que a palavra só convém a *uma* das duas hipóteses. No art. 240.º, prorrogação designa a extensão do prazo contratual, antes de este ter expirado. A conclusão a tirar é que o CSC usa a palavra num sentido lato e que ela não cabe especificamente a uma só das hipóteses. Não haverá, pois, que estudar o regime da prorrogação de sociedades, mas sim o de cada uma das hipóteses em que a duração da sociedade fixada no contrato pode ser aumentada, a ambas as quais se refere o art. 15.º, n.º 2.

Encarando agora a hipótese de alargamento do prazo contratual, antes de este ter expirado, pode ser posta em causa a licitude de tal modificação do contrato. No sentido da ilicitude argumenta-se que os sócios celebram o contrato para durar certo tempo e não devem manter-se vinculados por mais tempo, ou como também se diz, o sócio tem um direito inderrogável à dissolução da sociedade no fim do prazo convencionado. O argumento não chega para invalidar a modificação do prazo, mas pode encaminhar no sentido de essa modificação ser rodeada de condições que evitem ou sacrifiquem o menos possível a vontade dos sócios. Designadamente, não pode aceitar-se que o sócio tenha um interesse, a proteger juridicamente, *na dissoluução total* da sociedade; esta poderá vir a ocorrer em desespero de causa, isto é, se por exemplo, o sócio não puder ser protegido por meio de uma dissolução *parcial*, limitada ao seu vínculo.

Nas sociedades em nome colectivo, dois preceitos protegem os sócios contra a imposição de alargamento do prazo contratual: o art. 194.º, n.º 1, que exige, em princípio, a unanimidade, para a introdução de qualquer alteração no contrato de sociedade; se no contrato os sócios aceitaram que estas deliberações — incluindo a respeitante a duração da sociedade — sejam tomadas por maioria (a qual, porém, não pode ser inferior a três quartos dos votos de todos os sócios) — *sibi imputent*; o art. 185.º, que atribui direito à exoneração, nos termos acima referidos.

Nas sociedades por quotas, o art. 240.º, n.º 1, al. *a*) dispõe que um sócio pode exonerar-se da sociedade quando esta deliberar «a prorrogação da sociedade». Para se compreender o sentido destas palavras, deve notar-se que a mesma alínea concede o mesmo direito no caso de a sociedade deliberar o regresso à actividade da sociedade dissolvida. Ora, como adiante veremos, esta última deliberação abrange os casos em que, expirado o prazo, os sócios estabelecem novo prazo; logo, a «prorrogação da sociedade», distinta do regresso da sociedade dissolvida à actividade normal, só pode ser a deliberação de alargamento do prazo contratual, antes de este ter expirado. A protecção do sócio contra a prorrogação não consentida por ele consiste, pois, na faculdade de exoneração; à dissolução da sociedade só se chega se, por incidentes do processo de exoneração, esta não puder concretizar-se (art. 240.º, n.º 5).

Para as sociedades anónimas, mais uma vez a negociabilidade das acções torna pouco importante a duração da sociedade, mas uma protecção específica — embora relativa — dos sócios, pela exigência desta maioria para as deliberações de alteração do contrato, encontra-se no art. 383.º, n.º 2.

A hipótese de o prazo contratual ter expirado e posteriormente os sócios pretenderem continuar a sociedade por mais tempo, está hoje compreendida no regresso à actividade de sociedade em liquidação, regulado no art. 161.º, como expressamente dispõe o art. 15.º, n.º 2, parte final.

2.6. Por força do art. 1008.º, n.º 2, segunda parte, CC, considera-se tacitamente prorrogada a sociedade, por tempo indeterminado, se os sócios continuarem a exercer a actividade social, salvo se das circunstâncias resultar que não houve essa intenção. Nos termos do art. 217.º do mesmo Código, a manifestação de vontade é tácita quando se deduz de factos que, com toda a probabilidade, a revelam; se, decorrido o prazo por que a sociedade foi constituída, os sócios continuam a exercer a actividade social como se nada tivesse acontecido e nada mostra ter havido outra intenção, pode realmente concluir-se que os sócios quiseram prorrogar a sociedade.

Essa parte do art. 1008.º, n.º 2, teve por fonte o art. 2273.º italiano, segundo o qual a sociedade é tacitamente prorrogada por tempo indeterminado quando, decorrido o tempo pelo qual foi contratada, os sócios continuam a efectuar as operações sociais. O art. 2307.º italiano volta a falar em prorrogação tácita a propósito das sociedades em nome colectivo, mas a hipótese é desenhada naquele outro preceito, relativo às sociedades simples. O aditamento português — «salvo se das circunstâncias resultar que não houve essa intenção» é uma cautela, que aliás já se deduziria dos princípios gerais, pois se das circunstâncias resultasse que os sócios poderiam ou não poderiam ter tido a intenção de prorrogar a sociedade, a simples continuação da actividade social não seria concludente.

O CC contempla um comportamento dos sócios. Operações realizadas por administradores não sócios não contam, só por si, para este efeito. Por outro lado, não basta o comportamento de um ou mais sócios, administradores ou não, sendo indispensável o comportamento inequívoco de todos, embora possa consistir em deliberações tomadas por maioria; a deliberação sobre um ponto da actividade social normal é tomada por maioria, mas o facto de *todos os sócios* quererem deliberar sobre um ponto da actividade social normal é um comportamento de *todos*, relevante para a prorrogação.

O comportamento dos sócios deve consistir na continuação do exercício da actividade social. Se, depois de decorrido o prazo, forem praticados actos inequívocos de liquidação, a actividade normal não *continua*, embora sejam ainda praticados actos que possam considerar-se de actividade social; por exemplo, basta a nomeação de liquidatário para não haver prorrogação tácita, embora o liquidatário seja autorizado a continuar por algum tempo a actividade social.

Mesmo que, depois de decorrido o prazo, não tenha sido praticado nenhum acto inequívoco de liquidação, não basta que em qualquer momento os sócios *retomem* a actividade normal; é necessário que a actividade social *continue*, isto é, que não tenha sido interrompida quando o prazo terminou e por causa desse termo. Acentuando que o comportamento dos sócios quanto à actividade social interessa como meio de manifestação da vontade de prorrogar a sociedade, há quem sustente que essa vontade deve existir no momento da dissolução ou fim do prazo, embora se deduza de factos posteriores. É de admitir essa opinião quanto à prorrogação tácita, sem, contudo, se tirarem ilacções quanto à prorrogação expressa e quanto à situação da sociedade numa e noutra dessas duas hipóteses. Ao consagrar a prorrogação tácita, o legislador pensou que os sócios contrariaram logo o efeito dissolutivo do decurso do prazo e continuaram, sem quebra, a actividade social; como, porém, nem todos os sócios, como tais, intervêm directamente na vida da sociedade, normalmente só actos seus mais ou menos afastados do fim do prazo podem revelar essa intenção. Na prática, a intenção de continuidade da sociedade desde o fim do prazo vem a ser resultante de uma omissão de actos reveladores da intenção de liquidar a sociedade, cumulada com uma ulterior prática de actos de vida social normal.

Alargamo-nos na exposição da prorrogação tácita das sociedades reguladas no Código Civil, para melhor se ver que ela não tem cabimento no CSC. Aliás, em Itália, a doutrina não aceita a aplicação do art. 2273.º a sociedade de capitais. Como o CSC não contém preceito semelhante ao da segunda parte do art. 1008.º, n.º 2, CC, poderia tentar-se a extensão deste a estas sociedades, o que, no nosso entender, não é curial por vários motivos. Além do que já dissemos sobre a total inaplicabilidade às sociedades reguladas pelo CSC das disposições do CC relativas a dissolução, há motivos específicos para ser recusada a aplicação deste preceito, tanto a sociedade de capitais como a sociedades em nome colectivo.

O primeiro desses motivos consiste na regulamentação das alterações do contrato de sociedade constante do art. 85.º; é indispensável uma *deliberação dos sócios*, que nesse caso não existe; se como deliberação pudesse ser tomado o referido comportamento dos sócios — e não pode — faltaria a forma prescrita pelo art. 85.º, n.º 3. O segundo motivo consiste em que, faltando um preceito paralelo ao do CC, o decurso do prazo fixado no contrato faz dissolver imediatamente a sociedade — art. 141.º, n.º 1, al. *a*) — e salvo quando a lei disponha diferentemente (o que não é o caso) a sociedade dissolvida entra imediatamente em liquidação — art. 146.º, n.º 1. Finalmente, notar-se-á que se se pretendesse reportar a prorrogação tácita ao regresso à actividade depois de a sociedade ter sido dissolvida pelo decurso do prazo, ela seria impossível, dado o regime substancial e formal estabelecido pelo art. 161.º para tal regresso.

Dir-se-á talvez que, embora se recuse admitir a prorrogação tácita, é inegável a possibilidade, *de facto*, de nas sociedades reguladas pelo CSC os sócios se comportarem de maneira semelhante àquela que, nas sociedades civis, constituiria prorrogação tácita, designadamente que todos os sócios continuem ou façam continuar a actividade social como se não tivesse terminado o prazo de duração da sociedade. Para hipótese deste género, autores italianos sustentaram que teria sido criada uma sociedade irregular ou uma sociedade de facto, opinião combatida pela maioria da doutrina desse país. A sociedade entrou em liquidação, pois o decurso do prazo dissolveu-a, mas não foram praticados nem pelos sócios nem pelos administradores os actos que lhes competiriam dentro da fase de liquidação. Nem por isso, contudo, a sociedade deixou de ser dissolvida e de ter entrado na fase de liquidação. Para apressar a correcta aplicação das normas legais, o único remédio é permitir que entidades não sócias as façam actuar, quer genericamente, quer em relação a certos actos praticados em nome da sociedade.

2.7. O art. 129.º CCom permitia que os credores particulares de quaisquer sócios de responsabilidade limitada habilitados com sentença passada em julgado se opusessem à prorrogação da respectiva sociedade; a oposição tinha de ser deduzida no decénio posterior à data em que fosse publicada a deliberação que autoriza a prorrogação.

No CSC, o art. 196.º — situado no capítulo dedicado às sociedades em nome colectivo, mas aplicável, nos termos gerais, aos sócios comanditados — permite que o credor sócio se oponha ao regresso à actividade normal de sociedade em liquidação, contanto que o faça nos trinta dias seguintes à publicação da respectiva deliberação.

Esta faculdade é atribuída *a credores de sócios* e não a credores da sociedade, porque estes últimos são protegidos pelo n.º 3, al. *a*) do art. 161.º — a deliberação de regresso à actividade normal não pode ser tomada antes de o passivo ser liquidado, exceptuados os créditos cujo reembolso na liquidação for dispensado expressamente pelos respectivos titulares — e apenas a credores de *sócios de responsabilidade ilimitada*, porque só a estes é vedado executar a parte do sócio na sociedade, só podendo penhorar o direito aos lucros e à quota de liquidação — art. 183.º, n.º 1. O actual preceito não exige que estes credores estejam habilitados com sentença transitada em julgado, deixando para os moldes normais algum litígio que surja entre a sociedade e o alegado credor do sócio quanto à legitimidade deste para se opor à deliberação tomada.

O n.º 2 do art. 196.º determina que a oposição efectua-se por notificação judicial avulsa, requerida no prazo fixado no número anterior; recebida a notificação, pode a sociedade, nos sessenta dias seguintes, excluir o sócio ou deliberar a continuação da liquidação.

2.8. A sociedade dissolve-se pelo decurso do prazo fixado no contrato — art. 141.º, n.º 1, al. *a*). A interpretação desta alínea não nos suscita outra dúvida que não seja o sentido da palavra *prazo*. Em sentido rigoroso, *prazo* é o dia *certus an certus quando* e nesse sentido interpretamos a palavra nessa alínea, com reflexo na interpretação do art. 15.º, n.º 1, frase final.

O decurso do prazo é uma das causas legais de dissolução e tanto as causas legais como as causas facultativas são factos cuja ocorrência produzem ou permitem produzir a extinção da sociedade, ou seja, que limitam imediata ou mediatamente, a duração da sociedade. Seria absurdo pensar que afinal todas as causas legais e facultativas de dissolução se reconduzem a uma só — o fim da duração da sociedade ou decurso do prazo fixado no contrato.

Quanto ao *dies certus an incertus quando* a dúvida possível seria a de o enquadrar no «prazo», que assim passaria a «termo» ou equiparar às condições resolutivas. A lógica encaminha para a segunda solução, a qual é confirmada pelo disposto quanto ao termo incerto mais frequente, a morte de um sócio.

3.1. Por força do art. 141.º, n.º 1, al. *b*), a sociedade dissolve-se imediatamente «por deliberação dos sócios».

Este preceito continua o disposto no art. 120.º, n.º 6, CCom, o qual porém, falava em «acordo dos sócios», terminologia que se afastava da usada pelo art. 189.º, n.º 6, do Código Comercial italiano — «deliberazione dei socii» — embora aquele art. 120.º fosse geralmente inspirado neste art. 189.º. Talvez o legislador português de então tenha tido dúvidas quanto à curialidade da expressão «deliberação» relativamente às sociedades em nome colectivo, tal como ainda em leis modernas são usadas terminologias diferentes, conforme os tipos de sociedades — por exemplo, no Code Federal des Obligations, art. 545.º, relativo à sociedade simples, «volonté unanime des associés» e art. 736.º, relativo às sociedades anónimas «décison de l'assemblée générale; Cod. Civ. italiano, para a sociedade simples, «volontà di tutti i socii», art. 2448.º, para a sociedade anónima, «deliberazione dell'assemblea»; o projecto de Sociedade Anónima Europeia, art. 247, al. *a*) fala em «décision de l'assemblée générale».

O modo como o CSC regula as deliberações para todos os tipos de sociedade torna curial que, a propósito de dissolução, se fale em «deliberação» também para todos os tipos de sociedades. A influência dos vários tipos de sociedades revela-se, contudo, no facto de o art. 141.º não dizer «deliberação *da assembleia geral*», pois nalguns daqueles tipos, os sócios podem tomar deliberações por forma diversa da assembleia geral.

A deliberação dos sócios como causa de dissolução é uma manifestação de vontade de dissolver a sociedade. Os autores consideram-na geralmente a causa de dissolução mais natural, pois consiste no mútuo dissenso ou contrário consenso, na vontade contrária à vontade constitutiva inicialmente manifestada pelos sócios; outros declaram-na pelo menos a causa mais vulgar ou frequente.

Não pode confundir-se a deliberação dos sócios agora considerada e o estabelecimento de causas contratuais de dissolução; estas reconduzem-se à vontade dos sócios, mas limitam-se a prever a futura dissolução da sociedade como consequência da verificação de certos factos; acontece mesmo, que frequente e desnecessariamente, o «acordo», «deliberação», «vontade dos sócios» aparece nos contratos de sociedade como uma causa contratual de dissolução (não confundir com a regulamentação contratual desta causa legal de dissolução, na medida em que a lei permite).

3.2. A deliberação de sócios agora considerada é uma causa de dissolução imediata da sociedade, no sentido já referido. É uma deliberação *não vinculada*, ao contrário do que sucede com a deliberação prevista no art. 142.º, n.º 3. Certamente algum motivo agirá no espírito e na vontade dos sócios para estes dissolverem a sociedade, mas esse motivo só é relevante nos termos gerais de direito e não como necessário condicionamento da deliberação; pode, pois, dizer-se que esta deliberação é discricionária. Daí se segue que a deliberação dos sócios, como causa imediata de dissolução, não necessita de ser fundamentada e bem assim que: *a*) quando a deliberação dos sócios não for fundamentada, deve ser apreciada como *causa imediata* de dissolução, embora no caso concreto tenha ocorrido uma causa facultativa de dissolução; *b*) quando a deliberação for fundamentada em causa facultativa de dissolução, deve ser apreciada consoante o disposto no art. 142.º, n.º 3; *c*) quando a deliberação for fundamentada em facto que não constitua causa facultativa de dissolução, deve ser apreciada conforme a intenção dos sócios que for apurada; ou juntar uma fundamentação desnecessária à deliberação prevista no art. 141.º, ou actuar a dissolução da sociedade, embora erradamente, ao abrigo do art. 142.º.

O carácter *preceptivo* desta deliberação distingue-a da deliberação de reconhecimento de causa imediata de dissolução, prevista no art. 141.º, n.º 2. Praticamente, a distinção é facilitada por a deliberação de reconhecimento dever, por definição, recair sobre uma causa de dissolução (obviamente, diversa da deliberação dos sócios) prevista na lei ou no contrato, com eficácia imediata.

A causa de dissolução imediata prevista no art. 141.º, n.º 1, al. *b*) é uma *deliberação dos sócios*. Assim, nela não são abrangidos: *a*) quanto a outros acordos possíveis entre os sócios, os acordos parassociais, mesmo unânimes, dos quais pode apenas resultar, nos termos gerais, um compromisso de alguns ou todos os sócios de posteriormente virem a votar no sentido da dissolução; *b*) ainda quanto a outros acordos possíveis entre sócios, aqueles que não possam ser reconduzidos a deliberações de sócios; *c*) a dissolução por vontade unilateral de um ou mais sócios; *d*) a dissolução pretensamente decidida por outro órgão da sociedade.

Quanto a este último ponto, é de observar que a atribuição de competência para dissolver a sociedade a órgão diferente da assembleia geral (ou os sócios, deliberando por outra forma) pode, em teoria, ocorrer em duas circunstâncias: ou por cláusula contratual ou por deliberação dos sócios. Quanto à primeira hipótese, tratar-se-ia de uma causa facultativa ilícita. Quanto à segunda hipótese, a lei dá competência à assembleia para dissolver a sociedade, mas não para encarregar outro órgão de proceder à dissolução (para as sociedades por quotas, conf. art. 246.º).

Parte da doutrina italiana e muitos autores franceses qualificam a dissolução da sociedade por deliberação dos sócios como uma modificação do contrato de sociedade. Pelo menos no direito português é uma qualificação teoricamente errada e praticamente inútil. A modificação do contrato de sociedade consistiria, segundo uns autores, na alteração do prazo de duração da sociedade, no caso de este estar estabelecido no contrato, ou na inserção de um prazo, no caso contrário; segundo outros autores, consistiria na alteração do fim (finalidade) da sociedade, que passaria a ser a liquidação. Tudo isso é fantasioso e a tal respeito já dissemos o bastante para mostrar a clara distinção entre a dissolução, mesmo deliberada pelos sócios, e aqueles outros fenómenos apontados pela doutrina. No aspecto prático, as tentativas de recondução da dissolução por deliberação dos sócios a uma modificação do contrato constituem caminhos mais ou menos ínvios para preencher as lacunas da regulamentação legal daquela deliberação; através da referida qualificação pretende-se aplicar à deliberação de dissolução o regime estabelecido na lei para a modificação do contrato. Ora isto é inútil entre nós, onde o CSC expressamente regula os aspectos principais da referida deliberação.

Por definição, esta causa de dissolução só pode operar desde que a sociedade ainda não esteja dissolvida. Teria objecto legalmente impossível a deliberação dos sócios que dissolvesse a sociedade depois de esta ser dissolvida por outra causa, devendo obviamente verificar-se *quando* a sociedade se dissolveu por essa outra causa. Assim, é lícito dissolver a sociedade por deliberação dos sócios, como causa imediata, embora já tenha ocorrido um facto considerado causa facultativa, mas ainda não tenha havido ou sentença judicial ou a deliberação prevista no art. 156.º n.º 2.

3.3. Aceita-se geralmente que a deliberação de dissolução da sociedade pode ser tácita ou implícita, o que pressupõe resolvido afirmativamente o problema da admissibilidade de deliberações implícitas e, depois, que especialmente nada se opõe ao carácter implícito de uma deliberação com este objecto. Problema diferente é o de saber quando certas deliberações contêm implicitamente uma deliberação de dissolução. Quanto ao primeiro aspecto, admitimos em princípio a referida solução afirmativa, embora consideremos muito reduzida a sua utilidade prática. Na verdade, os requisitos de forma prescritos no art. 145.º tornam indispensável que a intenção de dissolução da sociedade apareça como expressa ou para a acta da deliberação ser lavrada por notário ou, não se tendo procedido assim, para ser outorgada a escritura de dissolução. Quanto ao segundo aspecto, comanda o art. 217.º, n.º 1, CC, devendo a deliberação tomada permitir que, *com toda a probabilidade*, dela se deduza a vontade de dissolver a sociedade. Dos casos correntemente apontados, admitimos a deliberação implícita de dissolução se a assembleia deliberar nomear liquidatários e fixar o prazo de liquidação; a alienação da empresa social, só por si, não implica a vontade de dissolver a sociedade — a não ser que o exercício dessa empresa constitua o único objecto social e mesmo assim é duvidoso qual terá sido nesse caso a causa de dissolução — podendo o dinheiro ser investido noutra actividade social; o caso de locação do único estabelecimento pertencente à sociedade envolve problemas de distinção entre sociedade e comunhão, deslocados neste lugar.

3.4. Como deliberação dos sócios, esta é sujeita aos requisitos gerais de deliberações sociais. Há, no entanto, algumas questões particulares para deliberações com este objecto e há, para essas deliberações, alguns requisitos especiais, conforme o tipo de sociedade.

Uma questão suscitada por alguns autores alemães consiste em saber quem representa a sociedade nas acções de anulação da deliberação que dissolva a sociedade. É de aceitar que, tratando-se de acções de anulação, a representação da sociedade caiba ao liquidatário, como consequência de a deliberação ser válida até à sentença judicial que a anule.

Colocam-se questões relativas ao voto nessas deliberações: no caso de usufruto da participação social, no caso de penhor da participação social e no caso de contitularidade da participação social.

Quanto ao caso de usufruto de participação social, providencia o art. 1467.º, n.º 1, al. *c*) e n.º 2, CC, para o qual remete o art. 23.º, n.º 2, CSC; nas deliberações que importem dissolução da sociedade, o voto pertence conjuntamente ao usufrutuário e ao titular da raiz.

Quanto ao penhor de participações sociais, por força do art. 23.º, n.º 4, o voto pertence normalmente ao titular da participação dada em penhor, mas pode ser exercido pelo credor pignoratício, se nesse sentido houver convenção das partes.

Quanto à contitularidade de quotas em sociedade por quotas, o art. 223.º, n.º 6, não fala em dissolução da sociedade, mas fala em extinção da quota, o que manifestamente acontece se a sociedade se dissolver, e o mesmo sucede quanto ao art. 224.º, n.º 1. Portanto, o representante comum dos contitulares só poderá votar na deliberação de dissolução da sociedade se o testamento (por força do qual a contitularidade tenha nascido), todos os contitulares ou o tribunal (no caso de ele ter sido nomeado pelo tribunal) lhe atribuírem poderes para isso; por sua vez, a deliberação de todos os contitulares que tenha por objecto o voto na deliberação de dissolução da sociedade deve reunir o consentimento de todos os contitulares (v. comentário aos arts. 223.º e 224.º).

A maioria necessária para a deliberação de dissolução da sociedade varia consoante o tipo de sociedade. Para as sociedades em nome colectivo regula o art. 194.º, n.º 1: é indispensável a unanimidade, a não ser que o contrato autorize a deliberação por maioria, que não pode ser inferior a três quartos dos votos de todos os sócios. Para as sociedades por quotas, é aplicável o art. 270.º, n.º 1: a deliberação de dissolução da sociedade deve ser tomada por maioria de três quartos dos votos correspondentes ao capital social, a não ser que o contrato exija maioria mais elevada ou acrescente outros requisitos. A redacção deste preceito faz desaparecer algumas dúvidas que a doutrina e a jurisprudência tinham suscitado quanto à interpretação do art. 41.º LSQ, mas deixa subsistir uma delas. Assim, é agora bem claro que o preceito só é dispositivo no sentido de ser aumentada pelo contrato a maioria mínima exigida pela lei, bem como é clara a disponibilidade no sentido do aumento da maioria. Resta saber se o contrato pode estipular a unanimidade. Voltaremos adiante ao assunto, bem como à interpretação dos «outros requisitos».

O art. 464.º, n.º 1, dispõe, para as sociedades anónimas, que «a deliberação de dissolução da sociedade deve ser tomada nos termos previstos no art. 383.º, n.ºs 2 e 3 e no art. 386.º, n.ºs 3, 4 e 5, podendo o contrato exigir uma maioria mais elevada ou outros requisitos». Resumidamente, o regime vigente é o seguinte:

— no respeitante a *quorum* (constitutivo), para que a assembleia geral possa deliberar, em primeira convocação, a dissolução da sociedade, devem estar presentes ou representados accionistas que detenham, pelo menos, acções correspondentes a um terço do capital social; em segunda convocação, a assembleia pode deliberar seja qual for o número de accionistas presentes ou representados e o capital por eles representado.

— no respeitante a maioria (*quorum* deliberativo), a dissolução deve ser aprovada por dois terços dos votos emitidos, quer a assembleia reúna em primeira, quer em segunda convocação; no entanto, se na assembleia reunida em segunda convocação, estiverem presentes ou representados accionistas detentores de, pelo menos, metade do capital social, a deliberação de dissolução pode ser tomada pela maioria dos votos emitidos.

Para as sociedades em comandita, o art. 473.º, n.º 1, determina que «a deliberação de dissolução da sociedade é tomada por maioria que reúna dois terços dos votos que cabem aos sócios comanditados e dois terços dos votos que cabem aos sócios comanditários».

As questões acima deixadas em aberto quanto às sociedades por quotas são comuns às sociedades anónimas e por isso as tratamos em conjunto. Os dizeres do CSC a este respeito correspondem a preceitos da AktG, § 262, (1), 2: «... os estatutos podem exigir uma maioria de capital superior e outros requisitos»; para a GmbH, § 60, 2: «por deliberação dos sócios; esta necessita, na medida em que o contrato de sociedade não disponha diferentemente, de uma maioria de três quartos dos votos emitidos». Para a lei das sociedades por acções, os comentadores abordam a questão partindo da indisponibilidade do citado preceito e raciocinando que os estatutos, tal como não podem banir directamente a dissolução da sociedade por deliberação dos sócios, também não podem criar para esta um regime tão difícil que praticamente a exclua como causa de dissolução, não chegam, contudo, a conclusões claras quanto à exigência de unanimidade e à determinação dos outros pressupostos aceitáveis. Os comentadores da GmbHG levam às últimas consequências a redacção do citado parágrafo e admitem que o contrato estipule a unanimidade e altere em qualquer sentido a maioria referida na lei. Esta doutrina não é recebida pelo RegEnt, § 214, 2.

Passando a raciocinar sobre os nossos textos, a letra destes, permitindo a exigência de *uma maioria superior* àquela com que a lei se contenta, parece excluir a estipulação de unanimidade. Duas considerações nos levam, porém, a concluir diversamente. Em primeiro lugar, não vemos diferença substancial entre uma elevadíssima maioria e a unanimidade. Em segundo lugar, uma vez que a maioria é calculada pelo número de votos e não por cabeças, pode suceder que a maioria exigida pelos estatutos ou mesmo a maioria exigida pela lei conduzam efectivamente a uma exigência de unanimidade: por exemplo, uma sociedade por quotas com dois sócios, um dos quais possua mais de 25 % do capital social.

A generalidade dos comentários da doutrina alemã sobre os «outros requisitos» parece-nos aceitáveis para a interpretação do nosso preceito. Assim, dever-se-á assentar, em primeiro lugar, que os outros requisitos licitamente estipuláveis são requisitos que *respeitam* à deliberação e não requisitos que *acrescem* à deliberação. Isto exclui logo o consentimento de entidades estranhas à sociedade. Em segundo lugar, não pode ser exigido o consentimento de outros órgãos da sociedade, porque isso conduziria a atribuir a esses órgãos uma competência para a dissolução que a lei reserva exclusivamente à assembleia (deliberação dos sócios). Como requisitos admissíveis, apontam-se o voto concordante com a dissolução de certo sócio ou accionista e a aprovação por deliberações de categorias de acções.

Quanto à forma da dissolução, v. comentário ao art. 145.º.

O projecto modificado da Sociedade Anónima Europeia, a pedido do Parlamento Europeu, prescreveu que o conselho europeu de empresa seja consultado antes de a assembleia geral se pronunciar sobre a dissolução da sociedade tendo em vista chegar a um acordo sobre as medidas a tomar relativamente aos trabalhadores (art. 248a). A assembleia geral não fica impedida de deliberar a dissolução, mas as referidas medidas podem ser objecto de arbitragem.

3.5. A deliberação dos sócios pode aparecer pura e simples ou acompanhada de elementos acidentais; o valor de algum destes é discutível.

A condição suspensiva e o termo inicial são geralmente admitidos e realmente não há motivo para os recusar, ressalvada sempre a licitude de cada condição, em si mesma. Assim, em vários países têm sido admitidas condições como «se a venda da empresa de que a sociedade é proprietária se efectuar ou se efectuar por certo preço»; «se dentro de certo tempo for constituída uma nova sociedade, para a qual seja transmitido o activo da sociedade». Também é compreensível que os sócios pretendam que a sociedade se dissolva em certa data, por exemplo, no fim do exercício em curso.

No entanto, quanto ao termo inicial, haverá que distinguir — o que talvez nem sempre seja fácil, mas é indispensável — entre a aposição de um termo inicial a uma deliberação de dissolução e uma deliberação que pretenda estabelecer um termo final para a sociedade. Consideramos exagero entender que qualquer termo inicial aposto a uma deliberação de dissolução da sociedade deva ser considerado um termo final aposto a um contrato de sociedade, mas pode suceder que uma deliberação aparente a primeira intenção e tenha realmente a segunda — como uma deliberação que dissolvesse a sociedade para daí a vinte anos — caso em que o termo deverá ser tratado de harmonia com a sua intenção real.

No que respeita a termo final ou a condição resolutiva, são ilícitos, porque contrariam os fins legais da dissolução; desta nasce uma situação definitiva, que deve conduzir à extinção da sociedade, ressalvada apenas a possibilidade de ser posto fim voluntário à liquidação, em conformidade com o disposto no art. 161.º.

Aparecem casos em que a própria sociedade se compromete para com terceiros a não se dissolver (por deliberação dos sócios) e casos em que contratos de sociedade estipulam que ela não se dissolverá por deliberação dos sócios (ou por estas palavras, ou por estipulação de uma lista taxativa de causas de dissolução onde aquela não está incluída). Quanto à primeira hipótese, apenas haverá que separar o efeito obrigacional desse acordo, conducente eventualmente a responsabilidade da sociedade, e o efeito dissolutivo da deliberação que, apesar daquele compromisso, venha a ser tomada, efeito esse válido. Quanto à segunda hipótese, a cláusula deverá ser considerada nula, pois são imperativos os preceitos legais que estabelecem causas de dissolução, acrescendo que o efeito prático daquela cláusula seria nenhum, pois se os sócios quisessem, apesar da cláusula contratual, dissolver a sociedade, poderiam começar por revogar a dita cláusula.

4.1. Nos arts. 141.º e 142.º, por *quatro vezes* aparecem referidas como causa de dissolução circunstâncias ligadas ao objecto da sociedade, umas vezes *objecto contratual* e outras vezes *objecto de facto*.

Relativamente ao *objecto contratual* são previstas três circunstâncias: a realização completa, a ilicitude superveniente, a impossibilidade de facto; relativamente ao *objecto de facto* é para este efeito relevante a sua não compreensão no objecto contratual.

Dessas quatro causas, duas ligadas ao objecto contratual são causas imediatas de dissolução: a realização completa e a ilicitude superveniente; são causas facultativas, a ligada ao objecto de facto e mais a impossibilidade de facto do objecto contratual.

Convirá lembrar alguns preceitos do CSC relativos ao objecto da sociedade: o art. 9.º, n.º 1, al. *d*), que manda constar do contrato de qualquer tipo de sociedade «o objecto da sociedade»; o art. 11.º, n.º 1, segundo o qual, como objecto da sociedade devem ser indicadas as actividades que os sócios se propõem exercer em comum; o art. 11.º, n.º 2, que atribui aos sócios competência para deliberar, dentro do objecto contratual, as actividades que efectivamente a sociedade exercerá, bem como para deliberar a suspensão ou cessação duma actividade que venha sendo exercida; o art. 42.º, n.º 1, al. *c*), que comina a nulidade do contrato de sociedade por quotas ou de sociedade anónima definitivamente registado, se o objecto social for ilícito ou contrário à ordem pública.

*Objecto de sociedade* é, pois, a actividade que os sócios se propõem exercer em comum. A sociedade deve ter um *objecto contratual*, ou seja, actividades que os sócios se propõem exercer em comum, indicado no contrato de sociedade. A extensão possível do objecto social pode conduzir a que, de várias acções previstas como objecto contratual, só uma ou algumas sejam, em certo momento, exercidas; pode falar-se para tais casos, em *objecto (contratual) efectivo*. *Objecto de facto* é expressão usada em vários sentidos: ou como sinónimo de objecto efectivo; ou como a actividade que, em certo momento, a sociedade exerce, sem que isso importe confronto com objecto contratual; como uma actividade exercida pela sociedade sem que tal actividade esteja compreendida no objecto contratual.

A doutrina dos países onde a lei contém disposições semelhantes à do nosso art. 141.º, n.º 1, al. *c*) acentua a sua «naturalidade»: o objecto da sociedade é um elemento essencial do contrato e, portanto, se esse elemento deixa de existir por já estar realizado, a sociedade dissolve-se; os sócios contrataram realizar em comum uma determinada actividade e, ocorrida essa realização, a nada mais estão vinculados.

O objecto a considerar para apurar a dissolução da sociedade é aquele que contratualmente a sociedade tiver à data em que ocorra a sua realização completa. Tanto pode, portanto, ser objecto inicialmente contratado, como o objecto introduzido no contrato por alteração do contrato inicial. Isto é óbvio e só o mencionamos por o STJ, num antigo e infeliz acórdão — de 16 de Julho de 1943, BOMJ, 3, 335 — ter julgado que uma sociedade se dissolvera, por força do art. 120.º, n.º 2, CCom, por ter substituído, com as formalidades legais, o seu objecto inicial.

Tal como sucede com a alteração da cláusula de duração da sociedade, a cláusula de objecto é modificável, mas a sua modificação é acompanhada por certas precauções, as quais contrabalançam o argumento de que cada sócio só quis contratar a sociedade para exercer em comum *aquela* actividade.

Também quanto à alteração da cláusula contratual de objecto, nas sociedades em nome colectivo, é necessária a unanimidade dos votos, salvo se o contrato admitir maioria qualificada, e nas sociedades por quotas o sócio dissidente pode exonerar-se da sociedade — arts. 185.º e 240.º.

O art. 120.º, n.ºs 2 e 3, do CCom dispunha que as sociedades comerciais dissolvem-se «pela extinção ou cessação do seu objecto», «por se achar preenchido o fim delas, ou ser impossível satisfazê-lo». Muito se escreveu sobre estes dois preceitos. Também eu o fiz, concluindo que ele resultara do art. 1276.º do Código Civil então vigente, com interpolação retirada do art. 189.º do Código Comercial italiano; por sua vez, aquele art. 1276.º inspirara-se no art. 1865.º do Código Civil francês. Dessa mistura resultava que «objecto» no n.º 2 do art. 120.º não era a actividade exercida pela sociedade e que noutros preceitos do CCom era designada por «objecto social», mas a *coisa* sobre que essa actividade social se exercia; no n.º 3 do art. 120.º, a palavra «fim» designava o «objecto social».

O CSC não contém vestígios da obsoleta ideia de dissolução da sociedade por extinção ou cessação da «coisa».

4.2. A extensão dos objectos contratuais atribuídos às sociedades afasta correlativamente a aplicação prática da causa de dissolução agora considerada. Para que a actividade que contratualmente os sócios pretendem exercer em comum possa considerar-se inteiramente realizada é indispensável que ela seja de tal modo específica que materialmente haja possibilidade da sua realização completa. Não interessa o tempo mais ou menos longo que tal realização pressupõe, mas apenas que ela, por natureza, deva um dia estar realizada.

A lei refere-se à realização do *objecto contratual*: a realização completa do objecto efectivo que não cubra totalmente o objecto contratual não produz dissolução. Por exemplo, haverá dissolução por esta causa se a sociedade for exclusivamente constituída para explorar a concessão X e o prazo desta terminar, mas não a haverá se, explorando a sociedade efectivamente a concessão X, cujo prazo terminou, o seu objecto contratual for «a exploração de concessões» ou for «a exploração da concessão X e a exploração de concessão Y». Não aceitamos, pois, que a sociedade se dissolva, por esta causa, se o seu objecto efectivo for esgotado e depois disso a sociedade se mantiver inactiva; a inactividade pode constituir causa de dissolução, mas no caso referido não pode o objecto ser considerado restringido por vontade informal (expressa ou tácita) dos sócios e completamente realizado.

Nem sempre é nítida a realização completa contratual. Por um lado, poderá ser necessário recorrer a critérios técnicos ou sociais para se averiguar a realização do objecto contratual; no exemplo vulgar da sociedade que tem por único objecto a exploração de uma certa mina, não se exigirá certamente a prova de ter sido extraído o último grão de minério existente na mina, havendo um momento em que tecnicamente se considera completamente realizada a exploração. Por outro lado, pode suceder que certas actividades necessariamente complementares de uma actividade principal já completamente realizada devam ser ainda consideradas como incluídas no objecto principal; por exemplo, constituída uma sociedade para efectuar, por empreitada, uma certa obra pública, o objecto social não deve considerar-se realizado antes de terminado o período de garantia em que incumbe ao empreiteiro efectuar eventualmente trabalhos de reparação ou conservação. Finalmente, importa separar a actividade exercida pela sociedade e certas operações materiais ou jurídicas, subsequentes à realização completa do objecto contratual — desmantelamento do estaleiro da sociedade empreiteira; despedimento do pessoal; litígios entre uma sociedade concessionária e o concedente, etc. Nestes últimos casos parece que a linha de separação deve ser colocada conforme as operações podem ou não podem ser efectuadas na fase de liquidação; só no primeiro caso se considerará realizado o objecto contratual, antes de terminadas aquelas operações.

4.3. Uma vez que a sociedade se dissolve imediatamente pela realização completa do objecto contratual e como, por definição, este objecto é estabelecido no contrato, pode parecer que no contrato a duração da sociedade está fixada em função do objecto da sociedade e que, portanto, quando o objecto contratual está completamente realizado, a sociedade dissolve-se por ter terminado a sua *duração* contratual, ou pelo menos que se cumulam duas causas legais de dissolução — o decurso do prazo fixado no contrato e a realização completa do objecto social.

Acima, interpretámos a palavra «prazo» no sentido restrito de *dies certus an* e *certus quando*, o que evita a confusão de causas agora considerada. No entanto, outras interpretações são dadas, noutros países, perante expressões equivalentes; por exemplo, o § 262 (1) 1 AktG fala em decurso do *tempo* fixado nos estatutos (Ablauf der in der Satzung bestimmten Zeit) e a doutrina entende que o termo contratual não precisa de ser fixado em função do tempo, incluindo nesse preceito qualquer outro evento, designadamente, eventos ligados ao objecto social.

A ligação entre a duração da sociedade e a realização do objecto da sociedade pode aparecer no contrato mais ou menos explicitamente; pode simplesmente aparecer descrito o objecto e nada se dizer quanto à duração; pode aparecer uma cláusula em que se estipule que a sociedade durará enquanto durar o objecto social, ou que a sociedade terminará quando terminar o objecto social ou frases semelhantes.

No primeiro caso, não houve estipulação contratual de duração, com a consequência, no nosso actual direito, de que a sociedade durará por tempo indeterminado — art. 15.º, n.º 1. Isto não quer dizer que a sociedade continue depois de realizado completamente o objecto contratual, mas apenas que se dissolve por este facto e não pelo decurso de qualquer prazo, que não existe.

No segundo caso, também não há rigorosamente fixação da duração da sociedade, no sentido que determinámos, pois não há fixação de um prazo. A cláusula, embora redigida como de duração, é apenas a repetição da causa legal de dissolução por realização completa do objecto contratual. A doutrina alemã acima referida justifica-se por a AktG não prever a realização completa do objecto contratual como causa legal de dissolução, o que conduz os autores a um dilema: ou, realizado completamente o objecto contratual, a sociedade só poderá dissolver-se por deliberação da assembleia geral (segunda causa legal de dissolução); ou a realização completa do objecto contratual é absorvida no decurso do tempo, para ter eficácia imediata; a segunda alternativa é escolhida como mais conforme às intenções dos sócios e às necessidades da prática.

Hipótese diferente das até agora consideradas é a de no contrato aparecerem, sem qualquer ligação expressa, uma cláusula de fixação de prazo, no sentido rigoroso do termo, e uma cláusula de objecto restrito; concebe-se então ou que o prazo termina antes de completamente realizado o objecto ou que o objecto seja completamente realizado antes do decurso do prazo. Quanto à verificação do prazo antes da realização do objecto, a discussão é muito antiga e nela teve durante muito tempo influência a opinião de STRACCHA: «societas, inita per tempus, non durat ultra praefixum tempus; licet negotia non sint perfecta.» Para se chegar à conclusão contrária, que modernamente tende a ser adoptada, costuma-se atenuar o significado da cláusula de prazo, considerando este «indicação aproximativa» ou «simplesmente normativo».

Concordamos com esta moderna opinião, mas com uma ressalva. Ela poderá ser utilizada quando a interpretação do contrato não permita chegar a conclusão alguma sobre a intenção das partes relativamente às duas cláusulas, mas afigura-se que primeiramente deve ser tentada a interpretação do contrato, podendo suceder que o elemento determinante da vontade seja o prazo, apesar de a obra ficar incompleta.

Na hipótese contrária — realização completa do objecto contratual, antes do decurso do prazo contratual, não tendo os sócios procedido oportunamente à alteração da cláusula de objecto — a sociedade não poderá funcionar, por falta de um elemento essencial e, consequentemente deve considerar-se dissolvida por aquela causa, como sucederia mesmo que os sócios tivessem estipulado duração indeterminada para a sociedade.

5. Por força do art. 141.º, n.º 1, al. *d*), a sociedade dissolve-se imediatamente pela ilicitude superveniente do objecto contratual.

O objecto da sociedade, como já dissemos a respeito da alínea anterior, é constituído por actividades. Com ressalva do que dizemos quanto a objectos complexos, a referida alínea *d*) abrange directa e inequivocamente o caso de a actividade que constitui o objecto contratual ser declarada ilícita. A nosso ver, esta última abrange também duas outras hipóteses: a actividade que constitui o objecto contratual de uma sociedade não ser tornada ilícita em si mesma, mas o seu exercício ser tornado ilícito para sociedades privadas; a actividade ser proibida a sociedades de certo tipo. Com efeito, em todas essas hipóteses é atingida, por uma forma ou outra, a actividade que certa e determinada sociedade tomara como objecto contratual.

A ilicitude deve ser superveniente, o que deve ser entendido como posterior à celebração do contrato de sociedade, visto ter sido neste que o objecto contratual foi estipulado. A ilicitude inicial — à data da celebração do contrato de sociedade — constitui vício determinante da nulidade do contrato, mesmo para sociedades por quotas ou anónimas cujo contrato já esteja registado (art. 42.º, n.º 1, al. *c*).

O objecto a considerar para o efeito é o objecto contratual. Não interessam actividades que estejam a ser exercidas de facto sem estarem incluídas no objecto contratual, e é irrelevante que, estando a actividade proibida incluída no objecto contratual, ela esteja ou não a ser exercida de facto.

Não surgirão dúvidas quanto a aplicação desta alínea nos casos em que a actividade supervenientemente tornada ilícita constitua o único objecto social. Duas outras hipóteses há que considerar: a sociedade ter objectos (actividades) múltiplas especificadas, uma das quais se tornou ilícita, e o objecto contratual estar redigido de maneira genérica, na qual se inclua a actividade tornada ilícita. Não vemos motivo para nestas duas hipóteses a sociedade ser dissolvida, pois no seu objecto contratual estão incluídas actividades que ela pode licitamente exercer.

6. Determina o art. 141.º, n.º 1, al. *e*) que a sociedade dissolve-se imediatamente pela declaração de falência. Não há inovação relativamente ao direito anterior, pois já o art. 120.º, n.º 4, CCom, dispunha que as sociedades comerciais dissolvem-se «pela falência» e a maioria da doutrina entendia que «falência» correspondia a «declaração de falência».

A falência é declarada por sentença — Cód. Proc. Civ., art. 1180.º — e a partir dela a sociedade ter-se-á por dissolvida.

Não têm hoje cabimento dúvidas surgidas no direito anterior, resultantes principalmente do disposto no art. 121.º, n.º 4, CCom, pelo qual o disposto no corpo do artigo quanto a operações posteriores à dissolução começava a ter efeito «da data em que for (a sociedade) declarada em liquidação pelos sócios ou pelo tribunal». Havia quem entendesse que a declaração da falência não era bastante para a sociedade, embora dissolvida, não poder efectuar novas operações, sendo necessária uma deliberação dos sócios ou uma nova sentença do tribunal. Como o CSC não contém preceito semelhante àquele art. 121.º, n.º 4, desaparece a base dessas doutrinas. No entanto, o seu desenvolvimento teórico pode ter ainda alguns resquícios de verosimilhança, que convém afastar.

A questão básica consiste em saber se há necessidade ou possibilidade de separar a liquidação seguinte à falência e a liquidação ordinária, de modo que uma e outra sejam possíveis no caso de falência. Há quem se pronuncie afirmativamente, dizendo que a liquidação seguinte à falência é o meio executivo para repartição dos bens do falido entre os credores e a liquidação ordinária tem por objecto regular as relações internas dos sócios e as existentes entre a sociedade e terceiros.

Parece-nos indubitável que o processo de liquidação, por falência, em benefício dos credores substitui a liquidação ordinária, quando a falência é causa de dissolução ou ocorre depois de dissolvida a sociedade. O processo de falência também é um processo de liquidação, adaptado às circunstâncias. e afigura-se-nos ilógica a referida argumentação. Segundo ela, depois de declarada a falência, os sócios ou o tribunal deveriam declarar a sociedade em liquidação, mas não se vê que liquidação seria essa. Certamente não poderiam declarar uma liquidação diversa da do processo de falência, visto que não pode este processo ser afastado pela vontade das partes, nem pelo tribunal; logo, só pode haver neste caso uma liquidação — a da falência — e coerentemente só pode haver uma declaração de liquidação — também a da falência.

E compreende-se que assim seja. Verificada a falência, a sociedade não se encontra em circunstâncias que lhe permitam continuar a actividade para realização do seu escopo inicial e normal. O processo de falência é por si mesmo uma forma de liquidação do património e, uma vez a falência declarada, deixa de se conceber o exercício em comum de uma actividade económica com o escopo de repartir os lucros. Constituiria na verdade um contra-senso submeter obrigatoriamente a sociedade a um processo judicial de liquidação do seu património, mas ao mesmo tempo deixar ao arbítrio dos sócios dissolver ou não a sociedade, isto é, mantê-la ou não como se o seu património não estivesse em liquidação e ela pudesse continuar a sua vida normal para a realização dos fins iniciais.

É interessante notar como certos incidentes do processo de falência impressionaram autores que estudaram a falência como causa de dissolução da sociedade; tais incidentes são os embargos à falência, o acordo de credores e a concordata suspensiva. Por comodidade, só à concordata nos reportamos.

Obtida concordata suspensiva, é indispensável que a sociedade retome a vida activa, sem as peias da fase de liquidação, que não a deixariam funcionar para conseguir os próprios fins da concordata. Ora, os autores deixam-se impressionar pela dificuldade que vêem em uma sociedade que tenha sido dissolvida e entrado em liquidação, retomar a fase normal da sua actividade.

Fazendo actuar a distinção entre causas *ipso iure* e causas facultativas, uns autores entendem que a possibilidade de concordata só se coaduna com o carácter facultativo da causa de dissolução; outros buscam soluções que, mantendo o carácter *ipso iure* da causa de dissolução, permitam a concordata e concluem que após a concordata há uma nova sociedade, diferente da sociedade falida.

A primeira dessas opiniões não tem a mínima viabilidade em sistemas, como o actual português, onde expressamente a lei atribui eficácia imediata à dissolução pela declaração de falência. De qualquer modo, ela é ilógica, porque, depois de a causa de dissolução facultativa ter actuado, por meios privados ou judiciais previstos na lei, a sociedade está tão dissolvida como se a essa causa tivesse carácter imediato; portanto, subsistiria a dificuldade que se reporta à reposição em actividade, da sociedade dissolvida.

A segunda das referidas opiniões é desnecessariamente exagerada.

O processo de falência é um processo de liquidação do património de uma sociedade dissolvida; se no decorrer dele houver necessidade de interromper a liquidação e fazer a sociedade retomar a sua actividade, estamos perante um fenómeno paralelo ao regulado no art. 161.º. Compreendemos que a dificuldade encontrada pela doutrina antiga parecesse grave, dadas as dúvidas que, em geral, existiam quanto ao termo voluntário da liquidação, mas desde que este termo passa a ser reconhecido para as sociedades dissolvidas em geral, devem cessar as perplexidades quanto à sociedade dissolvida por falência. O fenómeno é o mesmo, embora os processos difiram, uma vez que na falência há aspectos especiais a considerar.

ARTIGO 142.º

## (CASOS DE DISSOLUÇÃO POR SENTENÇA OU DELIBERAÇÃO)

**1 — Pode ser requerida a dissolução judicial da sociedade com fundamento em facto previsto na lei ou no contrato e ainda:**

*A*) **Quando o número de sócios for inferior ao mínimo exigido por lei, excepto se um dos sócios restantes for o Estado ou entidade a ele equiparada por lei para esse efeito;** (*)

*B*) **Quando a actividade que constitui o objecto contratual se torne de facto impossível;**

*C*) **Quando a sociedade não tenha exercido qualquer actividade durante cinco anos consecutivos;**

*D*) **Quando a sociedade exerça de facto uma actividade não compreendida no objecto contratual.**

**2 — Se a lei nada disser sobre o efeito de um caso previsto como fundamento de dissolução ou for duvidoso o sentido do contrato, entende-se que a dissolução não é imediata.**

**3 — Nos casos previstos no n.º 1 podem os sócios, por maioria absoluta dos votos expressos na assembleia, dissolver a sociedade, com fundamento no facto ocorrido.**

**4 — A deliberação prevista no número anterior pode ser tomada nos seis meses seguintes à ocorrência da causa de dissolução e, a partir dela ou da escritura exigida pelo art. 145.º,**

---

(*) No DR, «feito», por manifesta gralha não rectificada.

**n.º 1, considera-se a sociedade dissolvida, mas, se a deliberação for judicialmente impugnada, a dissolução ocorre na data do trânsito em julgado da sentença.**

## SUMÁRIO

8. Causas legais especiais. Sociedades em nome colectivo
    - 8.1. Dissolução relacionada com a execução de parte do sócio (art. 183.º)
    - 8.2. Dissolução a requerimento do sucessor do sócio falecido (art. 195.º, n.º 1, al. *a*))
    - 8.3. Dissolução a requerimento do sócio que pretenda exonerar-se (art. 195.º, n.º 1, al. *b*))
    - 8.4. Dissolução por deliberação em caso de falecimento de sócio (art. 184.º, n.º 1)
    - 8.5. Dissolução em caso de incapacidade do sucessor do sócio (art. 184.º, n.ºs 5 e 6)
9. Causas legais especiais. Sociedades por quotas
    - 9.1. Dissolução em caso de transmissão da quota dependente da vontade dos sucessores (art. 226.º, n.º 2)
    - 9.2. Dissolução em caso de exoneração do sócio (art. 240.º, n.ºs 3 e 5)
10. Causas legais especiais. Sociedades anónimas
    - 10.1. Dissolução por falta de remição de acções (art. 345.º, n.º 9)
    - 10.2. Dissolução por redução do número legal mínimo de accionistas (art. 464.º, n.º 3)
11. Causas legais especiais. Sociedades em comandita
12. Causa legal transitória (falta do montante mínimo legal de capital)
13. Causas contratuais. *A*) Cláusulas relacionadas com a morte de um sócio
    - 13.1. A tradição e as modalidades destas cláusulas
    - 13.2. O regime do Código Civil
    - 13.3. O regime do CSC, quanto a sociedade em nome colectivo e quanto a sociedades por quotas
    - 13.4. Introdução de cláusulas por alteração do contrato
    - 13.5. Cláusulas tácitas
14. Cláusulas de dissolução por vontade de um sócio
    - 14.1. A vontade de um sócio como causa legal de dissolução da sociedade
    - 14.2. A vontade do sócio como causa de exoneração
    - 14.3. Proibição da cláusula de dissolução por simples vontade de sócio
15. Cláusulas de dissolução por justa causa
    - 15.1. Justa causa como fundamento de dissolução total e como fundamento de dissolução parcial da sociedade
    - 15.2. Cláusulas que consideram casos específicos de justa causa
    - 15.3. Cláusulas que consideram genericamente a justa causa

1.1. O art. 142.º é epigrafado «Casos de dissolução por sentença ou deliberação». Em versões anteriores teve as rubricas «Casos de dissolução judicial» e «Outros casos de dissolução». Referir apenas a dissolução judicial era incorrecto, uma vez que no texto a dissolução tanto era possível por sentença judicial como por deliberação dos sócios. Proceder por exclusão, referindo as «outras» (além das previstas no art. 141.º) causas de dissolução, representava uma desistência do legislador quanto a encontrar meios de exprimir total e claramente o regime a que estas causas ficam sujeitas.

Outras expressões poderiam ter sido usadas, cada uma com seu inconveniente próprio. Falar em *causas de eficácia diferida* exprime a contraposição às causas de eficácia imediata previstas no art. 141.º, mas pode levar a supor que elas produzem *sempre*, embora diferidamente, a dissolução da sociedade, o que não é verdade. *Causas facultativas* têm o defeito de não revelar com clareza que a faculdade por elas aberta respeita à efectivação da dissolução e não à inclusão de certos factos no elenco das causas de dissolução, contrapondo-se, portanto, às causas legais, além de que colhe um aspecto diferente do utilizado para denominar a categoria oposta (causas imediatas ou de eficácia imediata).

A expressão adoptada no texto legal definitivo é correcta (parece exagerado receio a possibilidade de confusão com a dissolução imediata por deliberação dos sócios), mas incómoda numa exposição doutrinária. Apesar de todos os defeitos acima apontados — os quais passam a ter o valor de ressalvas — passaremos a utilizar *causas de dissolução facultativa* ou apenas *causas facultativas*.

1.2. A causa de dissolução facultativa é um facto a que a lei ou o contrato atribuem o efeito de habilitar certas entidades a requerer judicialmente a dissolução da sociedade ou de habilitar os sócios a dissolver a sociedade, por meio de deliberação tomada em certos termos.

O facto deve estar previsto na lei ou no contrato, tal como acontece para as causas imediatas. É ilícito estabelecer causas de dissolução da sociedade por simples deliberação social ou por acordos parassociais; é impossível considerar uma sociedade dissolvida por facto que não esteja previsto na lei ou no contrato.

A previsão legal ou contratual duma causa de dissolução implica logicamente a inclusão da natureza dissolutiva do efeito previsto para o facto, mas não forçosamente as características específicas do efeito, dentro das duas ordens admitidas pelo CSC, ou por outras palavras, não é forçosa a expressão do carácter imediato ou facultativo da causa prevista. Tanto a lei como o contrato podem definir a espécie de efeito que atribuem a ùma causa de dissolução, mas quando o não fizerem, intervém a regra integradora do art. 142.º, n.º 2.

A ocorrência duma causa facultativa de dissolução habilita:

*a*) as entidades referidas no art. 144.º, n.º 1, a proporem acção de dissolução da sociedade;

*b*) os sócios, por maioria absoluta dos votos expressos na assembleia, a dissolver a sociedade com fundamento no facto ocorrido.

Sobre a acção judicial de dissolução falar-se-á no comentário ao art. 144.º.

Entre estas duas vias não existe precedência que não resulte do funcionamento próprio de cada uma delas. Assim:

*a*) a deliberação social é impossível depois de ter transitado em julgado a sentença proferida sobre o mérito da acção de dissolução (caso pouco provável, atendendo à duração normal das acções), seja qual for o sentido desta: decretada a dissolução, a deliberação tem objecto impossível; negada a dissolução, está definitivamente assente a inexistência de causa de dissolução.

*b*) Paralelamente, a acção de dissolução não tem objecto se antes de proposta ou no decurso dela a sociedade deliberar a dissolução.

*c*) Deliberando os sócios não dissolver a sociedade, poderá ser proposta a acção, bem como continuar a acção proposta. A possibilidade de impugnação da deliberação tomada não exclui, em nosso entender, a acção de dissolução, pois aquela limita-se a anular a deliberação tomada, mas não a substitui por uma deliberação positiva de dissolução, além de que a impugnação não está ao alcance de todas as entidades legítimas para a acção de dissolução. Tratando-se de acção proposta por sócio, nada impede a cumulação do pedido de anulação da deliberação social e de dissolução judicial da sociedade.

1.3. Nas sucessivas revisões a que o projecto de CSC foi sujeito alternaram, com momentânea prevalência, duas opiniões: a que admitia exclusivamente a via judicial com base em causa facultativa, a que, ao lado da via judicial, admitia a dissolução por deliberação social. Adiante se verá e rejeitará um argumento baseado na existência, no segundo sistema, de duas espécies de deliberações de dissolução da sociedade.

A favor da dissolução por via de deliberação social alinham-se alguns argumentos importantes. O primeiro consiste na desnecessidade e inconveniência do recurso ao tribunal; desnecessidade, por haver outra via possível; inconveniência, pelas despesas e pela demora. Neste último aspecto, é evidente não ser «saudável» para uma sociedade ter o seu destino suspenso durante os anos de arrastamento duma acção judicial e seus incidentes e recursos; teoricamente, os reflexos da instabilidade quanto à duração da sociedade são incontestáveis quer na ordem interna quer na externa.

Nem se diga que a via da assembleia não evita os litígios judiciais, podendo a deliberação de dissolução ser judicialmente impugnada. Na realidade, é muito menor a probabilidade de situação litigiosa se primeiramente a maioria dos sócios se pronunciar no sentido da dissolução, não se devendo esquecer que no sistema contrário a dita situação é inevitável.

O segundo argumento consiste em notar que, ao fim e ao cabo, a situação futura da sociedade acaba sempre por ser decidida pela maioria dos sócios da sociedade. A acção de dissolução é proposta contra a sociedade e dentro desta a maioria dos sócios determinará, em última análise, a atitude a tomar quanto à contestação da acção.

Finalmente, observa-se que, estando aberta a *um* sócio a via judicial para fazer dissolver a sociedade, não se vê motivo para que a *maioria* não possa, pelo mesmo facto, dissolver a sociedade. Talvez se objecte que o essencial no caso não é o número de sócios que podem obter a dissolução, mas o facto de esta ser fiscalizada pelo tribunal — dizemos «fiscalizada», visto que o tribunal não aprecia a conveniência da dissolução requerida, mas apenas a ocorrência da causa de dissolução e o seu efeito. Ora, tal fiscalização não falta, uma vez que a deliberação tomada pela sociedade pode ser impugnada judicialmente.

Por força do art. 141.º, n.º 1, al. *b*) e do art. 142.º, n.º 3, coexistem duas hipóteses de dissolução da sociedade por deliberação dos sócios. Sobre a primeira já acima falámos, bem como sobre a deliberação de reconhecimento de causa de eficácia imediata, prevista no art. 141.º, n.º 2.

A deliberação prevista no art. 142.º, n.º 3, é uma deliberação preceptiva, dispositiva ou constitutiva, como se lhe prefira chamar, para exprimir que ela não se limita a reconhecer a existência de uma causa que dissolveu a sociedade, pois é ela própria que dissolve a sociedade. A diferença entre ela e a deliberação prevista no art. 141.º, n.º 1, al. *b*) reside na circunstância de esta última ser discricionária, enquanto a primeira é vinculada à existência de uma causa de dissolução facultativa. É certo que, reunida a maioria legal e contratualmente exigida para a deliberação discricionária de dissolução, os sócios podem prescindir da existência de causa de dissolução, mas nem por isso as duas hipóteses se confundem, pois em cada caso há que investigar qual o facto dissolutivo efectivamente utilizado pelos sócios: ou a *pura* vontade dos sócios ou uma causa prevista na lei ou no contrato, com fundamento na qual a dissolução é deliberada. Assim, na segunda hipótese a deliberação pode ser judicialmente impugnada se não tiver existido a causa de dissolução invocada como fundamento da deliberação. Pode, pois, dizer-se, que num caso o facto dissolutivo é simples — a deliberação dos sócios — enquanto no outro o facto dissolutivo é complexo — um facto previsto na lei ou no contrato e uma deliberação dos sócios causada por esse facto.

Desta diferença substancial nasce uma diferença formal. A deliberação dos sócios, como causa de eficácia imediata, deve ser tomada por uma maioria qualificada, que, conforme os tipos de sociedade, a lei considerou indispensável para tornar relevante a vontade expressa. Para a deliberação tomada no seguimento da ocorrência de uma causa facultativa de dissolução, basta a maioria absoluta dos votos expressos na assembleia, porque já anteriormente, ou a lei admitiu ou todos os sócios admitiram no contrato a relevância dissolutiva do facto ocorrido e agora trata-se apenas de o fazer actuar, como pode ser conseguido individualmente por qualquer sócio através da via judicial.

A actuação pela via de deliberação dos sócios não está eternamente aberta. Os sócios podem tomar essa deliberação nos seis meses seguintes à ocorrência da causa de dissolução, sob pena de caducar tal faculdade. Note-se que neste caso o prazo se conta da ocorrência da causa de dissolução e não do conhecimento que de tal facto tenha a administração da sociedade ou algum sócio.

Não foi, mesmo só para causas facultativas, adoptado o sistema italiano. Em primeiro lugar, não há obrigação, para os administradores da sociedade, de convocar a assembleia geral, para esta se pronunciar sobre a entrada em liquidação; no nosso caso, a entidade competente, conforme o tipo de sociedade, para convocar a assembleia dos sócios, procederá ou não à convocação, conforme as regras aplicáveis em cada caso, mas se a assembleia não for convocada, apesar de ter ocorrido uma causa facultativa de dissolução, nenhuma responsabilidade especial recai sobre os administradores ou gerentes. Em segundo lugar, a assembleia não se pronuncia sobre a *conveniência* de dissolver a sociedade, mas sobre a existência da causa de dissolução e, verificada esta, *deve* deliberar a dissolução. É concebível que os sócios evitem a dissolução, não a deliberando, mas isso não impede o recurso à via judicial.

Na verdade, no sistema italiano a dissolução judicial da sociedade não tem cabimento, enquanto no sistema português ela corre parelhas com a dissolução por deliberação dos sócios.

1.4. Tendo a causa de dissolução eficácia imediata, não pode haver dúvidas quanto ao momento em que a sociedade se considera dissolvida; tratando-se de dissolução com carácter facultativo, a ocorrência da causa não determina, por si só, a dissolução e por isso a lei ocupa-se de determinação da data em que a sociedade se considera dissolvida.

Tendo a causa facultativa actuado pela via de deliberação dos sócios, são duas as hipóteses previstas: ou não haver ou haver impugnação da deliberação da sociedade. Se a deliberação de dissolução não é impugnada judicialmente (manifestamente, só interessa a acção de anulação, pois no caso de nulidade da deliberação não chega a haver dissolução), o art. 142.º, n.º 4, distingue conforme a acta tenha sido lavrada por notário ou tenha sido necessária escritura pública, nos termos do art. 145.º, n.º 1; no primeiro caso, a sociedade considera-se dissolvida na data da deliberação; no segundo caso, na data da escritura.

Para a hipótese de ter havido impugnação judicial da deliberação de dissolução, aquele n.º 4 determina que a dissolução opera-se na data do trânsito em julgado da sentença. Não há que distinguir, conforme a sentença tenha dado provimento à impugnação e anulado a deliberação ou tenha julgado a acção improcedente.

Este sistema pode parecer estranho e até contrário a princípios gerais; compreender-se-ia que a sentença anulatória da deliberação tivesse efeitos retroactivos, como é regra, mas é estranha uma anulação com efeitos *ex nunc*; por outro lado, se a acção é julgada improcedente, parece que a deliberação válida deveria produzir efeitos desde a data em que foi tomada.

Essa parte do art. 142.º, n.º 4, foi influenciada pelo regime da dissolução por via judicial, procurando-se equiparar, quanto aos efeitos, as duas vias. Abriu-se aos sócios uma via, mais rápida e cómoda, para a actuação de causas facultativas de dissolução, mas, uma vez que ela não deu, no caso concreto, o resultado desejado, pois apesar de tudo o tribunal acaba por intervir, cessam as facilidades e tudo se passa como se estivesse aberta apenas a via judicial de dissolução. Acresce que uma anulação retroactiva da deliberação de dissolução causaria resultados desastrosos, pela impossibilidade de recompor a sociedade, levando-a ao estado em que se encontrava à data da deliberação de dissolução, se entretanto os sócios procedessem à liquidação da sociedade — como deviam proceder, visto ser válida a deliberação até ao trânsito em julgado da sentença anulatória.

Embora isso não seja dito nem no art. 142.º, n.º 4, nem no art. 145.º, tendo sido usada a via judicial de dissolução, a sociedade considera-se dissolvida na data do trânsito em julgado da respectiva acção, a qual tem natureza constitutiva.

1.5. O art. 142.º, n.º 2, contém uma regra de integração doutros preceitos legais e, quanto a contratos, uma presunção de vontade dos contraentes. Em primeiro lugar, prevê-se a hipótese de a lei nada dizer sobre o efeito de um caso previsto como fundamento de dissolução. «Nada dizer sobre o efeito» não significa que se deva encontrar ou não encontrar uma declaração do efeito imediato ou não imediato por estas mesmas palavras, podendo suceder que, a propósito do caso especificamente considerado, a lei forneça elementos que inclusivamente conduzem a uma das duas soluções possíveis, como por exemplo, quando a lei diga que, ocorrido certo facto, alguém tem a faculdade de requerer a dissolução da sociedade.

Quanto ao contrato, este n.º 2 pressupõe que o sentido da respectiva cláusula seja duvidoso, o que antes de mais acontece se houver total omissão do regime ligado a uma causa de dissolução e continua se, esgotados todos os meios de interpretação admitidos para cláusulas de contratos de sociedade, não puder chegar-se a conclusão alguma.

Manifesta deste modo o CSC preferência pela reconsideração *a posteriori* do efeito dissolutivo do facto ocorrido ou seja, pela possibilidade de manutenção da sociedade, apesar da ocorrência do facto.

2. Antes de apreciarmos as causas legais facultativas enumeradas no art. 142.º, n.º 1, vejamos uma que, tendo estado contemplada no Projecto, não figura no texto definitivo.

O regime das invalidades do contrato de sociedade está tratado nos arts. 41.º, 42.º e 43.º CSC atendendo ao tipo de sociedade e ao registo do contrato. Seja qual for o tipo de sociedade, enquanto o contrato não estiver definitivamente registado, a invalidade do contrato ou de uma das declarações negociais rege-se pelas disposições aplicáveis aos negócios jurídicos nulos ou anuláveis, sem prejuízo do disposto no art. 54.º (art. 41.º). Se a sociedade contratada é do tipo de sociedade em nome colectivo ou sociedade em comandita simples, mesmo depois de o contrato estar definitivamente registado, são fundamento de invalidade do contrato, além dos vícios do título constitutivo, as causas gerais de invalidade dos negócios jurídicos segundo a lei civil (art. 43.º, n.º 1). Se a sociedade contratada é do tipo de sociedade por quotas, sociedade anónima ou sociedade em comandita por acções, depois de efectuado o registo definitivo do contrato de sociedade, o contrato só pode ser declarado nulo por algum dos vícios enumerados nas cinco alíneas do art. 42.º.

A distinção conforme o tipo de sociedade resultou da 1.ª Directiva da CEE (Directiva n.º 68/151/CEE, de 9 de Março de 1968), a qual só é aplicável a sociedades que, no nosso direito, correspondem aos tipos de sociedades por quotas, sociedades anónimas e sociedades em comandita por acções, e cujo art. 11.º estabelece a limitação das causas de nulidade dos respectivos contratos.

Quando estudámos esse art. 11.º da Directiva («Adaptação do Direito Português à 1.ª Directiva do Conselho da Comunidade Económica Europeia sobre direito das sociedades», págs. 86 e segs.) manifestámos dúvidas quanto a ser ou não aquele artigo restrito a contratos já definitivamente registados, mas concluímos que, na nova lei portuguesa poderia ser introduzida essa restrição, como tinham feito, depois da Directiva, as novas redacções do art. 2332.º do Codice Civile italiano e do § 275.º AktG alemã. Foi essa a solução parcialmente adoptada no art. 42.º CSC.

A enumeração das causas de nulidade constante do art. 11.º, n.º 2, da Directiva é taxativa e curta; a doutrina tem ensinado que ela não pode ser alargada por interpretação extensiva ou analogia, nem por essa via podem ser alargadas, para além dos limites da Directiva, as normas nacionais de aplicação.

Metidos neste colete de forças, legisladores nacionais e respectivas doutrinas interrogam-se sobre o tratamento a dar aos casos em que o contrato de sociedade enferme de vícios que, nos termos gerais dos negócios jurídicos, produziriam a sua invalidade, mas no caso concreto não podem produzi-la por os vícios não se enquadrarem nos preceitos da Directiva e estes, por sua vez, determinarem as regras nacionais de aplicação.

A Lei belga de 6 de Março de 1973, aceitou no artigo 13.º *ter* das *Lois Coordonnées* algumas das causas de nulidade previstas no art. 14.º, n.º 2, da Directiva e acrescentou «Si les clauses de l'acte constitutif déterminant la répartition des bénéfices ou des pertes sont contraires à l'article 1855 du Civil, ces clauses sont réputées non écrites». É uma solução tímida, pois contempla apenas as cláusulas de repartição de lucros e perdas, mas é um método que, à primeira vista, poderia resolver as dificuldades: considerar não escritas, ou seja, nulas, as cláusulas violadoras de normas legais imperativas, mas considerar tal nulidade meramente parcial, deixando subsistir o contrato, com o restante conteúdo. Voltaremos adiante a esse método.

O art. 360.º, 1.ª alínea, da Lei francesa de 1966 dispunha: «La nullité d'une société ou d'un acte modifiant les statuts ne peut résulter que d'une disposition expresse de la présente loi ou de celles qui régissent la nullité des contrats.» Era claramente a consagração do princípio «pas de nullité sans texte», mas só nesse aspecto havia limitação das causas de nulidade das sociedades. A *Ordonnance* de aplicação da 1.ª Directiva (n.º 69-1176, de 20 de Dezembro de 1969) aditou a esta alínea: «En ce qui concerne les sociétés à responsabilité limitée et les sociétés par actions, la nullité de la société ne peut résulter ni d'un vice de consentement, ni de l'incapacité, à moins que celle-ci n'atteigne tous les associés fondateurs. La nullité de la société ne peut non plus résulter des clauses prohibées par l'article 1855 du Code Civil.» O relatório da *Ordonnance* explica que essa modificação do art. 360.º excluiu as causas de invalidade fundadas no direito comum dos contratos.

Com todos estes ingredientes, a doutrina sustenta hoje que, porque a Directiva não foi directamente recebida no direito francês e porque o texto da *Ordonnance* não corresponde ao relatório, continuam as sociedades por quotas e por acções sujeitas a todas as nulidades de direito comum dos contratos e a todas as nulidades de direito especial das sociedades que não estejam *expressamente excluídas* na nova redacção do art. 360.º. Para atenuar a responsabilidade internacional do legislador francês, alguns autores consideram que a reforma ainda não está completa (mas esquecem que, pelos prazos de aplicação da Directiva, já o deveria estar, além de que não dizem quando estará).

Outros legisladores tentaram resolver o problema passando do campo da nulidade para o campo da dissolução; pelo menos literalmente, o art. 11.º, n.º 2, da Directiva não é aplicável à dissolução e por esse lado os legisladores talvez possam ter amplo campo de manobra. Nesse sentido foi feita em Itália uma tentativa abortada. O projecto de Decreto apresentado ao Presidente da República continha a seguinte disposição: «La invalidità della costituzione della società per cause diverse di quelle menzionate nel comma precedente può essere fatta valere comme causa di scioglimento», mas tal disposição não foi adoptada no Decreto publicado, n.º 1127.

No direito holandês, uma sociedade anónima só pode ser invalidada por falta de declaração ministerial de não objecção ou de acto notarial de constituição. Se existirem outros vícios, os interessados e o Ministério Público podem requerer a dissolução dela, mas depois do registo da sociedade, só o Ministério Público tem essa faculdade.

O § 262 (1) 5 AktG alemão considera a sociedade dissolvida se uma sentença do Tribunal de Registo reconhecer a existência de um vício dos estatutos, vício esse que tanto pode ser aquele que, retirado da Directiva, permite a acção de nulidade (falta ou nulidade do objecto, § 275 (1), com expressa ressalva da dissolução a todo o tempo no tr. (2) do mesmo parágrafo), como outro vício (citada alínea do § 262, correlacionada com o § 144.º da FGG).

Substituir, nos casos e circunstâncias referidos, a dissolução à invalidade é solução à qual não têm sido poupadas críticas, quer em si mesma, quer relacionando-a com a Directiva. Pode dizer-se que, conceitualmente, invalidade e dissolução não devem ser confundidos; que por esse sistema se mete pela janela o que a Directiva não permite que entre pela porta; que se frusta a Directiva; que, sendo na Directiva equiparados os efeitos da invalidade e da dissolução, o sistema atribuiria, por outro caminho, a certos vícios, as consequências que a Directiva não lhes quis atribuir por via da nulidade.

Todas essas e outras críticas foram tomadas em consideração na elaboração e na primeira revisão do Projecto de CSC e apesar disso neste ficou proposta a solução criticada. O motivo era simples: inaceitabilidade da única alternativa possível, a qual consistiria em o legislador se resignar a manter no seu país sociedades inquinadas por vícios graves. Lembremos que se trata de hipóteses em que, segundo as regras gerais do negócio jurídico, o contrato de sociedade deveria ser inválido. Partindo desse ponto, a primeira solução seria considerar que tais vícios, que em geral inquinam os negócios jurídicos, não inquinariam — isto é, não seriam vícios — do contrato de sociedade, mas a tal hipótese opõem-se duas considerações: não se vê motivo para que um vício dos negócios jurídicos em geral não seja também vício do contrato de sociedade; o facto de o vício de natureza geral inquinar o contrato de sociedade em nome colectivo e em comandita simples, antes e depois do registo definitivo, e o contrato de sociedades por quotas, sociedades anónimas e sociedades em comandita por acções antes do registo definitivo, demonstra que tal vício é... vício.

Como a linha de separação, para os três referidos tipos de sociedade, é colocada no registo definitivo, pode tentar-se outra ordem de considerações: para certos tipos de sociedades é indispensável uma *certeza jurídica*, que é dada pelo registo definitivo. Quando se pensa nos queixumes da doutrina italiana quanto à introdução da Directiva, que teria destruído o seu sistema de certeza jurídica, após o registo definitivo, pois permite a declaração de nulidade em certos casos, embora limitados, após o registo e apesar dele, fica-se perplexo; a certeza não impediu que, para certos casos, não haja certeza e afinal houve apenas uma escolha entre casos mais ou menos graves em que tal certeza deve ser sacrificada ou deve ser mantida, mas daí não se segue necessariamente que nestes últimos casos a batalha entre correcção jurídica e certeza jurídica deva ser perdida a favor da última. Nem pode considerar-se o registo um elemento purificador absolutamente seguro; o exame pelo notário e pelo conservador podem deixar ainda escapar alguns vícios por entre as malhas da rede coadora, como se prova não só pela prática como pelo facto de a Directiva admitir que tenham escapado vícios tão grosseiros como os enumerados no art. 11.º, n.º 2. Uma solução intermédia consistente em não permitir que a validade da sociedade seja atacada enquanto o registo se mantiver, mas permitir que o registo seja impugnado para depois o ataque se voltar contra a sociedade, não passa de habilidade técnica, sem consistência real.

Afigura-se que o tratamento das nulidades na 1.ª Directiva é exagerado. É perfeitamente aceitável que se procure afastar *as consequências* da nulidade da sociedade das consequências gerais da nulidade de negócios jurídicos, designadamente que se reconheça o facto de, por algum tempo, a sociedade ter funcionado como se fosse válida, donde se torna justificada uma aproximação do regime da dissolução. A redução taxativa das causas de nulidade é desnecessária e a atitude do legislador no sentido de permitir a dissolução onde artificialmente a invalidade não pode actuar é, a essa luz, justificada.

Assim, o art. 150.º do Projecto considerava como primeira causa de dissolução facultativa, o facto de a nulidade do contrato não poder, por força do disposto no art. 39.º, n.º 2, ser declarada, mas o contrato não observar algum preceito legal imperativo, respeitante quer à utilização do tipo de sociedade, quer ao conteúdo do contrato, cuja violação produzisse a nulidade, nos termos gerais.

Este preceito passou incólume a segunda revisão ministerial e, ao que parece, quase todo o tempo da terceira revisão ministerial. Desapareceu, contudo, no texto definitivo.

O CSC insere, como acima dissemos, no art. 42.º, o regime restritivo da nulidade de sociedades por quotas e anónimas depois de definitivamente registado o contrato. Por muito graves que sejam os vícios que escaparam às peneiras do notário e do conservador, não há nulidade a não ser nos casos previstos naquele artigo. A possibilidade de dissolução, com fundamento em tais outros vícios, desapareceu do Código. Portanto, uma sociedade cujo contrato seja viciado nos termos previstos no art. 150.º, n.º 1, al. *a*) do Projecto pode fazer a sua vida normal, com as bênçãos do legislador.

3.1. O art. 142.º, n.º 1, CSC, epigrafado «Casos de dissolução por sentença ou deliberação», dispõe que «Pode ser requerida a dissolução judicial da sociedade ... *a*) Quando o número de sócios for inferior ao mínimo exigido por lei, excepto se um dos sócios restantes for o Estado ou entidade a ele equiparada por lei para este efeito».

Este preceito abrange dois géneros de hipóteses, que convém distinguir: a redução do número de sócios a um só — o que pode ocorrer tanto em sociedades cujo número mínimo de sócios seja dois, como em sociedades cujo número mínimo de sócios seja superior a dois; a redução a um número superior a um, mas inferior ao número mínimo de sócios exigido por lei para esse tipo de sociedade. Desta segunda hipótese tratarei a respeito das causas especiais de dissolução das sociedades anónimas e das sociedades em comandita. Agora, ocupar-me-ei apenas da primeira dessas duas hipóteses, ou seja, da sociedade que se tornou unipessoal.

A unipessoalidade superveniente não é causa de dissolução imediata da sociedade; ela habilita as pessoas para tanto legitimadas por lei (v. art. 144.º e seu comentário) a propor contra a sociedade a acção de dissolução, e também habilita o «sócio», a dissolver a sociedade, com fundamento no facto ocorrido, em conformidade com o disposto no art. 142.º, n.º 3.

Além disso, o art. 143.º, que adiante comentarei, dispõe, que, no caso previsto na al. *a*) do n.º 1, do artigo anterior, o sócio ou qualquer dos sócios restantes pode requerer ao tribunal que lhe seja concedido um prazo razoável a fim de regularizar a situação, suspendendo-se entretanto a dissolução da sociedade; o juiz, ouvidos os credores da sociedade e ponderadas as razões alegadas pelo sócio, decidirá, podendo ordenar as providências que se mostrarem adequadas para conservação do património social durante aquele prazo.

Teoricamente, estes preceitos podem conduzir à dissolução da sociedade unipessoal; o legislador afastou a dissolução imediata e, portanto, deixou à ponderação de interesses do sócio e de outras entidades legítimas, dissolver ou não a sociedade. Mesmo em teoria, portanto, pressupõe-se que a sociedade unipessoal será mantida, no caso de quem pode provocar a dissolução, por deliberação ou por sentença, não o querer fazer.

Acresce que as probabilidades de não ser requerida a dissolução judicial da sociedade são aumentadas pelo facto de o art. 144.º, n.º 3, marcar, para a proposição da acção, o prazo de seis meses a contar da data em que o autor tomou conhecimento da ocorrência do facto previsto no contrato como causa de dissolução, com o máximo de dois anos sobre a verificação do facto. Decorridos esses prazos — nunca mais de dois anos — a unipessoalidade radica-se.

Por outro lado e na prática, ninguém tem interesse em dissolver ou fazer dissolver a sociedade unipessoal. Não afirmo que ao sócio único nunca interessa dissolver a sociedade; casos há em que circunstâncias excepcionais encaminham o sócio nesse sentido. Em circunstâncias normais, é muito pouco provável que a sociedade unipessoal corra perigo por iniciativa do seu sócio único. Quanto aos credores sociais, não se vê motivo para eles promoverem a dissolução da sua devedora; em princípio é-lhes indiferente que a sociedade tenha um ou mais sócios e nada ganham em fazer a sociedade entrar em liquidação. No caso de o sócio único sucumbir à tentação de misturar os seus negócios com os da sociedade ou de confundir os respectivos patrimónios, os credores sociais podem atacar aquele sócio, com base no art. 84.º CSC. Para os credores de sócio de responsabilidade ilimitada, ainda menos se descobre interesse em promover a dissolução.

A adopção para sociedades unipessoais da dissolução por deliberação ou sentença constitui, pois, um meio prático de as eternizar.

Estamos, assim, na situação que, quanto ao antigo direito alemão, SINAY (*Droit des Groupes de Sociétés*, pág. 72) descrevia nas seguintes palavras: «Assez curieusement et hypocritement, la société unipersonelle ne peut pas être fondée comme telle mais dès lors qu'une société par actions a été fondée avec le nombre d'actionnaires fondateurs suffisant, dès lors qu'elle a été constituée régulièrement, si elle devient unipersonnelle, elle peut le rester indéfiniment.»

Olhemos agora o caminho percorrido até aqui se chegar.

A sociedade unipessoal constitui uma *vexata quaestio*, sobre a qual muito se tem escrito, mesmo em Portugal (vejam-se os essenciais estudos do Prof. FERRER CORREIA, o mais recente dos quais, *Sobre a projectada reforma da legislação comercial portuguesa*, foi publicado na ROA, 1984; anteriormente: *Sociedades fictícias e unipessoais*, 1948; «La société d'un seul associé», Bol. Fac. Dir. Coimbra, 1965; *O problema das sociedades unipessoais*, BMJ, 166 e Estudos Jurídicos, II, pp. 171 e ss. No estrangeiro, por exemplo, KUHN, *Strohmanngründung bei Kapitalgesellschaften*, 1964; GRISOLI, *La società con un solo socio*, 1971).

Nos seus estudos mais recentes, FERRER CORREIA procede a um agrupamento das legislações que, com a devida vénia, me permito reproduzir e que não necessita de mais explicações, desde que se saiba que o termo «diferida» é usado como necessidade de uma *fattispecie* complexa: a unipessoalidade *mais* o decurso de certo tempo: *A*) Sistemas que inteiramente repudiam as sociedades com um único sócio; *B*) Sistemas que adoptam o princípio da dissolução de pleno direito para as sociedades de pessoas e o da não-dissolução para as sociedades de capitais; *C*) Variante desta orientação (prazo marcado pelo juiz, sob reserva de as circunstâncias do caso não aconselharem diferente solução); *D*) Sistema de dissolução *ipso iure* diferida quanto às sociedades de pessoas e de não dissolução quanto às restantes sociedades; *E*) Sistema de dissolução diferida para todas as sociedades.

Em 1960, no livro *Sociedades comerciais: dissolução e liquidação*, I, pp. 137 e ss., também eu estudei o problema e cheguei às seguintes conclusões: o nosso direito (entenda-se, dessa época) não admite a sociedade unipessoal, não só não podendo constituir-se as que nesses termos pretendessem fazê-lo, como dissolvendo-se de pleno direito aquelas que fiquem reduzidas a um sócio único; excepcionalmente, o art. 120.º, § 3.º CCom, embora só se refira expressamente à redução a um número de accionistas inferior a dez, abrange a redução a um sócio único, havendo, contudo, uma diferença entre as duas hipóteses: no caso de redução até dois accionistas, a dissolução é diferida por seis meses e ainda fica dependente do requerimento de um interessado e da sentença a proferir na acção (dissolução diferida e *ope iudicis*), enquanto a redução da anónima à unipesssoalidade é diferida por seis meses mas actua *ipso iure*.

Depois de 1960, a primeira novidade neste campo apareceu no art. 1007.º do Código Civil de 1967, que dispõe dissolver-se a sociedade «por se extinguir a pluralidade dos sócios, se no prazo de seis meses não for reconstituída».

Embora para um caso específico, o art. 14.º do DL n.º 271/72, de 2 de Agosto, (depois substituído pelo art. 19.º do DL n.º 137/79, de 18 de Maio) veio criar, no campo dos princípios, uma novidade ainda maior, pois não só autorizou a subsistência como permitiu a criação de sociedades unipessoais. Com efeito, o n.º 2 desse artigo dispôs que certas sociedades podem «formar, só por si e com a totalidade das suas participações, uma outra sociedade que tenha por objecto a gestão de uma carteira de títulos e cujas acções aquelas ou conservarão em carteira...».

Posteriormente foi o Estado que, em seu próprio benefício, admitiu a unipessoalidade; o DL n.º 65/76, art. 1.º, na redacção dada pelo art. 1.º do DL n.º 343/76, de 12 de Maio, dispôs: «As sociedades anónimas em que o Estado, directamente ou por intermédio de empresas públicas ou nacionalizadas, detenha a maioria do capital poderão constituir-se ou continuar a sua existência com qualquer número de associados.» Embora a referência a maioria do capital possa inculcar que a manutenção da sociedade depende da existência de pelo menos dois accionistas, a razão do preceito leva a concluir pela subsistência da sociedade reduzida ao accionista Estado.

O regime estabelecido no art. 1007.º, al. *d*) CC é bastante claro: extinguir-se a *pluralidade* dos sócios significa ficar o número de sócios reduzido à unidade; a sociedade não se dissolve logo que tal facto ocorra, mas apenas depois de tal situação se manter durante seis meses; durante esses seis meses, a pluralidade dos sócios pode ser reconstituída; findos os seis meses, a sociedade dissolve-se de pleno direito. Uma ideia aparecida em Itália, perante o art. 2272.º, 4) (que o nosso preceito reproduz literalmente) no sentido de a sociedade se dissolver pela ocorrência da unipessoalidade, podendo, contudo, ser reconstituída (a sociedade) durante os seis meses, não teve acolhimento mesmo nesse país.

Aparecido esse preceito do Código Civil, era inevitável que se pensasse na sua extensão às sociedades comerciais. Fê-lo pormenorizadamente FERRER CORREIA no citado estudo de 1967, chegando a conclusões que eu não podia partilhar inteiramente, mas que enumero, pelo interesse de que se revestem para a compreensão dos preceitos actualmente vigentes: o preceito do Código Civil era integralmente aplicável às sociedades em nome colectivo; às sociedades anónimas aplicava-se o art. 120.º, § 3.º, entendido como permitindo a subsistência da anónima unipessoal até à sua dissolução por sentença judicial, a requerimento de um interessado; para as sociedades por quotas, quer partindo da aplicação analógica do art. 120.º, § 3.º, quer tomando por base o preceito do Código Civil, a dissolução estaria dependente do decurso do prazo de seis meses e da acção a propor por algum interessado, depois de decorrido esse prazo.

3.2. A partir de 1976, ocorreram no estrangeiro três factos susceptíveis de influenciar o ordenamento jurídico português no respeitante a sociedades unipessoais.

O primeiro foi a 2.ª Directiva CEE (Directiva n.º 77/91/CEE, de 13 de Dezembro de 1976, tendo em vista a protecção dos terceiros, pelo que respeita à constituição da sociedade anónima bem como à manutenção e às modificações do seu capital), cujo art. 5.º é do seguinte teor:

> «1. Lorsque la législation d'un État membre exige le concours de plusieurs associés pour la constitution d'une société, la réunion de toutes les actions en une seule main ou l'abaissement du nombre des associées au dessous du minimum légal après la constitution n'entraîne pas la dissolution de plein droit de cette société.
> «2. Si, dans les cas visés au paragraphe 1, la dissolution judiciaire de la société peut être pronnoncée en vertu de la législation d'un État membre, le juge compétent doit pouvoir accorder à cette société un délai suffisant pour régulariser sa situation.
> «3. Lorsque la dissolution est pronnoncée, la société entre en liquidation.»

A 2.ª Directiva é directamente aplicável apenas ao tipo de sociedades a que em Portugal cabe a designação de «sociedade anónima», e que na generalidade dos países só pode ser constituída por um número de associados superior a dois. A hipótese colocada pelo n.º 1 daquele art. 5.º é composta por dois elementos: primeiro, a legislação do Estado membro exigir o concurso de vários associados para a constituição duma sociedade; segundo, desdobrado em dois, *ou* a reunião de todas as acções numa só mão *ou* a redução do número de associados abaixo do número legal, depois da constituição.

Não se pronuncia, portanto, a Directiva sobre o número de associados necessários, como mínimo legal, para a constituição da sociedade; pressupõe que as legislações nacionais exijam vários associados, que tanto podem ser dois, como mais de dois; se alguma legislação nacional se contentar com um só «associado» para constituir uma sociedade anónima, o n.º 1 do art. 5.º não é aplicável, pela própria natureza da sua estatuição.

Com efeito, à referida hipótese corresponde um comando negativo: tal hipótese não acarreta ou implica a dissolução da sociedade *de pleno direito*. A esse comando negativo podem, contudo, corresponder duas situações: ou puramente os factos previstos não têm relevância jurídica, isto é, não afectam a sociedade de modo algum pelo que respeita à dissolução; ou a relevância jurídica daqueles factos é a (eventual) dissolução da sociedade, num regime que não possa ser qualificado «de pleno direito». Fica aberta às legislações nacionais opção, que a Directiva não influencia.

O segundo facto importante neste domínio foi a publicação na Alemanha duma Lei de 4 de Julho de 1980, entrada em vigor em 1 de Janeiro de 1981, que alterou vários artigos da GmbHG. O § 1 passou a dizer que as sociedades de responsabilidade limitada podem ser constituídas *por uma ou várias pessoas* («... können ... durch eine oder mehrere Personen errichtet werden»).

A mesma Lei de 4 de Julho de 1960 introduziu na *Umwandlunggesetz*, de 8 de Novembro de 1969, um quinto capítulo, §§ 56a a 56f, a regular a transformação duma empresa de comerciante individual por meio da transmissão do património empresarial para uma sociedade de responsabilidade limitada. Segundo o § 56b, a declaração de transformação deve conter a criação de uma sociedade de responsabilidade limitada, cujo único sócio é o comerciante.

Transcrevo uma observação do Prof. FERRER CORREIA, no mais recente dos seus referidos estudos: «Ocioso advertir que esta singular alteração legislativa obedeceu ao desígnio de dar satisfação ao interesse do empresário individual em limitar a responsabilidade decorrente das obrigações relacionadas com o seu giro mercantil a uma parte do seu património: a parte correspondente ao valor do capital social.» (Para maior elucidação sobre esta alteração alemã, v. MARIA ÂNGELA SOARES, *A reforma da sociedade de responsabilidade limitada (GmbH) pela lei alemã de 4 de Junho de 1980 (GmbH-Novelle)*, RDE, 1980/81, págs. 41 e segs.).

Em 1985 — é o terceiro dos factos enunciados — esta alteração legislativa alemã deixou de ser «singular».

Em França, a Lei n.º 85-697, de 11 de Julho de 1985 criou, no Título I, a Empresa Unipessoal de Responsabilidade Limitada (EURL), e no Título II, a Exploração Agrícola de Responsabilidade Limitada (EARL).

Pelo que respeita à EURL, a nova Lei procedeu por meio de alterações do Code Civil e da Lei n.º 66-537, de 24 de Julho de 1966.

O art. 1832.º — primeiro do Título IX, dedicado à «Sociedade» — passou a dizer:

> «La société est instituée par deux ou plusieurs personnes qui conviennent par un contrat d'affecter à une entreprise commune des biens ou leur industrie en vue de partager le bénéfice ou de profiter de l'économie qui pourra en résulter.

«Elle peut être instituée, dans les cas prévus par la loi, par l'acte de volonté d'une seule personne.
«Les associés s'engagent à contribuer aux partes.»

Ficou, pois, a constituir regra a «instituição» (adiante veremos o alcance desta palavra) da sociedade por duas ou mais pessoas; a instituição da sociedade por acto de vontade de uma só pessoa constitui um caso excepcional, pois só é legítima «nos casos previstos pela lei».

A mesma Lei 85-697 autorizou logo a constituição de sociedades de responsabilidade limitada (correspondentes às nossas sociedades por quotas) por uma única pessoa. O art. 34.º da Lei 66-697, na redacção dada por aquela Lei, passou a dispor:

«La société à responsabilité limitée est instituée par une ou plusieurs personnes qui ne supportent les pertes qu'à concurrence de leurs apports.
«Lorsque la société ne comporte qu'une seule personne, celle-ci est denommée «associé unique». L'associé unique exerce les pouvoirs dévolus à l'assemblée des associés par les dispositions du présent chapitre.
«La société est designée par une dénomination sociale, à laquelle peut être le nom d'un ou plusieurs associés, et que doit être précédée ou suivie immédiatement des mots «société à responsabilité limitée» ou des initiales «S.A.R.L.» et de l'énonciation du capital social.»

Correlativamente, foram alteradas outras disposições do capítulo dedicado às sociedades de responsabilidade limitada. A principal dessas outras alterações incidiu sobre a dissolução, aparecendo um novo art. 36-1, do seguinte teor: «En cas de réunion en une seule main de toutes les parts d'une société à responsabilité limitée, les dispositions de l'article 1844-5 du Code Civil relatives à la dissolution judiciaire ne sont pas applicables.»

Importante também é o art. 36-2:

«Une personne physique ne peut être associé unique que d'une seule société à responsabilité limitée. Une société à responsabilité limitée ne peut avoir pour associé unique une autre société à responsabilité limitée composée d'une seule personne.
«En cas de violation de l'alinea précédent, tout intéréssé peut demander la dissolution des sociétés irrégulièrement constituées. Lorsque l'irrégularité résulte de la réunion en une seule main de toutes les pars d'une société ayant plus d'un associé, la demande de dissolution ne peut être faite moins d'un an après la réunion des parts. Dans tous les cas, le tribunal peut accorder un délai maximal de six mois pour régulariser la situation et ne peut prononcer la dissolution si, au jour où il statue sur le fond, la régularisation a eu lieu.»

Do Título que institui e regulamenta a EARL, destacamos os seguintes artigos, suficientes para uma ideia clara do novo instrumento jurídico.

«Art. 11. Une ou plusieurs personnes physiques majeures peuvent instituer une société civile dénommée «exploitation agricole à responsabilité limitée» régie par les dispositions des chapitres 1er. et II du titre IX du Livre III du Code Civil, à l'exception de l'article 1844-5. Les associés ne supportent les pertes qu'à concurrence de leurs apports.
«Lorsque l'exploitation agricole à responsabilité limitée est constituée par une seule personne, celle-ci est dénommée «associé unique». L'associé unique exerce les pouvoirs dévolus à l'assemblée des associés.
«Elle est désignée par une dénomination sociale à laquelle peut être incorporé le nom d'un ou plusieurs associés, et qui doit être précedédé ou suivie immédiatement des mots «exploitation agricole à responsabilité limitée» ou des initiales E.R.A.L., et de l'énonciation du capital social.»

«Art. 12. L'exploitation agricole à responsabilité limitée a pour objet l'exercice d'une activité agricole dans les conditions comparables à celles existant dans les exploitations de caracter familial. Elle ne peut réunir plus de dix associés» [...]
«Art. 13. Le capital social de l'exploitation agricole à responsabilité limitée doit être de 50 000 F au moins» [...]

Mais do que pôr em relevo a «heresia gramatical» que a Comissão do Senado disse constituir a «sociedade com um único associado», interessa acentuar que esta inovação foi feita com base no carácter institucional atribuído à sociedade. Logo na alteração do art. 1832 Code Civil lê-se *instituée* em vez de *constituée*. Nas fases várias dos trabalhos preparatórios, foi sempre esse carácter institucional da sociedade que fundamentou os raciocínios. Transcrevo apenas uma enfática declaração do Ministro do Comércio, Artesanato e Turismo: «La «société», beaucoup plus qu'un contrat, tend à devenir une institution et il faut savoir faire avancer les lois du même pas que la vie, qu'elles sont destinées à organiser.»

Já se elevam, contudo, vozes duvidosas e até receosas: se a sociedade vai tornar-se uma instituição à qual os associados se limitam a aderir, não haverá a tentação de chegar ao ponto de retirar a estes o direito de estabelecer livremente certas características e até mesmo de lhe impor um tal ou tal quadro social? não se lhes virá a dizer: «Querem uma forma social? Adiram aos estatutos-quadro, depositados uma vez por todas no INPI; desde que assinem este boletim, devidamente preenchido, a vossa sociedade passou a existir, pelo nosso querer e pela vossa submissão; etc.» (HUGOT-RICHARD, *Les sociétés unipersonelles*, Paris, 1985, pág. 6).

3.3. Entre 1981 e 1983, quando foi elaborado o primeiro projecto do CSC, havia pontos do regime das sociedades unipessoais que podiam considerar-se assentes: a vantagem do diferimento da dissolução (fosse ela *ipso iure* ou *ope iudicis*) por um tempo que tanto podia ser de seis meses como de um ano; o problema da espécie de dissolução a adoptar estava praticamente limitado às sociedades por quotas e em nome colectivo.

Com efeito, no respeitante às sociedades em nome colectivo havia largo consenso de as equiparar, neste ponto, às sociedades civis, transpondo para elas o disposto no art. 1007.º CC, mas, como se verá, também se propunha solução diferente *de iure condendo* para as sociedades anónimas; havendo que contar com o art. 5.º da 2.ª Directiva que, pelo menos a partir da sua aplicação a Portugal, imporia a dissolução diferida e judicial; para as sociedades em comandita, a sua subsistência era impossível desde que faltassem todos os sócios comanditados ou todos os sócios comanditários, como necessariamente sucedia se tivesse um único sócio.

O art. 148.º do Projecto de 1983 colocava a redução a um sócio como causa de dissolução imediata, respeitado um prazo de *spes refectionis* que, relativamente ao CC, alargava para um ano.

Adiante veremos que esta posição foi assumida não por timidez, mas por cautela. Agora vejamos que, para a assumir, era necessário arrostar com graves acusações e sacudir o peso de cerrada argumentação provinda de importante sector da doutrina, que afirma — para usar palavras do Prof. FERRER CORREIA — ser a impossibilidade lógica das sociedades unipessoais um velho preconceito, ser o sistema tradicional de dissolução *ipso iure* um preconceito dogmático, ser esse sistema um produto extreme do mais refinado conceptualismo, que deve considerar-se definitivamente ultrapassado.

Os juristas que durante muito tempo defenderam a dissolução *ipso iure* das sociedades unipessoais merecem, pelo menos, uma palavra em seu abono. Esses juristas verificavam que as suas leis proporcionavam um esquema jurídico às associações de pessoas (falamos em pessoas porque mesmo nas chamadas sociedades de capitais, a associação, com os intuitos específicos, é de pessoas) que pretendiam exercer em comum uma certa actividade), nalguns países necessariamente de natureza económica, noutros países também de outras naturezas. Quando faltava a pluralidade de sócios, era lógico que se pensasse ter deixado de existir o esquema legal de que os interessados tinham lançado mão e desse facto fosse retirado o natural corolário: a dissolução *ipso iure*. Nessa perspectiva, a sociedade unipessoal era uma anormalidade, um desvio de um esquema legal de actividade colectiva para o prosseguimento de uma actividade individual. Se isso era conceptualismo, tem de se lhe reconhecer uma certa solidez; é difícil sustentar que o contrato de sociedade não é um negócio organizativo de uma actividade *comum* e, portanto, *plural*. Se em vez de se encarar o contrato de sociedade, se olhar a personalidade jurídica, pode fazer-se raciocínio paralelo, partindo da premissa da atribuição de personalidade em função do interesse *colectivo* dos associados.

Onde o exagero de conceptualismo começaria a verificar-se seria num outro (pretenso) corolário da unipessoalidade: extinção imediata *versus* dissolução, seguida de liquidação. É muito diferente manter, para continuar indefinidamente, ou manter, para preparar uma conveniente extinção; o exagero consistiria em usar, para dois aspectos tão diferentes, a mesma medida e esquecer a necessidade duma liquidação. Na verdade, reduzida a sociedade a um sócio, não há sociedade, mas não pode esquecer-se que *houve* sociedade e que a existência desta se manifestou tanto entre os sócios como externamente, desta para com terceiros; se as premissas impõem que cesse a actividade que deixou de ser comum, delas não se depreende que não se arrumem os negócios que foram comuns e deixaram de o ser, de modo a não lesar terceiros. Ora, a *extinção* imediata teria como necessária consequência a confusão do património social e do património do único sócio, com eventual prejuízo ou dos credores pessoais do sócio único ou dos credores da sociedade; tanto o activo como o passivo da sociedade imediatamente extinta, sem liquidação, teriam de tornar-se propriedade e responsabilidade individual do sócio único e as duas referidas categorias de credores veriam modificada a garantia patrimonial dos seus créditos, com prejuízo de um ou outros — ou possivelmente de nenhuns, mas são as outras hipóteses que contam para o raciocínio — conforme as circunstâncias. Contra a extinção sem liquidação não pode argumentar-se com a personalidade jurídica, que deveria ser extinta quando faltasse o substracto pessoal por ela pressuposto; se a lei pode conceder a personalidade jurídica enquanto se mantenha a actividade comum, também pode mantê-la enquanto se arrumam os efeitos remanescentes da personalidade concedida. Dogmaticamente não há nesse facto nada de impossível; praticamente, tudo o aconselha, devendo, aliás, notar-se que se o efeito principal da personalidade á dirigido para o exterior, é em função desse exterior que deve ser mantida.

Provar que, no caso de uma sociedade se dissolver por unipessoalidade, não deve ser dispensada a liquidação que normalmente segue qualquer dissolução não implica a prova de que a sociedade deve dissolver-se quando se torne unipessoal. Passemos, pois, a encarar directamente este problema. A investigação costuma desdobrar-se separando as sociedades de pessoas e as sociedades de capitais, o que não é inteiramente lógico, visto pressupor a inexistência de *motivos gerais*, i.e, relativos a todos os tipos de sociedades, que ditem uma das duas soluções possíveis; é, no entanto, compreensível que, se existirem quanto às sociedades de pessoas, motivos especiais que claramente apontem uma solução, sejam estes aproveitados para desembaraçar o caminho.

A doutrina portuguesa anterior ao CC de 1966 dividia-se quanto à dissolução das sociedades em nome colectivo, por motivo de redução a um sócio; os Profs. PINTO COELHO e FERRER CORREIA entendiam que nestas sociedades havia motivos especiais para as condenar à dissolução de pleno direito;

o Prof. BARBOSA DE MAGALHÃES sustentava que a sociedade em nome colectivo unipessoal não se dissolvia; eu pensava que esse tipo de sociedades não apresentava características especiais que, para este efeito, justificassem tratamento diferente do conferido a sociedades de outros tipos. Depois do art. 1007.º, al. *e*) CC 1967, FERRER CORREIA propendia para aplicar este preceito às sociedades em nome colectivo, tanto quanto ao prazo de esperança de reconstituição como quanto ao carácter *ipso iure* da dissolução ao fim desse prazo. Encarando o problema *de iure condendo*, FERRER CORREIA pronunciava-se no sentido de uma sociedade em nome colectivo que se encontre reduzida a um único sócio há mais de um ano, ser dissolvida judicialmente se qualquer interessado o requeresse.

Na referida primeira fase da doutrina portuguesa, alinhavam-se três argumentos principais para justificar a dissolução por unipessoalidade das sociedades em nome colectivo: haver nelas um bloco vivo de umas tantas vontades humanas, que se congregaram para uma aventura e fiam da comunhão do esforço o êxito a que aspiram; ser inadmissível que o único sócio conseguisse comerciar através da sociedade unipessoal sem ser considerado comerciante; dada a responsabilidade ilimitada dos sócios na sociedade em nome colectivo, a redução de responsabilidade a um sócio representa para os credores a perda de consideráveis garantias.

Nenhum destes argumentos me convencia. Ao primeiro, opunha que, no fundo, ele apenas dá especial relevo ao carácter de sociedade *de pessoas*, em contraposição às sociedades de capitais; essencial àquela não seria apenas a existência de sócios, mas a actuação conjunta dos sócios, de modo que um sócio não chegaria para a sociedade subsistir; ora, a regulamentação legal das sociedades em nome colectivo acentua a importância da participação de cada sócio, mas não torna indispensável para a manutenção da sociedade a activa e constante intervenção de todos eles. O segundo argumento — por natureza acessível apenas a quem entenda que o sócio de sociedade em nome colectivo não é comerciante — seria igualmente aplicável a todos os sócios «únicos» que sobreviessem em qualquer espécie de sociedade; o sócio único de uma sociedade por quotas ou anónima não é comerciante e estaria a furtar-se a ser considerado comerciante sob o pretexto de serem todos os actos de comércio praticados por ele, não actos seus, mas da sociedade. O terceiro argumento esquece que nas sociedades em nome colectivo, a responsabilidade pessoal dos sócios pode cessar sem que os credores tenham meio de reacção; as partes dos sócios não são intransmissíveis e, portanto, basta que uma delas seja, nos termos legais e contratuais, transmitida para outro sócio, para ser reduzido o elenco dos eventuais responsáveis; se isto pode acontecer até que os sócios primitivamente existentes se reduzam a dois, parece razoável supor que assim acontecerá quando os sócios se reduzam a um e se o credor não pode reagir contra a redução de garantias pela diminuição do número de sócios, parece ter de se resignar a que a sociedade subsista só com um. E atente-se também nos credores, que se diz virem a ser prejudicados: os credores sociais anteriores à redução nada sofrem com esta, porque os sócios que existiam à data do acto constitutivo do crédito, continuam a responder subsidiariamente para com eles; os credores posteriores à redução contratam com a sociedade sabendo quais os sócios que lhes prestam garantia subsidiária — ou então, contratam sem estarem interessados nas garantias subsidiárias — e, parece que não têm direito de exigir mais sócios para terem maiores garantias.

Passando agora às sociedades de capitais, devemos observar que, da parte daqueles que de uma maneira ou de outra, protegem as sociedades unipessoais, houve uma evolução de sentido de argumentação. Logicamente, há dois problemas a considerar: primeiro, o de saber se uma sociedade reduzida a um só sócio deve ser dissolvida; segundo e no caso de o primeiro problema ter recebido resposta afirmativa, qual o regime dessa dissolução, ou dissolução imediata, de pleno direito, ou dissolução facultativa, por via judicial. Sucedeu, porém, que certos argumentos usados para resolver o problema da dissolução ou manutenção da sociedade e que, se fossem procedentes, conduziriam à manutenção, passaram a ser usados para a tentativa de demonstração da modalidade judicial da dissolução. Significa isto, em meu entender, que a doutrina, ao assestar as suas baterias contra o chamado preconceito dogmático da impossibilidade lógica da sociedade unipessoal e ao julgar ter reduzido a pó tal preconceito, encontrou-se perante uma encruzilhada: ou abertamente deixar subsistir indefinidamente a sociedade unipessoal ou encontrar maneira de lhe pôr termo, mas uma maneira que não prejudique a possibilidade de manutenção indefinida; a esta última alternativa corresponde a ideia de dissolução facultativa.

No citado estudo de 1967, o Prof. FERRER CORREIA enumera as principais razões que teriam levado a doutrina e a jurisprudência a entender que a reunião nas mãos de uma pessoa só, da totalidade das acções de uma sociedade anónima, não devia produzir, de modo automático e imediato, a dissolução da sociedade; vejamo-las e apreciemo-las.

«Desde logo, o reconhecimento de que nas sociedades anónimas — a forma extrema e o tipo acabado das sociedades de capitais — nenhum relevo assume o elemento pessoal. A sociedade não vive da colaboração dos seus associados, vive unicamente das virtualidades do seu património. Que importa à sociedade e que importa aos terceiros que os accionistas sejam estes ou aqueles, muitos ou poucos — que o capital social se concentre ou que, ao invés se pulverize? Nem a disseminação das acções reforça as garantias dos credores (já que os portadores delas nenhuma responsabilidade pessoal assumem pelas dívidas sociais), nem o fenómeno inverso traz consigo qualquer perturbação à vida social.» Dou de barato que por essa forma ficam retratadas algumas sociedades anónimas, embora não certamente todas, mas nem por isso posso aceitar o argumento. Se a lei nada mais visse na sociedade anónima do que uma reunião de capitais, desprendida de quaisquer ligações pessoais, não se compreenderia a exigência de um número mínimo de fundadores, e ainda superior ao exigido para a fundação de sociedades de outros tipos. E essa exigência inicial leva a duvidar da possibilidade de subsistência da sociedade reduzida a um sócio, fazendo perder ao argumento a sua possível força. Acresce que o argumento, a ser válido, em vez de justificar uma dissolução, mesmo judicial, provaria a subsistência, contra quaisquer tentativas de dissolução.

«Em segundo lugar, a verificação de que o fenómeno da anónima de um único accionista, radicando na própria natureza da sociedade e nos princípios por que se rege a transmissão de acções, é incontrolável e irreprimível. E que diferença substancial existe, afinal, entre a anónima de um único e a de dois accionistas, se, nesta última hipótese, um dos dois associados detiver 995 das mil acções emitidas e o outro as 5 restantes? E não é facto que, se a lei proibir em absoluto a sociedade de um só accionista, a proibição será a todo o momento iludida e impunemente violada? Se o associado realmente único passar algumas acções para as mãos de um testa-de-ferro, poderá alguém considerar esta sociedade de dois (!) sócios como mais conforme ao direito do que a de um só?» Não aceito que o fenómeno da anónima de um accionista radique na própria natureza da sociedade — veja-se a crítica ao argumento anterior — nem nos princípios por que se rege a transmissão de acções — a facilidade na negociabilidade das acções não implica que elas possam ser negociadas de modo a ficarem na titularidade de uma só pessoa; pelo contrário, essa facilidade destina-se a fomentar a disseminação de acções e não a sua concentração. Também não acredito que tal fenómeno seja incontrolável e muito menos irreprimível; não compreendo o motivo que leva a supor a fraqueza da lei quando comanda a um accionista, tornado único, que dissolva a sociedade, quando constantemente a lei reprime condutas isoladas de qualquer pessoa. A diferença entre 995 acções pertencentes a um accionista e 5 acções pertencentes a outro accionista e, por outro lado, a sociedade unipessoal é a mesma que existe entre uma qualquer sociedade, ainda plural, e uma sociedade unipessoal. O argumento do testa-de-ferro tem a fácil resposta de que nesse caso não há realmente *dois*, mas apenas *um* accionista e a sociedade é unipessoal.

«É bem verdade que a concentração das acções nas mãos de uma única pessoa pode ser o resultado da execução de um plano preconcebido por essa pessoa para se assenhorear da sociedade, com vista a tornar-se, de facto, o único dono da empresa e a explorá-la em regime de responsabilidade rigorosamente limitada. Mas nem sempre as coisas se passam desse modo. É muito possível que o actual detentor da totalidade das acções as não tenha adquirido senão para em parte as revender na primeira ocasião favorável. Como é possível também que a concentração dos títulos se tenha produzido em virtude de uma relação de sucessão por morte entre dois accionistas; e nesta hipótese dificilmente se achará justo que se ponha o herdeiro entre o dilema de renunciar ou à herança ou à empresa, se não lhe convier a solução de passar doravante a exercer o comércio como comerciante individual, sujeito a responder, sem limitação alguma, por todo o passivo resultante desta actividade.»

Não tenho dúvida em aceitar estas premissas, como factos notórios, mas penso deverem ser ponderadas as conclusões a extrair delas. Se o único accionista restante conseguiu essa situação com a intenção apontada no argumento, merece ou não censura e consequente repressão, consoante a atitude da lei perante tal intenção, o que não está ainda a ser discutido. Se ocorreram aquisições acidentais, a lei não deve fechar os olhos a tais acidentes, mas para isso não necessita de deixar a sociedade unipessoal subsistir indefinidamente, bastando que conceda um prazo razoável para a pluralidade ser reconstituída, antes de cominar a dissolução.

«Incontestavelmente, a admissibilidade da sociedade anónima de um só accionista não jogará certo com o não reconhecimento ao empresário individual da faculdade de limitar a sua responsabilidade pelas dívidas assumidas na gestão da empresa. Mas em boa verdade, não seria esta a primeira torção inflingida ao princípio da responsabilidade ilimitada em nome das necessidades do comércio; de resto, a permissão da anónima unipessoal pode ser talvez a melhor forma de transição para o reconhecimento directo da empresa individual autónoma, com património seu e dívidas próprias». Aqui se centra a questão, em meu entender, e a este aspecto deve ser prestada toda a atenção.

No meu livro de 1960 apreciei largamente o problema das sociedades unipessoais sob esse aspecto e reapreciando-o em 1981-83 e mesmo depois disso, até 25 de Agosto de 1986, mantinha essencialmente o mesmo ponto de vista. Depois dessa data, notável pela publicação do DL n.º 248/86, que criou o estabelecimento individual de responsabilidade limitada, a questão coloca-se de outra forma, mas para que se compreenda bem a situação actual convirá sintetizar a situação anterior.

Partia eu da regra estabelecida na primeira parte do art. 601.º CC: «Pelo cumprimento da obrigação respondem todos os bens do devedor susceptíveis de penhora», à qual são abertas duas excepções: «sem prejuízo dos regimes especialmente estabelecidos em consequência da separação de patrimónios» — art. 601.º, parte final; «salvo quando se trate de matéria subtraída à disponibilidade das partes, é possível, por convenção entre elas, limitar a responsabilidade do devedor a alguns dos seus bens no caso de a obrigação não ser voluntariamente cumprida» — art. 602.º.

Esta segunda excepção não interessa agora, por ser radicalmente diversa da situação da sociedade unipessoal, em que não há nenhuma convenção entre a sociedade devedora ou o sócio único e um credor para, relativamente a uma obrigação específica, limitar a responsabilidade.

Quanto à primeira excepção, suponho que a investigação não deve ser prejudicada por a sociedade unipessoal manter a personalidade jurídica e, por isso, tentar-se argumentar que não existiria neste caso uma separação de patrimónios, potencialmente pertencentes à mesma pessoa, mas dois patrimónios individuais, um do sócio e outro da sociedade. A substância do problema consiste no facto de, através da chamada sociedade unipessoal, o sócio único conseguir estabelecer uma separação de patrimónios, o seu próprio e o atribuído aos fins da sociedade, tenha esta ou não tenha a roupagem da personalidade jurídica.

Também não me impressionam questões de palavras. Tenho como certo ser o termo «sociedade» impropriamente aplicado às «sociedades» unipessoais, mas não é por isso que o problema fica resolvido. Assento, porém, por me parecer retrato fiel da realidade que, com ou sem autónoma subjectividade jurídica, a sociedade unipessoal, enquanto assim se mantiver, opera uma separação de patrimónios. A sua licitude depende, portanto, de esse «regime estar especialmente estabelecido» — como se lê na parte final do art. 601.º CC — e a meu ver esse regime não estava especialmente estabelecido.

Dizia-se que o legislador pronunciou-se quanto à necessidade de consentir na limitação do risco inerente à empresa mercantil, ao reconhecer as sociedades comerciais de responsabilidade limitada; no conspecto geral da nossa legislação mercantil não é lícito encarar a hipótese de aversão do legislador pela responsabilidade limitada do comerciante singular como resultado em si; o objecto da proibição legal não é propriamente a proibição de um património separado, como resultado em si, mas antes e apenas a sua criação através de formas jurídicas diferentes das que a lei reconhece; logo, a sociedade anónima unipessoal é fenómeno perfeitamente lícito, por não poder negar-se que a separação patrimonial foi aqui alcançada através das formas legalmente exigidas. Julgo ter assim reproduzido, fiel mas sucintamente, a tese inicial do

Prof. Ferrer Correia, de que tomei a liberdade de usar algumas frases.

Eu acolheria esta argumentação se a lei tivesse criado as sociedades de responsabilidade limitada para pôr ao alcance do comerciante uma forma de limitar o risco da sua empresa; então, o fim da sociedade unipessoal seria o mesmo de qualquer sociedade de responsabilidade limitada e a forma usada seria a própria oferecida pela lei.

A criação de sociedades de responsabilidade limitada não teve um fim individual, mas sim um fim colectivo. Ela correspondeu à necessidade prática de as pessoas limitarem a sua responsabilidade *quando se associam*. A sociedade em nome colectivo tinha um defeito grave, que se desdobrava em muitos corolários prejudiciais ao comércio: a responsabilidade ilimitada. É certo que o comerciante, se não se associasse, seria responsável ilimitadamente, mas sê-lo-ia *pelos seus próprios actos*; na sociedade colectiva, a responsabilidade é assumida *por virtude dos actos dos outros sócios*. Daí, a dificuldade de reunir pessoas dispostas a associarem-se a *muitas outras pessoas* em sociedade colectiva; daí a dificuldade de por essa forma reunir avultados capitais para grandes empresas, etc.

A limitação da responsabilidade dos sócios é, pois, o grande factor da reunião de capitais, a alavanca da associação para fins comerciais. Mas, se é assim, a limitação da responsabilidade dos sócios nada tem a ver com a limitação da responsabilidade do comerciante individual. O sócio é limitadamente responsável *porque se associou*; o património que se autonomizou é o património colectivo, que, no máximo da autonomia, se transforma em património da pessoa colectiva sociedade. Quer dizer, é ilegítimo equiparar o *fim* e a *forma* colectivos da sociedade de responsabilidade limitada, ao *fim individual* por forma *aparentemente colectiva* da sociedade unipessoal.

As considerações que acabo de expor valiam para mim, tanto *de iure condito* como *de iure condendo*. Por isso, propus o regime que, no art. 148.º do Projecto, figurava para a dissolução causada por unipessoalidade. Ao propor esse regime, não me senti nem retrógrado nem conceptualista. Quis proceder com cautela, pois pretendi evitar que, a pretexto da dissolução de sociedades, fosse instituído um regime que *de facto* permitisse a limitação da responsabilidade individual, *com carácter generalizado*, antes de conscientemente serem decididos dois problemas básicos: as vantagens da limitação da responsabilidade do comerciante individual; o acerto da sociedade unipessoal — especialmente por quotas — como forma para instituir essa limitação.

Digo «com carácter generalizado», porque eu mesmo não hesitei em propor, para o referido projecto, casos de limitação de responsabilidade, uns por meio de sociedades unipessoais e outros por meio diverso. Algumas dessas propostas vieram a ser acolhidas no texto definitivo do CSC e correspondem a situações em que excepcionalmente essa limitação se justificava. Assim, o art. 488.º, n.º 1, CSC, permite que uma sociedade com sede em Portugal constitua, mediante escritura pública por ela outorgada, uma sociedade anónima de cujas acções ela seja inicialmente a única titular; o art. 489.º, n.º 1, determina que a sociedade que, directamente ou por outras sociedades ou pessoas que preenchem os requisitos indicados no art. 483.º, n.º 2, domine totalmente uma outra sociedade, por não haver outros sócios, forma um grupo com esta última, por força da lei — se o domínio for conseguido por total reunião das participações directamente na sociedade dominante e, se for tomada a deliberação de manutenção da sociedade dominada, ao abrigo da alínea *c*) do n.º 3, fica existindo e subsistindo uma sociedade unipessoal.

No art. 5.º do Projecto, era instituído e regulamentado um «estabelecimento de responsabilidade limitada», que sociedades comerciais com sede no estrangeiro poderiam constituir em Portugal, como forma permanente de representação. Supunha eu que tal preceito tinha interesse prático, para facilitar o investimento estrangeiro em Portugal, com maior clareza do que actualmente. O «*branch* português» não atrai ninguém, por causa da responsabilidade ilimitada; a limitação da responsabilidade é conseguida através de sócios *pintados* portugueses ou de associações fictícias, como a Multinacional de Londres, com a sua subsidiária de Paris, formar em Portugal a Multinacional Portuguesa Limitada. O preceito, amputado de parte importante do seu conteúdo na 2.ª revisão ministerial, não escapou à 3.ª revisão ministerial.

3.4. O panorama português quanto à limitação de responsabilidade individual do comerciante está hoje radicalmente modificado.

O Decreto-Lei n.º 248/86, de 25 de Agosto, criou um novo instituto, a que apôs o nome de «estabelecimento individual de responsabilidade limitada».

Não é aqui o lugar próprio para estudar pormenorizadamente esse novo instituto, do qual me atrevo a dizer que o melhor que poderia suceder seria que a prática o rejeitasse e ficasse esquecido, salvo num museu de curiosidades, ou no museu dos farmacêuticos, para os quais se diz que o EIRL tem especial interesse, talvez justificado.

Agora apenas interessam as relações do «estabelecimento individual de responsabilidade limitada» com as sociedades unipessoais e para isso basta uma resumida descrição do novo instituto.

O Decreto-Lei n.º 248/86 distribui a disciplina do EIRL por sete capítulos, epigrafados «Constituição», «Administração e funcionamento», «Elaboração das contas anuais», «Alteração do acto constitutivo», «Negociação, oneração e penhora do estabelecimento individual de responsabilidade limitada», «Liquidação do estabelecimento individual de responsabilidade limitada», «Disposições finais». Destas epígrafes resulta já a influência que nessa disciplina exerceu o regime legal das sociedades, influência que amplamente se confirma pela leitura do articulado.

Qualquer pessoa singular que exerça ou pretenda exercer uma actividade comercial pode constituir para o efeito um estabelecimento individual de responsabilidade limitada. O interessado afectará ao estabelecimento individual de responsabilidade limitada uma parte do seu património, cujo valor representará o capital inicial do estabelecimento. Uma pessoa só pode ser titular de um único estabelecimento individual de responsabilidade limitada (art. 1.º).

O estabelecimento individual de responsabilidade limitada constitui-se mediante escritura pública, em que deve outorgar o proprietário dos bens, por si ou por intermédio de representante legalmente habilitado. Seguem-se as menções obrigatórias da escritura. A firma do estabelecimento será constituída pelo nome do titular, acrescido ou não de uma referência ao objecto do comércio nele exercido, e incluirá sempre o aditamento «estabelecimento individual de responsabilidade limitada» ou a sigla «E.I.R.L.» (art. 2.º).

O capital mínimo do estabelecimento não pode ser inferior a 400 000$. O capital será realizado em numerário, coisas ou direitos susceptíveis de penhora, não podendo a parte em numerário ser inferior a dois terços do capital mínimo. O capital deverá estar integralmente liberado no momento da outorga da escritura (art. 3.º).

Celebrada a escritura pública de constituição do estabelecimento individual de responsabilidade limitada, o titular deve requerer a inscrição deste no registo comercial (art. 5.º).

O património do estabelecimento individual de responsabilidade limitada responde unicamente pelas dívidas contraídas no desenvolvimento das actividades compreendidas no âmbito da respectiva empresa. Todavia, se os restantes bens do titular forem insuficientes e sem prejuízo do preceituado na parte final do art. 6.º, aquele património responde por quaisquer dívidas que este tenha contraído antes de efectuada a publicação a que se refere o art. 5.º, n.º 3 (art. 8.º).

Pelas dívidas resultantes de actividades compreendidas no objecto do estabelecimento individual de responsabilidade limitada respondem apenas os bens a este afectados. No entanto, em caso de falência do titular por causa relacionada com a actividade exercida naquele estabelecimento, o falido responde com todo o seu património pelas dívidas contraídas nesse exercício, contanto que se prove que o princípio da separação patrimonial não foi devidamente observado na gestão do estabelecimento. No caso previsto no número anterior, a responsabilidade aí cominada recai sobre todo aquele que, tendo exercido anteriormente a administração do estabelecimento individual de responsabilidade limitada, haja transgredido nessa administração o princípio da separação de patrimónios. Se forem vários os obrigados, respondem solidariamente (art. 11.º).

O titular do estabelecimento individual de responsabilidade limitada não pode desafectar do património do estabelecimento, para fins não relacionados com a actividade deste, quantias que não correspondem aos lucros líquidos acusados pelo balanço anual. Pode, contudo, levantar quantias por conta dos lucros líquidos do exercício em curso. Se, no fim do exercício, tais quantias excederem o montante dos lucros líquidos referidos no número anterior, será o excedente restituído ao património do estabelecimento, no prazo de seis meses a seguir ao fecho das contas. Pelo cumprimento desta obrigação o titular responde com todo o seu património (art. 14.º).

O capital do estabelecimento de responsabilidade limitada pode ser aumentado, tanto por novas entradas como por incorporação de reservas (arts. 17.º e 18.º).

O capital pode ser reduzido, ou mediante autorização judicial ou para compensar perdas, admitindo-se neste caso a oposição de credores (art. 20.º).

O estabelecimento individual de responsabilidade limitada pode ser transmitido por acto gratuito ou oneroso, ou dado em locação. Pode ainda sobre ele constituir-se um usufruto ou um penhor (art. 21.º).

Na execução movida contra o titular do estabelecimento individual de responsabilidade limitada por dívidas alheias à respectiva exploração, os credores só poderão penhorar o estabelecimento provando a insuficiência dos restantes bens do devedor (art. 22.º).

O estabelecimento individual de responsabilidade limitada pode entrar em liquidação ou por ocorrência de factos que produzem imediatamente esse efeito ou por decisão judicial (arts. 24.º e 25.º).

O estabelecimento individual de responsabilidade limitada considera-se extinto pela inscrição no registo comercial do encerramento da liquidação (art. 33.º, n.º 3).

A primeira ligação entre o EIRL e a sociedade unipessoal consiste em ter aquele sido o instrumento técnico preferido para realizar a limitação da responsabilidade do comerciante individual, com afastamento do outro instrumento possível em princípio, a sociedade unipessoal.

O relatório preambular do DL n.º 248/86 é elucidativo a esse respeito. Começa ele por alinhar os argumentos a favor e contra a limitação da responsabilidade do comerciante individual, declarando vitoriosos os primeiros. Em seguida, debate a questão do meio técnico para atingir aquele objectivo: ou a «solução frontal» consistente na admissão da figura do estabelecimento (empresa) mercantil individual de responsabilidade limitada, ou o aproveitamento da sociedade unipessoal. Aponta as razões essenciais que levaram o legislador alemão a optar pela solução consagrada na GmbH-Novelle de 1980 e presume não terem sido diferentes as razões que pesaram no espírito do legislador francês e o levaram a admitir a constituição da sociedade de responsabilidade limitada com um único sócio.

Passa depois à apreciação do caso português. Transcreve-se, sem comentários, o n.º 6 do relatório: «Quanto, porém, ao nosso país, as coisas não se apresentam do mesmo modo; as razões apontadas no número anterior não valem aqui com a mesma intensidade.

«É certo que a ideia da sociedade com um único sócio encontra hoje aceitação generalizada tanto na doutrina como na prática, e até o novo Código das Sociedades Comerciais, vencidas algumas hesitações, lhe dará consagração igual àquela que um importante sector da doutrina nacional de há muito vinha preconizando.

«Mas, em contrapartida, não deixa de ser verdade que entre nós (diferentemente do que acontece na Alemanha) nunca se admitiu — entre outras razões, por fidelidade à ideia da sociedade-contrato — a unipessoalidade originária. E não menos certo é, por outro lado, que (e também ao invés do que se passa naquele país) as contribuições doutrinais portuguesas sobre a regulamentação jurídica específica das sociedades de um único sócio são escassas. A hipótese configurada no artigo 488.º daquele novo Código repercute um regime excepcional, que não altera esta forma de ver as coisas.

«Eis porque, tudo pesado, não parece que a figura da sociedade unipessoal, nos latos termos em que passou a ser admitida no direito alemão e francês, seja em Portugal o instrumento jurídico mais apropriado para a solução do problema da limitação de responsabilidade do empresário individual. Mais lógico e mais conforme com os princípios tradicionais do nosso direito se apresenta o outro caminho apontado; a criação de um novo instituto jurídico — o estabelecimento mercantil individual de responsabilidade limitada. Esta se afigura ser a solução preferível, apesar da inovação que representa e das acrescidas dificuldades de regulamentação que determina.»

3.5. No nosso actual direito, temos um instituto — estabelecimento individual de responsabilidade limitada — especificamente destinado a satisfazer os anseios dos comerciantes de limitação da sua responsabilidade. A criação desse novo instituto foi acompanhada pelo expresso repúdio da sociedade unipessoal como instrumento destinado a alcançar o mesmo objectivo.

Destes dois factos pareceria resultar uma consequência, na disciplina da sociedade unipessoal: evitar que ela funcione praticamente como instrumento de limitação da responsabilidade individual. Se assim não se fizer, ficam a coexistir dois meios de limitação dessa responsabilidade, contrariamente aos intuitos do legislador.

O CSC foi, contudo, publicado tal como de encontrava redigido no respeitante a sociedades unipessoais, antes de ter sido concebido o EIRL. E redigido num sentido que favorece a utilização das ditas sociedades para a obtenção da também dita limitação de responsabilidade.

É certo que não foi permitida no CSC, *como regra*, a constituição inicial de sociedades unipessoais, mas o regime estabelecido para as sociedades que *se tornam* unipessoais, conduz na prática, como dissemos, à indefinida manutenção da sociedade unipessoal.

Donde parece que, no futuro, doutrina e jurisprudência terão neste campo que se guiar por duas linhas pouco congruentes entre si:

— feroz combate à constituição inicial de sociedades unipessoais, embora sob o fictício disfarce de pluralidade; isto é consequência necessária de *o único meio legal* de criação de limitação de responsabilidade individual ser o EIRL;

— favorecimento das sociedades que, depois de regularmente constituídas, venham a ter apenas um sócio, apesar da criação do EIRL.

Dir-se-á que as situações são diferentes, uma colocada no momento da constituição da pseudo-sociedade, em que ainda nada foi feito que deva ser respeitado e em que ainda é possível colocar os interessados no recto caminho do EIRL; outras, mais longínqua, em que a sociedade já funcionou, como tal, durante tempo mais ou menos longo, passado que deve ser respeitado em função dum presente a que se chegou. Se tal se disser, pode responder-se que o remédio lógico e certeiro consiste em mandar a sociedade tornada unipessoal — e decorrido um conveniente período de eventual reconstituição da pluralidade — transformar-se em EIRL. Talvez algum dia se enverede por esse caminho; não adianta muito, mas fere menos a lógica.

4.1. Para se evitarem perniciosas confusões, como as criadas anteriormente quanto ao art. 120.º, n.º 3, CCom, convirá atentar na letra e no enquadramento da alínea *b*) do art. 142.º, n.º 1. Ela diz «quando a actividade que constitui o objecto contratual se torne de facto impossível» e nenhuma destas palavras pode ser desprezada ou deturpada; designadamente, a alínea não pode ser entendida como se nela estivesse escrito «quando for impossível à sociedade realizar o seu objecto contratual». Por outro lado, esta alínea contrapõe-se à alínea *d*) do art. 141.º, n.º 1; a lei previu que a actividade que constitui o objecto contratual da sociedade se torne impossível por uma de duas circunstâncias: ou por se ter tornado *ilícita* — impossibilidade jurídica — ou por *de facto* — impossibilidade material — ela se tornar impossível.

Começaremos por analisar o preceito e depois abordaremos as questões que se colocavam quanto à antiga norma, para vermos o tratamento delas no CSC.

O preceito reporta-se à actividade que constitui o objecto contratual. Não há que distinguir conforme a actividade contratual esteja ou não a ser efectivamente exercida, embora na maior parte dos casos a impossibilidade surja durante o seu efectivo exercício; pode, porém, suceder que a actividade se torne impossível antes de ser exercida (caso de sociedade constituída para organizar uma série de concertos de um cantor célebre e este morrer logo depois de constituída a sociedade). Não há que atender à actividade que a sociedade está a exercer de facto, sem cobertura na cláusula de objecto contratual; se esta se tornar impossível, a sociedade mantém-se para o exercício do seu objecto contratual.

A hipótese prevista consiste em a actividade que constitui o objecto social *se tornar* impossível, o que inculca uma situação inicial de possibilidade do objecto e uma subsequente alteração das circunstâncias. O ponto de referência será o momento da celebração do contrato de sociedade; a impossibilidade inicial ou originária, ou seja, a impossibilidade existente no momento do contrato, não está abrangida por esta alínea *b*).

Perante o CCom e preceitos semelhantes de leis estrangeiras, discutia-se se a impossibilidade de satisfazer o fim social era tanto a originária como a superveniente; salvas opiniões isoladas, entendia-se que era só a superveniente, pois a impossibilidade originária produzia a nulidade do contrato de sociedade, como qualquer outro vício essencial na constituição desta. Também no direito actual haverá que distinguir a impossibilidade originária e a superveniente, como dissemos, mas daí não pode concluir-se que a primeira produza sempre a nulidade do contrato. Remetemos para o que ficou dito no n.º 2 do comentário a este mesmo artigo, onde se mostrou que do art. 42.º resulta que, sendo originariamente impossível o objecto contratual duma sociedade por quotas ou anónima, a nulidade só poderá ser declarada até ao registo definitivo do contrato, passando depois a ser aplicável aquela alínea *a*).

4.2. A actividade deve ter-se tornado *de facto impossível*. «De facto» contrapõe-se a «legal», pois como já vimos, esta última torna ilícita a actividade e está prevista no art. 141.º, n.º 1, al. *d*). *Impossível* deve ser entendido literalmente. Quando, no direito anterior, se analisava a «impossibilidade de satisfazer o fim social», parte da doutrina e da jurisprudência portuguesas opinavam que tal impossibilidade não precisava de ser absoluta, bastando a dificuldade séria de satisfação. Já nessa altura manifestei a opinião contrária; a dificuldade séria não chega, por definição, a constituir impossibilidade e, portanto, não se incluía na letra do art. 120.º, n.º 3, CCom, como hoje não se inclui na letra da alínea agora analisada. Nem se diga que dificuldade séria é impossibilidade relativa, pois, considerada objectivamente, a impossibilidade não admite graus. Nem existem razões para interpretar latamente a palavra impossibilidade, de modo a abranger a chamada imposssibilidade relativa. Por um lado, não pode argumentar-se que a impossibilidade absoluta nunca chega a existir, pois isso não seria verdade. Por outro lado, a intenção da lei é permitir que a sociedade seja dissolvida quando dela não houver mais nada a esperar; enquanto houver possibilidade de realizar o objecto contratual, não se vê motivo para dissolução. A dificuldade séria mantém a esperança de possibilidade; se os sócios não estão de acordo quanto à dissolução (se o estivessem, dissolveriam a sociedade por deliberação), parece arbitrário transformar o juiz em apreciador das dificuldades da sociedade.

Admitimos, contudo, que a impossibilidade deva ser apreciada segundo critérios técnicos e critérios sociais. Por exemplo, ocorrem desabamentos numa mina cuja exploração constitui o objecto contratual duma sociedade; a possibilidade ou impossibilidade de exploração da mina deve ser apurada conforme tecnicamente se conclua, ou não, se essa mina se tornou inexplorável.

Também não exigimos que a impossibilidade seja universal; suponha-se que uma sociedade se constituiu para concorrer à empreitada de uma obra pública e posteriormente efectuá-la, mas a empreitada é adjudicada a outra concorrente; o objecto contratual de uma das sociedades tornou-se impossível de facto *para ela*, mas não evidentemente para a outra. Para casos destes usámos antigamente o termo impossibilidade *subjectiva*, de que nos abstemos agora, por recomhecermos que se presta a confusões.

4.3. Em tempos, comentando arestos do STJ, segundo os quais o n.º 3 do art. 120.º CCom devia entender-se pela impossibilidade derivada de acto estranho à vontade dos sócios e que não possam vencer e nunca, portanto, quando derivada da sua incompatibilidade irredutível, porque esta pode cessar apenas eles queiram, notei que literalmente o preceito não corroborava esta afirmação; ele não dizia «por o fim (objecto) da sociedade ser impossível de satisfazer» — caso em que só causas relacionadas como o fim (objecto) em si mesmo, seriam abrangidas — mas «ser impossível satisfazê-lo», abrangendo, portanto, a impossibilidade determinada pelo fim (objecto) em si mesmo e a impossibilidade resultante da actividade destinada a satisfazer o fim (objecto). Hoje existe o texto pressuposto por aquela antiga jurisprudência.

Na doutrina portuguesa anterior ao CSC e também em autores estrangeiros aparece uma distinção entre causas externas e causas internas de impossibilidade de a sociedade realizar o seu objecto. Nem a terminologia nem o critério de distinção podem considerar-se assentes; há quem fale em causas objectivas e causas subjectivas; sendo a distinção convencional, mesmo ligeiras variações de critérios fazem algumas causas deslocar-se entre as duas categorias. O interesse da distinção residia no facto de considerar-se assente que as chamadas causas externas ou objectivas conduziam à dissolução da sociedade, através da impossibilidade de realizar o objecto, enquanto para a impossibilidade derivada de causas internas essa conclusão não era pacífica.

Tal distinção não tem cabimento perante a alínea *c*) do art. 142.º, n.º 1. Não temos agora, como nos antigos textos, uma impossibilidade de realização do objecto social que, pelo menos em princípio, possa resultar da actividade em si mesma, ou de circunstâncias internas da sociedade; temos apenas uma actividade que, constituindo o objecto contratual, se tornou, em si mesma, impossível.

Nem por isso, contudo, desaparecerão na prática os proplemas reais, cuja solução por vezes se buscava ao incluir no art. 120.º, n.º 3, ou seus congéneres estrangeiros, a impossibilidade resultante de circunstâncias internas da sociedade. Negando que essas hipóteses se enquadram na referida al. *b*), não nos dispensamos de as considerar à luz de outros preceitos. Para a hipótese de perdas sociais, v. adiante.

No domínio do CCom, a doutrina e a jurisprudência tinham-se dividido quanto a saber se certas discórdias entre os sócios constituíam causa de dissolução da sociedade. Ao resultado afirmativo tentava-se chegar por dois caminhos: ou acrescentando essa causa às expressamente enumeradas no art. 120.º, ou enquadrando-as na parte final do n.º 3 desse artigo. Tomando, em escrito antigo, posição no debate, eu tinha repudiado a primeira dessas vias e, usando a segunda, concluía que, em hipóteses restritas, as discórdias entre sócios podiam constituir impossibilidade de realização do objecto social, para os efeitos do art. 120.º, n.º 3.

Reproduzo as conclusões a que então cheguei: «Só, portanto, as divergências manifestadas pelos sócios em assembleia geral poderão, em princípio, constituir impossibilidade, mas nem todas elas. Esta característica só pode ser revestida pelas deliberações que por *força da lei ou dos estatutos sejam indispensáveis para que a sociedade funcione e preencha o seu fim.*

«A aplicação desta regra dependerá da espécie de sociedade e sua organização estatutária, mas dois tipos de deliberação poderemos apontar como mais genéricos: a escolha dos administradores e a aprovação do balanço.

«Tratando-se de sociedades cujos administradores (usando esta palavra em sentido amplo) devam ser escolhidos pela assembleia geral, se esta não delibera e a sociedade fica sem administração, está impossibilitada de satisfazer o seu fim, por lhe faltar o órgão necessário para a realização das operações sociais. Da mesma forma, se a lei exige que em cada ano os balanços sejam aprovados pela assembleia, está legalmente impossibilitada de funcionar aquela sociedade em que não sejam tomadas — por impossibilidade de funcionamento da assembleia — deliberações sobre o balanço.

Dito isto, verifica-se, porém, que o papel das discórdias entre os sócios é bastante reduzido. A impossibilidade de satisfazer o fim social resulta de deliberação da assembleia; as desinteligências são meras causas remotas da falta de deliberação, ou, por outras palavras, a desinteligência entre os sócios deve traduzir-se objectivamente na falta de certas deliberações.»

Anos depois, o Decreto-Lei n.º 154/72, de 10 de Maio, veio alterar este panorama. O seu art. 4.º encarou a hipótese de, em duas reuniões da assembleia geral distanciadas entre si pelo menos sessenta dias, nas quais hajam participado todos os sócios com direito de voto, devidamente convocados, sócios que representem um mínimo de 90 por cento do capital social, não poderem ser tomadas, devido a ter-se verificado empate de votos, deliberações: *a*) de nomeação de administradores ou de gerentes, desde que tornada necessária por força da lei ou dos estatutos; *b*) De apreciação do balanço e contas. Para a primeira hipótese, podia qualquer sócio requerer a nomeação de um administrador judicial, que exerceria as respectivas funções conjuntamente com os outros administradores ou gerentes, quando os houvesse e cujos poderes serão fixados pelo tribunal. Para a segunda hipótese, podia qualquer sócio requerer a convocação judicial da assembleia, para apreciação do balanço e contas e o juiz designaria para a presidência dessa assembleia uma pessoa estranha à sociedade, atribuindo-lhe o poder de desempatar, se voltasse a verificar-se empate.

Depois deste Decreto-Lei até ao CSC, entendi que as discórdias entre os sócios perderam a relevância, embora reduzida, que lhes atribuíra em 1960. As duas mais graves circunstâncias em que as discórdias entre sócios se podem manifestar encontravam agora remédio na lei; a sociedade não está, nessas circunstâncias, impedida de satisfazer o objecto (fim) social, desde que a qualquer sócio é atribuída a faculdade de obter do tribunal providências que as remedeiem.

O CSC não trata expressamente de discórdias, desinteligências ou incompatibilidades entre os sócios impeditivas do funcionamento da sociedade, mas contém muitos preceitos que evitam essa impossibilidade, embora nalguns casos admitam como último remédio a dissolução da sociedade.

Quanto à apresentação das contas de exercício e à deliberação sobre elas, as respectivas faltas estão previstas no art. 67.º, de modo tal que, mesmo causadas por discordâncias entre os sócios, encontram remédio por intervenção do tribunal.

Quanto à falta de gerentes ou administradores, ela pode ser suprida judicialmente, nos termos do art. 253.º, tratando-se de sociedades por quotas, e nos termos do art. 393.º, para as sociedades anónimas.

Além disso, o comportamento de um sócio pode conduzir à exclusão dele ou à exoneração de outros: arts. 185.º e 186.º, para as sociedades em nome colectivo e 240.º e 241.º para as sociedades por quotas.

5.1. Por força do art. 142.º, n.º 1, al. *c*) constitui causa legal, facultativa, de dissolução o facto de a sociedade não ter exercido qualquer actividade, durante cinco anos consecutivos.

É frequente na prática encontrarem-se sociedades «esquecidas» e «sociedades dormentes», porque há longo tempo os sócios deixaram de as fazer exercer alguma actividade e até em muitos casos essa situação corresponde a uma liquidação de facto, a que os sócios procederam, sem cumprimento dos preceitos legais, por negligência ou por comodismo. Umas vezes trata-se de sociedades sem passivo — já totalmente satisfeito — e sem activo — partilhado de facto entre os sócios; outras vezes, terminada a actividade a que a sociedade se dedicara, restam certos bens cuja valorização os sócios esperam, preferindo entretanto mantê-los em nome da sociedade. Neste último caso, pode suceder e sucede que essa situação se mantém por imposição de sócios maioritários sobre sócios minoritários.

Salvo quanto a esta última hipótese, poderá dizer-se que dessas situações não vem mal ao mundo e que o legislador não tem que se preocupar com ela, tanto mais que os sócios podem, logo que o quiserem, deliberar a dissolução imediata. Apesar disso, o disposto nesta alínea *c*) justifica-se, por um lado, pela eventualidade de essas situações resultarem da referida imposição e, por outro lado, pelas graves dificuldades práticas que o tempo pode causar para a deliberação de dissolução imediata. Em muitos casos, uns sócios já nem conhecem o paradeiro de outros ou houve transmissões, por morte, para herdeiros desconhecidos ou até nas formalidades subsequentes à morte de um sócio, a transmissão da participação social foi esquecida, como a própria sociedade o estava.

Aliás e em geral, é justo que uma pessoa que se associou para a realização em comum de actividades possa libertar-se do contrato quando nenhuma actividade é exercida.

5.2. A actividade cuja falta de exercício esta alínea supõe é a actividade económica que é ou pode ser objecto de sociedades. Os actos dos sócios destinados a cumprir preceitos legais respeitantes a sociedades activas não constituem a actividade agora pressuposta. Assim, pode a sociedade manter gerentes e administradores e até mesmo elegê-los, pode a sociedade aprovar anualmente balanço e contas, pode a sociedade pagar impostos, etc., sem que para esse efeito se considere uma sociedade activa.

Inversamente, desde que a sociedade exerça uma actividade, a falta destes actos, nomeadamente a falta de reunião de assembleias gerais anuais para apreciação da situação da sociedade, não torna esta inactiva.

A expressão «qualquer actividade» compreende tanto a actividade abrangida pelo objecto contratual como a actividade que constitua objecto de facto. Neste último caso, a dissolução pode ocorrer não por causa do disposto na alínea *c*), mas sim por causa do disposto na alínea *d*).

Esta causa é facultativa. Ressalvada a intervenção de algum credor social, pouco natural nesta hipótese, se e enquanto todos os sócios estiverem de acordo em manter a sociedade, esta não se dissolve.

6 . Por força do disposto no art. 142.º, n.º 1, al. *d*), a sociedade pode ser dissolvida quando exerça de facto uma actividade não compreendida no seu objecto contratual.

Em estudo efectuado no domínio do CCom, sobre o objecto da sociedade e os actos *ultra vires*, perguntava eu se — além da influência que a mudança de objecto de facto possa ter relativamente a actos isolados praticados em nome da sociedade — a própria sociedade não seria afectada pela mudança de objecto, designadamente se ela podia ou não subsistir; notava que a questão tanto podia surgir quando se seguisse a doutrina alemã sobre a vinculação da sociedade por actos não incluídos no objecto social, quer quando se adoptasse a doutrina *ultra vires*, pois no primeiro caso é estranho que se permita o funcionamento duma sociedade cujo objecto é diferente do constante do respectivo contrato, pois isso equivale a tornar completamente desnecessária a menção contratual do objecto, tanto para efeitos internos como para efeitos externos, e, no segundo caso, isso viria a produzir uma sucessão indefinida de actos que não vinculariam a sociedade nas relações externas. Como o CCom não enquadrava a hipótese nas causas de dissolução da sociedade e, por outro lado, a responsabilidade dos administradores pela violação da cláusula contratual seria insuficiente, procurei, com muita dificuldade, recorrer ao disposto no art. 147.º CCom. Terminava por raciocinar nos seguintes termos: entre outros elementos, a sociedade individualiza-se pelo seu objecto; pode a lei consentir que a mudança de objecto realizada nos termos legais, não afecte a individualidade da sociedade, mas parece exagerado considerar *a mesma sociedade*, aquela cujo objecto foi substituído sem observância das condições legais, que são, afinal, condições para ser mantida a individualidade social.

A esta hipótese corresponde o disposto na referida al. *d*), tornando dissolúvel a sociedade.

Não é indispensável que o objecto contratual seja integralmente substituído pelo objecto de facto não contratual, podendo suceder que a sociedade exerça de facto uma actividade contratualmente prevista e outra que se situe fora dessa cláusula. Manifestamente, a circunstância de a sociedade poder, em qualquer momento, passar a exercer uma actividade contratualmente prevista, ao lado do objecto de facto não contratual, é irrelevante.

Exercer uma actividade supõe uma certa permanência, não estando abrangida no preceito a simples prática de algum acto isolado. Aliás, à mesma conclusão se chega através de um outro pressuposto do preceito: a actividade de facto não compreendida no objecto contratual deve existir no momento em que a causa de dissolução é feita valer, pois não se trata de punir um exercício já terminado, mas sim de impedir a sua continuação. Os actos isolados não permitem tal requisito.

A dissolução não será ordenada se, na pendência da acção, o vício for sanado — art. 145.º, n.º 1 — o que corresponde à cessação da referida actividade ou à alteração do objecto contratual.

O Projecto de CS previa ainda uma outra causa facultativa de dissolução: «Quando, não sendo aplicável o disposto no art. 148.º. n.º 1, alínea *d*), o objecto de facto se tenha tornado ilícito e a sociedade não tenha cessado essa actividade.» Essa causa foi eliminada numa das revisões ministeriais. Importa, contudo, ver o tratamento a dar à hipótese.

O art. 148.º, n.º 1, al. *d*), previa como causa de dissolução imediata a ilicitude superveniente do objecto contratual, como hoje faz o art. 141.º, n.º 1, al. *d*). Não interessava, como hoje não interessa, saber se a actividade supervenientemente ilícita, está ou não a ser efectivamente exercida; o preceito atende exclusivamente ao estipulado no contrato, como objecto da sociedade. Por outro lado, a aplicação do preceito supõe que todo o objecto contratual se tornou ilícito e não apenas uma parte dele.

Consequentemente, a causa facultativa prevista no art. 150.º, n.º 1, al. *e*) do Projecto, cobria duas hipóteses: a de a sociedade estar efectivamente a exercer uma actividade — tornada supervenientemente ilícita — que constituía *parte* do objecto contratual da sociedade; a de ser tornada ilícita uma actividade que a sociedade exercia de facto, sem cobertura na cláusula contratual de objecto.

A segunda destas hipóteses agora fica apenas sob a alçada da al. *d*) do art. 142.º, n.º 1; a sociedade está de facto a exercer uma actividade não compreendida no objecto contratual e por esse motivo pode ser dissolvida, quer a actividade seja lícita, quer seja ilícita.

A primeira hipótese deixou de estar prevista na lei e, portanto, não dissolve nem permite dissolver a sociedade. Designadamente, não deve entender-se que, por ter sido eliminada a referida alínea do Projecto, passando a hipótese a estar coberta pela al. *d*) do art. 141.º, n.º 1, pois isso corresponderia a dissolver, com efeito automático e imediato, uma sociedade de que só parte do objecto contratual foi tornada ilícita e à qual deve, portanto, ser permitido modificar a respectiva cláusula e afastar a ilicitude parcial.

7.1. O Código Civil francês não contemplava expressamente a dissolução da sociedade por causa da perda total ou parcial do seu capital. Um acórdão antigo da Cour de Cessation incluíra a perda total do capital na extinção da coisa e no mesmo sentido se pronunciavam os velhos comentadores. Posteriormente, optou-se por outra solução: a latitude da dissolução judicial por justos motivos, prevista no art. 1871.º, tornava natural que também toda a perda de capital se encaminhasse através dela e assim passaram a entender os tribunais e os autores, extraindo do princípio os corolários lógicos, designadamente no sentido de — faltando cláusula do contrato que marque o montante das perdas produtor da dissolução — o juiz ter ampla discrição para decidir se a perda sofrida pela sociedade devia causar a sua dissolução.

Foi quanto às sociedades anónimas que se desenvolveu doutrina mais precisa, primeiro através dos estatutos, depois directamente na lei. Como os estatutos destas sociedades estavam sujeitos a prévia autorização do Governo, estabeleceu-se o uso de tal autorização ser negada desde que os estatutos não contivessem uma cláusula que impusesse a dissolução da sociedade no caso de perda de uma determinada fracção do capital social, e o Ministério do Interior chegou a propor para o efeito uma cláusula tipo.

Estas cláusulas estatutárias transformaram-se em preceitos legais nas leis de 23 de Maio de 1863 e 24 de Julho de 1867, cujo art. 37.º, segundo os trabalhos preparatórios, constitui um compromisso entre a dissolução de direito, que se quis evitar, e a plena liberdade, que a prática tinha afastado. Esse art. 37.º dispunha que, no caso de perda de três quartos do capital social, os administradores são obrigados a provocar a reunião da assembleia geral dos accionistas a fim de deliberar sobre a questão de saber se há lugar a pronunciar a dissolução da sociedade; se os administradores não fizerem reunir a assembleia geral ou se esta assembleia não se puder constituir regularmente, qualquer interessado pode pedir a dissolução da sociedade perante os tribunais.

No Código Comercial italiano, o art. 189, n.º 5, dissolvia as sociedades pela perda inteira do capital ou pela perda parcial indicada no art. 146.º, quando os sócios deliberem não o reintegrar ou não o limitar à soma correspondente, e por sua vez o art. 146.º distinguia três hipóteses: a diminuição de um terço, perante a qual os administradores deveriam convocar os sócios para deliberar se queriam reintegrar o capital, limitá-lo-á à soma restante ou dissolver a sociedade; a diminuição de dois terços, caso em que a dissolução se produzia de direito se os sócios convocados em assembleia não deliberassem reintegrá-lo ou limitá-lo à soma restante; a falência da sociedade, impondo aos administradores a obrigação de a requerer. A correlação entre os arts. 189.º, n.º 5 e 146.º era, porém, muito complicada e a doutrina chegava a considerar aquele primeiro preceito como um dos mais infelizes nesta matéria.

Nestes preceitos franceses e italianos inspirou-se o nosso legislador do Código Comercial, embora não os tenha reproduzido inteiramente. O art. 120.º, n.º 5, aplicável a todas as espécies de sociedades, dispunha que as sociedades comerciais dissolvem-se «pela diminuição do capital social em mais de dois terços se os sócios não fizerem logo entradas que mantenham pelo menos num terço o capital social»; especialmente para as sociedades anónimas, dispunha o § 3.º (que era o § 4.º, antes do DL n.º 363/77, de 2 de Setembro): «Os credores de uma sociedade anónima podem requerer a sua dissolução, provando que, posteriormente à época dos seus contratos, metade do capital social está perdido; mas a sociedade pode opor-se à dissolução, sempre que dê as necessárias garantias de pagamento aos seus credores». O art. 42.º da LSQ estendeu às sociedades por quotas o disposto para as sociedades anónimas no então § 4.º do art. 120.º.

O art. 35.º CSC dá cumprimento ao art. 17.º da 21.ª Directiva da CEE, cujo teor é o seguinte, na versão francesa: «1. En cas de perte grave du capital souscrit l'assemblée générale doit être convoquée dans un delai fixé par les législations des États Membres afin d'examiner s'il y a lieu de dissoudre la société ou d'adopter toute autre mesure. 2. La législation d'un État membre ne peut pas fixer à plus de la moitié du capital souscrit le montant de la perte considerée comme grave au sens du paragraphe 1.»

Comentando este artigo da Directiva, a pensar na adaptação do direito português ao que ela dispôs, escrevi:

«O art. 17.º pressupõe uma *perda grave* do capital subscrito. O montante da perda para ser considerada «grave» não é definido pela Directiva, mas apenas condicionado. O legislador nacional fixará esse montante, mas não pode fixá-lo em mais de metade do capital subscrito ou, por outras palavras, não pode esperar, para tornar aplicável a providência determinada pela Directiva, que a perda do capital seja superior a metade.

«Nenhuma dúvida de que o cálculo se faz relativamente ao *capital subscrito*, ou seja, à cifra que como tal figura obrigatoriamente nos estatutos, sejam os estatutos originais sejam os estatutos como tiverem sido modificados, por aumentos ou reduções do capital.

«É omissa a Directiva quanto ao modo de verificação da perda ocorrida; é portanto, lícito a um Estado membro determinar que a perda é verificada pelo balanço aprovado, como faz o artigo 241.º francês, mas também lhe é possível tomar outro ponto de referência, como qualquer altura em que a administração verifique a existência da perda.

«Verificada a existência da perda, o art. 17.º manda que seja convocada uma assembleia geral num prazo a fixar pela legislação de cada Estado membro. A existência da perda, no sistema da Directiva, não atribui, portanto, nenhum direito nem aos sócios individualmente nem aos credores sociais; faz apenas nascer o dever de convocação da assembleia. Por outro lado, à legislação nacional compete fixar o prazo dentro do qual a assembleia deve ser convocada, o que implica a determinação do início da contagem do prazo.

«A Directiva não impõe que a assembleia tome alguma deliberação de conteúdo pré-fixado, por exemplo, que dissolva a sociedade; a dissolução da sociedade é mencionada como mero exemplo de uma das medidas possíveis, mas a assembleia pode tomar qualquer outra medida. Entre as outras medidas previstas nalgumas leis estão a entrada de novas contribuições dos sócios e a redução do capital.

«Parece mesmo que a assembleia pode não tomar medida nenhuma, contentando-se com o conhecimento da situação da sociedade e... esperando melhores dias. O intuito da Directiva será, portanto, apenas, fazer abrir os olhos dos sócios, impedir «les gents honnêtes de s'aveugler sur leur situation et de courir à une ruine complète», como dizia a comissão promotora da lei francesa de 1867.

«O intuito do art. 17.º da Directiva é muito importante para se determinar o seu efeito sobre preceitos existentes nas leis nacionais. Tendo apenas o intuito que se deduz da sua letra, o art. 17.º da Directiva deve ser introduzido no nosso direito, que não contém hoje preceito com intuito semelhante, mas não força a alterar o art. 120.º, n.º 5 e § 4.º do nosso Código Comercial. O art. 120.º, n.º 5, espera que a perda do capital atinja mais de dois terços, mas o efeito dessa perda é a dissolução da sociedade e não apenas a assembleia, possivelmente contemplativa. O art. 120.º, § 4.º, funciona a partir da perda de metade do capital, mas o seu efeito não é a dita assembleia. Em princípio, portanto, poderão manter-se lado a lado no nosso futuro direito a nova disposição correspondente ao art. 17.º da Directiva e os textos actuais, embora eles não sejam incompatíveis, também não pode dizer-se que entre eles fique existindo perfeita harmonia.

«Sugiro, pois, que a oportunidade seja aproveitada para remodelar os nossos dois preceitos em conjunção com aquele que der cumprimento à Directiva.»

É essa conjugação que o art. 35.º CSC realiza.

7.2. O art. 35.º indica como objecto do dever dos membros da administração apresentar aos sócios uma proposta. Essa apresentação pressupõe uma assembleia geral, mas a convocação desta não é expressamente referida como dever da administração, apenas por que nem sempre haverá que convocar a assembleia especificamente para esse assunto. Com efeito, o art. 35.º, n.º 2, estabelece que a proposta deve ser apresentada na própria assembleia que apreciar as contas ou em assembleia convocada para os sessenta dias seguintes àquela; no primeiro caso, é aproveitada a assembleia que a administração tem o dever de fazer convocar para apreciação da situação da sociedade.

É indubitável que, quando a assembleia for convocada dentro do referido prazo de sessenta dias, deverá figurar na convocação o assunto específico a tratar; mesmo, porém, quando seja aproveitada a assembleia anual, deverá constar da convocatória a apresentação da proposta, pois nem este nem outro preceito legal permite que a proposta seja apresentada sem constar da convocação.

Sucede, porém, que, sendo projectada a redução do capital, o art. 94.º manda que da convocatória da assembleia geral constem a finalidade e a forma projectadas, menções que devem obedecer aos termos estabelecidos nas duas alíneas do n.º 1 e do n.º 2. A aplicação destes requisitos formais justifica-se tanto nos casos gerais de redução como neste e a única dificuldade que para isso pode aventar-se é a circunstância de, como vimos, a administração não poder formular uma proposta *firme* de redução; aqueles requisitos podem, contudo, ser cumpridos, embora a proposta seja alternativa, para o caso de a assembleia preferir deliberar a redução do capital.

O art. 35.º, n.º 1, não é claro quanto à proposta a apresentar pelos membros da administração. Seguro é que eles não devem limitar-se a convocar (ou incluir o assunto na convocatória da assembleia anual) da assembleia, ficando depois a aguardar o aparecimento de alguma proposta dos sócios; duvidoso é, porém, se devem propor concretamente uma de várias alternativas possíveis ou uma escolha entre várias alternativas possíveis e bem assim quais as possíveis alternativas.

Tomando, por enquanto, as duas alternativas indubitáveis, o primeiro problema consiste em saber se a administração escolhe a proposta a apresentar, de entre a dissolução da sociedade ou a redução do capital, ou se se limita a propor aos sócios que deliberem uma ou outra solução. Entendo que a vontade da administração não condiciona a vontade dos sócios e, portanto, se a assembleia pode rejeitar a solução proposta pela administração e deliberar a outra, mais curial é que as duas soluções sejam simultaneamente apresentadas à assembleia, para esta manifestar a sua preferência, salvo se a redução do capital não for possível no caso, por não poder ser ressalvado o capital mínimo (art. 96.º). Isto não impede que a assembleia, por si ou pelo seu presidente, regule os trabalhos de modo a os sócios pronunciarem-se primeiro sobre uma das soluções e depois, se for caso disso, sobre a outra.

7.3. Quando a assembleia convocada nos termos do art. 35.º, n.º 1, delibere dissolver a sociedade, interessa saber se a causa da dissolução é a deliberação dos sócios ou a perda de metade do capital. Problema semelhante tem sido colocado em Itália, quanto à conjugação dos arts. 2447.º e 2478.º, n.º 4, Cod. Civile, mas aí o facto de o referido n.º 4 dizer que a sociedade por acções se dissolve «pela redução do capital abaixo do mínimo legal, salvo o disposto no art. 2477.º», pode justificar que se tome a referida redução (entenda-se redução do capital *real*, como dizem alguns autores) como a causa de dissolução. Ao contrário, a deliberação tomada sobre a proposta dos administradores no nosso direito é ela própria a causa de dissolução, enquadrando-se para todos os efeitos no art. 141.º, n.º 1, al. *b*), incluindo a maioria necessária. No sentido de se tratar de uma deliberação enquadrável no art. 142.º, e, portanto, de a perda de metade do capital constituir uma causa facultativa de dissolução, poderá argumentar-se com o art. 35.º, n.º 3, mostrando que também neste caso a dissolução pode ser pronunciada judicialmente, tal como sucede com as causas previstas no art. 142.º, n.º 1. Afigura-se-me, contudo, que a primeira construção corresponde melhor à finalidade da lei. A perda de metade do capital é obrigatoriamente trazida ao conhecimento dos sócios para que estes tomem alguma providência, de entre um leque onde figura a dissolução de sociedade; até então, nem os sócios individualmente nem os credores podem requerer judicialmente a dissolução; este requerimento aparece como consequência da inactividade dos sócios perante a situação financeira da sociedade. Nos casos previstos pelo art. 142.º, n.º 1, o requerimento ao tribunal é imediatamente acessível aos interessados e constitui a regra, que pode ser substituída por uma deliberação dos sócios.

Por outras palavras: os sócios são convidados a deliberar, por sua vontade pura e simples, a dissolução da sociedade. Se não o fizerem, nem forem tomadas outras as providências previstas no presente, *passa a existir* uma causa facultativa de dissolução, acessível a sócios e credores sociais.

7.4. O dever dos membros da administração criado pelo art. 35.º nasce concretamente quando aqueles, pelas contas de exercício, verifiquem estar perdida metade do capital social.

A administração não tem o dever de, durante o exercício, determinar a existência da perda relevante, mas pode suceder que, ou por procedimentos normais nessa sociedade — como a organização de balancetes periódicos — ou por circunstâncias especiais — como a elaboração de balanços especiais por causa de amortizações de quotas, projectos de cisão ou fusão, etc. — a administração se aperceba da perda durante o exercício. Pode então a administração convocar a assembleia para lhe apresentar as propostas referidas no art. 35.º, visto que o dever, reportado ao fim do exercício, não lhe retira a faculdade de fazer o mesmo antes dessa ocasião. Tal hipótese suscita, todavia, algumas dificuldades. A primeira consiste em saber se, tendo a administração procedido como referimos e não tendo sido tomada nenhuma das deliberações previstas no art. 35.º, ela deve repetir a proposta se as contas do exercício revelarem a continuação da perda; a segunda reporta-se aos direitos de sócios e credores, previstos no art. 35.º, n.º 3, na mesma hipótese, visto estes direitos estarem relacionados com a falta de cumprimento do *dever* da administração. Entendemos que a antecipação da convocação da assembleia, como faculdade da administração, a dispensa de nova convocação no fim do exercício, pois está realizada a finalidade do preceito, que é colocar os sócios em condições de deliberar sobre as consequências da situação da sociedade. Os direitos de sócios e credores podem ser exercidos, visto que não foram tomadas as deliberações previstas no n.º 1 do artigo, apesar de a assembleia ter sido convocada pela administração.

O dever da administração é independente da aprovação das contas pela assembleia geral, nomeadamente a administração não tem de aguardar a aprovação das contas para formular as propostas; isso resulta claramente do n.º 2, quando permite que a proposta seja apresentada na própria assembleia que apreciar as contas.

Diferente é o sistema francês em que o dever dos administradores é subsequente à aprovação das contas e a assembleia convocada é sempre extraordinária. Apenas no caso de as contas serem aprovadas pelo tribunal, em conformidade com o disposto no art. 86.º, o dever da administração está dependente de tal aprovação.

A lei prevê a hipótese normal de terem sido elaboradas as contas de exercício e de estas estarem correctas, mas podem ocorrer hipóteses anormais de falta de elaboração de contas ou de contas incorrectas. Quando isto corresponda a comportamentos dolosos da administração, destinados a encobrir a perda de capital, além dos reflexos de natureza penal, há causa de destituição dos gerentes ou administradores. Em qualquer caso, não sendo as contas apresentadas no prazo fixado no art. 67.º, pode qualquer sócio requerer inquérito, nos termos do mesmo artigo, do qual resultará a apresentação de contas pelas quais eventualmente se verificará a perda de capital; se todos os sócios se mantiverem passivos, a perda de capital não poderá ser verificada enquanto as contas não forem elaboradas, mas essa passividade indica um desinteresse que naturalmente conduzirá também à falta de exercício do direito conferido pelo art. 35.º, n.º 3.

A hipótese de incorrecção de contas pode desdobrar-se em duas, conforme a incorrecção indevidamente oculta ou revela a perda de metade do capital. Corrigidas as contas, eventualmente com aplicação do disposto no art. 68.º, n.º 2, no primeiro caso os gerentes ou administradores devem convocar a assembleia para apresentação das propostas; no segundo caso, não há perda de metade do capital e o art. 35.º não é aplicável.

O art. 36.º, n.º 1, fala em «estar perdida metade do capital social», usando a terminologia corrente entre nós e em leis estrangeiras.

Em França, os arts. 68.º e 241.º da Lei de 1966 ainda falavam em perda de três quartos do capital social, mas a Lei n.º 69, de 6 de Janeiro de 1969, modificou a redacção desses artigos, onde passou a ler-se que o activo líquido da sociedade passou a ser inferior a um quarto do capital social. A doutrina, embora reconhecendo que a nova terminologia é mais correcta porque a perda não incide sobre o capital mas sobre o activo da sociedade, nega à mudança qualquer valor substancial, dada a interpretação tradicional dos antigos preceitos.

A determinação da perda faz-se, pois, comparando o montante da situação ou activo líquido da sociedade, depois de imputadas as reservas e o montante do capital que, nessa data, figurar no contrato de sociedade; o excesso deste relativamente àquele constitui a perda.

7.5. O n.º 3 do art. 35.º atribui a qualquer sócio ou credor o direito de requerer a dissolução da sociedade.

É clara a modalidade de dissolução; não estamos perante uma causa imediata, enquadrável no art. 141.º, mas sim perante uma causa facultativa, subsumida ao regime do art. 142.º, com algumas especialidades que adiante referiremos (diferentemente, portanto, do projecto modificado de Sociedade Anónima Europeia, art. 294.º, n.º 4, que prescreve a dissolução da sociedade «de plein droit», se não for deliberada a dissolução nem o capital for reduzido no prazo de dois anos).

O direito dos sócios ou credores sociais está dependente de certo condicionalismo. Podem eles exercer esse direito se os membros da administração — a lei usa essas palavras para abranger todos os tipos de sociedades e todas as modalidades de administração dentro do tipo de sociedades anónimas —não tiverem cumprido o disposto nos números anteriores. Como já vimos aquilo que aos gerentes, administradores ou directores cumpria fazer nos termos dos n.os 1 e 2 do art. 35.º, não há agora que repetir. Se os gerentes, administradores ou directores tiverem cumprido o disposto nos n.os 1 e 2 do art. 35.º, os sócios e credores podem ainda exercer o direito de dissolução, desde que não tenham sido tomadas as deliberações previstas no n.º 1. A hipótese de os sócios, apesar das propostas da administração, nada terem deliberado não suscita dúvidas. Também já vimos como a hipótese de compromisso de reintegração do capital pelos sócios pode ser enquadrada no termo «deliberações». A hipótese duvidosa consiste em os sócios se terem comprometido a realizar entradas e desdobra-se em saber se a dissolução da sociedade pode ser requerida durante os sessenta dias prescritos para o cumprimento do compromisso assumido pelos sócios e se, passados esses sessenta dias sem tal cumprimento, a dissolução ainda pode ser requerida.

O período dos sessenta dias não poderá ser aproveitado pelo sócio ou credor, pois foi tomada uma das deliberações previstas no n.º 1. A questão da falta de cumprimento é mais extensa, pois não pode logicamente existir se os sócios tiverem deliberado dissolver a sociedade, deliberação essa que automaticamente coloca a sociedade em estado de liquidação; a deliberação de redução do capital e a «deliberação» de reintegração do capital podem deixar de ser executadas, apenas com a diferença entre elas de que para a execução da segunda há o prazo de sessenta dias, enquanto para a primeira não há prazo estabelecido na lei.

São casos omissos na lei, mas a lacuna deve ser preenchida no sentido de sócios ou credores poderem requerer a dissolução da sociedade. O intuito da lei não é a simples tomada de deliberações, que por si nada alteram a situação da sociedade, mas sim uma efectiva mudança de tal situação, a conseguir ou por deliberações dos sócios ou pela iniciativa de sócios ou credores.

A situação financeira da sociedade, nomeadamente a perda de metade do capital, pode sofrer alterações, das quais só nos interessam agora as que se traduzam numa melhoria. Prevendo essa possibilidade, o art. 35.º, n.º 3, admite a acção de sócios ou credores «enquanto aquela situação se mantiver», o que praticamente significa que a acção deve ser proposta enquanto estiver perdida metade do capital da sociedade. Assim, por exemplo, se os sócios nada tiverem deliberado esperando que a situação melhore — ou tenham mesmo tomado positivamente tal deliberação — arriscam-se a que, mantendo a situação, a acção seja proposta, mas evitam a acção, no caso de as suas esperanças se mostrarem certas antes da propositura daquela.

Sempre desejoso de não consentir a dissolução duma sociedade senão quando nenhum remédio seja possível, o legislador prevê naquele n.º 3 ainda a possibilidade de, até ao trânsito em julgado da sentença, os sócios efectuarem as entradas referidas no n.º 1, caso em que a dissolução não será decretada. Nessa via optimista pode também supor-se que, mesmo sem entradas de sócios, a situação da sociedade existente à data da propositura da acção, melhore pela própria actividade social. Esta última hipótese não está prevista no art. 35.º, n.º 3, mas evitará a sentença de dissolução, como facto jurídico superveniente atendível por força do art. 663.º do CPC.

7.6. Tanto o CCom como o CSC encaram a dissolução da sociedade por perda grave como uma última solução, em si mesma indesejável, que os sócios podem evitar ou reduzindo o capital ou tomando providências para que a perda seja eliminada ou limitada, mediante novas entradas. O art. 120.º, n.º 5, CCom terminava dizendo «se os sócios não fizerem logo entradas que mantenham pelo menos num terço o capital social» e o art. 35.º, n.º 1, CSC diz «a não ser que os sócios se comprometam a efectuar e efectuem, nos 60 dias seguintes à deliberação que da proposta resultar, entradas que mantenham pelo menos em dois terços a cobertura do capital». Sobre a redução do capital por perdas, v. comentário ao art. 95.º. À «reposição do património ou activo líquido no limite mínimo fixado por lei, com o intuito de evitar a dissolução chama-se «reintegração do capital social» (J. G. PINTO COELHO, *Reintegração do capital social*, RLJ, 1959). No art. 120.º, n.º 5, CCom, a expressão não era usada, ao contrário do que sucedia nos arts. 116.º CCom e 41.º, § 1.º, LSQ.

A mesma preocupação manifestaram outros legisladores. Em Itália o art. 146.º CCom, encarando o caso de perda de um terço de capital, colocava em primeiro lugar o que chamava reintegração do capital — quando os administradores reconheçam que o capital social está diminuído de um terço, devem convocar os sócios para interrogá-los se tencionam reintegrar o capital ou limitá-lo à soma restante ou dissolver a sociedade — e para o caso de perda de dois terços punha a reintegração do capital como um dos meios de evitar a dissolução *ipso iure*. Esta reintegração do capital aparecia na doutrina com vestes diferentes, conforme a sua obrigatoriedade para os accionistas e o modo de a realizar. Assim, havia quem entendesse que o art. 146.º permitia que os sócios fossem *forçados* a efectuar novas entradas para cobertura do capital, novas entradas às quais não correspondia nenhuma nova participação (claramente neste sentido, NAVARRINI, *Trattato*, vol. IV, pág. 473; mais imprecisamente, VIVANTE, *Trattato*, vol. II, pág. 242), mas ao lado dessa hipótese situava, dentro da reintegração, a combinação de uma operação de redução com uma operação de aumento, reduzindo-se o valor nominal das acções velhas e deliberando a criação de novas acções. Modernamente, continua-se a incluir na reintegração, amplamente considerada, essa combinação de redução e aumento de capital, mas desapareceu a reintegração forçada, aparecendo apenas em vez dela uma reintegração de livre vontade dos sócios (DE GREGORIO, *Corso*, pág. 328).

Entre a reintegração do capital imposta aos sócios por deliberação maioritária e a reintegração por simples e livre vontade individual dos sócios, podem existir hipóteses intermédias, umas oferecendo aos sócios incentivos para que efectuem a contribuição desejada, outras punindo aqueles que não efectuem tal contribuição; o incentivo normalmente previsto em sociedades anónimas consiste em mudar a categoria das acções dos accionistas que acorram à reintegração do capital, de acções ordinárias para acções privilegiadas; a punição consiste em fazer incidir a redução do capital apenas sobre aqueles accionistas que não aceitem concorrer para a reintegração do capital. Autores franceses, como HOUPIN et BOSVIEUX condenavam as duas e entre nós, no domínio do CCom, PINTO COELHO, *ob. cit.*, também entendia que o sócio nunca poderia ser compelido, contra sua vontade, a entrar para o fundo social com mais do que aquilo com que subscrevera para o capital da sociedade, donde concluía que «estas entradas, para recomposição do capital, representam uma faculdade, nunca uma obrigação»; na doutrina italiana, VIVANTE aceitava a primeira operação, que também é aceite pela doutrina alemã.

O art. 35.º está redigido de modo a evitar a ideia de que a reintegração do capital pode ser imposta por deliberação dos sócios; a reintegração não faz parte da proposta, como seu objecto, pois os gerentes ou administradores devem propor que a sociedade seja dissolvida ou o capital seja reduzido, mas constitui causa de liberação do ónus de ser tomada ou efectivada deliberação nalgum dos sentidos da proposta, o compromisso assumido pelos sócios; além disso, o preceito fala em *compromisso* a tomar pelos sócios, portanto individualmente.

Não quer isto dizer que a reintegração do capital não pressuponha uma deliberação dos sócios, pois se assim não fosse, seriam os sócios a imporem-na à sociedade. A sociedade deve deliberar que o capital será integrado, *em conformidade com os compromissos assumidos pelos sócios*. Contra isto não milita nem o facto de o art. 35.º, n.º 1, não referir essa deliberação — preocupou-se apenas com o compromisso individual dos sócios, para evitar a ideia de imposição a estes — nem o facto de o art. 35.º, n.º 3, dizer que até ao trânsito em julgado da sentença de dissolução da sociedade, podem os sócios efectuar as entradas referidas no n.º 1 — pois é perfeitamente possível que a sociedade, durante a acção judicial, delibere a reintegração, tendo os sócios assumido e cumprido os respectivos compromissos. Esta deliberação pode ser tomada por maioria simples, visto que a reintegração não produz alteração do contrato de sociedade; o contrário sucederá se a reintegração for acompanhada por alguma outra providência (por exemplo, privilégio de participações), que, por natureza constitua alteração do contrato.

O contrato não é alterado nem quanto ao montante do capital, que continua a ser o fixado na cláusula nessa altura vigente, nem quanto ao montante nominal das acções ou quotas. Do mesmo modo, não é possível distinguir, depois da reintegração, acções ou quotas reintegradas e não reintegradas. As novas entradas efectuadas por alguns sócios vão aumentar o património líquido da sociedade e consequentemente o valor real de todas as acções ou quotas.

É hipótese plausível que os compromissos assumidos pelos sócios para a reintegração do capital sejam proporcionais aos valores nominais das suas quotas ou acções, mas não é inconcebível nem é lícito que no caso concreto falhe essa proporcionalidade. A lei não a impõe, pois não se preocupa com os montantes das entradas individuais, mas apenas com a soma delas, que deve manter pelo menos em dois terços a cobertura do capital, ou seja, deve consistir pelo menos na diferença entre o montante do património social líquido e dois terços do montante nominal do capital. Por outro lado, como foi afastada a imposição da sociedade aos sócios, baseando-se a operação em compromissos individuais, não há que invocar o princípio de igualdade de tratamento de sócios.

É natural que a reintegração do capital apenas por alguns sócios seja acompanhada por alguma vantagem para estes, a qual não pode manifestamente consistir no aumento do valor nominal das suas participações. Já acima referimos a prática de concessão de privilégios — por força de deliberação social — aos sócios que se comprometeram a reintegrar o capital. PINTO COELHO, *ob. cit.*, n.º 9, apresenta um exemplo de reintegração de capital duma companhia de seguros, curioso pela forma comprometedora como foi realizada uma intenção simples («que aprove que as acções cujos possuidores não tenham contribuído para a reintegração, fiquem tendo para o efeito dos direitos a ela inerentes o valor de 200$00 para cada acção, e que as restantes tenham, para os mesmos efeitos, o valor de 1000$00; que aprove que as acções possuídas pelos accionistas que contribuem para a reintegração sejam carimbadas na sede da Companhia com a indicação «Reintegradas em conformidade com a deliberação da Assembleia Geral Extraordinária de 5 de Março de 1959»); ao fim e ao cabo, tratava-se de conceder privilégio quíntuplo às acções dos accionistas que tivessem acorrido à reintegração do capital (sem discutir a licitude de tal privilégio quanto a todos os direitos abrangidos na sua formulação literal).

O art. 35.º não contempla a hipótese do *coup de accordéon*, combinação de redução do capital e simultâneo aumento (v. comentário ao art. 87.º), mas ela é lícita. Desde que os sócios deliberem reduzir o capital, está respeitado o disposto no art. 35.º; se, simultaneamente ou sucessivamente, é realizado um aumento de capital, excede o âmbito dessa disposição. Não há, pois, confusão possível entre a reintegração do capital por meio de entradas voluntárias dos sócios — a qual evita a execução da deliberação de redução do capital (ou dissolução da sociedade) — e a hipótese em que a redução é deliberada e efectivada, seguindo-se um aumento de capital, no qual podem participar sócios ou pessoas até então estranhas à sociedade.

8.1. O art. 183.º, n.º 1, não permite que o credor do sócio de sociedade em nome colectivo execute a parte deste na sociedade, mas apenas o direito aos lucros e à quota de liquidação. No entanto, para o credor, ou quem, na acção executiva, adquira esses direitos, não ficar indefinidamente à espera que a sociedade se dissolva e liquide, ou esteja sujeito à contingência dos lucros da sociedade, o n.º 2 do mesmo artigo permite-lhe que, efectuada a penhora dos direitos referidos no número anterior, nos quinze dias seguintes à notificação da penhora, requeira que a sociedade seja notificada para, em prazo razoável, não excedente a 180 dias, proceder à liquidação da quota.

A liquidação da quota pode, contudo, ser impossível, por ser proibida pelo art. 189.º, n.º 1: «Em caso algum é lícita a liquidação de parte em sociedade não dissolvida se a situação líquida da sociedade se tornasse por esse facto inferior ao montante do capital social.»

Para tal hipótese, o art. 183.º, n.º 4, manda prosseguir a execução sobre o direito aos lucros e à quota de liquidação — o que certamente não satisfará o credor pelos motivos acima expostos — mas simultaneamente abre-lhe uma perspectiva radical: requerer que a sociedade seja dissolvida. Por outras palavras: a lei permite ao credor que apresse a determinação da quota de liquidação, para que a execução tenha valor prático.

8.2. Para sociedades em nome colectivo, o art. 195.º, n.º 1, al. *a*) dispõe que a sociedade dissolve-se judicialmente, a requerimento do sucessor do sócio falecido, se a liquidação da parte social não puder efectuar-se, por força do disposto no art. 188.º, n.º 1.

A aplicação deste preceito supõe que o sucessor do sócio falecido tem direito à liquidação da participação, ou seja, que a morte do sócio teve como consequência uma *dissolução parcial* da sociedade ou dissolução limitada a um sócio.

Como melhor veremos adiante, a morte de um sócio pode ter consequências determinadas no contrato de sociedade ou estabelecidas na lei, as quais se reconduzem a quatro hipóteses: a continuação da sociedade com os sucessores do sócio falecido; a dissolução total da sociedade; a dissolução parcial, com liquidação da parte do sócio falecido; a transformação da sociedade.

A dissolução parcial, com liquidação da parte do sócio falecido, pode ocorrer ou por ser determinada directamente no contrato de sociedade ou por ser aplicada a norma contida na primeira parte do art. 184.º, n.º 1.

Essa dissolução parcial só ocorre, portanto, se, por força do contrato ou da lei, não tiver havido dissolução total da sociedade. A dissolução total da sociedade vai, contudo, ressurgir como consequência da impossibilidade de liquidação da parte do sócio falecido.

Já vimos que, por força do art. 188.º, n.º 1, em caso algum é lícita a liquidação de parte em sociedade ainda não dissolvida se, a efectuar-se esta, a situação líquida da sociedade se tornar inferior ao montante do capital social. Para conservação desta norma básica, sacrifica-se, nesta hipótese como em várias outras, a própria sociedade, adoptando, *como ultima ratio*, a dissolução dela.

É pouco provável que, verificando a impossibilidade de liquidar a parte do sócio falecido sem violação do art. 188.º, n.º 1, os sócios deixem de optar logo pela dissolução total, quando isso lhes seja possível nos termos do art. 184.º, n.º 1, mas a hipótese prevista no art. 195.º, n.º 1, al. *b*) é plausível quando a dissolução parcial for prescrita no contrato de sociedade e bem assim quando a impossibilidade legal de liquidação da parte do sócio falecido só ocorra no momento do pagamento.

8.3. É ainda a norma estabelecida no art. 188.º, n.º 1, como eventual impedimento à liquidação da participação, que conduz à possibilidade de dissolução da sociedade, a requerimento de sócio que pretenda exonerar-se.

A exoneração de sócio de sociedade em nome colectivo está regulada no art. 185.º, que a permite nos casos previstos no contrato de sociedade ou na lei e enumera logo alguns desses casos. O requerimento de dissolução total da sociedade não é permitido, pelo art. 195.º, n.º 1, al. *b*), em todos os casos de exoneração. Não é permitido em nenhum caso de exoneração baseada em cláusula contratual; quanto a casos previstos na lei, é permitida apenas quando a exoneração tiver por fundamento as causas consideradas justas nas alíneas *a*) e *b*) do art. 185.º, n.º 2.

8.4. No art. 184.º, n.º 1, a dissolução da sociedade aparece como uma opção tomada pelos sócios, no caso de falecimento de um outro: ocorrendo o falecimento de um sócio, se o contrato de sociedade nada estipular em contrário, os restantes ou a sociedade devem satisfazer ao sucessor a quem couberem os direitos do falecido o respectivo valor, a não ser que optem, pela dissolução da sociedade e o comuniquem ao sucessor, dentro de noventa dias a contar da data em que tomarem conhecimento daquele facto.

Nas estipulações do contrato de sociedade em contrário do disposto no art. 181.º, n.º 1, conta-se a dissolução da sociedade, com causa na morte do sócio e com eficácia imediata ou como causa facultativa. Trata-se nessa hipótese de uma causa contratual de dissolução, a que adiante voltaremos a referir-nos.

Na falta de estipulação contratual, aplica-se, em regra, a primeira parte do art. 184.º, n.º 1: há uma dissolução parcial, extinguindo-se o vínculo do sócio falecido e liquidando-se a respectiva parte. Podem, contudo, os sócios, evitar a dissolução parcial, optando pela dissolução total. Para esta opção, a lei fixa indirectamente um prazo; mandando comunicá-la ao sucessor do sócio falecido dentro de noventa dias a contar da data em que os outros sócios tomaram conhecimento da morte, implicitamente determina que a opção seja efectuada antes desses noventa dias.

A dificuldade de interpretação deste preceito consiste em saber se a chamada opção se reconduz à causa comum de dissolução, deliberação dos sócios, prevista no art. 141.º, n.º 1, al. *b*), ou se estamos perante uma causa especial de dissolução, a morte do sócio. Prefiro a primeira interpretação. A morte do sócio não constitui uma causa legal de dissolução total, mas sim uma causa legal de dissolução parcial. O legislador não pretendeu, todavia, impor sempre e necessariamente, a dissolução parcial, designadamente impedindo que os sócios sobrevivos apreciassem por um lado a viabilidade legal da liquidação da parte do sócio (lembremos o art. 188.º, n.º 1) e, por outro lado, as repercussões que para a sociedade terá ou a falta do sócio ou a liquidação da parte deste; abriu, por isso, a mencionada opção.

Dir-se-á talvez que a lei não necessitava de mencionar a possibilidade, neste caso, de dissolução por deliberação dos sócios, visto esta constituir uma causa comum e sempre acessível de dissolução. A referência à dissolução, embora por deliberação dos sócios, tem interesse por três motivos: primeiro, porque esta deliberação é tomada pelos sócios sobrevivos, sem nela participarem os sucessores do sócio falecido: segundo, porque, nos termos gerais, a dissolução por deliberação dos sócios seria sempre possível, mas não eliminaria o direito que, por força da primeira parte desse n.º 1, os sucessores do sócio falecido teriam à liquidação da parte deste, a partir do momento da morte; terceiro, porque se pretendeu limitar no tempo (referidos noventa dias), a possibilidade de os sócios deliberarem a dissolução da sociedade, *em substituição* do direito dos sucessores do sócio falecido à liquidação da parte deste.

Daqui resulta que esta deliberação dos sócios está sujeita aos requisitos estabelecidos no art. 194.º.

8.5. Nos n.os 4, 5 e 6 do art. 184.º está prevista a hipótese de o sucessor do sócio falecido ser pessoa incapaz para assumir a qualidade de sócio de sociedade em nome colectivo. Tal hipótese só se coloca desde que, por força do disposto no n.º 1 do mesmo artigo, a sociedade não tenha sido total ou parcialmente dissolvida.

A primeira providência permitida por esses preceitos consiste na transformação da sociedade, de modo a que o incapaz se torne sócio de responsabilidade limitada. Para isso, não é necessário transformar a sociedade em nome colectivo em sociedade por quotas ou sociedade anónima; poderá ser essa transformação deliberada, mas bastará transformá-la em sociedade em comandita, reservando para o incapaz a qualidade de sócio comanditário.

A transformação da sociedade deverá ser deliberada nos noventa dias seguintes ao conhecimento não da morte do sócio, mas de que a sucessão foi encabeçada em pessoa incapaz para este efeito especial. Não sendo tomada dentro desse prazo a deliberação de transformação da sociedade, os sócios têm o dever de tomar, nos noventa dias seguintes, nova deliberação, em que optem entre a dissolução da sociedade e a liquidação da quota do sócio falecido. Quanto a esta dissolução, aplicar-se-á o que dissemos a respeito da dissolução optada nos termos do art. 184.º, n.º 1, pois também esta é uma deliberação abrangida pelo art. 141.º, n.º 1, al. *b*).

Uma causa especial de dissolução aparece no n.º 6, para a hipótese de os sócios não terem tomado nenhuma das deliberações previstas no número anterior; em tal hipótese, o sucessor do sócio falecido, incapaz para lhe suceder na sociedade em nome colectivo, depara uma passividade dos outros sócios (ou uma negação activa) na tomada das providências que lhe permitiriam manter o seu interesse na sociedade. Então, deve o representante do incapaz providenciar para a satisfação do interesse deste; primeiro, requerer judicialmente a exoneração do incapaz, providência menos lesiva do interesse dos outros sócios, pelo menos em teoria; segundo, se a exoneração não for legalmente possível — impossibilidade derivada do art. 188.º, n.º 1 — pode ser requerida judicialmente a dissolução total da sociedade.

9.1. Nas sociedades por quotas, o art. 226.º prevê o caso de o contrato atribuir aos sucessores do sócio falecido o direito de exigir a amortização da quota ou por algum modo condicionar a transmissão da quota à vontade dos sucessores e estes não aceitarem a transmissão. O sucessor do sócio falecido pode, em certos termos, declarar à sociedade aquela recusa de aceitação e se, no prazo de trinta dias, a sociedade não amortizar, adquirir ou fizer adquirir a quota, pode requerer a dissolução judicial da sociedade.

Além disso, o art. 226.º, n.º 3, manda aplicar a este caso o disposto no art. 240.º, n.º 5, e este, como a seguir veremos, contempla mais duas causas de dissolução judicial.

9.2. Nas sociedades por quotas, a exoneração de um sócio pode, em três circunstâncias, conduzir à dissolução da sociedade.

O art. 240.º permite que um sócio se exonere da sociedade nos casos generica e especificamente previstos no n.º 1. A dissolução da sociedade aparece como sanção contra certos comportamentos da sociedade, impeditivos da concretização do direito do sócio à exoneração:

*a*) a sociedade não amortiza a quota do sócio ou designa alguém para a adquirir, no prazo de trinta dias contados da recepção da declaração do sócio de que se quer exonerar — art. 240.º, n.º 3;

*b*) a contrapartida da exoneração não pode ser paga ao sócio exonerado em virtude do disposto no artigo 236.º, n.º 1 (a situação líquida, depois de satisfeita a contrapartida de amortização, ficar inferior à soma do capital e da reserva legal, a não ser que simultaneamente seja deliberada a redução do capital) e o sócio não optar pela espera do pagamento — art. 240.º, n.º 5, primeira parte;

*c*) o adquirente da quota não pagar tempestivamente a contrapartida — art. 240.º, n.º 5, segunda parte.

Em todos estes casos, a lei fala expressamente em dissolução *judicial*. É, portanto, aplicável o disposto no art. 144.º.

10.1. As sociedades anónimas podem emitir acções preferenciais remíveis, de harmonia com o disposto no art. 345.º.

A remissão pode ser efectuada ou em data fixa, estabelecida no contrato, ou quando a assembleia geral o deliberar.

Se o contrato estabelece a remissão em data fixa, a sociedade tem a obrigação de nessa data remir as acções e o contrato de sociedade pode prever sanções para a falta de cumprimento dessa obrigação, tal como autoriza o n.º 9 desse artigo. O mesmo n.º 9 prevê, porém, uma sanção supletiva: na falta de disposição contratual que comine sanções para a referida hipótese de falta de cumprimento da obrigação de remir em data fixa, qualquer titular dessas acções preferenciais remíveis pode requerer judicialmente a dissolução da sociedade, depois de passado um ano sobre aquela data, sem a remissão ter sido efectuada.

10.2. O art. 464.º, n.ºs 3, 4 e 5 CSC determina respectivamente:

— As sociedades anónimas podem ser judicialmente dissolvidas, se durante mais de um ano o número de accionistas for inferior a cinco, mesmo que seja um único;

— O disposto no número anterior não é aplicável se um dos accionistas for o Estado ou entidade a ele equiparada por lei para este efeito;

— No caso previsto no n.º 3 e até ao fim do prazo aí referido, qualquer accionista pode requerer ao tribunal que lhe seja concedido um prazo razoável a fim de regularizar a situação, suspendendo-se entretanto a dissolução da sociedade.

A excepção a favor do Estado ou entidades equiparadas foi explicada a propósito do art. 142.º, n.º 1, al. *a*). O requerimento ao tribunal será comentado a propósito do art. 143.º. Limitamo-nos agora ao primeiro daqueles três preceitos.

O art. 454.º, n.º 3, do Projecto previa «Sem prejuízo do disposto no art. 148.º, n.º 1, al. *e*), as sociedades anónimas podem ser judicialmente dissolvidas se durante mais de um ano o número de accionistas for inferior a cinco; aplica-se o disposto no art. 150.º». Este preceito inscrevia-se num sistema que já acima descrevi e que, para o efeito agora importante, consistia em: todas as sociedades, de qualquer tipo, dissolviam-se *imediatamente* pela redução a um único sócio durante mais de um ano; além disso, existia uma causa especial de dissolução facultativa ou diferida, especial para as sociedades anónimas, consistente em o número de accionistas ser inferior a cinco durante mais de um ano. Separação, portanto, da unipessoalidade, em qualquer tipo de sociedade, a qual constituía causa de dissolução imediata, se durasse mais de um ano, e a redução do número de accionistas a dois, três ou quatro, a qual constituía causa facultativa de dissolução, se tivesse durado mais de um ano.

Como também já acima disse, o CSC, depois da 3.ª revisão ministerial, transportou a unipessoalidade para o elenco das causas facultativas de dissolução e juntou-a à redução do número de accionistas a menos de cinco (art. 142.º, n.º 1, al. *a*). Note-se desde já que esta alínea *a*) contém literalmente aquelas duas hipóteses — «quando o número de sócios for inferior ao mínimo exigido por lei» sucede quando o número mínimo exigido por lei é de dois e a sociedade fica reduzida a um e bem assim quando o número mínimo de sócios é cinco e a sociedade fica reduzida a quatro, três, dois ou um — e não pode ser feita interpretação restritiva à unipessoalidade, pois lê-se nele «se *um dos* sócios restantes», o que necessariamente supõe a subsistência de mais de um sócio e, portanto, a referida hipótese das sociedades anónimas.

Ora, se as hipóteses de unipessoalidade ou de redução de accionistas entre dois e quatro já estavam previstas no art. 142.º, n.º 1, al. *a*), é estranho que reapareçam no art. 464.º, n.º 3, e ainda é mais estranho que reapareçam com um regime diferente: o prazo de um ano, que desaparecera na redacção definitiva do preceito geral, figura no preceito especial das sociedades anónimas.

Trata-se de inadvertência dos revisores ministeriais, mas como delas resultou a cumulação dos dois preceitos, em parte incompatíveis, há que decidir qual deles prevalece, nessa parte. A repetição da parte comum é deselegante, mas não perigosa; a parte diferente tem de ser harmonizada, pois não podem subsistir conjuntamente dois preceitos, um que permite a dissolução facultativa logo que a redução a menos de cinco accionistas venha a ocorrer, outra que só a permite a partir de um ano, contado daquela data.

Penso que deve prevalecer o disposto no art. 464.º, n.º 3, por se encontrar especialmente legislado para as sociedades anónimas. Isto impõe que o art. 142.º, n.º 1, al. *a*) não funcione quanto às sociedades anónimas, mas não vejo outro remédio. Fica sem explicação plausível a diferença de regime, quanto à unipessoalidade, entre as sociedades anónimas e as sociedades de outros tipos; se para as anónimas o legislador considera recomendável um prazo de um ano para reconstituição da pluralidade de associados, não vejo motivo válido para que o mesmo não suceda quanto a sociedades de outros tipos.

À primeira vista parece lógico que a sociedade possa ser dissolvida quando o número de accionistas se torne inferior ao número mínimo exigido para a constituição da sociedade. A confirmação dessa aparente lógica depende, contudo, dos motivos para a exigência do número mínimo constitutivo e da extensibilidade de tais motivos à conservação desse número.

Era corrente entre nós dizer-se que o número mínimo de accionistas, então 10, era necessário para o preenchimento dos cargos de administração e fiscalização da sociedade. O argumento, que já na altura era pouco convincente em si mesmo, foi perdendo força à medida que os cargos sociais puderam ser preenchidos por pessoas estranhas à sociedade; hoje, está fora de questão.

Outra possível explicação é a intenção de ampliar o número de pessoas responsáveis pela fundação da anónima, para ser maior a garantia quanto aos factos que ocorram na fase de fundação; contra isso aponta-se que essa responsabilidade não é relevante nas sociedades anónimas que logo se constituam definitivamente. De qualquer modo, o argumento baseado em circunstâncias da fundação da sociedade não seria extensivo à conservação, durante toda a vida dela, do mesmo número mínimo de accionistas.

Diz-se também que o legislador se teria impressionado pela reflexão de que a probabilidade de a gestão se orientar pelo interesse individual de um sócio, com seus naturais perigos, é tanto maior quanto menor for o número de accionistas. Custa a crer que o legislador exigisse a fundação da sociedade por dez pessoas, e hoje a exija por cinco pessoas, a fim de evitar que ela seja dominada pelo interesse de um só, além de que o simples número de fundadores, independentemente da repartição do capital entre eles, nem sequer conseguiria esse desiderato.

De qualquer modo, o regime criado pelo art. 464.º, n.º 3, mostra que a redução do número de accionistas a menos de cinco não afecta o interesse público ou princípios básicos.

Aquela redução não constitui causa imediata de dissolução e, como simples causa facultativa, a sua actuação efectiva depende da iniciativa dos interessados, entre os quais a lei nem sequer incluiu o Ministério Público; pode, pois, suceder que uma sociedade anónima, reduzida a dois accionistas, se mantenha indefinidamente.

11. Na sua primitiva redacção, o CCom especificava uma causa de dissolução das sociedades em comandita: a morte ou interdição de um dos sócios de responsabilidade ilimitada, sem prejuízo de qualquer estipulação em contrário (art. 120.º, §§ 1.º e 5.º). Era omissa a hipótese de passarem a faltar todos os sócios de responsabilidade ilimitada ou todos os sócios comanditários.

Procurando preencher essa lacuna, sustentei então: *quanto aos sócios de responsabilidade ilimitada* — a sociedade em comandita só pode funcionar desde que existam sócios de responsabilidade ilimitada, visto que só estes podem ser nomeados gerentes (art. 203.º CCom) e a sociedade não pode funcionar sem gerentes; o caso seria, pois, enquadrável no art. 120.º, n.º 3, considerando-se a sociedade impossibilitada de satisfazer o seu fim; *quanto aos sócios comanditários* — a sociedade não pode continuar como *sociedade em comandita* apenas com sócios de responsabilidade ilimitada; ficariam abertos três caminhos: ou admitir que a sociedade continua como sociedade em nome colectivo, mas isto constituiria uma transformação da sociedade que não parece viável, por faltar um acto voluntário de transformação da sociedade ou um preceito legal que atribuísse a esse facto o referido efeito, ou considerar a sociedade dissolvida, ou entender que em hipóteses muito especiais (na sociedade em comandita por acções, algumas acções de sócios comanditários virem a pertencer aos sócios comanditados).

A lacuna desapareceu pela nova redacção do art. 120.º, § 1.º, dada pelo art. 6.º, n.º 2, do DL n.º 363/77, de 2 de Setembro: «As sociedades em comandita dissolvem-se pelo desaparecimento de todos os sócios de responsabilidade ilimitada ou de todos os comanditários, a menos que a situação seja regularizada nos seis meses seguintes à verificação do facto.»

No CSC, o art. 473.º, n.º 2, dispõe que «Constitui fundamento especial de dissolução das sociedades em comandita o desaparecimento de todos os sócios comanditados ou de todos os sócios comanditários». O regime é, porém, diferente, conforme tenham desaparecido os sócios de uma ou de outra categoria: se faltarem todos os sócios comanditários, a sociedade pode ser dissolvida judicialmente (n.º 3); se faltarem todos os sócios comanditados, e nos noventa dias seguintes a situação não tiver sido regularizada, a sociedade dissolve-se imediatamente (n.º 4). Há, pois, no primeiro caso, uma causa facultativa de dissolução; no segundo caso, há uma causa de dissolução imediata.

Para a falta de todos os sócios comanditários, não é concedido prazo algum para regularização da sociedade; enquanto a sociedade não deliberar a dissolução ou a acção de dissolução não for proposta, a situação pode ser regularizada.

Para a falta de sócios comanditados, é concedido um prazo de noventa dias — em vez dos seis meses concedidos pela legislação anterior.

Nos dois casos, a regularização da situação consistirá na admissão de sócios da categoria faltosa.

O curto prazo de noventa dias reduz mas não elimina a dificuldade que em Itália é resolvida pelo art. 2332.º, 2.º tr. Codice Civile; uma vez que a sociedade não se dissolve logo que faltam todos os sócios de responsabilidade ilimitada, surge o problema da gerência da sociedade durante os noventa dias (seis meses em Itália) seguintes àquele facto, tempo durante o qual podem reaparecer sócios de responsabilidade ilimitada ou findo o qual a sociedade se dissolve. A solução italiana consiste em permitir que os sócios comanditários designem um administrador provisório, que não assume a qualidade de sócio comanditado, para a prática de actos de administração ordinária. O caso de falta de gerentes efectivos — e, faltando todos os sócios comanditados, faltam todos os gerentes efectivos, a não ser que, ao abrigo da novidade introduzida pelo art. 470.º, n.º 1, o contrato de sociedade tenha permitido a atribuição da gerência a sócios comanditários — está previsto no art. 470.º, n.º 4: pode qualquer sócio, mesmo comanditário (e neste caso só há sócios comanditários), praticar quer actos urgentes quer actos de mero expediente, mas deve declarar a qualidade em que age e convocar imediatamente a assembleia geral para que esta ratifique os seus actos e o confirme na gerência provisória ou nomeie outros gerentes.

A reconstituição das duas categorias de sócios pode ser evitada se a sociedade for transformada noutro tipo. Como acima notámos, não são acolhíveis no nosso direito opiniões expressas em Itália, no sentido de haver transformação tácita ou quando os sócios comanditados continuam na gerência da sociedade ou quando passam os seis meses sem ter sido reconstituída a dualidade de categoria de sócios.

12. Anteriormente ao CS, não estava estabelecido montante mínimo de capital para as sociedades anónimas e estava estabelecido, para as sociedades por quotas, o montante mínimo de 60 000$00.

Em correspondência com disposições da 2.ª Directiva da CEE, o CSC exige para as sociedades por quotas o capital mínimo de 400 000$00 e para as sociedades anónimas o capital mínimo de 5 000 000$00.

Para as sociedades constituídas antes da entrada em vigor do CSC aqueles preceitos são aplicáveis, mas supuseram-se eventuais dificuldades no cumprimento deles. Por isso, o art. 512.º (disposição transitória) procurou por vários modos facilitar o aumento de capital necessário para ser atingido o montante mínimo.

Em primeiro lugar, concedeu um prazo relativamente largo: três anos, a contar da data da entrada em vigor do CSC.

Em segundo lugar, previu que, em vez de procederem ao aumento de capital por novas entradas, os sócios incorporem reservas e admitiu que nestas se inclua a reserva de reavaliação dos bens do activo, concedendo para o efeito uma facilidade de natureza formal — a deliberação pode ser tomada por maioria simples, seja qual for o tipo de sociedade.

Em terceiro lugar, facilitou a liberação dos aumentos de capital efectuados por novas entradas: a liberação pode ser totalmente efectuada a prazo, que pode ir até 5 anos. Na realidade, portanto, as entradas efectivas podem ser efectuadas até oito anos depois da entrada em vigor do CSC. É de entender que a liberação total no prazo de cinco anos é permitida apenas quanto ao aumento até aos novos montantes mínimos de capital.

Se apesar de todas estas facilidades, alguma sociedade não tiver ou deliberado o aumento de capital, quer por incorporação de reservas quer por novas entradas, ou liberado o novo capital, a sua subsistência não poderia ser permitida. O n.º 4 do art. 512.º dispõe que as sociedades que não tenham procedido ao aumento de capital e à liberação deste, em conformidade com o disposto nos números anteriores, serão dissolvidas, a requerimento do Ministério Público, mediante participação do conservador do Registo Comercial.

13.1. Na Introdução fizemos a distinção entre causas legais e causas voluntárias ou contratuais de dissolução e bem assim tratámos do regime de factos a que, por contrato ou lei, é atribuído o efeito de extinguir ou permitir extinguir o contrato de sociedade.

É obviamente impossível enumerar as causas que, no uso de larga autonomia da vontade, os interessados podem contratualmente estipular para a dissolução da sociedade. Vamos, pois, limitar-nos a considerar algumas cláusulas contratuais mais vulgares, que pretendem instituir ou excluir a dissolução da sociedade em certas circunstâncias e apreciar o seu cabimento e a sua validade perante o direito vigente.

Segundo entendimento hoje corrente entre os romanistas e que corresponde à tradição secular de interpretação, no direito romano a morte do sócio não impedia a continuação da sociedade, desde que tivesse sido pactuado que a sociedade continuaria com os sócios sobrevivos. Assim rezava D.17.2.65.9, de Paulo: «Morte unius societas dissolvitur, etsi consensu omnium coita sit, plures vero supersint: nisi in coeunda societate aliter convenerit.» A morte de um sócio produzia, portanto, a dissolução da sociedade, como regra; a continuação da sociedade entre os sócios sobrevivos dependia de cláusula do contrato. A continuação da sociedade entre os sócios sobrevivos e os herdeiros do sócio falecido não era resultante da lei — *nec heres socii succedit* — a não ser nas sociedades de publicanos e nestas, ao que parece, subordinada a convenção específica do contrato de sociedade.

A tradição romanista foi entre nós recolhida pela Ordenação (Livro IV, Título LXIV): «... morrendo qualquer dos companheiros, logo acabará o contrato de companhia, e não passará a seus herdeiros, posto que no contrato se declare que passe a eles, salvo se a companhia fosse de alguma renda nossa ou da Republica.» Os comentadores portugueses, seguindo os estrangeiros, assentavam claramente tal regra; em palavras de Álvaro Velasco: «adeo vel morte naturali vel civili, dissolvitur societas, nec transit ad heredem, quod nec pacto convento fieri potest, ut transeat.»

A cláusula de continuação com os herdeiros tinha na prática mantido vitalidade suficiente para se manter em luta com a lei; nem os legisladores nem os juristas lhe permitiam viabilidade jurídica, mas ela teimosamente continuava a reclamar as suas atenções, como se os interessados não se dessem por convencidos da sua ilegalidade, e não será ousado supor que tal facto correspondia à vontade de garantir aos sucessores uma vantagem patrimonial.

Entre nós, a primeira consagração legal da cláusula de continuação com os herdeiros apareceu no art. 699.º do Código Comercial de Ferreira Borges: «A morte d'um sócio dissolve a sociedade, seja qual for o prazo da sua duração. Quando a sociedade tem mais de dous membros, a morte d'um opera a dissolução social entre todos, salva cláusula em contrário.» A frase talvez propositadamente muito geral «salva cláusula em contrário» devia ser interpretada de modo a abranger tanto a cláusula de continuação da sociedade com os sócios sobrevivos como a cláusula de continuação da sociedade com o herdeiro do sócio falecido, conforme a intenção de Ferreira Borges, expressa nos trabalhos preparatórios e doutrinários, onde era apontado o art. 186.º do Código Napoleão, se exaltavam as vantagens da cláusula de continuação com os herdeiros e se procurava fazer uma interpretação restritiva (muito pouco convincente) da disposição das Ordenações Filipinas acima transcrita, no sentido de que ela não abrangia as sociedades mercantis.

Ferreira Borges aproveitava já o exemplo francês; a tradição romanista tinha dominado em França, como noutros países, mas fora combatida por POTHIER e acabara por ser abolida no citado art. 1868.º Code Civil. No seu estudo intitulado *Breve História da Cláusula de Continuação da Sociedade com os Herdeiros dos Sócios* (Rev. Fac. Dir. Lisb., Vol. XV), ESPINOSA GOMES DA SILVA explica desta forma a transição: «Vive-se um período de eufórica liberdade jurídica, também aqui sob o patrocínio da Deusa Razão, e que redundou em fácil anarquia. Como vimos, os intérpretes da época são, aos nossos olhos, temerários pseudo-legisladores: atitude lógica de quem se sente veículo da razão, árbitro supremo, que na filosofia coeva é ferozmente individualista. Ferreira Borges, sem qualquer fundamento legal, descartava não já o direito romano, mas ainda mesmo o pátrio. Outro aspecto muito importante e decisivo se deve realçar. A consolidação progressiva do capitalismo iria conduzir a uma gradual despersonalização do substracto da sociedade, como comunhão pessoal de esforços, para se firmar na visão de um acervo patrimonial destinado a frutificar independentemente ou para além dos iniciais sócios. Sobrevém a distinção de sociedade de pessoas e de capitais em que as últimas, pela sua importância no sistema, são superlativas e consequentemente a «natura societatis» de que falavam os textos e os comentadores, transmuta-se. Mas não devemos esquecer que a referida distinção, de índole económica, se sobrepõe a um regime jurídico unitário. Passam a estar, lado a lado, sociedades com natureza diferente, englobadas numa só expressão legal. Antes da indispensável reforma, o apuramento e funcionamento dos conceitos está necessariamente perturbado: falando em geral de sociedades, há quem admita que o herdeiro suceda na posição de sócio, pois está-se a pensar no caso particular da sociedade de capitais. ... Finalmente e como cúpula devemos mencionar o papel triunfante do individualismo. Parece que, pelo menos em relação às sociedades de pessoas e sociedades civis, as velhas razões da proibição da cláusula transmissória eram de ponderar, uma vez que, segundo vimos, eram apresentadas como corolário da íntima «natura societatis». Porém, agora a filosofia jurídica do individualismo faz do acordo entre os contraentes «la loi des parties», o agente dinamizador duma ordem jurídica, declaradamente não intervencionista. ... Convencionou-se que após a morte do sócio, o seu herdeiro o substitua? O individualismo jurídico não tem o menor pejo em, rotineiramente, apor a sua chancela à vontade das partes. O racionalismo (por vezes de feição nacionalista) corroendo o direito romano, a génese e confirmação do capitalismo moderno e o individualismo filosófico são assim as coordenadas que determinam o aparecimento de uma cláusula secularmente condenada.»

No mesmo sentido do citado art. 699.º do Código de Ferreira Borges, mas agora com inteira clareza, pois copiou o art. 1868.º francês, o art. 1277.º do Código Civil de 1867 consagrou não só a cláusula tradicional de continuação com os sócios sobrevivos, mas também a cláusula de continuação com os herdeiros: «A sociedade continuará, contudo, ainda que faleça algum dos sócios, se estiver estipulado que, nesse caso, a sociedade continuaria com os seus herdeiros, ou com os sócios existentes.»

Por sua vez, o art. 120.º CCom, depois de no § 1 dispor que «As sociedades em nome colectivo dissolvem-se pela morte ou interdição de qualquer dos sócios e, sendo por tempo indeterminado, pela simples vontade de um dos sócios», estabelecia no § 5.º que «as disposições dos §§ 1.º e 2.º entender-se-ão sem prejuízo de quaisquer estipulações em contrário».

Não tem hoje interesse a questão, bastante discutida na época, de saber se a referida disposição do art. 1277.º, corpo, CC, era analogicamente aplicável às sociedades comerciais, a fim de preencher uma lacuna do CCom sobre quais as cláusulas permitidas, ou se o recurso à analogia era desnecessário — era essa a nossa opinião — pois a letra ampla do citado § 5.º abrangia as duas referidas cláusulas; em qualquer dos casos chegava-se à licitude da cláusula de continuação com os herdeiros nas sociedades comerciais.

A liberdade aberta pelos referidos preceitos levou na prática a múltiplas cláusulas, agrupáveis segundo vários pontos de vista. Utilizando terminologia que nessa época adoptávamos, um primeiro e básico agrupamento pode ser feito em *cláusulas de opção* (quando a própria cláusula deixa à opção ou dos outros sócios ou também do sócio falecido, o destino da sociedade); *cláusulas de estabilização* (para designar as cláusulas de continuação com os sócios sobrevivos); *cláusulas de transmissão* (para designar as cláusulas de continuação com os herdeiros do sócio falecido).

Nos livros franceses costuma-se distinguir *cláusulas de dupla e de tripla acção*. Há dupla opção quando a escolha pode recair sobre *a*) ou a continuação da sociedade entre os sócios ou a dissolução total da sociedade; *b*) ou a continuação da sociedade entre os sócios ou a continuação da sociedade com os herdeiros do sócio falecido; *c*) ou a continuação da sociedade entre os sócios e mais os herdeiros do sócio falecido ou a dissolução total da sociedade. Há tripla opção, quando os sócios podem escolher entre a continuação da sociedade apenas entre eles, a continuação da sociedade entre eles e mais os herdeiros do sócio falecido, a dissolução total da sociedade.

As cláusulas de transmissão podem ter várias modalidades: *a*) cláusulas facultativas e cláusulas obrigatórias para os herdeiros; *b*) cláusulas de transmissão limitada a certos sucessores, combináveis com qualquer das modalidades da alínea *a*).

13.2. No Código Civil de 1966, a morte do sócio deixa de figurar entre as causas de dissolução (total) da sociedade enumeradas no art. 1007.º e é-lhe dedicado o art. 1001.º, numa Secção epigrafada «Morte, exoneração ou exclusão de sócios».

O novo preceito — inspirado no Código Civil italiano, art. 2284.º — contém duas espécies de providências: admite regimes convencionais, quando ressalva «se o contrato nada estipular em contrário»; estabelece um regime legal supletivo, com a novidade de elevar a regras legais regimes que anteriormente dependiam de convenções contratuais.

Falecendo um sócio, se o contrato nada estipular em contrário, deve a sociedade liquidar a sua quota em benefício dos herdeiros. A sociedade não se dissolve, pois, totalmente e continua entre os sócios supérstites; o legislador erigiu, portanto, em regra supletiva legal, a antiga cláusula de estabilização. O dever de liquidar a quota do sócio falecido não é, todavia, tão categórico como pode parecer da primeira parte do preceito, pois logo a segunda atribui aos sócios supérstites outras faculdades que reduzem aquele dever.

Os sócios supérstites têm a faculdade de optar pela dissolução total da sociedade, ou pela sua continuação com os herdeiros do sócio falecido se vierem a acordo com eles.

Estamos afinal perante a antiga tripla opção — continuação com os sócios supérstites, continuação com estes e mais os herdeiros do sócio falecido, dissolução total — mas criada por lei e não por cláusula contratual.

13.3. A propósito da distinção entre dissolução total e dissolução parcial da sociedade mencionámos a evolução sofrida pelo nosso direito comercial a esse respeito. O DL n.º 363/77, de 2 de Setembro, revogou os §§ 1.º, 2.º e 5.º, art. 120.º, do Código Comercial, de modo que a morte de sócio de sociedade em nome colectivo (ou de sócio comanditado de sociedade em comandita) deixou de constituir causa legal de dissolução da sociedade; por outro lado, o art. 156.º tornou aplicável às sociedades em nome colectivo o disposto no art. 1001.º CC, para o caso de morte.

No CSC, o art. 184.º, relativo às sociedades em nome colectivo, seguiu sensivelmente a mesma linha do CC. Já acima o comentámos e agora só importa notar que, entre as «estipulações em contrário» ali permitidas, figura a cláusula de dissolução total da sociedade. O facto de, dentro do esquema legal, os sócios supérstites poderem optar pela dissolução total da sociedade (em contraposição à dissolução parcial, com a correspondente liquidação da parte do sócio), não impede que o contrato a estipule como única consequência da morte do sócio.

Também é possível estipular uma cláusula de estabilização ou uma cláusula de transmissão; a primeira terá o resultado útil de impedir as opções permitidas supletivamente pelo preceito legal; a segunda está sujeita a consentimento expresso do sucessor do falecido, conforme dispõe o art. 184.º, n.º 2.

Para as sociedades por quotas, os arts. 225.º e 226.º prevêem a estipulação de várias cláusulas (vide comentário a estes artigos). Sobre um pano de fundo de legal transmissibilidade da quota — o qual torna inútil a estipulação de puras cláusulas de transmissão da quota — admite-se que seja estipulada a transmissão sujeita a certos requisitos e bem assim que seja estipulada uma cláusula de estabilização («a respectiva quota não se transmitirá aos sucessores do falecido»); prevê-se ainda, que o contrato atribua aos sucessores do sócio falecido o direito de exigir a amortização da quota ou por algum modo condicionar a transmissão da quota à vontade dos sucessores.

Os arts. 225.º e 226.º são omissos quanto à estipulação de dissolução total da sociedade por morte de sócio (ou de qualquer dos sócios ou de algum ou alguns deles). É, contudo, evidente, por um lado, que a aplicação desses artigos só pode ter lugar quando a dissolução total da sociedade não tiver sido estipulada e, por outro lado, que eles não impedem a estipulação da dissolução total.

13.4. As cláusulas previstas e permitidas sobre o destino da participação do sócio falecido devem constar do contrato de sociedade; os acordos parassociais não são vinculativos para com a sociedade, embora possam ter os efeitos restritos consignados no art. 17.º.

A cláusula escolhida pelos sócios pode ser parte do contrato inicial ou ser introduzida nele posteriormente; neste último caso, podem distinguir-se duas hipóteses: introdução da cláusula por alteração do contrato *antes* ou *depois* da morte do sócio.

A cláusula inicialmente estipulada apenas colocará problemas relativamente à validade do seu conteúdo; tendo sido, por definição, unanimemente convencionada, não suscita questões quanto à vinculação de sócios discordantes ou quanto à sua oportunidade. Além dos problemas comuns e validade intrínseca, a alteração do contrato para introdução de alguma das referidas cláusulas suscita questões do segundo género.

O quadro das possíveis alterações do contrato, neste campo, é muito vasto, dependendo do contrato inicial (omissão de qualquer cláusula ou existência de uma das cláusulas possíveis), da cláusula que se pretende introduzir, originariamente ou por substituição, e do âmbito pessoal que se pretende dar à cláusula (previsão da morte de qualquer sócio, ou apenas da morte de um ou alguns sócios).

Começando pela alteração do contrato para introdução de cláusula antes de ter ocorrido a morte de sócio à qual potencialmente ela virá a ser aplicada, se nessa altura o contrato for omisso sobre o assunto, os problemas só podem provir da criação da cláusula, enquanto na hipótese contrária, haverá também que considerar a situação nascida da cláusula existente e que se pretende substituir.

Se da cláusula existente resultar algum direito especial, aplica-se o art. 24.º, n.º 5, tal direito não pode ser suprimido ou coarctado sem o consentimento do respectivo titular, salvo regra legal (que neste caso não existe) ou estipulação contratual expressa em contrário. A cláusula que estabeleça transmissão da quota de certo sócio cria para este um direito especial.

Independentemente do carácter especial do direito — que não existe no caso que vamos considerar — é duvidoso se pode ser alterada por maioria, embora qualificada, a cláusula genérica de transmissão (continuação da sociedade com os herdeiros do falecido); trata-se na verdade de uma alteração do regime do direito de cada um dos sócios, deixando este de ser transmissível por morte, donde se poderia deduzir a necessidade de consentimento individual para a cláusula ser eficaz relativamente a cada sócio. Aliás, o mesmo raciocínio poderá ser aplicado no caso de o contrato conter uma cláusula de estabilização, que seria substituída por uma cláusula de transmissão, pois também nesta hipótese há modificação do regime, embora no sentido contrário ao da hipótese anterior.

Ressalvando a hipótese de a alteração visar apenas a morte de algum ou alguns sócios, pois haveria violação do princípio da igualdade dos sócios, afigura-se que as referidas alterações estão, por analogia, submetidas à regra estabelecida, para a transmissão entre vivos, no art. 229.º, n.º 4.

A cláusula de dissolução total da sociedade poderá ser suprimida ou substituída, sem, ela própria, suscitar problemas.

Passando ao caso de o contrato de sociedade ser omisso e pela primeira vez se pretender introduzir-lhe, por alteração, alguma das referidas cláusulas, nota-se em primeiro lugar que tal omissão implica a aplicação do regime legal supletivo, mas deste facto não poderá ser retirado argumento semelhante ao acima apontado para o caso de o contrato conter alguma das ditas cláusulas, visto que o regime legal supletivo é susceptível, por definição, de ser substituído por regimes convencionais e nada indica que tal substituição não possa ser operada por alteração do contrato.

Quanto às cláusulas a introduzir *ex novo*, haverá que ressalvar o princípio da igualdade dos sócios e a necessidade de consentimento, por analogia com o art. 229.º, n.º 4.

Autores italianos sustentaram que a cláusula de transmissão da quota pode ser estipulada, por alteração do contrato, *depois de falecido um sócio*, ao qual se pretende aplicar a dita cláusula. Não interessam agora os argumentos textuais em que essa doutrina se estriba, mas importa reconhecer a importância prática que se lhe atribui: evitar que a estipulação ocorrida entre os sócios sobrevivos e os herdeiros do falecido seja considerada nova sociedade, em vez de continuação da existente.

Antes do CSC tínhamos tomado posição no problema partindo da eficácia imediata da dissolução por morte do sócio, reconhecendo que, por causa disso, a sociedade entrara imediatamente em liquidação e que o caminho certo para atingir o resultado desejado pela referida doutrina consistia em os sócios deliberarem a revogação da liquidação ou regresso à actividade, como nessa altura — ainda sem lei expressa — julgávamos possível. Regulado hoje expressamente o regresso à actividade, de uma sociedade dissolvida, por maioria de razão esse processo será lícito, desde que observados os requisitos exigidos pelo art. 161.º. Resta, contudo, averiguar se esse será o único caminho para o mencionado resultado.

No comentário ao art. 161.º, admito que, em certos casos, em vez de deliberação de regresso à actividade, os sócios procedam por meio de deliberação revogatória da deliberação de dissolução, mas sem deixarem de ser observados os requisitos legais da deliberação de regresso à actividade, o que retira interesse a essa outra solução, para a qual ainda acrescem os requisitos próprios de qualquer deliberação de revogação de outra.

No caso agora considerado, deve distinguir-se conforme a morte do sócio funciona como causa de dissolução imediata ou como causa de dissolução facultativa. Na primeira hipótese, a sociedade está dissolvida e só uma deliberação específica, nos termos do art. 161.º, pode fazê-la regressar à actividade e terminar a fase de liquidação. Na segunda hipótese, se depois da morte do sócio foi tomada a deliberação de dissolver a sociedade, com o referido fundamento, pode admitir-se o regresso à actividade mas não a revogação da deliberação, uma vez que, por via judicial, também os credores sociais podem conseguir a dissolução; se a deliberação de dissolução ainda não foi tomada, os sócios podem deixar de a tomar, mas isso não evita a acção judicial de dissolução requerida por algum credor.

É esta intervenção dos credores para a dissolução da sociedade que me leva a julgar inaceitável a teoria italiana da alteração do contrato posterior à ocorrência da causa de dissolução, embora esta tenha carácter facultativo. Poderia pensar-se que essa é uma deliberação a que os interessados atribuem efeito retroactivo, como permite o art. 86.º, n.º 1, mas se a unanimidade ali exigida pode ser alcançada, só pode tal deliberação ter efeito retroactivo nas relações entre sócios; a dissolução tem necessariamente efeitos para com os credores, que podem activá-la judicialmente.

13.5. No domínio do art. 120.º, § 1.º, CCom entendíamos que as estipulações admitidas pelo § 5.º do mesmo artigo, tanto podiam ter forma expressa como ser tacitamente manifestadas.

Convertendo agora o problema para o novo sistema em que a morte do sócio deixou de constituir causa legal de dissolução, entendemos também que a cláusula de dissolução por morte do sócio — a qual afasta o regime supletivo — pode revestir forma tácita.

A cláusula deve constar do contrato de sociedade, sob pena de nulidade, mas não deixa de constar do contrato de sociedade por estar *nele* tacitamente estipulada. O art. 217.º, n.º 2, CC, prescreve que o carácter formal da declaração não impede que ela seja emitida tacitamente, desde que a forma tenha sido observada quanto aos factos de que a declaração se deduz. A forma legal do contrato de sociedade — escritura pública — não impede, portanto, que a cláusula de dissolução, seja, nos referidos termos, deduzida de factos que com toda a probabilidade a revelem. Do mesmo passo, tal cláusula fica a constar do contrato de sociedade ou incluída neste. Manifestamente, os factos pelos quais esta cláusula de dissolução por morte de sócio deve ser revelada devem especificamente reportar-se a essa eventualidade, não bastando cláusulas relativas à dissolução ou liquidação em geral; por exemplo, de uma cláusula que nomeie liquidatários «para todo e qualquer caso de dissolução», não pode deduzir-se que os sócios quiseram determinar a dissolução por morte de sócio.

14.1. O art. 120.º, § 1.º, CCom, parte final, na sua redacção primitiva, dispunha: «As sociedades em nome colectivo dissolvem-se ... sendo por tempo indeterminado, pela simples vontade de um dos sócios.» O art. 6.º, n.º 1, do DL 363/77, de 2 de Setembro, fez desaparecer este texto, e o seu art. 7.º alterou o art. 156.º CCom, cujo texto passou a ser: «O disposto nos arts. 1001.º a 1005.º e 1006.º, n.º 1, do Código

Civil é aplicável no caso de morte, exoneração ou exclusão de sócios de sociedades em nome colectivo.» O art. 1002.º, n.os 1 e 2 CC dispõem, respectivamente, «Todo o sócio tem o direito de se exonerar da sociedade, se a duração desta não tiver sido fixada no contrato; não se considera, para este efeito, fixada no contrato a duração da sociedade, se esta tiver sido constituída por toda a vida de um sócio ou por período superior a trinta anos», e «Havendo fixação de prazo, o direito de exoneração só pode ser exercido nas condições previstas no contrato ou quando ocorra justa causa.»

O nosso legislador comercial tinha-se inspirado no art. 1278.º do Código Civil então vigente e este, por sua vez, tivera como fonte o Código Civil francês, embora já anteriormente textos portugueses encarassem a renúncia do sócio como causa de dissolução: Ordenações Filipinas, IV, XXXXIV, 5: «E assi mais se desfaz a companhia, quando algum dos companheiros a renunciar, dizendo aos outros, por si, ou por seu procurador, que não quer mais ser seu companheiro, e isso quando no contrato da companhia se não declarou o tempo que havia de durar.»

Tanto na doutrina francesa como na doutrina portuguesa eram apresentados vários fundamentos para o preceito, uns mais convincentes do que outros. Assim, quando entre nós se fundamentava o preceito no *intuitus personae*, podia tal ideia ser criticada dizendo que o *intuitus personae*, no sentido corrente — valorização relativa e mútua das pessoas dos sócios — não poderia explicar aquele preceito, visto que, sendo ínsito no tipo de sociedade (em nome colectivo) não seria menor nas sociedades em nome colectivo contraídas por tempo determinado, que não podiam dissolver-se pela simples vontade de um sócio; entendida aquela expressão como consideração especial que o legislador atribua à situação do sócio em nome colectivo quando a sociedade dura indeterminadamente, podia servir de princípio de explicação, mas necessitava de complemento, pois a dificuldade estava em determinar qual era aos olhos do legislador o motivo da gravidade da situação do sócio. Menos correcta parecia a explicação do preceito como uma escapatória para os sócios desavindos, que poderiam manter-se em sociedade por tempo limitado mas que seria cruel forçar a continuar em sociedade indefinidamente; facilmente se opunha que o direito francês — relativamente ao qual essa doutrina foi sustentada — continha uma via para evitar essas eternas desavenças: a dissolução por justos motivos.

Na verdade ou perto dela pareciam estar aqueles que pensavam que o fundamento da regra residia no carácter perpétuo da sociedade, visto que, por um lado, essa faculdade do sócio era reservada para as sociedades constituídas por tempo ilimitado e, por outro lado, providências do mesmo género encontravam-se para outros contratos potencialmente perpétuos. A doutrina transviava-se, porém, quando ligava a reacção, por meio da renúncia, contra o carácter perpétuo do contrato de sociedade ao princípio da liberdade de trabalho, proclamado pela Revolução Francesa: «... existe, no contrato de sociedade, interdependência mais ou menos estreita dos associados uns para com os outros; e esta interdependência constituiria um atentado grave à liberdade de cada um, se não fosse temperada pela faculdade de cada associado se desligar dos outros.»

O regime contido no Código Civil francês e daí importado para os nossos CC de 1867 e CCom era simplesmente o regime do direito romano. A renúncia do sócio nas sociedades em nome colectivo por tempo indeterminado não era, pois, um preceito introduzido pelos direitos modernos, mas sim o vestígio, para um tipo de sociedade, de uma regra básica de todas as sociedades no direito romano.

As sociedades romanas dissolviam-se *ex voluntate* e *ex renuntiatione* (D.7.2.63.10: «Societas dissolvitur ex personis, ex rebus, *ex voluntate*, ex actione»; Gaio, III, 151: «At cum aliquis *renuntiaverit* societati, societas dissolvitur»), mas a renúncia devia rodear-se de certas cautelas, para evitar que outros sócios fossem lesados; ao exporem-se os casos em que a renúncia era fraudulenta ou pelo menos intempestiva, os jurisconsultos romanos punham a hipótese de uma sociedade ter sido constituída por tempo determinado e julgavam essa renúncia ilícita (D.17.2.65.6., em que, depois de nos parágrafos anteriores ter tratado de renúncias dolosas, Paulo escreve: «*Item*, qui societatem in tempus coit, eam ante tempus renuntiando, socium a se non se a socio liberat», devendo ainda notar-se que esta última frase é precisamente repetição da que Paulo atribui a Cassio para a renúncia feita com dolo mau). É ainda Paulo (D.17.2.70) que define o princípio geral: «Nulla societas in aeternum coitio est.»

Confrontando as disposições do nosso CC de 1867 com este regime do Digesto, vê-se que houve naquele uma diferente arrumação de matérias, porque começou por dividir as sociedades em sociedades por tempo indeterminado e sociedades por tempo determinado, considerando depois relativamente às primeiras as renúncias de má fé ou intempestivas, enquanto o Digesto colocava a renúncia na sociedade por tempo determinado, salvo justa causa, como uma das várias hipóteses de renúncia ilícita, que estavam em pé de igualdade; esta diferença de arrumação não alterava, porém, a substância do regime jurídico.

14.2 Como não estamos a estudar a exoneração de sócios, limitamo-nos a observar, quanto às sociedades em nome colectivo, que a renúncia do sócio deixou de constituir causa legal de dissolução e passou a constituir causa legal de exoneração, nos termos do art. 185.º, n.º 1, al. *a*).

Pelo que respeita às sociedades por quotas e anónimas, no domínio do CCom abordámos a questão de saber se o disposto no art. 120.º, § 1.º, quanto à renúncia de um sócio, podia considerar-se extensível a outros tipos de sociedades, talvez não sempre, mas pelo menos quanto o sócio não disponha de uma parte social — quota ou acções — facilmente transmissíveis. Pronunciámo-nos em sentido negativo, salientando que o art. 120.º do CCom era bem expresso ao colocar a renúncia como causa especial de dissolução apenas nas sociedades em nome colectivo, tendo-o feito numa altura em que regulou também as causas de dissolução das sociedades anónimas e, portanto, poderia ter previsto a aplicabilidade a estas de mais essa causa de dissolução; o legislador comercial não podia limitar-se a acolher a tradição romanista, como fez o legislador civil, porque ao lado da sociedade em nome colectivo consagrava outros tipos de sociedades, principalmente as anónimas, sendo por isso forçado a escolher as causas de dissolução que seriam próprias de cada tipo e não podendo haver dúvidas de que adjudicou a renúncia exclusivamente às colectivas.

No CSC é óbvio que a renúncia de um sócio não é causa *legal* de dissolução de sociedades por quotas ou sociedades anónimas; aquele facto não está incluído nem nas causas gerais nem nas causas especiais de dissolução; de «extensão» não é possível pensar, pois a renúncia não é causa especial de dissolução das sociedades em nome colectivo. No entanto, no CSC a renúncia de um sócio não passou despercebida; figura, em certas circunstâncias, como causa de exoneração nas sociedades por quotas; é referida, nas sociedades por quotas e nas sociedades anónimas, como *causa contratual proibida.*

A perpetuidade do vínculo contraído pelo sócio deixa de impressionar se este puder, sem obstáculos jurídicos, transmitir a sua participação social; por esse meio, está habilitado a desfazer a sua vinculação. Poderá haver dificuldades práticas na realização do projecto de transmissão, mas dessas a lei desinteressa-se. Injusto seria, porém, que, ao memo tempo, fossem permitidas a duração indeterminada ou muito longa da sociedade e a intransmissibilidade da participação social. Note-se de passagem, que perpetuidade do vínculo e instransmissibilidade da participação ligam-se de tal maneira que, quanto à exoneração por meio de renúncia nas sociedades em nome colectivo por tempo indeterminado, há quem duvide que ela tenha lugar se, pelo contrato, a parte do sócio for facilmente transmissível (tese que, em Portugal, deve ser afastada, pois o art. 185.º prescinde completamente da transmissibilidade da parte).

Assim, para as sociedades por quotas, o art. 229.º, n.º 1, estabelece que «São válidas as cláusulas que proíbam a cessão de quotas, mas os sócios terão, nesse caso, direito à exoneração, uma vez decorridos dez anos sobre o seu ingresso na sociedade». Para as sociedades anónimas, a protecção contra a perpetuidade do vínculo é conseguida pelo disposto no art. 328.º, cujo n.º 1 dispõe que «O contrato de sociedade não pode excluir a transmissibilidade das acções, nem limitá-la além do que a lei permitir», seguindo-se no n.º 2, a enumeração das limitações permitidas.

Afastada a vontade ou renúncia de um sócio do elenco das causas legais de dissolução, poderia pensar-se não haver inconveniente em admiti-la como causa contratual. Não foi essa a orientação do CSC.

«A simples vontade de sócio ou sócios, quando não manifestada na deliberação prevista no número anterior, não pode constituir causa contratual de dissolução» — art. 270.º, n.º 2, sociedades por quotas; art. 464.º, n.º 2, sociedades anónimas (para exoneração, art. 240.º, n.º 6). No «número anterior» encontra-se fixada a maioria necessária para a deliberação que, como causa imediata, dissolva a sociedade e essa maioria tem carácter *mínimo inderrogável*, sendo apenas permitido que no contrato se exija uma maioria mais elevada ou outros requisitos. Não faria sentido que este preceito fosse disfarçadamente derrogado através do pretexto de que a vontade de um ou mais sócios, manifestada fora de deliberações de sócios, poderia dissolver a sociedade.

Refere-se o CSC a «simples vontade» do sócio, tão «simples» como a manifestada nas deliberações de sócios que dissolvam a sociedade, como causa imediata. Não é «simples» a vontade de dissolver a sociedade manifestada por um sócio ao propor acção baseada numa causa facultativa de dissolução, assim como não é «simples» a vontade dos sócios manifestada na deliberação que podem tomar, ao abrigo do art. 142.º, n.º 2, também com base numa causa facultativa. Sobre a vontade de dissolver a sociedade baseada em «justo motivo» ou «justa causa», v. adiante.

Acima colocámos o problema da validade de cláusulas de contratos de sociedade onde se estipule a possibilidade de denúncia, por qualquer ou por algum sócio, em épocas certas e dissemos que a solução dependeria da posição tomada quanto à dissolução da sociedade por vontade de um sócio. Retomando agora o problema, parece que a resposta deve ser no sentido da invalidade de tais cláusulas. A vontade do sócio, nessas circunstâncias, é manifestada arbitrariamente, ou, por outras palavras, é a vontade do sócio e nada mais que produziria a dissolução total da sociedade, o que acabamos de ver não ser legal. Essa arbitrariedade não é eliminada nem reduzida pelo facto de a vontade dever ser manifestada em determinados períodos da vida da sociedade, pois o tempo em que a vontade deve ser manifestada não constitui motivo desta.

15.1. Há legislações que permitem a dissolução da sociedade por acção judicial de um sócio, baseada em justo motivo ou justa causa.

Em França, o art. 1884-7, 5.º, Code Civil dispõe que a sociedade termina «par la dissolution anticipée prononcée par le tribunal à la demande d'un associé pour justes motifs, notamment en cas d'inexécution de ses obligations par un associé, ou de mésentente entre associés paralysant le fontionnement de la société».

Na Suíça, o art. 736.º, n.º 4, Code des Obligations, determina que a sociedade se dissolve «par un jugement, lorsque des actionnaires représentant ensemble un cinquième au moins du capital social requièrent pour de justes motifs la dissolution». Os comentadores dão notícia das grandes discordâncias ocorridas, quanto à adopção deste preceito, durante a revisão do C.O. e apontam a tendência da doutrina e dos tribunais para uma aplicação muito cuidadosa e até restritiva.

No CSC a «justa causa» não constitui causa legal de dissolução. Constitui, contudo, fundamento de exoneração do sócio, nos termos do art. 185.º, n.º 1, al. *b*), para sociedades em nome colectivo. Para as sociedades por quotas, o art. 240.º permite a exoneração do sócio em casos que correntemente seriam considerados «justas causas» para dissolução.

Por si só, o facto de não estar a «justa causa» consagrada como causa legal de dissolução, não impede que os interessados a elevem a causa contratual de dissolução. Vejamos se existe impedimento de outra ordem, desdobrando duas hipóteses: a causa de dissolução estar especificada no contrato, por meio de indicação de um facto que pode ser considerado «justa causa»: o contrato apontar como causa de dissolução a existência de «justa causa» (por esta ou equivalente terminologia), sem outra especificação.

15.2. A primeira hipótese pressupõe a possibilidade de discriminar dentro de todos os factos que, em teoria, podem constituir causas contratuais de dissolução, um núcleo qualificável como «justas causas». Toda a causa contratual (não proibida por lei) justifica a dissolução, mas não é nesse sentido que a expressão «justa causa» é usada para este efeito; se houvesse dúvida a tal respeito, poderia invocar-se o art. 181.º, que, depois de referir «os casos previstos na lei ou no contrato», considera fundamento de exoneração *ainda* a ocorrência de justa causa, e o art. 1002.º CC, segundo o qual, havendo fixação de prazo, o direito de oxoneração só pode ser exercido «nas condições previstas no contrato *ou* quando ocorra justa causa». O traço diferencial da «justa causa» reside em esta consistir em circunstâncias ou comportamentos dos sócios, com reflexos no funcionamento da sociedade, desde que tudo isto atinja um certo grau de gravidade.

Em princípio, não se vê obstáculo a que o contrato especifique como causa de dissolução da sociedade um facto que se compreenderia no referido conceito de justa causa. Quando, porém, *a lei* especifique certo facto como causa de exoneração do sócio, pode duvidar-se se o mesmo facto pode contratualmente ser considerado causa de dissolução; não pomos idêntica hipótese quanto a factos referidos *no contrato* como fundamento de exoneração do sócio, porque essa referência implicou uma escolha, para esse facto, entre o efeito total ou parcial de dissolução. Note-se que o problema não é eliminado pelo facto de, tanto no art. 185.º como no art. 240.º, a exoneração se fundamentar em faltas de deliberação (ou deliberações negativas) da sociedade; isso constitui um expediente técnico para permitir que a situação seja primeiramente esclarecida pela própria sociedade através da exclusão do outro sócio ou destituição de gerente; materialmente, a exoneração funda-se nas circunstâncias relativas à pessoa ou ao comportamento que teriam permitido a exclusão ou a destituição e a essas circunstâncias deveremos reportar-nos para o problema agora considerado.

Os dois referidos artigos do CSC devem ser considerados imperativos, pelo menos na parte em que fixam fundamentos de exoneração, único aspecto que nos interessa agora; nesses casos previsto na lei o sócio deve ter o direito de se exonerar da sociedade.

Do que fica dito talvez pareça decorrer logicamente que a imperatividade impede que a tais casos seja contratualmente dado outro tratamento, designadamente, mudando o efeito desses factos para a dissolução total, em vez da dissolução parcial. Nesse sentido se argumentaria complementarmente com a tendência moderna, adoptada no CSC, para evitar a dissolução total, quando a dissolução parcial seja possível.

Noutro sentido pode, contudo, observar-se que entre a exoneração do sócio e a dissolução total da sociedade não há diferença de efeito pelo que respeita ao interesse do sócio — nos dois casos o sócio afasta-se voluntariamente da sociedade e recebe o valor da sua participação; a diferença incide sobre os outros sócios, ou seja sobre a sociedade, mantida num caso e dissolvida no outro. Sendo assim, a qualificação contratual como causas de dissolução total de factos legalmente qualificados como fundamentos de exoneração só será impedida se os motivos que levaram a lei, na sua evolução, a orientar-se no sentido da dissolução parcial em vez da dissolução total forem tão fortes que se imponha à valoração pelos (outros) sócios dos seus próprios interesses, ou seja, se houver um interesse público em que a dissolução seja meramente parcial.

Não me parece que seja esse o caso. A orientação moderna evita que, por força da lei, a sociedade seja totalmente dissolvida, quando for possível regularizar as situações por meio de dissolução meramente parcial ou limitada ao vínculo de um sócio, mas não impede que, se os sócios o preferirem, a sociedade seja totalmente dissolvida. Note-se que, para os casos tradicionalmente mais relevantes, os de morte de um sócio, a própria lei prevê a dissolução parcial com carácter dispositivo, prevalecendo outra regulamentação estabelecida no contrato de sociedade. Por outro lado, repare-se na dissolução total posta ao alcance do sócio quando, pelos referidos motivos relacionados com o capital da sociedade, a exoneração do sócio ou a amortização da quota não sejam viáveis.

15.3. Passando ao outro problema anunciado, afigura-se lícita a cláusula que estipule a dissolução por «justa causa». Não se pode argumentar com impossibilidade ou dificuldade excessiva da definição e determinação concreta de justa causa, pois em última análise caberá ao tribunal apreciar o caso, e a existência de legislação onde a justa causa constitui causa legal de dissolução, total ou parcial, depõe no sentido da possibilidade prática. Poder-se-á talvez dizer que, tratando-se de causa contratual, haverá que apreciar o sentido atribuído àquela expressão, o que é verdade, mas não impossibilita a aplicação da cláusula, pois também assim acontece com qualquer expressão usada em cláusulas de contratos de sociedade. Por outro lado, a circunstância de esta causa de dissolução ser estabelecida no contrato possibilita o acompanhamento dessa estipulação por elementos onde os sócios lhe delimitem os contornos, como entenderem sem traírem a essência.

Um obstáculo legal a estas cláusulas resultaria do art. 141.º, n.º 1, se às palavras «casos previstos no contrato» fosse dada uma interpretação muito rígida, exigindo no contrato a descrição material do facto. Afigura-se, contudo, bastante, para satisfazer o preceito referido, que o facto seja definido não na sua materialidade mas na sua relação com o efeito dissolutivo: um facto, qualquer que seja a sua materialidade, cujo efeito possa, com justiça, consistir na dissolução da sociedade a requerimento de um sócio.

## ARTIGO 143.º

### (REDUÇÃO DOS SÓCIOS A NÚMERO INFERIOR AO MÍNIMO LEGAL)

**1 — No caso previsto na alínea *A*) do n.º 1 do artigo anterior, o sócio ou qualquer dos sócios restantes pode requerer ao tribunal que lhe seja concedido um prazo razoável a fim de regularizar a situação, suspendendo-se entretanto a dissolução da sociedade.**

**2 — O juiz, ouvidos os credores da sociedade e ponderadas as razões alegadas pelo sócio, decidirá, podendo ordenar as providências que se mostrarem adequadas para conservação do património social durante aquele prazo.**

#### SUMÁRIO

1. Hipóteses, requisitos e fundamento desta faculdade de sócio
2. Providências para a conservação do património social
3. Responsabilidade do sócio único

1. Notámos acima que a unipessoalidade pode resultar de circunstâncias de naturezas diversas, umas acidentais, outras intencionais e, se se quiser descer mais fundo, dentro do segundo grupo dever-se-á distinguir conforme tenha ou não havido a intenção de aproveitar a situação de unipessoalidade. Difícil será, contudo, distinguir conforme tenha ou não havido

esta última intenção, bem como instituir um regime específico para cada uma das referidas hipóteses.

No CC, art. 1007.º, al. *d*), prescindindo da averiguação das causas de unipessoalidade, interpõe-se o prazo de seis meses entre a data em que a sociedade se torna unipessoal e a dissolução. O Projecto de CSC alargava esse prazo para um ano.

A inoportunidade da dissolução no momento em que a sociedade se torna unipessoal pode resultar de duas ordens de circunstâncias: ou se antevê a possibilidade de ser refeita a pluralidade de sócios ou se considera inconveniente economicamente forçar a liquidação da sociedade logo a partir desse momento. O prazo acima referido visa directamente a primeira ordem de circunstâncias, mas também serve indirectamente a segunda. É dada ao sócio único a possibilidade de, dentro de certo tempo, evitar a dissolução da sociedade, *admitindo novo sócio*; há uma *spes refectionis*, que só as condições concretas da sociedade mostrarão se se torna em realidade; a lei, aceitando a esperança, concede tempo para que ela se concretize. Pode também suceder que a imediata entrada em liquidação da sociedade unipessoal prejudique o sócio e até os credores da sociedade; o prazo servirá também para o sócio apreciar este aspecto e decidir se mais lhe interessa dissolver a sociedade — o que facilmente fará, por simples deliberação, antes de terminado aquele prazo — ou mantê-la, mas neste caso com o ónus de encontrar novo sócio.

O CSC, como acima se notou, afastou-se quanto ao prazo para reconstituição da sociedade, do art. 1007.º do Código Civil, e do Projecto de CSC: a sociedade pode ser dissolvida ou a acção de dissolução pode ser proposta no momento em que a sociedade se torna unipessoal. Escapou, no entanto, esse prazo, quanto a sociedades anónimas — art. 464.º — como noutro lugar dizemos.

No art, 143.º foi, contudo, mantido um prazo, que no Projecto constituía uma segunda cautela.

Transcrevemos acima o parágrafo 2 do art. 5.º da 2.ª Directiva, respeitante a um prazo judicial para regularização da situação. Corresponde-lhe — mal, como se verá — o art. 143.º CSC, o qual reproduziu grande parte dos n.ºs 1 e 3 do art. 149.º do Projecto, mas com uma curiosa inadvertência do revisor.

O art. 143.º é aplicável às duas hipóteses abrangidas no art. 142.º, n.º 1, al. *a*): redução dos sócios a um só e, nas sociedades anónimas, redução dos accionistas a menos de cinco. Quando assim aconteça, o sócio ou qualquer dos sócios restantes pode requerer ao tribunal que lhe seja concedido um prazo razoável a fim de regularizar a situação, suspendendo-se entretanto a dissolução da sociedade.

O art. 149.º do Projecto fora redigido tendo em atenção que a redução dos sócios à unidade — única hipótese a que se aplicava — constituía uma causa imediata de dissolução, decorrido o prazo de um ano para reconstituição da pluralidade. O sistema era, pois, o seguinte: tornada a sociedade em unipessoal, não ocorria logo a dissolução; o sócio dispunha de 1 ano para reconstituir a pluralidade; findo esse prazo, a sociedade dissolvia-se *ope legis*; poderia, contudo, o prazo de um ano ser insuficiente e por isso o sócio poderia requerer ao tribunal — antes de terminado o referido ano — que lhe fosse concedido um prazo razoável — naturalmente, segundo as circunstâncias alegadas — para regularizar a situação; para que a sociedade não se dissolvesse ao fim do ano, enquanto o tribunal não tivesse decidido, dizia-se «suspendendo-se entretanto a dissolução».

O art. 143.º CSC aproveitou essa norma para um condicionalismo inteiramente diferente. A unipessoalidade (e a redução dos accionistas a menos de cinco) passou a ser causa facultativa de dissolução, que só actua quando o sócio assim delibere ou quando a acção de dissolução for proposta, no prazo de dois anos. Não faz, pois, sentido que o sócio único requeira ao juiz um prazo razoável para regularizar a situação e menos ainda que entretanto se suspenda a dissolução, que já não resulta apenas da força da lei.

Sentido faria que, como determina a Directiva, uma vez proposta a acção judicial de dissolução por qualquer outra entidade, que não o sócio único, este pudesse requerer ao juiz um prazo razoável para regularizar a situação, suspendendo-se entretanto os termos da causa. E era isso que, partindo da unipessoalidade como causa facultativa de dissolução, estava proposto no art. 140.º do Anteprojecto de Lei das Sociedades por Quotas do Prof. FERRER CORREIA e outros.

Não é fácil deitar remendo em tão esfiampada bota. Se o aceitamos tal como está redigido, o preceito não se harmoniza com o restante sistema e além disso deixa de dar cumprimento ao art. 5.º, n.º 2, da 2.ª Directiva. Para evitar essas incongruências, teremos de o interpretar com um aditamento e uma amputação.

O aditamento consiste em entendê-lo como se nele estivesse escrito «No caso previsto na alínea *b*) do n.º 1 do artigo anterior, *proposta a acção de dissolução, o sócio único ou qualquer dos outros sócios não proponentes da acção*, pode requerer ao tribunal, etc». De passagem, pode ser cortado o pronome «lhe» que estava certo no art. 149.º do Projecto, o qual só contemplava a unipessoalidade, mas não o está para a redução a menos de cinco accionistas.

Amputada terá de ser a frase final «suspendendo-se entretanto a dissolução da sociedade». Por um lado, excede todas as possíveis complacências com o legislador substituí-la por «suspendendo-se entretanto os termos da causa»; por outro lado, não é logicamente possível suspender a dissolução, que só virá a existir no termo da acção e se esta vier a ser julgada procedente.

As dificuldades encontradas para interpretar, com razoável curialidade, o art. 143.º, n.º 1, renascem, mas fortemente acrescidas, para interpretar o art. 464.º, n.º 5.

Tratámos acima do disposto no art. 464.º, n.º 3, ao qual se reporta o n.º 5, para dizer que «até ao fim do prazo aí referido, qualquer accionista pode requerer ao tribunal que lhe seja concedido um prazo razoável a fim de regularizar a situação, suspendendo-se entretanto a dissolução da sociedade». Agora, nem sequer é possível interpretar o preceito como respeitante a um incidente da acção de dissolução, pois o requerimento deve ser feito até ao fim de um ano, a contar da redução do número de sócios, e até ao fim desse prazo a sociedade não pode ser dissolvida, porque ainda não está completa a causa de dissolução, e a acção não pode ser proposta. E o revisor nem sequer foi coerente, dentro da sua própria incoerência, pois não reproduziu o n.º 2 do art. 143.º, necessário complemento do n.º 1.

Desisto de salvar esse n.º 5 e tenho-o por não escrito, pois é devido a manifesto lapso. Com isso, ninguém é prejudicado, pois às sociedades anónimas aplicar-se-á o art. 143.º, que, interpretado correctivamente, como o fizemos, ressalva todos os interesses legítimos.

Na letra do art. 143.º, n.º 1, o requerimento é apresentado pelo sócio ou qualquer dos sócios restantes. Estes, porém, não são partes na acção, a qual é proposta contra a sociedade (art. 144.º, n.º 1). Ladeamos a nova dificuldade, aceitando a legitimidade daquelas pessoas, por a lei expressamente a conceder, mas alargando-a à própria sociedade, por ela ser parte na acção.

Objecto do requerimento é a concessão de um prazo razoável para regularizar a situação. A extensão do prazo está limitada apenas pela razoabilidade, e esta dependerá da finalidade do pedido e das circunstâncias concretas.

A finalidade do pedido é regularizar a sociedade, expressão que, antes de mais, mostra haver, no entendimento do legislador, algo de *irregular* na situação, ou seja, na redução do número de sócios abaixo do mínimo legal. Regularizar a situação pode consistir em recompor o número mínimo de sócios, mas também pode consistir em a sociedade ser dissolvida por deliberação. Embora nos dois casos a situação fique regularizada, afigura-se que a lei só tem em vista a primeira forma de regularização.

Manda o art. 143.º, n.º 2, que o juiz ouça os credores da sociedade e pondere as razões apontadas pelo sócio. Parece que, no caso de redução de accionistas entre dois e quatro, devem os restantes ser também ouvidos.

Factor importante para a decisão devem ser os motivos da redução, sobretudo no caso de unipessoalidade. Se se compreende um tratamento favorável no caso de redução acidental, já não se vê com bons olhos uma situação deliberadamente provocada pelo sócio único ou sócios restantes. No entanto, deve ter-se em atenção que, tendo sido eliminado no CSC o prazo legal destinado à regularização, uma acção proposta muito perto da redução pode levar a duvidar da boa fé do requerente.

O juiz apenas pode decidir, quanto ao fundo do requerimento, conceder ou não o prazo que ele considere razoável, o qual, por sua vez, pode ou não coincidir com o prazo reputado razoável pelo autor. Dizemos «apenas» porque não é lícito ao juiz, sejam quais forem as circunstâncias, decidir que a sociedade não será dissolvida; ao seu alcance, nesse incidente, está apenas adiar, pelo prazo razoável, a decisão sobre a acção, esperando não ter que vir a pronunciar a dissolução, que constitui pedido naquela. No Anteprojecto da autoria do Prof. FERRER CORREIA, o tribunal podia não pronunciar a dissolução da sociedade, se verificasse perante as circunstâncias do caso, que razões ponderosas desaconselhavam a liquidação imediata; esse aspecto nada tem a ver com o requerimento previsto no art. 143.º (e também não se encontra no regime da acção de dissolução estabelecido no art. 144.º).

2. Como melhor adiante se verá, os defensores das sociedades unipessoais têm-se sempre preocupado com a pos-

sibilidade de o sócio único não respeitar a distinção entre o seu património e o património da sociedade de que é único sócio. A essa preocupação corresponde a parte final do art. 143.º, n.º 2, que permite ao juiz tomar as providências que se mostrarem adequadas para conservação do património social durante o prazo que tiver fixado. As palavras da lei talvez admitam uma interpretação mais ampla do que a ditada pela intenção. O juiz não tem que se preocupar com os riscos normais do negócio, e muito menos proibir a actividade normal da sociedade, embora possivelmente estes conduzam a uma deterioração da sua situação económico-financeira. O risco que lhe compete prevenir é o de confusão de patrimónios, tornada possível, senão mesmo presumível, no caso concreto, pela unipessoalidade. As providências respeitarão à administração e à fiscalização da sociedade, sendo de admitir que, em casos graves, seja nomeado um administrador judicial.

As providências podem ser decretadas oficiosamente.

A ideia destas providências nasceu para o caso de unipessoalidade, mas, embora na redução de accionistas a menos de cinco haja ainda alguns sócios que, em teoria, podem fiscalizar a autonomia do património social, a mesma ideia é susceptível de utilização também nessa hipótese.

3. Segundo os arts. 2362.º e 2497.º, 2, Cod. Civ. italiano, «no caso de insolvência da sociedade, pelas obrigações sociais nascidas no período em que as acções tiverem pertencido a uma única pessoa, esta responde ilimitadamente». O art. 31.º do *Companies Act* inglês dispõe que «se em qualquer momento o número de membros de uma sociedade for reduzido, no caso de sociedade privada *(private company)*, abaixo de duas, ou, no caso de qualquer outra sociedade, abaixo de sete, e continua a actuar por mais de seis meses enquanto estiver assim reduzido, qualquer pessoa que for membro da sociedade durante o tempo em que ela assim actuar depois dos ditos seis

meses e for conhecedora do facto de que ela está actuando com menos de dois membros, ou sete membros, conforme o caso, será individualmente responsável pelo pagamento de todas as dívidas da sociedade contraídas durante esse tempo, e poderá ser accionada individualmente por elas».

É esta uma forma radical de ligar a unipessoalidade da sociedade e a ilimitação da responsabilidade individual. Se por um lado tem o mérito de desencorajar a unipessoalidade intencional, é, contudo, injusta quando a unipessoalidade for acidental. Em vez, portanto, de aumentar a responsabilidade do sócio único só por causa da unipessoalidade, o CSC preferiu cominar a responsabilidade do dito sócio em função do seu comportamento, durante aquela situação. Os preceitos relevantes estão contidos nos arts. 83.º e 84.º, um respeitante a qualquer sócio, mas de aplicação facilitada quando se trate de sócio único; outro especificamente dedicado à responsabilidade do sócio único.

O art. 83.º, n.º 3, dispõe que o sócio que, pelo número de votos de que dispõe, só por si ou por outros a quem esteja ligado por acordos parassociais, tenha a possibilidade de fazer eleger gerente, administrador ou membro do órgão de fiscalização, responde solidariamente com a pessoa eleita, havendo culpa na escolha desta, sempre que ela for responsável, nos termos desta lei, para com a sociedade ou os sócios, contanto que a deliberação tenha sido tomada pelos votos desse sócio e dos acima referidos e de menos de metade dos votos dos outros sócios presentes ou representados na assembleia. Manifestamente, o sócio único dispõe de todos os votos, tem a possibilidade de fazer eleger as referidas pessoas e toma a deliberação por si só. O preceito, por definição, é neste caso limitado à responsabilidade para com a sociedade.

Com a mesma restrição à responsabilidade para com a sociedade, o art. 83.º, n.º 4, é aplicável ao sócio único: o sócio que tenha a possibilidade, pelo número de votos de que dispõe, só por si ou juntamente com pessoas a quem esteja ligado por acordos parassociais, de destituir ou fazer destituir gerente, administrador ou membro do órgão de fiscalização, e pelo uso da sua influência determine essa pessoa a praticar ou omitir um acto, responde solidariamente com ela, caso esta, por tal acto ou omissão, incorra em responsabilidade para com a sociedade ou os sócios, nos termos desta lei. A responsabilidade especialmente cominada para o sócio único no art. 84.º acresce à responsabilidade que eventualmente recaia sobre o sócio único, por força do art. 83.º, e cede perante o regime especial de responsabilidade estabelecido para as sociedades coligadas, ou seja, pela remissão ordenada no art. 501.º, a responsabilidade da sociedade dominante, directora do grupo, para com os credores da sociedade subordinada e por perdas da sociedade subordinada.

O art. 84.º prevê, no n.º 1, que a sociedade reduzida a um único sócio seja declarada falida enquanto se mantiver a situação de unipessoalidade e, no n.º 2, que a sociedade seja declarada falida depois de durante algum tempo ter estado reduzida a um único sócio, mas a pluralidade de sócios já esteja reconstituída. A responsabilidade do sócio único é ilimitada pelas obrigações contraídas enquanto a sociedade se manteve unipessoal, portanto, desde a concentração das quotas ou acções até à falência ou desde essa concentração até à declaração de falência, contanto que se prove que nesse período não foram observados os preceitos da lei que estabelecem a afectação do património da sociedade ao cumprimento ds respectivas obrigações.

Como explica o Prof. FERRER CORREIA, relativamente ao seu anteprojecto onde este preceito teve origem, não é necessário que se verifique actualmente uma confusão total e inextricável entre o património do sócio e o da sociedade; «pois se o sócio, por si ou através do director ou gerente da sociedade, não se conformou na respectiva gestão com as normas que a lei consigna em ordem a assegurar que os bens sociais se mantenham rigorosamente afectados aos fins da empresa, antes procedeu como se esta tivesse sido absorvida já no seu património geral, é de presumir que a ocorrente situação de falência resulte disso mesmo, dessa condução gravemente irregular dos negócios sociais».

O CSC foi além da recomendação do Prof. FERRER CORREIA, pois comina também a responsabilidade do sócio único no caso de a falência vir a ocorrer muito tempo depois de ter terminado a situação de unipessoalidade e, portanto, ser difícil presumir que a condução dos negócios sociais durante aquele período foi a causa da falência. A lei contenta-se com a verificação de que, durante certo tempo, bens do património social foram desviados do fim a que legalmente estavam afectados e presume que isso prejudicou a satisfação dos créditos constituídos durante o mesmo período.

A confusão entre o património do sócio e o património da sociedade unipessoal não se verifica necessariamente no sentido do prejuízo desta última, podendo suceder que, sem respeito das disposições legais que disciplinam a separação dos patrimónios, o movimento de bens se tenha dado no sentido inverso. Esta última hipótese não cabe nem na letra nem na intenção do preceito.

Por outro lado, não há que averiguar se a conduta do sócio afectou o *capital* da sociedade, nem se o beneficiário do indevido emprego dos bens sociais foi o sócio ou outra entidade, bastando, quanto a este último aspecto, saber que o desvio ocorreu enquanto o sócio devia e podia evitá-lo.

A maior dificuldade que se nos depara na aplicação do preceito consiste na diversidade de importância das infracções verificáveis. Se, por um lado, não parece de exigir uma sistemática conduta ilícita do sócio, também por outro lado seria exagerado considerar relevante para este efeito o pagamento pela sociedade de uma despesa de táxi ou de uma refeição do sócio. O problema não pode ser resolvido mediante a apreciação pelo tribunal da relevância que a conduta do sócio teve para a ocorrência da falência, pois isso seria ilidir a presunção da unipessoalidade como causa da falência, de que acima nos afastámos. Embora seja um critério vago, parece-nos que podemos partir da referência da lei a «afectação do património», para concluirmos que o tribunal deverá apreciar a relevância que a conduta do sócio — um só acto ou um conjunto deles — teve para alterar a situação patrimonial da sociedade.

## ARTIGO 144.º

### (REGIME DA DISSOLUÇÃO JUDICIAL)

**1 — A acção de dissolução deve ser proposta contra a sociedade por algum sócio, credor social, credor de sócio de responsabilidade ilimitada, ou pelo Ministério Público, no caso da alínea *D*) do n.º 1 do artigo 142.º e noutros em que a lei lhe atribua legitimidade para isso.**

**2 — No caso previsto na alínea *D*) do n.º 1 do artigo 142.º, a dissolução não será ordenada se, na pendência da acção, o vício for sanado.**

**3 — A acção de dissolução deve ser proposta no prazo de seis meses a contar da data em que o autor tomou conhecimento da ocorrência do facto previsto no contrato como causa de dissolução, mas não depois de decorridos dois anos sobre a verificação do facto.**

**4 — Quando o autor seja o Ministério Público, a acção pode ser proposta em qualquer tempo.**

**SUMÁRIO**



1. O art. 144.º é dedicado ao regime da dissolução judicial, ou mais precisamente, regulamenta alguns aspectos da acção a propor ou já proposta para ser obtida a dissolução da

sociedade com algum dos fundamentos — isto é, por alguma das causas — previstas no art. 142.º, n.º 1.

Em primeiro lugar, é tratada a legitimidade passiva: a acção deve ser proposta contra a sociedade. A alternativa seria a propositura da acção contra os (ou os outros) sócios da mesma sociedade. Para escolher entre uma e outra das soluções pouco adiantam argumentos conceptualistas, como dizer que a sociedade é a interessada na sua própria extinção; em última análise, pode dizer-se que interessados na manutenção ou extinção da sociedade que formaram, são os respectivos sócios. Também não parece justificado distinguir conforme as causas de dissolução, como fazem autores franceses, que, admitindo que geralmente a acção deve ser proposta contra a sociedade, no caso de dissolução por justos motivos entendem que ela deve ser proposta contra os outros sócios «por se tratar de um litígio entre sócios por motivo da sociedade»; ao fim e ao cabo, há sempre um litígio entre sócios por motivo da sociedade, ou não há litígio nenhum. A atribuição de legitimidade passiva à sociedade é um expediente técnico, destinado a assegurar que uma maioria de sócios defina a sua posição, visto que, por iniciativa dos administradores ou dos próprios sócios, a estes caberá a última palavra sobre o assunto. Proposta a acção contra todos os (ou os outros) sócios — são imagináveis as dificuldades que para isso teria o proponente, em sociedades anónimas — afinal nada mais se conseguiria do que isso, se entre os outros sócios não houvesse unanimidade de vistas.

A legitimidade activa é atribuída pelo art. 144.º, n.º 1, a algum sócio, credor social, credor de sócio de responsabilidade ilimitada e ao Ministério Público, neste último caso subordinada a uma especial atribuição de legitimidade por preceito legal, logo feita quanto ao caso da alínea *d*) do art. 142.º, n.º 1.

De todas estas entidades, parecem indiscutíveis, o Ministério Público — pois a sua legitimidade depende de preceito especial que lha reconheça e portanto foi devidamente ponderado o interesse público na sua intervenção — e os sócios. Quanto a estes, poder-se-ia discutir se este direito deveria ser atribuído individualmente ou tornado dependente da reunião de uma minoria de sócios ou de montante mínimo de capital, mas a solução legal é inequívoca.

Mais duvidosa parece a atribuição de legitimidade activa aos credores sociais, cujo interesse parece consistir apenas em que a sociedade satisfaça os seus créditos e não em que a sociedade se mantenha ou se dissolva. Pode, porém, suceder que a satisfação dos créditos seja melhor assegurada se a sociedade parar a sua actividade normal do que se a sociedade a continuar.

Quanto ao credor de sócio de responsabilidade ilimitada, a sua legitimidade deriva do disposto no art. 183.º. Ele não pode executar a parte do sócio-devedor na sociedade, mas apenas o direito aos lucros e à quota de liquidação, embora, no prosseguimento da execução, ele eventualmente chegue à dissolução da sociedade (art. 183.º, n.º 4). Parece, portanto, justo que se lhe dê a oportunidade que os próprios sócios estipularem e faça dissolver a sociedade, para se satisfazer sobre os bens que ao seu devedor caibam na liquidação.

O n.º 2 do art. 144.º preocupa-se com a sanação do vício previsto na alínea *d*) do art. 142.º n.º 1. A palavra «vícios» não é apropriada para a hipótese e foi mantida — mal — depois de sucessivas alterações do âmbito do preceito.

Prevê-se a possibilidade de a causa de dissolução ser remediada, na pendência da acção, e ordena-se ao tribunal que tome em conta a nova situação. Não se atribui, contudo, ao tribunal poder para conhecer oficiosamente a nova situação e, portanto, devem ser observados pelos interessados os preceitos do Código de Processo Civil que permitem trazer esses novos factos ao conhecimento do tribunal.

Esses novos factos só podem consistir numa alteração do contrato que torne em objecto contratual aquele objecto que vinha a ser exercido de facto ou em a sociedade ter deixado de exercer de facto a actividade que vinha exercendo e não era abrangida na cláusula contratual de objecto.

A possibilidade de sanação do vício durante a pendência da acção induz a que a acção não possa ser proposta se, antes disso, o dito vício tiver sido sanado.

Por analogia, o preceito deve ser aplicado a causas voluntárias ou contratuais de dissolução.

2. O art. 144.º, n.º 3, estabelece prazos de caducidade para a acção de dissolução. Conjugam-se para o efeito dois prazos: um de seis meses, a contar da data em que o autor tomou conhecimento da ocorrência do facto previsto no contrato de dissolução; um de dois anos sobre a verificação do facto.

A acção de dissolução não pode ser proposta depois de ter decorrido *algum* dos referidos prazos. O tempo máximo é dois anos sobre a verificação do facto; a caducidade ocorre antes disso, se tiverem decorrido seis meses sobre a data em que o autor tomou conhecimento da ocorrrência do facto.

A esse regime é introduzida no n.º 4 do mesmo artigo uma excepção a favor do Ministério Público, o qual pode propor a acção em qualquer tempo — manifestamente, quando tenha legitimidade para propor a acção, nos termos do n.º 1.

3. A dissolução judicial da sociedade pode ocorrer não só por acção de dissolução, mas também em processo de inquérito judicial. Não vamos agora estudar todo esse processo, mas apenas referi-lo resumidamente, na parte que interessa à dissolução.

Os arts. 181.º, 216.º e 292.º, respectivamente para as sociedades em nome colectivo, por quotas e anónimas, permitem que sócios ou accionistas a quem tenha sido recusada informação pedida ou que tenham recebido informação presumivelmente falsa, incompleta ou não elucidativa requeiram inquérito judicial à sociedade.

Entre as providências que, conforme os resultados do inquérito, o juiz pode ordenar conta-se «a dissolução da sociedade, se forem apurados factos que constituam causa de dissolução, nos termos da lei ou do contrato, e ela tenha sido requerida». Estas últimas palavras parecem inculcar que as causas de dissolução previstas no preceito são causas facultativas, pois só estas dependem de requerimento. Não se vê motivo, porém, para que a dissolução da sociedade, por causa de eficácia imediata, não possa ser declarada no processo de inquérito, se nele for apurada. Obstáculo haveria se as causas de eficácia imediata não pudessem, pela própria configuração, ser descobertas no processo de inquérito, mas tal não acontece mesmo com algumas causas legais dessa natureza. Assim, entendemos que o legislador mencionou o requerimento, pensando nos casos em que o processo de inquérito descubra causas facultativas de dissolução mas não afastou a hipótese de ser reconhecida no processo de inquérito a ocorrência de uma causa de eficácia imediata.

De qualquer modo, quanto às causas facultativas, não pode haver dúvida de que no processo de inquérito pode ser requerida a dissolução, desde que os factos tenham sido apurados no mesmo processo.

## ARTIGO 145.º

### (ESCRITURA E REGISTO DA DISSOLUÇÃO)

**1 — A dissolução da sociedade não carece de ser consignada em escritura pública, excepto nos casos em que tenha sido deliberada pela assembleia geral e a acta da deliberação não tenha sido lavrada por notário.**

**2 — A administração da sociedade ou os liquidatários devem requerer a inscrição da dissolução no registo comercial e qualquer sócio tem esse direito, a expensas da sociedade.**

**3 — Tendo a dissolução judicial da sociedade sido promovida por credor social ou credor de sócio de responsabilidade ilimitada, pode por ele requerer o registo, a expensas da sociedade.**

**SUMÁRIO**

1. Forma de dissolução
2. Registo da dissolução

1. Por força do art. 89.º, al. *e*) do Código do Notariado, deviam celebrar-se por escritura pública «os actos de dissolução» de sociedades comerciais e de sociedades civis sob forma comercial». A letra do preceito admitia uma interpretação restritiva, no sentido de a escritura pública ser necessária apenas quando houvesse *um acto* de dissolução, o que rigorosa-

mente só sucedia quando a sociedade fosse dissolvida por deliberação dos sócios. Não foi, porém, esse o sentido em que a prática se encaminhou, aliás sem grandes tropeços levantados pela doutrina ou jurisprudência. Em casos de dissolução diferentes da deliberação dos sócios, outorgava-se escritura pública e o mesmo se fazia com base na acta da deliberação de dissolução (o chamado acordo de dissolução).

Desse direito anterior ressente-se a redacção do art. 145.º, n.º 1, pela forma negativa adoptada: «A dissolução da sociedade não carece de ser consignada em escritura pública». Se o passado tivesse sido totalmente esquecido, tal frase não deveria aparecer e o preceito limitar-se-ia a marcar a necessidade de escritura pública para as hipóteses que nele figuram como excepções à regra.

Tirando obsoletos aforismos que exigiriam igualdade de forma para o início e o termo de contratos, a escritura pública só podia justificar-se ou para assegurar a certeza da dissolução ou para garantir a autenticidade de uma manifestação de vontade. No primeiro aspecto, o CSC é satisfatório sem necessidade da escritura pública; no segundo aspecto e sempre que a dissolução requer uma manifestação preceptiva da vontade, o CSC atém-se ao formalismo. Contudo, tal como fez para outros casos, o formalismo não consiste necessariamente numa escritura pública, bastando que a acta donde conste a deliberação preceptiva seja lavrada por notário. Definitivamente afastada ficou assim a duplicação de formalismos notariais que durante tanto tempo se praticou, quanto às sociedades por quotas, por não se ter compreendido que o art. 41.º, § 2.º, LSQ, reproduzia um preceito alemão, ao qual não se seguia nenhuma exigência de escritura pública.

Quando a escritura pública for necessária nos termos do art. 145.º, n.º 1, aplicam-se em parte os velhos cânones, agora explicados e simplificados pelo art. 85.º, n.ºs 3 e 4, que devem ser aplicados por analogia ao caso de escritura de dissolução; por analogia, note-se, do processo a utilizar nos dois casos e não porque a dissolução seja uma alteração do contrato. A escritura pública será outorgada por membro do órgão de administração e qualquer destes tem o dever de a outorgar, sem dependência de especial designação pelos sócios. Caducou assim um outro velho mito: a escritura dever ser outorgada ou por pessoa designada em deliberação dos sócios ou pelas pessoas que, nos termos do contrato ou da lei, podem representar a sociedade em relações com terceiros. Era totalmente falsa a equiparação da competência para outorgar estas escrituras e da competência para vincular a sociedade para com terceiros e, por outro lado, se essa equiparação fosse verdadeira, não poderia uma deliberação social modificá-la atribuindo diferentemente a representação nessa escritura. Não há nestes casos *representação* da sociedade, mas sim e apenas a execução de uma deliberação dos sócios, que constitui dever de qualquer gerente ou administrador.

A frase final do art. 85.º, n.º 4, não significa que qualquer gerente ou administrador pode outorgar a escritura *se* algum ou alguns deles não tiverem sido especialmente designados pelos sócios, mas sim que qualquer gerente ou administrador o pode fazer, *apesar* de algum ou alguns terem sido designados pelos sócios, ou seja, que é inteiramente irrelevante e deve ser abolida a prática anterior de designar os outorgantes, em número que satisfizesse as cláusulas contratuais relativa à representação da sociedade ou em qualquer outro número.

Assim e em resumo:

— é indispensável ou escritura pública ou acta lavrada pelo notário quando: a dissolução imediata ocorra por deliberação dos sócios; quando a dissolução facultativa seja efectuada por deliberação dos sócios;

— por natureza, a forma da dissolução consiste em sentença judicial na dissolução operada por declaração de falência ou em acção de dissolução ou inquérito judicial;

— em todos os outros casos de dissolução imediata, quer por causas legais, quer por causas contratuais, não é necessária nenhuma formalidade.

Por esses meios, a dissolução é eficaz entre os sócios. A sua eficácia para com terceiros depende da inscrição no registo comercial e para esta pode ser exigida documentação probatória da dissolução.

2. Os n.os 2 e 3 do art. 145.º tratam da inscrição da dissolução no registo comercial, mas apenas sob o aspecto da legitimidade para o requerer.

Pelo novo Código do Registo Comercial, aprovado pelo Decreto-Lei n.º 403/86, de 34 de Dezembro, art. 3.º, alínea *q*), a dissolução da sociedade está sujeita a registo e, por força do art. 15.º, n.º 1, esse registo é obrigatório e deve ser requerido no prazo de noventa dias a contar da data em que os factos tiverem sido titulados.

Voltando à legitimidade, distinguem-se o dever e o direito de requerer a inscrição. O dever cabe à administração ou aos liquidatários da sociedade. Perante leis estrangeiras tem-se discutido se o registo da dissolução pode ser requerido pelo liquidatário ou se deve sê-lo pelos gerentes ou administradores que o tenham antecedido, questão que é só de qualidade e não de pessoas, quando os gerentes ou administradores se tornem liquidatários por força da lei ou do contrato. Qualquer que seja a solução preferível perante cada uma dessas leis, justifica-se a solução ampla adoptada pelo CSC. Pretende-se conseguir que o registo seja requerido e, portanto, aquelas discussões são estéreis; se por qualquer motivo a inscrição não for requerida pelos gerentes ou administradores, não há motivo para impedir que o liquidatário a requeira.

A mesma intenção de conseguir, apesar de negligências ou resistências, a inscrição da dissolução leva a atribuir legitimidade para tanto a qualquer sócio e, tendo a dissolução judicial da sociedade sido promovida por credor social ou credor de sócio de responsabilidade ilimitada, também a estes. Esta inscrição não é, contudo, apenas de interesse do requerente; o direito de requerer a inscrição á atribuído a essas pessoas para regularização, relativamente a terceiros, de uma situação que interessa à própria sociedade, aos sócios e aos seus credores. Por isso, essas pessoas não são oneradas com os respectivos encargos, que serão suportados pela sociedade. Não há, contudo, meio de evitar que os requerentes sejam obrigados a antecipar-se na satisfação desses encargos, ficando com um crédito contra a sociedade, fundado nos n.ºˢ 2 e 3 do art. 145.º.

Para o caso de sentença de dissolução em acção proposta pelo Ministério Público, o Projecto adoptava uma solução prática: a sentença seria enviada pelo Tribunal à competente Conservatória, que oficiosamente registaria a dissolução. Esse preceito foi, porém, eliminado. O Ministério Público deverá requerer o registo da sentença de dissolução, nos termos do art. 29.º, n.º 5, CRCom.

## CAPÍTULO XIII

## LIQUIDAÇÃO DA SOCIEDADE

### ARTIGO 146.º

### (REGRAS GERAIS)

**1 — Salvo quando a lei disponha diferentemente, a sociedade dissolvida entra imediatamente em liquidação, que obedece aos termos dos artigos seguintes; nas hipóteses de falência e de liquidação judicial, deve observar-se também o preceituado nas leis de processo.**

**2 — A sociedade em liquidação mantém a personalidade jurídica e, salvo quando outra coisa resulte das disposições subsequentes ou da modalidade da liquidação, continuam a ser-lhe aplicáveis, com as necessárias adaptações, as disposições que regem as sociedades não dissolvidas.**

**3 — A partir da dissolução, à firma da sociedade deve ser aditada a menção «Sociedade em liquidação» ou «Em liquidação».**

**4 — O contrato de sociedade pode estipular que a liquidação seja feita judicialmente; o mesmo podem deliberar os sócios com a maioria que for exigida para a alteração do contrato.**

**5 — O contrato de sociedade e as deliberações dos sócios podem regulamentar a liquidação em tudo quanto não estiver disposto nos artigos seguintes.**

## SUMÁRIO



1. Importa notar que a palavra «liquidação» é usada na lei em dois sentidos; como situação jurídica da sociedade (ou fase da vida social) ou como processo, isto é, série de actos a praticar durante aquela fase.

Tomando, por exemplo, o art. 146.º CSC, ele emprega a palavra liquidação no sentido de *fase*, quando no n.º 1 diz que «Salvo quando a lei disponha diferentemente, a sociedade dissolvida entra imediatamente em liquidação», no n.º 2, que «a sociedade em liquidação mantém a personalidade jurídica», no n.º 3, ao mandar que à firma da sociedade seja aditada a menção «sociedade em liquidação»; emprega essa palavra no sentido de *processo* quando, no n.º 2, fala em «modalidade da liquidação», no n.º 4, diz «o contrato de sociedade pode estipular que a liquidação seja feita judicialmente» e, no n.º 5, fala em «regulamentar a liquidação».

A distinção assim feita não tem o alcance, atribuído por alguns autores, de resolver só por si os principais problemas que a propósito da liquidação têm sido levantados, mas é indispensável para a boa compreensão das regras legais e do mecanismo da liquidação.

Assim, por exemplo, concebe-se que não coincidam princípio e termo da *situação* e início e termo do *processo*. Sem querermos desde já afirmar que a coincidência não existe à face da lei, é, no entanto, de observar que em princípio *podem* deixar de coincidir, pois a situação pode ser criada por um acto ou facto e só mais tarde o processo ser iniciado e, quanto ao termo, pode acontecer que o processo termine pelo natural esgotamento das finalidades a realizar por meio dele e, contudo, a situação se prolongue até que outro acto ou facto a extinga.

É também evidente que a situação pode existir sem que o processo se efective, isto é, pode acontecer que uma sociedade seja colocada em situação de liquidação, durante a qual deveria realizar-se o processo de liquidação, e todavia os sócios ou os liquidatários não pratiquem os actos em que esse processo consiste.

Desligando a situação e o processo, também se compreende que a situação se mantenha inalterada, embora o processo varie. A situação que para a sociedade resultou da dissolução define-se por certas características que não são afectadas pela forma que, no caso concreto, for usada para o processo; assim, por exemplo, os interessados têm à escolha um processo extrajudicial e um processo judicial de liquidação, mas, quer se pronunciem por um ou por outro, a situação jurídica da sociedade em liquidação é idêntica.

A distinção não vai ao ponto de separar para todos os efeitos «fase» e «processo». O processo realiza-se durante a fase; a sociedade está em liquidação porque se encontra nessa fase e porque normalmente está a desenrolar-se o processo e, por outro lado, a situação ou fase é criada pela lei a fim de o processo poder efectivar-se.

Podemos mesmo dizer que o único traço genérico característico da fase de liquidação é a possibilidade de abertura e desenvolvimento do processo de liquidação. A benefício de demonstração ulterior, diremos que o processo de liquidação é o conjunto de actos realizados com o fim de dar ao património social uma constituição que, ressalvados os direitos de terceiros e tendo em conta as convenções entre os sócios ou, na falta delas, os critérios legais, permita atribuir individualmente aos sócios os elementos existentes.

Do que fica dito resulta que, quando a liquidação é provocada pela dissolução, é indiferente falar em «sociedade dissolvida» ou em «sociedade em liquidação». Poderia reservar-se esta última expressão para aquelas ocasiões em que já foi iniciado o processo de liquidação, mas nenhuma vantagem haveria nisso, porque essencial no desenrolar da vida da sociedade não é o início do processo mas o início da fase, que abre a possibilidade de iniciar o processo. Característico quanto ao uso indiferente daquelas expressões é o art. 148.º, n.º 3: «A sociedade em liquidação mantém a personalidade jurídica e, salvo quando outra coisa resulte das disposições subsequentes ou da modalidade da liquidação, continua a ser-lhe aplicável o preceituado para as sociedades não dissolvidas, com as necessárias adaptações»; a «sociedade em liquidação» contrapõe-se «sociedade não dissolvida» e, portanto, «sociedade em liquidação» equivale a «sociedade dissolvida».

2. No Capítulo XIII, «Liquidação da sociedade», o CSC trata de operações de liquidação e de operações de partilha. Daí, poder-se perguntar se a liquidação abrange ou não a partilha, pergunta a que não pode ser dada uma só resposta.

O processo que há-de conduzir à extinção da sociedade não é subdividido em duas fases, uma de liquidação e outra de partilha. Nesse sentido, pode dizer-se que a operação de partilha está incluída na fase de liquidação. Veja-se, por exemplo, que o liquidatário tem o poder de «propor a partilha dos haveres sociais» (art. 152.º, n.º 3, al. *e*); que os liquidatários poderão excluir da partilha as importâncias estimadas para encargos da liquidação até à extinção da sociedade (art. 156.º, n.º 5); que as contas finais do liquidatário serão acompanhadas por um projecto de partilha do activo restante (art. 157.º, n.º 1); que aos liquidatários compete proceder à entrega dos bens que pela partilha ficam cabendo a cada sócio (art. 159.º); que depois de efectuada a partilha é registado o termo da liquidação e que este é requerido pelo liquidatário (art. 160.º).

De outro lado, porém, a separação conceitual das operações de liquidação e das operações de partilha reflecte-se na linguagem da lei, forçando a empregar a palavra «liquidação» em sentido restrito, que não abrange a partilha. Assim acontece, por exemplo, no art. 155.º, n.º 1, que manda o liquidatário prestar, nos três primeiros meses de cada ano civil, contas da liquidação; no art. 157.º, n.º 3, que distingue o relatório completo da liquidação e o projecto de partilha do activo restante.

Uma vez que na lei a palavra liquidação é usada num sentido amplo ou num sentido restrito, relativamente à partilha, haverá que, em cada preceito, determinar o sentido concreto.

3. O art. 114.º CCom prescrevia que «o título constitutivo das sociedades especificará... 8. O modo de proceder à liquidação e partilha no caso de dissolução» e o art. 130.º declarava: «O modo de liquidação e partilha de qualquer sociedade comercial será, em tudo quanto se não achar previsto no contrato social, regulado pelas deliberações tomadas em reuniões ou assembleias gerais de sócios, no que não for contrário às disposições deste Código».

Dois problemas resultavam da leitura desses preceitos: determinar as especificações obrigatórias a este respeito no título constitutivo da sociedade; saber se as disposições do Código se impõem ao contrato social ou apenas às deliberações tomadas em reuniões ou assembleias gerais de sócios.

Esses dois problemas estão hoje resolvidos pelo art. 146.º, n.º 5, segundo o qual, «O contrato de sociedade e as deliberações dos sócios podem regulamentar a liquidação em tudo quanto não estiver disposto nos artigos seguintes».

O contrato de sociedade *pode* regulamentar; não é, pois, obrigatório que o faça. Por outro lado, o art. 9.º determina os elementos que devem constar do contrato de qualquer tipo de sociedade e deles nada respeita à liquidação da sociedade. A regulamentação contratual da liquidação é, pois, um elemento facultativo do contrato de sociedade, devendo atender-se a que ela pode consistir ou em regras sobre matérias não previstas no CSC ou em regras que, na medida legal, substituam normas do CSC.

Além de estipulações contratuais, os sócios podem influir na regulamentação da liquidação por meio de deliberações. Também aqui essas deliberações podem incidir sobre matérias omissas no CSC ou sobre matérias dispositivamente reguladas no CSC. Esta última enquadra-se na parte final do art. 9.º, n.º 2, («Só em contrato de sociedade podem ser derrogados os preceitos dispositivos desta lei, a não ser que ela expressamente admita a derrogação por deliberação dos sócios»), uma vez que a derrogação destes preceitos por deliberação dos sócios é expressamente admitida nesse art. 146.º, n.º 5.

Perante o actual preceito, perde cabimento o segundo dos problemas acima referidos quanto ao CCom. Claramente, o disposto no CSC sobre liquidação de sociedades prevalece sobre as cláusulas do contrato de sociedade e sobre as deliberações dos sócios. Não pode dizer-se que todas as disposições do CSC sobre liquidação de sociedades são imperativas, pois algumas delas são expressa e especialmente dispositivas. Rigorosamente, deve dizer-se que são imperativas, tanto quanto ao contrato de sociedade como quanto a deliberações de sócios, as normas do CSC sobre liquidação de sociedades cuja disposição pelo contrato de sociedade e, ou, deliberações dos sócios não for expressa e especialmente consentida.

Regulamentar significa pré-estabelecer normas para aplicação a casos futuros. Quanto ao contrato de sociedade, à semelhança da lei, não pode ser outra a sua função nesta matéria. Quanto às deliberações de sócios, concebe-se que umas vezes regulamentem a liquidação, no sentido acima referido, e outras vezes decidam questões concretas e actuais surgidas durante a liquidação; as deliberações do primeiro género retiram a sua legitimidade deste art. 146.º, n.º 5, mas as do segundo género são legítimas pela competência que, quanto a resolução de questões concretas, continua a pertencer aos sócios, durante a fase de liquidação.

Como objecto da regulamentação, este n.º 5 indica a liquidação, termo que deve ser entendido em sentido amplo, como liquidação e partilha. Quanto à partilha, porém, estão apenas em causa, para objecto dessa regulamentação, os aspectos formais, uma vez que as deliberações de sócios não podem incidir sobre as regras de distribuição de lucros e perdas, nem a tais regras, quando constantes do contrato de sociedade, se refere a regulamentação prevista no referido n.º 5.

A regulamentação contratual da liquidação tanto pode constar do contrato inicial ou existente à data da dissolução, como de contrato modificado depois da dissolução; o facto de a sociedade já se encontrar em liquidação não impede, só por si, que o contrato seja modificado para introdução ou alteração de regras respeitantes à liquidação, a observar no futuro. A regulamentação por deliberações sociais só surgirá normalmente quando a sociedade se dissolve ou posteriormente; deve considerar-se inválida uma deliberação sobre essa matéria, quando tiver sido tomada antes de a sociedade ser dissolvida.

4. A apreciação do regime legal da liquidação e das circunstâncias económicas em que ele se insere permite discernir algumas das finalidades que a liquidação é chamada a desempenhar e bem assim permite verificar que algumas dessas finalidades se ligam a interesses dos sócios e outras a interesses dos credores sociais. Mais difícil é tentar uma hierarquia desses interesses, para concluir que uns prevalecem sobre outros, concluindo-se que a liquidação é organizada a favor dos sócios ou a favor dos credores.

Por outro lado, estando as relações entre a sociedade e os terceiros dominadas pela concepção personalizada daquela, também pode perguntar-se se a fase de liquidação constitui uma imposição lógica da personalidade da sociedade.

As finalidades acima referidas são, pelo que respeita aos sócios, evitar que as relações sociais, quer activas quer passivas, passem a constituir relações pessoais de cada um dos sócios, ou em contitularidade com outros ou individualmente; definir e extinguir as relações mútuas dos sócios. No que toca aos credores, pretende-se conseguir a satisfação dos seus créditos enquanto permanece o ente que juridicamente é devedor (ou o património deste).

Estas linhas gerais podem ser preenchidas com muitas aplicações práticas. Os sócios têm direito a receber o lucro produzido pela sociedade — supondo que foi produzido e não foi todo distribuído periodicamente — e a reaver as suas entradas ou a parte restante e realizariam esse direito sem a fase de liquidação, pelo apuramento final de todos os pagamentos e recebimentos que efectuassem depois de extinta (para com terceiros) a sociedade; nesse sentido, pode dizer-se que a liquidação não é essencial, mas também é evidente que os sócios têm vantagem em receber o lucro ou reaver a entrada, depois de o saldo ser devidamente apurado, assim se evitando não só as relações judiciais e extrajudiciais com terceiros, mas também uma morosa, gradual e talvez complicada prestação de contas com os outros sócios. Os credores sociais, se vissem bruscamente um certo número de sócios transformarem-se em sucessores do ente único ou unificado com quem tinham contratado, sofreriam, além da incomodidade de a todos se dirigirem, um possível prejuízo pela confusão, jurídica ou até simplesmente material, dos bens da sociedade devedora com os patrimónios individuais dos sócios.

A personalidade jurídica da sociedade não é, contudo, factor determinante da fase de liquidação, embora a liquidação seja o regime que com ela melhor se coaduna. Se historicamente pode ser provada a existência de sociedades em que, sem se pensar na personalidade, já estão nitidamente desenhados alguns dos traços da liquidação, como o pagamento aos credores antes da partilha de bens entre os sócios, a personalidade não pode assumir aquele carácter essencial. Queremos dizer que a personalidade não é essencial para o aparecimento do instituto da liquidação, mas não excluímos que, nos sistemas legislativos onde essa personalidade existe, o regime jurídico da liquidação seja mais ou menos intensamente dominado por aquela característica da sociedade.

O interesse dos credores só reclama a liquidação desde que exista um património autónomo. No regime romano das sociedades, não existia uma fase de liquidação, nem o interesse dos credores a impunha, visto que, perante eles, nenhuma distinção havia entre um património social e os patrimónios individuais dos sócios; havia bens comuns, mas os credores apenas podiam sujeitar à execução os bens dos sócios com quem tinham contratado, bens em que se incluiria o seu direito a uma parte indivisa daquilo que, provindo *ex societate*, tivesse sido comunicado entre os sócios.

Note-se, porém, que, como dissemos, o pagamento aos credores antes de os bens serem divididos entre os sócios pode constituir interesse dos próprios sócios. Além da comodidade já acima referida, há interesse nesse prévio pagamento, desde que o sócio responda perante o credor por uma soma maior do que a quota-parte de responsabilidade que, relativamente aos outros sócios, ele deve suportar, pois sobre tal sócio passa a recair o risco de insolvência de outros sócios. Já no direito romano existia esse risco tanto quando um só sócio tinha contratado com o terceiro como quando todos os sócios tinham intervindo no contrato, pois a obrigação para com o terceiro fraccionava-se em proporção do número de sócios e não proporcionalmente à sua participação na sociedade, mas tal risco aumenta muito quando todos os sócios estejam sujeitos a responsabilidade solidária.

Assim se compreende que, antes de figurarem na lei, tenham figurado nos contratos de sociedade preceitos impondo a prévia satisfação dos débitos. Salvo se tais cláusulas fossem impostas pelos credores — e não é lógico supor que tal imposição dos credores era exercida no momento em que a sociedade se convencionava — não se vê outra explicação para aquele facto.

O generalizado reconhecimento e a indubitável prova de que no regime actual da liquidação das sociedades se misturam interesses dos sócios e dos credores levam-nos a supor incorrectamente colocado um problema enunciado como consistindo em saber se a liquidação é estabelecida no interesse dos sócios ou no interesse dos credores. O regime legal da liquidação compõe-se de muitos preceitos; perante cada um deles se averiguará se tem em vista o interesse de uns ou o interesse de outros.

Pensamos retratar a realidade, se dissermos que a liquidação tem por finalidade última realizar um interesse dos sócios, mas que ela deve ser conseguida sem postergação dos interesses dos credores sociais. Também, contudo, pensamos que tal afirmação não tem importância relevante para a solução de problemas concretos, que a doutrina tem pretendido resolver em função do interesse que domine o instituto da liquidação, globalmente considerado.

Merece ainda referência o interesse dos credores particulares dos sócios, aliás só para dizer que esse foi quase totalmente ignorado pelo legislador a propósito da liquidação. Os credores particulares dos sócios de responsabilidade limitada podem executar a participação social do devedor e, portanto, conseguir a realização coactiva do valor que essa participação possuiria se nesse momento a sociedade fosse liquidada. Os credores particulares de sócios de responsabilidade ilimitada não têm o direito de executar a parte social do devedor, mas apenas o direito deste aos lucros e à quota de liquidação; por esse interesse na quota de liquidação poderia pensar-se que estão interessados na liquidação, mas na realidade o seu interesse consiste em *provar a liquidação*, ou seja, em fazer dissolver a sociedade (v. art. 183.º, n.º 4); propriamente quanto à liquidação seguinte à dissolução, o seu interesse é igual ao do credor de sócios de sociedade de qualquer outro tipo (salvo a facilitação do exercício do direito contra os sócios pela responsabilidade ilimitada, art. 195.º, n.º 2).

5. Dissolvida uma sociedade, *normalmente* abre-se a fase de liquidação e realiza-se o respectivo processo. Em certas hipóteses parece, contudo, que não haveria liquidação, quer por virtude de circunstâncias especiais em que a sociedade dissolvida se encontra, quer devido a algumas particularidades do facto causador da dissolução, quer ainda por os interessados terem deliberado nesse sentido.

Os autores enunciam as questões que a tal respeito surgem, fazendo ressaltar os aspectos que prevalentemente encaram. Quando consideram o conjunto de todos estes problemas parcelares, perguntam se pode haver dissolução sem liquidação; quando se interessam particularmente pelos efeitos da vontade dos interessados sobre a liquidação, perguntam se a liquidação pode ser dispensada, ou ainda se o processo de liquidação estabelecido na lei é obrigatório ou, se as normas legais sobre liquidação são derrogáveis. Nestas últimas formulações, o problema toma amplitude maior, pois não se trata apenas de saber se os interessados podem deixar de proceder a qualquer liquidação, mas também de saber se podem os interessados substituir por outro o processo de liquidação que a lei tenha organizado.

A propósito do conceito de dissolução tomámos posição quanto a esta problemática, no que respeita aos casos de fusão, cisão (cisão-dissolução e cisão-fusão) e transformação (com dissolução). Apenas voltaremos a referi-los a propósito da ideia de «liquidação instantânea».

Além dos referidos casos, um certo número de hipóteses tem chamado a atenção dos autores e dos tribunais; ocorrida a dissolução, verifica-se que o património da sociedade não tem passivo e o activo é composto exclusivamente por dinheiro ou bens susceptíveis de imediata partilha entre os sócios; cessão em bloco a um terceiro de todo o património da sociedade, partilhando-se depois entre os sócios o preço da cessão; partilha entre os sócios de todo o activo (bruto), com a obrigação de cada um suportar uma parte do passivo; atribuição de todo o activo e passivo a um sócio, ficando este obrigado a pagar as dívidas e pagar certas quantias aos associados; reunião de todas as partes sociais na titularidade de uma só pessoa.

Acima tratámos das fontes de regulamentação da liquidação e apurámos quais as normas legais componentes dessa regulamentação que devem ser consideradas imperativas. Pode por isso parecer que ficaram desse modo resolvidos todos os problemas agora colocados: a vontade das partes só pode mover-se dentro dos limites assinalados pelas normas legais imperativas e, portanto, dentro desses limites e só dentro deles será possível às pessoas interessadas organizar especiais modalidades de liquidação.

Assim, por exemplo, procede grande parte da doutrina italiana depois do Codice Civile de 1942. Neste, o art. 2275.º, aplicável às sociedades de pessoas, dispõe que «se o contrato não prevê o modo de liquidar o património social e os sócios não estão de acordo para o determinar, a liquidação é feita por um ou mais liquidatários, etc.». Para as sociedades de capitais não há preceito idêntico, nem é aceite a aplicação daquele por analogia, o que mostra a influência que no problema tem a responsabilidade dos sócios perante as dívidas sociais e a consequente importância dos direitos dos credores. Com efeito, segundo a doutrina, o art. 2275.º compreende-se porque a responsabilidade ilimitada e solidária dos sócios pelos débitos sociais torna dispicienda, perante os credores, a autonomia do património social que, sendo distribuído entre os sócios antes de os credores serem satisfeitos, nem por isso deixa afinal de ser alcançado pelos credores quando accionem os sócios. Para as sociedades de capitais, a doutrina investiga a derrogabilidade de cada uma das normas legais do respectivo processo de liquidação e, quando encontra alguma que vise proteger interesses estranhos aos sócios ou que proteja interesses inderrogáveis dos sócios, conclui pela inderrogabilidade.

Afigura-se, porém, que dessa forma se parte aprioristicamente do princípio de que nas sociedades de capitais a lei não permite em caso algum a chamada dispensa de liquidação. Ora concebe-se que o legislador tenha organizado um processo legal de liquidação, do qual fazem parte normas inderrogáveis, mas que não exclua a possibilidade de substituição completa do processo legal, de modo que tais preceitos imperativos apenas serão necessariamente aplicados se o processo legal for utilizado. Sem curar, por enquanto, da curialidade deste ponto de vista, afigura-se ter ele verosimilhança bastante para que a investigação deva prosseguir.

É em França que a evolução da lei e da doutrina tem maior interesse para os problemas agora considerados. Até à Lei de 1966, não havia nem no Code Civil nem noutra lei um processo legal de liquidação. A maioria da doutrina e da jurisprudência tinha assentado em que a liquidação compreende o conjunto das operações que vão desde a dissolução da sociedade até à partilha do activo líquido, que aquele tem por fim preparar. Para este efeito, a liquidação abrange a conclusão dos negócios sociais, a cobrança dos créditos, a extinção do passivo, eventualmente a transformação do activo em valores comodamente partilháveis, o apuramento das contas entre os sócios. A liquidação e a partilha estão assim intimamente ligadas: a razão de ser da liquidação é a preparação da partilha, de modo que, quando há apenas um dos antigos sócios, não há liquidação, porque não é necessária partilha. Como a partilha é uma operação que interessa aos sócios e não aos credores sociais, a liquidação que é preliminar e preparação da partilha é feita exclusivamente no interesse dos sócios. Sendo assim, os sócios podem organizar a liquidação como lhes apetecer, e até, se quiserem, podem renunciar à partilha. A liquidação é facultativa. Quando os sócios resolvam proceder à partilha sem recorrer às operações de liquidação, encontramo-nos perante a dissolução sem liquidação.

Note-se que, dentro deste enquadramento teórico, nem sempre se alcançavam resultados práticos satisfatórios. Por exemplo, era e ainda é regra básica em França que a personalidade jurídica da sociedade mantém-se ficticiamente apenas para as necessidades de liquidação; logo, quando não houvesse liquidação, a ficção não teria fundamento e a personalidade desapareceria imediatamente. A situação dos credores necessitava, porém, de meios de protecção, pois desaparecido o sujeito passivo dos seus créditos, seriam lesados se ninguém mais respondesse por eles. Daí, uma série de expedientes complementares, para atribuir aos ex-sócios a reponsabilidade pelas dívidas sociais e para permitir que o antigo património social continue, na medida do possível, ao alcance da execução dos credores sociais como já acima expusemos.

Nem todos os autores, porém, aceitavam as referidas bases. Por exemplo, BASTIAN não admitia que houvesse dissolução sem liquidação, mas aceitava que pudesse haver liquidação sem partilha e liquidação depois da partilha. O pressuposto desta teoria é o interesse dos credores na liquidação. Em vez de se destinar a preparar uma partilha, a liquidação projecta-se para o passado, tendo por fim extinguir as relações de que a sociedade foi sujeito; o fim principal da liquidação é a extinção do passivo; a partilha é possível em qualquer altura, desde que não interfira com esse fim principal da liquidação.

Assim, quando todas as partes sociais se reunem nas mãos de uma só pessoa, torna-se logicamente impossível uma partilha, mas continua a ser indispensável (se houver débitos) uma liquidação; todos os bens sociais tornam-se propriedade do único sócio no dia da dissolução e a liquidação só tem lugar posteriormente.

Se os sócios deliberarem adjudicar todo o activo e passivo a um deles ou a um terceiro ou de qualquer maneira regularem e efectuarem a partilha antes de terem procedido à liquidação, a liquidação vai seguir-se à partilha; todas essas convenções de partilha não impedem de regular ulteriormente os negócios sociais; a liquidação terá lugar depois da partilha e só o seu mecanismo será modificado.

Todo este panorama foi modificado pela Lei de 1966 e pelas alterações do Code Civil, que passaram a regulamentar a liquidação. Naquela Lei, o art. 390.º determina: «Sous réserve des dispositions du présent paragraphe, la liquidation des sociétés est régie par les dispositions contenues dans les statuts» e a frase inicial do art. 391.º é «La société est en liquidation dès l'instant de sa dissolution pour quelque cause que se soit»; no Code, o novo art. 1844-8 determina «La dissolution de la société entraîne sa liquidation, hormis les cas prévus à l'article 1844-4».

Os casos previstos no art. 1844-4 são os de fusão e cisão, de modo que os autores parecem resignados a admitir que nesses casos há dissolução sem liquidação, mesmo quando anteriormente sustentavam que, por força do art. 391.º da Lei de 1966, a liquidação era sempre obrigatória e que, portanto, nas hipóteses de fusão e cisão a sociedade se dissolvia e depois se liquidava instantaneamente, havendo entre as duas operações apenas «un instant de raison».

Dois outros casos, contudo, continuam a dividir a doutrina: a cessão global do activo e passivo e a atribuição do património social a um dos sócios, por efeito de cláusula estatutária. Para uns autores, a liquidação é evitada, nesses casos; para outros, como a liquidação é sempre obrigatória, também nestes casos há liquidação, embora não no sentido clássico.

Passando ao actual direito português, o texto básico é o art. 146.º, n.º 1: «Salvo quando a lei disponha diferentemente, a sociedade dissolvida entra imediatamente em liquidação que obedecerá aos termos dos artigos seguintes.»

Este preceito mostra em primeiro lugar que não pode haver nem dispensa de liquidação nem formação de processo de liquidação inteiramente diverso do(s) prescrito(s) na lei, quer por força de disposições contratuais quer por deliberações dos sócios. A sociedade dissolvida só pode deixar de entrar imediatamente em liquidação e a liquidação só pode deixar de obedecer aos termos dos artigos seguintes quando a lei — não a vontade dos sócios — disponha diferentemente.

Sucede, porém, que duas das hipóteses que a doutrina tratava como de eventual dispensa de liquidação aparecem reguladas no CSC: partilha imediata, art. 147.º; transmissão global, art. 148.º. Pode, pois, inquirir-se se nessas hipóteses *a própria lei* dispensa a liquidação ou se a lei as trata como casos de liquidação, embora efectuada por um processo anormal.

O facto de estas hipóteses serem consideradas reguladas na lei tira interesse prático a tal questão, cujo alcance fica limitado à arrumação conceitual da dissolução e da liquidação.

Se tomarmos a liquidação em sentido amplo — abrangendo tanto a liquidação, em sentido restrito como a partilha — a hipótese de partilha imediata prevista no art. 147.º ainda é de liquidação, pois não falta a partilha; se tomarmos essa palavra em sentido restrito, é evidente que não há liquidação, pois a hipótese não comporta, por definição, as operações em que ela se desdobra.

A hipótese do art. 148.º está correctamente epigrafada «Liquidação por transmissão global», pois nela há liquidação em sentido restrito, embora não igual, no processo, à liquidação ordinária.

Vejamos agora a liquidação de sociedade unipessoal, sem, contudo, fazer apelo a largas exposições doutrinais, construídas na ausência de textos legais que possam resolver ou ajudar a resolver os problemas.

Hoje, o necessário ponto de partida é o disposto no CSC sobre a dissolução de sociedades unipessoais; primeiro, o facto da dissolução, depois, as condições em que ela se opera. Apenas, porém, nos cumpre agora determinar se a sociedade dissolvida por unipessoalidade entra em liquidação e, no caso afirmativo, se essa liquidação comporta especialidades. A resposta é afirmativa quanto à primeira pergunta e, em parte, negativa quanto à segunda pergunta.

A sociedade dissolvida por unipessoalidade entra imediatamente em liquidação, como determina o art. 146.º, n.º 1; só assim não aconteceria se a lei dispusesse diferentemente e a lei nada dispõe a tal respeito. Essa liquidação não conduz a uma partilha, porque, por definição, há apenas um sócio, mas conduz à atribuição ao sócio único do saldo de liquidação.

O CSC não consagrou teorias que dispensam a liquidação ou que admitem a liquidação posterior à transmissão para o sócio do património ilíquido da sociedade. Isto não significa que os preceitos do CSC considerem a liquidação um processo ordenado para satisfação dos interesses dos credores e não dos sócios. Por não haver partilha, não pode supor-se que neste caso a liquidação se destina a prepará-la ou torná-la obrigatoriamente aceitável pelos sócios. Mantém-se, no entanto, o interesse do sócio único em receber um activo líquido; basta lembrar que, um único sócio ou muitos sócios têm interesse em que, por comodidade, seja antecipadamente feita satisfação dos credores sociais e muito especialmente em que seja evitada a confusão entre património pessoal e património provindo da sociedade, no caso de esta ser de responsabilidade limitada. Nos casos concretos tanto pode suceder que o saldo líquido da sociedade de responsabilidade limitada seja positivo como negativo, mas, considerado o problema genericamente, a eventualidade de saldo negativo torna de interesse do sócio a separação, até final liquidação, do património pessoal do sócio e do património da sociedade dissolvida.

Quanto aos credores sociais, o seu interesse na liquidação é igual, quer a sociedade dissolvida tenha um só ou muitos sócios.

Assente que os preceitos legais relativos à liquidação — excluídos os respeitantes à partilha — são aplicáveis no caso de a sociedade ter sido dissolvida por unipessoalidade, pode o sócio único aproveitar alguns daqueles para facilitar a liquidação; designadamente, verificados no caso concreto os respectivos pressupostos, poderá o dito sócio proceder à partilha imediata, prevista no art. 147.º, ou à transmissão global do património permitida pelo art. 148.º. A única diferença entre a aplicação destes artigos, havendo um único sócio ou havendo muitos sócios, reside na deliberação a tomar pelos sócios, reduzida agora a manifestação de vontade do sócio único.

6. O CCom tratava geralmente a liquidação como uma fase das sociedades subsequente à dissolução, mas no § 2.º do art. 131.º mostrava considerar também sujeitas a liquidação as sociedades «havidas como não existentes pela insanável nulidade da sua constituição». No Código de Processo Civil de 1939, o primeiro trecho do art. 1131.º dispunha que os termos estabelecidos nos artigos anteriores são aplicáveis não só ao caso de dissolução da sociedade, como também aos de rescisão e anulação do contrato social e de declaração de inexistência da sociedade. No Código de 1961, este preceito passou para o art. 1122.º, n.º 1: «A liquidação do património das sociedades comerciais ou das sociedades civis sob forma comercial, tanto no caso de dissolução como nos de rescisão e anulação do

contrato social ou de declaração de inexistência da sociedade, tem de ser feita judicialmente, etc.». Todo esse n.º 1 do art. 1122.º desapareceu na versão de 1967, e os comentadores explicavam a supressão, dizendo-a motivada por haver no novo Código Civil o preceito do art. 1011.º que diz quando a liquidação deve ser feita pelo tribunal.

Sem curar agora de saber se essa justificação era satisfatória e bem assim de outros pormenores relativos ao direito anterior, basta-nos hoje ler o art. 165.º CSC para verificarmos que as sociedades nulas ou anuladas estão sujeitas a liquidação: «Declarado nulo ou anulado o contrato de sociedade, devem os sócios proceder a liquidação nos termos dos artigos anteriores, com as seguintes especialidades.»

No lugar próprio distinguimos dissolução, anulação, declaração de nulidade, designadamente acentuámos que as duas últimas figuras não se reconduzem à primeira. Temos hoje, portanto — como aliás se devia entender no direito anterior — liquidação da sociedade que não se encontra dissolvida, mas cujo contrato é nulo ou foi anulado.

Subsistem na nossa legislação, embora com o âmbito reduzido por causa das nacionalizações de sociedades dedicadas a esses ramos, disposições legais respeitantes à revogação ou cessação de autorização ou licenças de sociedades cujo objecto consista na indústria de seguros ou no comércio bancário ou complementar deste.

Para as sociedades de seguros, o art. 15.º do Decreto-Lei n.º 188/84, de 5 de Junho, dispõe que «A autorização pode ser revogada, sem prejuízo do disposto em legislação especial acerca das sanções aplicáveis às infracções da actividade seguradora ou à inexistência ou insuficiência de garantias financeiras mínimas, quando se verifique alguma das seguintes situações:

*a*) Ter sido obtida por meio de falsas declarações ou por outros meios ilícitos, sem prejuízo das sanções penais que no caso couberem;

*b*) A seguradora cessar ou reduzir significativamente a actividade por período superior a 6 meses;

*c*) Deixar de verificar-se alguma das condições de acesso à actividade seguradora exigidas no presente diploma;

*d*) Ser recusado, por falta de preenchimento dos requisitos referidos nos n.os 1 e 3 do art. 29.º, o registo da designação de qualquer membro do conselho de administração.

O n.º 3 do mesmo artigo determina que «Quando for revogada a autorização a uma seguradora já constituída, proceder-se-á à sua liquidação, nos termos do Decreto de 21 de Outubro de 1907 e dos diplomas dele regulamentares». O processo especial de liquidação encontra-se nos arts. 43.º e seguintes do Decreto de 1907.

Para as instituições de crédito, o art. 10.º do Decreto-Lei n.º 23/86, de 18 de Fevereiro, dispõe que «Sem prejuízo dos fundamentos admitidos na lei geral, a autorização pode ser revogada quando se verifique alguma das seguintes situações:

*a*) Ter sido obtida por meio de falsas declarações ou outros meios ilícitos, sem prejuízo das sanções penais que ao caso couberem;

*b*) A instituição cessar ou reduzir significativamente a actividade por período superior a 6 meses;

*c*) Deixar de verificar-se alguma das condições exigidas no n.º 1 do art. 4.º;

*d*) Ser recusado, por falta de idoneidade ou experiência, o registo da designação de membros do conselho de administração;

*e*) Verificarem-se infracções graves na administração, na organização contabilística ou na fiscalização interna da instituição;

*f*) Não dar a instituição garantias de cumprimento das sua obrigações para com credores, em especial quanto à segurança dos fundos que lhe tiverem sido confiados;

*g*) A instituição não cumprir as leis, regulamentos e instruções que disciplinem a sua actividade».

O n.º 5 do mesmo artigo determina que «Quando for revogada a autorização de instituição já constituída, será nomeada uma comissão liquidatária, nos termos e para os efeitos do Decreto-Lei n.º 30 689, de 27 de Agosto de 1940».

Em Itália, o art. 2448.º CC, depois de enumerar seis casos em que as sociedades anónimas se dissolvem, dispõe que «além disso, a sociedade dissolve-se por determinação da autoridade governativa, nos termos da lei, [...]» e muitos autores ligam a esta causa de dissolução a chamada «liquidação forçada administrativa» (*liquidazione coatta amministrativa*), instituto de origem antiga (teria começado por uma lei de 1888), desenvolvido através de legislação avulsa (respeitante a caixas económicas, consórcios de cooperativas, consórcios industriais obrigatórios, sindicatos de assistência mútua contra acidentes de trabalho, institutos de casas populares, instituições de seguros, sociedades anónimas e em comandita por acções relativamente às quais o Estado tenha créditos notavelmente superiores ao capital accionista, instituições de crédito, etc.) e genericamente tratada na lei de 16.3.42, n.º 267.

Não nos interessa agora descrever o ou os processos de liquidação forçada administrativa, mas apenas acentuar alguns traços sobre os quais pode considerar-se formado largo consenso: diferenças entre a liquidação ordinária e a liquidação forçada encontram-se quanto aos pressupostos e quanto ao processo (este, no caso de liquidação forçada, orientado por entidades oriundas do sector administrativo do Estado, desde o acto que coloca a sociedade em liquidação até aos trâmites processuais subsequentes); o ou os processos de liquidação forçada substituem totalmente a liquidação ordinária, sem prejuízo de algum ponto em que os preceitos especiais daquelas liquidações remetem para preceitos reguladores da liquidação ordinária; a sociedade forçada a liquidar-se administrativamente é dissolvida pela determinação governativa, prevista no referido art. 2488.º.

No CSC não existe, a propósito das causas de dissolução, preceito semelhante ao referido italiano, mas não pode afirmar-se *a priori* que a retirada ou cessação de autorização por parte do Governo está excluída das causas imediatas de dissolução de sociedades. A única alternativa válida consiste em entender que nessas hipóteses há liquidação (especial ou ordinária não importa para este aspecto), subsequente a um facto que não é tecnicamente dissolução. Uma outra via à primeira vista plausível não é possível, perante os textos legais, porque a revogação ou cessação da autorização não se enquadra em nenhuma das causas legais específicas de dissolução, quer imediata quer facultativa: o objecto contratual não se torna ilícito; a actividade que constitui o objecto contratual não se torna de facto impossível (aliás, o carácter facultativo desta última causa seria contraditório com a intenção de liquidação forçada).

A questão é desprovida de interesse prático, uma vez que a liquidação seguinte à revogação ou cessação da autorização está perfeitamente predeterminada pela lei e não pode suscitar-se o problema da aplicação da liquidação «ordinária» no caso de se entender que nessas hipóteses há dissolução.

No plano teórico em que a questão afinal se situa, preferimos entender que a revogação ou cessação de autorização, seguida de liquidação especial nos termos prescritos em leis especiais não é um caso de dissolução, embora seja um facto que produz a entrada em liquidação, nos citados termos especiais. Como argumento de texto, temos o art. 42.º do Decreto de 1907, quanto a sociedades de seguros, que separa «as sociedades dissolvidas» e «as sociedades a que seja retirada a autorização», para o efeito de nos dois casos mandar a sociedade entrar imediatamente em liquidação. Para além disso, não vemos motivo para que a liquidação, especial ou ordinária, só possa seguir-se à dissolução; ao lado de causas de dissolução podem existir factos que, não recebendo da lei essa qualificação, forçam à liquidação da sociedade.

7. Durante o processo de liquidação e para realizar os fins que a fase de liquidação se propõe, há necessidade ou conveniência de converter em dinheiro bens sociais; basta pensar no pagamento das dívidas da sociedade e na comodidade da partilha entre os sócios.

Tais circunstâncias não chegam, porém, para elevar a conversão em dinheiro a fim *essencial* da liquidação.

É certo que a pura e simples actuação do processo comum de liquidação extrajudicial ou o normal desenvolvimento do processo de liquidação judicial conduzem ao apuramento de um saldo em dinheiro, mas não é menos certo que esses processos legais podem ser modificados pela vontade dos sócios, quer organizando modalidades de liquidação em que a conversão em dinheiro é total ou parcialmente dispensada, quer interrompendo — com ou sem iniciativa do liquidatário — o processo de conversão em dinheiro. Em todos esses casos, existem fase e processo de liquidação, apesar de acabarem por ser partilhados bens em espécie.

O Código de Processo Civil criou, porém, uma distinção entre liquidação total e liquidação parcial, quase totalmente baseada no critério da redução a numerário.

O art. 1126.º começa pelas palavras «Feita a liquidação total» e como o art. 1125.º dispõe que os liquidatários procedem à liquidação vendendo os bens, cobrando as dívidas activas e satisfazendo o passivo, parece que a liquidação é total quando forem vendidos todos os bens, cobradas todas as dívidas e satisfeito todo o passivo, o que corresponde sensivelmente ao processo de liquidação extrajudicial e não importaria modificação no conceito de liquidação. Nos arts. 1127.º e 1128.º a terminologia é, porém, modificada, pois neles a liquidação é considerada parcial se não tiverem sido vendidos todos os bens.

É sobretudo o art. 1128.º que mostra o novo significado. Desde que os interessados aceitem a liquidação parcial — isto é, admitam que os bens ainda existentes nessa data não sejam vendidos pelos liquidatários — o CPC parece considerar os actos que subsequentemente se praticarão no processo como actos fora da liquidação. Ora, pelo contrário, a satisfação do passivo e a venda de bens a estranhos, embora posteriores à chamada «liquidação parcial», são verdadeiros actos de liquidação da sociedade. Rigorosamente, a «liquidação parcial» de que fala o CPC é apenas uma «liquidação parcialmente realizada pelos liquidatários», visto que de certa altura em diante estes deixam de exercer funções, substituídos por um administrador, se houver necessidade disso.

8. Tanto no CSC como noutros diplomas legais estão previstas hipóteses em que a liquidação incide sobre o património de sociedades situado em Portugal ou, mais rigorosamente, da parte situada em Portugal, do património de certas sociedades.

Em todas essas hipóteses, trata-se de sociedades cuja sede contratual não é situada em Portugal, mas que no nosso País exercem actividade ou possuem bens. Umas vezes essa liquidação constitui uma sanção aplicada à sociedade; outras vezes ainda é uma técnica utilizada para beneficiar certos credores.

As sociedades abrangidas por essas hipóteses não se encontram necessariamente dissolvidas nos respectivos países e certamente não o são por força da legislação portuguesa. Ocorrem, contudo, circunstâncias em que ou a actividade dessas sociedades deve, por força da lei portuguesa aplicada pelo tribunal português, cessar a sua actividade em Portugal ou essa actividade já terminou. O CSC e outras leis não alcançam a parte do património dessas sociedades situada no estrangeiro, mas, quanto à parte situada em Portugal, mandam que seja liquidada.

Em tais hipóteses não estamos, portanto, perante uma *liquidação da sociedade*, à qual sejam aplicáveis, por natureza, os preceitos dos arts. 146.º e segs. CSC ou 1122.º CPC. Tais preceitos são, contudo, aplicáveis analogicamente, tendo em conta a diversidade de situações, quando não são mandados aplicar, necessariamente com adaptações, pelas disposições que contemplam aquelas hipóteses.

Assim:

— Artigo 4.º, n.º 3, CSC. A sociedade que não tenha a sede efectiva em Portugal mas deseja exercer aqui a sua actividade por mais de um ano, deve instituir uma representação permanente e cumprir o disposto na lei portuguesa sobre registo comercial (art. 4.º, n.º 1). Para as sociedades que não dêem cumprimento a este preceito, pode o Tribunal ordenar que a sociedade cesse a sua actividade no país e decretar a liquidação do património situado em Portugal.

— Decreto-Lei n.º 301/77, de 27 de Julho — completado pelos Decretos-Lei n.º 257-A/77, de 31 de Agosto, n.º 103--A/78, de 23 de Março — separa os bens situados em Portugal, do património de sociedades comerciais estrangeiras que tenham sido objecto de providências de confisco ou equiparáveis; tais bens respondem pelas obrigações contraídas regularmente pela sociedade em Portugal. Seguem-se nesse Decreto--Lei algumas providências pelas quais pode ser tentada a satisfação dos interesses de credores e de sócios e finalmente (n.º 5) dispõe-se: «Passados quatro anos sobre os factos previstos no n.º 1 sem que se tenha operado a cisão autorizada pelo n.º 4 deste artigo, pode o tribunal a requerimento de qualquer interessado ou do Ministério Público, ordenar que o património existente em Portugal seja liquidado pelo processo estabelecido nos arts. 1122.º e seguintes do Código de Processo Civil».

9. Há quem entenda que a dissolução, não afectando a personalidade social, extingue, contudo, o vínculo social. Baseia-se esta doutrina na circunstância de o contrato de sociedade ser um contrato de execução permanente ou continuada, do qual resulta uma obrigação duradoura e de, em contratos desta natureza, a rescisão operar *ex nunc* e não *ex*

*tunc*. Assim, a partir desse momento, a força contratual produtora de novos efeitos jurídicos desaparece, mas as relações anteriormente criadas mantêm-se e projectam-se ainda depois dele, havendo necessidade de serem definidas, o que se opera pela liquidação. Esta supõe, portanto, que um contrato de sociedade tenha existido, mas não que ele ainda exista.

Contra tal doutrina deve notar-se em primeiro lugar que, se em pura teoria se concebe que a personalidade jurídica da sociedade se extinga antes da extinção do vínculo social, a inversa já não é verdadeira. Com efeito, uma pessoa colectiva de tipo associativo não pode existir sem membros e sem relações entre estes. Nem pode pensar-se que estas relações não sejam autênticas relações sociais, provindas do contrato de sociedade, pois nem a lei nem outro acto das partes aparecem como constitutivos dessas «novas» relações.

Em segundo lugar, esta doutrina não se coaduna com a possibilidade, admitida pelo art. 152.º, n.º 2, al. *a*), de o liquidatário continuar temporariamente a actividade anterior da sociedade, visto que a manutenção, depois da dissolução, da vida activa da sociedade supõe a continuação do contrato social (como definir, por exemplo, o objecto da sociedade, que se projecta naquele comércio, se o contrato social já não vigorar? e como atribuir aos sócios na partilha os lucros desse comércio e destas operações, se já não existirem vínculos sociais activos?) e assim, ou admitimos que umas vezes a dissolução termina e outras não termina o contrato social — o que parece artificioso e absurdo — ou afastamos uma doutrina incompatível com aquela manutenção.

Acresce que a dissolução não poderia extinguir o vínculo social *ex nunc*, deixando, contudo, subsistentes relações anteriormente constituídas, pois estas relações ainda se travariam entre os sócios e, portanto, o vínculo social não estaria extinto. A dissolução, a ter só por si efeito extintivo, deveria, pois, extinguir todos os vínculos obrigacionais. Por outro lado, se o vínculo social se extinguisse pela dissolução e, portanto, não vigorasse na altura da partilha, os sócios não teriam — como têm —, direito a uma parte dos lucros, nem estariam — como estão — sujeitos a sofrer parte das perdas.

Na verdade, a vontade dos sócios ao criarem uma sociedade, não consiste simplesmente em criar um ente e administrar este, mas também em estabelecer recíprocos direitos e deveres acerca das consequências — ou favoráveis ou danosas — das relações criadas entre eles. Não é, pois, na altura em que os vínculos criados pelo contrato de sociedade estão prestes a atingir o seu resultado útil que devem os sócios ser considerados desvinculados entre si.

10. Admitido que a sociedade mantém a sua personalidade jurídica, tão fictícia ou tão real como antes da dissolução — a personalidade jurídica *é a mesma* — e que subsistem os vínculos sociais resultantes do contrato, procura a doutrina explicar por outras formas a mudança sofrida pela sociedade pelo facto de ser dissolvida e entrar em liquidação. Na verdade, seria atentar absurdamente contra a realidade, sustentar que a sociedade não sofre, por esse facto, mudança alguma.

A doutrina francesa, sem apoio legal antes dos textos acima citados da Lei de 1966 e da revisão do Code Civil em 1978, e com apoio posterior nesses textos, procura extrair os corolários lógicos da básica afirmação de que a personalidade moral subsiste para as necessidades da liquidação. Começa, pois, por raciocinar que a personalidade não existe para todos os efeitos, uma vez que só subsiste para as necessidades da liquidação e, comparando a personalidade depois e antes da dissolução, conclui, nas palavras de autores modernos, que a personalidade moral da sociedade sofre uma diminuição relativamente àquela que existia antes da dissolução. Seguidamente, passa a pormenorizar os aspectos em que a personalidade subsiste e aqueles em que, por não haver ligação necessária com a liquidação, a personalidade está diminuída e não funciona.

Sem curar dessas aplicações práticas da concepção dogmática, esta parece inaceitável em si mesma. Não se coaduna com o conceito de personalidade jurídica essa espécie de *capitis diminutio* parcial. A sociedade ou tem ou não tem personalidade e esta não é susceptível de gradações.

Susceptível de gradações, é, contudo, a capacidade e por isso é lógico pensar que as restrições ou diminuições que pouco curialmente alguns atribuem à personalidade, afinal operam no campo da capacidade. Capacidade de gozo e não capacidade de exercício de direitos.

No domínio do Código Comercial, coloquei o problema perante duas disposições: a do art. 122.° e a do art. 134.°, § 1.°, n.° 1. A primeira poderia levar a supor a mudança de capacidade, ao dizer que, dissolvida a sociedade, esta só fica tendo existência jurídica para a liquidação e partilha; eu interpretava-a em sentido de que não se reflectia sobre a capacidade da sociedade e que não vale hoje a pena precisar porque o CSC não contém preceito igual. A segunda tem correspondência no art. 152.°, n.° 2, al. *a*) e convém, portanto, reproduzir o meu raciocínio anterior, que era o seguinte: a sociedade (deliberação dos sócios) pode autorizar o liquidatário a concluir operações pendentes e a iniciar outras; logo, a sua capacidade não foi afectada; se ela só tivesse capacidade para os actos estritamente de liquidação e partilha, não poderia um seu órgão — a assembleia geral — autorizar outro órgão — o liquidatário — a praticar actos com finalidade diversa; esta conclusão aplica-se também ao período em que os liquidatários ainda não estejam nomeados e os administradores representem a sociedade, pois de contrário teríamos um período intermédio em que a sociedade seria incapaz, seguindo-se outro período de capacidade, separados um dos outros pelo acto de nomeação dos liquidatários, o que em si seria pouco razoável e ainda menos o é se se perguntar que espécie de influência pode ter sobre a capacidade da sociedade a mudança de administrador para liquidatário.

Julgo este raciocínio ainda hoje válido, perante os textos do CSC. É patente que, enquanto a sociedade procura, até à dissolução, realizar lucros por meio de uma actividade económica, a partir da dissolução a actividade dirige-se à preparação da extinção da pessoa e do contrato. A dificuldade reside em determinar qual o elemento do contrato que é atingido por esse estado de coisas e em que consiste precisamente a alteração. Em dois elementos se tem feito incidir esse efeito: o objecto e o fim.

Determina o art. 11.º, n.º 1, reportando-se ao conteúdo necessário do contrato de sociedade, que «como objecto da sociedade devem ser indicadas as actividades que os sócios se propõem exercer em comum». O objecto, assim entendido, não sofre modificação pela dissolução. A sociedade ou é autorizada por deliberação dos sócios a continuar temporariamente a actividade anterior da sociedade — caso em que manifestamente o objecto se mantém, tendo a lei o cuidado de acentuar que a continuação respeita à «actividade anterior», isto é, ao objecto; ou a sociedade cessa logo (necessariamente cessará nalgum momento da fase de liquidação, embora tenha sido autorizada a continuação temporária) a sua actividade, mas cessar o exercício da actividade não implica mudança desta. O objecto social mantém-se o mesmo durante a fase de liquidação. Poderíamos acrescentar argumentos retirados das causas de dissolução relativas ao objecto social, mas parece-nos desnecessário, tão claro consideramos o argumento aduzido.

No conceito legal do contrato de sociedade figura um elemento teleológico. Se quisermos manter distintos o *fim* e a *causa* do contrato de sociedade (nós consideramos causa, como elemento do contrato, a função jurídica típica de um dado esquema negocial, isto é, a síntese dos seus elementos essenciais, tomada como fim particular da norma, síntese à qual pode ser referida pela própria norma uma concreta manifestação volitiva), chamaremos fim àquele elemento, enquanto a causa será o exercício em comum de uma actividade com aquele fim. A dissolução não produz uma modificação da causa, pois isso conduziria à própria mudança do tipo negocial e quanto ao fim, a modificação também não pode ser profunda, visto que o intuito de repartir os resultados da actividade exercida em comum não pode faltar até ao último momento do contrato.

Na verdade, não há nem modificação do objecto social, nem de causa nem de fim; há apenas uma alteração da *importância relativa* dos elementos do contrato, enquanto o exercício do objecto social, que durante a fase activa tem a prevalência, cede o passo à realização do fim da repartição dos resultados, que passa a dominar a vida da sociedade. Não é, contudo, este um elemento novo, que a dissolução introduza; desde o início do contrato esse elemento existe e influencia as relações entre os sócios, mas só a partir da dissolução assume a preponderância. Simples diferença de posição relativa; nem substituição nem acréscimo de elemento.

11. O art. 146.º, n.º 2, CSC começa pela nítida afirmação de que «a sociedade em liquidação mantém a personalidade jurídica». Já no domínio do CCom eu sustentava que, durante a fase de liquidação, a sociedade mantém a personalidade jurídica e esta personalidade tem a mesma natureza antes e depois da dissolução. Concordava assim com a afirmação sintética de CARVALHO DE MENDONÇA, segundo a qual, a sociedade dissolvida, entrando em liquidação, não se transforma em *comunhão de bens* ou de *interesses*, não passa a *sociedade fictícia*, nem é *sociedade especial*, nova, coactiva.

O trecho inicial do art. 146.º, n.º 2, mostra que: *a*) a sociedade em liquidação goza de personalidade colectiva; *b*) a personalidade da sociedade em liquidação é a mesma de que gozava a sociedade antes de ser dissolvida.

Perante esse preceito, é descabida uma pormenorizada exposição das teorias com as quais ele não se coaduna. Contudo, um breve relato de tais teorias concorre para mostrar o alcance dos termos daquele e permitirá focar um ou outro aspecto sobre o qual talvez possa entender-se que o referido preceito não lança inteira luz.

Em França, um acórdão da Cour de Cassation, de 29 de Maio de 1865, fundava a manutenção da personalidade das sociedades em liquidação na própria *força das coisas*: «La force des choses veut qu'il en soit ainsi pour les nécessités mêmes de la liquidation, laquelle deviendrait impossible si l'on admettait que, pour l'effet de la dissolution, la communauté prend la place de la société et que les droits individuels et privatifs des anciens associés, devenus de simples communistes, sont substitués ou superposés au droit exclusif de la société.»

Segundo alguns autores e tribunais franceses, o perfeito e rigoroso funcionamento dos princípios não bastaria para dar realização jurídica a esta «força das coisas»; de harmonia com esse rigor de princípios, a sociedade deveria, para todos os efeitos, terminar a sua existência jurídica no momento da dissolução. A *força das coisas*, cuja análise mostra a necessidade de satisfazer os interesses dos próprios sócios e dos credores, impõe, todavia, uma ficção de sobrevivência, isto é, impõe que, para permitir a extinção das operações sociais, a sociedade seja reputada ainda existente. Essa sobrevivência tem, contudo um carácter fictício. CUNHA GONÇALVES, defendendo esta teoria, entendia que, rigorosamente, depois de dissolvida a sociedade, só fica havendo uma comunhão entre os sócios, a qual, contudo, constitui o prólogo e o fundamento de uma ficção de personalidade, ficção jurídica em virtude da qual a personalidade da sociedade se mantém, efémera e parcialmente, durante a liquidação.

Deste princípio resultam, ainda segundo a mesma corrente de opinião, consequências importantes, como por exemplo: *a*) a limitação da extensão da sobrevivência — a personalidade mantém-se apenas na medida necessária para a realização dos actos de liquidação e salvaguarda dos direitos adquiridos; sob todos os outros pontos de vista a realidade retoma os seus direitos e a dissolução deve prosseguir os seus efeitos; *b*) a sociedade dissolvida não pode reviver, mesmo que os sócios o deliberem, pois já é uma ficção: *c*) o princípio da sobrevivência deve ser interpretado restritivamente.

Apoio legal a esta teoria é encontrado, ainda hoje, em França, nos actuais textos, onde é afirmado que «La personalité morale de la société subsiste pour les besoins de la liquidation, jusqu'à la clôture de celle-ci» (Lei de 1966, art. 391; Code Civil, art. 1884-8). Adiante, veremos, contudo, que estes textos são susceptíveis de interpretações diferentes.

O afastamento desta doutrina, no nosso actual direito, não é directamente produzido pelo art. 146.º, n.º 2; desde que este fala em «manter-se» a personalidade social, coincide com a base da doutrina, que é a subsistência da personalidade, mas nada obriga a pensar que essa «manutenção» impede que ela tenha carácter fictício. A crítica da doutrina faz-se mostrando a sua desnecessidade e ilogismo. Por um lado, a doutrina parte do indemonstrado pressuposto de que logicamente, dissolvida a sociedade, esta deveria extinguir-se imediatamente; a ficção cobriria essa extensão ilógica e contrária aos princípios. Ora, a lógica não impõe que a dissolução acarrete a imediata extinção da sociedade; os motivos bem conhecidos que levam o legislador a estabelecer uma fase de liquidação afastam essa imediata extinção e justificam que a personalidade até então existente continue com a mesma natureza e «realidade» que tinha até então. Por outro lado, a referida doutrina pretende retratar a situação em que se encontra a sociedade dissolvida, designadamente a extinção da actividade social, enquadrando-a nas baias da citada ficção. Isto, porém, leva a corolários inadmissíveis — como a impossibilidade de ser retomada a actividade social — e é desnecessário, porque as cautelas que pretendem justificar a subsistência «pour les besoins de la liquidation» podem ser conseguidas sem o recurso à dita ficção.

Quem entenda que a personalidade social se extingue pela dissolução da sociedade, mas ao mesmo tempo reconheça, como não pode deixar de ser, que os bens sociais não ficam *nullius* e que as obrigações sociais não se extinguem por falta de titular, vê-se obrigado a utilizar uma de três vias, todas elas já tentadas por algum autor: ou se constituiria um novo ente colectivo, ou ficaria a existir um património autónomo, ou nasceria uma contitularidade entre os sócios.

A ideia de *sociedade de liquidação* que sucederia à sociedade, quando esta se dissolve, aflora em autores de vários países. A ideia básica é a de que nenhuma sociedade se liquida por si própria; todas as sociedades têm, depois da dissolução, uma outra e nova sociedade, cujo fim é a liquidação.

Embora logo à primeira vista a teoria pareça absurda, deve reconhecer-se que ela tem grandes possibilidades de resistência lógica, visto que em muitos aspectos pode lançar a dúvida de se tratar de outra sociedade, apesar das aparências. Assim, por exemplo, quando se lhe opõe que a sociedade em liquidação mantém a sua firma e a sua sede, a sua contabilidade, o seu património distinto, constituído para garantia dos credores sociais e defendido contra os credores particulares dos sócios, os seus sequazes podem responder que se trata de firma, domicílio, etc. *iguais*, mas de outra sociedade.

No entanto, a doutrina tem sofrido críticas que reputamos certeiras. Em primeiro lugar, se entre a sociedade originária e a nova sociedade se dá uma sucessão completa — os mesmos sócios, o mesmo fim, o mesmo património — não se descobre razão alguma para substituir uma sociedade por outra igual; se entre ambas há uma diferença quanto ao fim, designadamente se a nova sociedade tem como fim apenas a liquidação (e é este o único factor que remotamente pode criar uma aparência de fundamento), continua a não ser motivo para a substituição, desde que entre os *fins* da primeira se conta já o *fim* da segunda. Acresce que a sucessão não poderia ser completa, pois os débitos não poderiam transmitir-se sem o consentimento dos credores. Finalmente, desconhece-se qual seria o facto constitutivo da nova sociedade. É evidente que tal facto não pode ser o contrato social que originou a primeira sociedade, pois nem na vontade dos sócios nem das determinações da lei a primeira implica a segunda, e portanto só o facto dissolutivo da primeira sociedade poderia ser simultaneamente constitutivo. Ora, o facto dissolutivo pode ser um acto jurídico dos sócios ou um facto *stricto sensu*, mas tanto num caso como noutro seria indispensável — dentro da teoria — que a constituição da segunda sociedade fosse um efeito legal e não um efeito voluntário. Na verdade, quando a dissolução se opera por mero facto jurídico, a constituição da nova sociedade não pode fundar-se na vontade nem expressa nem tácita dos sócios; ao contrário do que à primeira vista poderia parecer, também quando a dissolução resulta do acordo dos sócios a nova sociedade não pode ser um efeito voluntário, porque nesse caso umas vezes haveria e outras não haveria sociedade de liquidação, conforme os sócios a tivessem ou não querido, de modo que, para haver *sempre* nova sociedade, como a teoria sustenta, ela deveria ser um efeito independente da vontade dos sócios, ou seja, um efeito jurídico necessário do intento de dissolver a sociedade manifestado pelos sócios.

A condenação formal desta teoria encontra-se no art. 146.º, n.º 2, quando este declara que a personalidade social *se mantém*; não há, pois, nova sociedade e nova personalidade.

*Manter-se a personalidade* condena também as duas outras teorias acima referidas, construídas a partir da extinção da personalidade. Convirá, todavia, fazer referência a dois particulares aspectos da teoria da contitularidade. Foi ela sustentada por antigos autores franceses, que tomavam a contitularidade como corolário lógico e natural da extinção do ente moral no momento da dissolução; a esta seguir-se-ia o encabeçamento nos sócios dos bens componentes do património social; os sócios tornavam-se contitulares tal como os herdeiros e os seus direitos passariam a ser mobiliários ou imobiliários, conforme houvesse a partilhar bens móveis ou imóveis.

A teoria, em si mesma, nega a fase de liquidação; os credores da sociedade passariam a ser credores individuais dos sócios, teriam de reclamar os seus créditos de cada um daqueles e sofreriam a concorrência dos credores particulares daqueles. Se, por isso, ela não tem a mínima viabilidade no nosso actual direito, quanto à fase de liquidação, vem, contudo, a ressurgir, pela própria força das coisas, parafraseando o citado acórdão francês, quando, extinta a sociedade nos termos legais, vem a encontrar-se activo ou passivo superveniente. V. comentários aos arts. 163.º e 164.º.

Por outro lado, a teoria da contitularidade nem sempre aparece na pureza acima referida. Há quem sustente que a personalidade se mantém nas relações com terceiros, mas que entre os sócios se cria, a partir da dissolução, uma contitularidade que só termina pela partilha. A esta modalidade podem ser dirigidas as críticas acima referidas, acrescidas da distinção de relações, que nada na lei permite ou justifica.

12. Determinava o art. 144.º § 3.º, CCom que «Em caso de liquidação, a firma social será sempre acompanhada das palavras «em liquidação». Determina agora o art. 146.º, n.º 3: «A partir da dissolução, à firma da sociedade deve ser aditada a menção «sociedade em liquidação» ou «em liquidação». O art. 171.º — «Menções em actos externos» — manda que em todos os contratos, correspondência, publicações, anúncios e de modo geral em toda a actividade externa, seja indicada «sendo caso disso, a menção de que a sociedade se encontra em liquidação».

É assim dado cumprimento ao art. 4.º da 1.ª Directiva CEE, o qual exige que seja mencionado o estado de liquidação em que a sociedade se encontra.

Nenhum dos referidos preceitos dispensa, na fase de liquidação, as outras menções que, para actos externos, são exigidas pelo art. 171.º.

A AktG § 269 (6) especifica que os liquidatários assinam pela sociedade, desde que aponham à firma um acrescentamento alusivo à liquidação e o seu nome. Na falta de preceito semelhante no CSC, aplicam-se analogicamente as normas correspondentes para os órgãos de administração e, consequentemente, os liquidatários vinculam a sociedade, em actos escritos, apondo a sua assinatura com a indicação dessa qualidade.

Não existe no CSC preceito correspondente ao do § 268.° (4) AktG, segundo o qual em todas as cartas comerciais que foram dirigidas a um determinado liquidatário, devem indicar-se todos os liquidatários, pelo apelido e pelo menos um nome próprio por extenso.

13. O processo de liquidação pode apresentar várias formas: *a*) formas comuns e formas especiais; *b*) formas judiciais e formas extrajudiciais.

Tanto as formas comuns como as especiais podem ser judiciais ou extrajudiciais. As formas especiais extrajudiciais podem ser privadas ou administrativas.

Chamamos formas especiais aquelas que são aplicáveis apenas a certas espécies de sociedades, certas sociedades ou certas hipóteses de liquidação; formas comuns, as aplicáveis à generalidade das sociedades e de hipóteses de liquidação.

Nas formas extrajudiciais pode haver alguma intervenção dos tribunais; nas formas judiciais há muitos actos processuais de carácter não judicial. Definiremos como judiciais aquelas formas em que ao juiz compete a superintendência da liquidação; extrajudiciais aquelas em que tal superintendência compete aos órgãos da sociedade.

Noutro lugar apreciaremos as hipóteses em que são aplicáveis as formas especiais; determinaremos agora o âmbito das formas comuns, judicial e extrajudicial.

O CCom não criou nenhum processo judicial de liquidação, mas previa a liquidação judicial se a extrajudicial não terminasse no prazo fixado. Especialmente prevista estava a nomeação judicial do liquidatário (§ 2.º do art. 131.º), mas daí não se podia concluir que toda a liquidação fosse judicial; a intervenção judicial limitava-se à nomeação do liquidatário e à aprovação das contas (art. 140.º). Também no puro regime do CCom não estava admitida a possibilidade de os sócios deliberarem que a liquidação fosse, desde o início, judicial ou que uma minoria de sócios pudesse opor-se a que a liquidação fosse extrajudicial.

O Código de Processo Comercial regulava no art. 129.º a nomeação judicial de liquidatário e tratava de alguns pormenores da liquidação nos artigos seguintes, que a doutrina considerava obscuros e imprecisos.

Este panorama modificou-se com o Código de Processo Civil de 1939, cujo art. 1122.º dispunha: «A liquidação do património de uma sociedade terá de ser feita judicialmente se a maioria dos sócios que representem três quartas partes do capital social não acordar na liquidação extrajudicial. Exceptua-se o caso de o pacto social exigir, para a liquidação extrajudicial, o consentimento de todos os sócios. Os termos da liquidação judicial são os que a seguir se prescrevem.»

O art. 1122.º, n.º 1, do Código de Processo Civil de 1961, tinha uma redacção mais cuidada, mas assente sobre o mesmo princípio: a liquidação do património das sociedades comerciais ou das civis sob forma comercial, tanto no caso de dissolução como nos de rescisão e anulação do contrato social ou de declaração de inexistência da sociedade, tinha de ser feita judicialmente quando o pacto social não determinasse o contrário ou quando, sendo o pacto omisso, a maioria dos sócios que representem três quartas partes do capital não acordassem na liquidação extrajudicial. Quando o pacto social exigisse maior número de votos ou maior representação de capital para se deliberar a liquidação extrajudicial, prevalecia a exigência estatutária.

Nestas duas redacções, o legislador inclinava-se decididamente para a liquidação judicial, que constituía a regra, da qual só se escapava por estipulação contratual ou por uma deliberação dos sócios, que reunisse elevada maioria do número destes e de votos correspondentes ao capital social. Era realmente uma estranha maneira de intrometer o tribunal na vida de uma sociedade, adoptando para estas um procedimento ilógico, visto a liquidação não pressupor conflitos actuais entre os sócios, e diferente do aplicável a todos os outros contratos.

Na redacção de 1967, o art. 1122.º omite completamente a questão dos pressupostos do processo judicial ou extrajudicial de liquidação e isso porque, conforme informam os autores da modificação, tinha passado a haver no Código Civil o art. 1011.º, que diz quando a liquidação deve ser feita pelo tribunal. Na verdade, o art. 1011.º, n.º 1, ao dispor que «se não estiver fixada no contrato a forma da liquidação é regulada pelos sócios; na falta de acordo de todos, observar-se-ão as disposições dos artigos subsequentes e das leis de processo» não prima pela clareza mas não vale a pena discutir o efeito que em 1967 o legislador de processo extraiu dele. Ao menos, considerou-se invertido o indesejável sistema anterior.

O CSC regula a forma do processo de liquidação, nos arts. 146.º, n.º 3, e 150.º, n.º 3.

Em regra, a liquidação processa-se extrajudicialmente. Para ser aplicável o processo judicial de liquidação, é necessária ou uma manifestação de vontade dos sócios, com certos requisitos, ou a ocorrência de certo facto previsto na lei.

Os sócios podem manifestar a vontade de proceder judicialmente à liquidação por um de dois modos: ou estipulando-o no próprio contrato de sociedade ou deliberando-o, mas esta deliberação deve alcançar a maioria que for exigida para deliberar a alteração do contrato de sociedade. No Projecto acentuava-se «nessa sociedade» e assim deve entender-se; a lei reporta-se tanto à maioria que estiver prescrita, para cada tipo de sociedade, pelas disposições do CSC, como também à maioria que, ainda de harmonia com essas disposições, seja lícito aos sócios estipular e efectivamente tenham estipulado.

Imposição legal do processo judicial de liquidação existe apenas no caso de a liquidação não estar encerrada e a partilha não estar terminada nos prazos resultantes dos n.os 1 e 2 do art. 150.º e, para sociedades declaradas nulas ou anuladas, nos casos previstos pelo art. 165.º.

14. O art. 1130.º do Cód. Proc. Civil determina que «No caso de liquidação extrajudicial, se for necessário proceder a nomeação de liquidatários ou à fixação de prazo para a liquidação, se os sócios não aprovarem as contas, se os liquidatários não concluírem a liquidação ou se em qualquer outro momento se tornar necessária a intervenção do tribunal, aplicar-se-ão as disposições respectivas dos artigos anteriores, prosseguindo depois a liquidação extrajudicial». O texto actual só em pormenores formais varia relativamente aos textos das versões anteriores do mesmo artigo, desde o Código de 1939.

A história deste artigo, «na versão original, está feita por JOSÉ ALBERTO DOS REIS, ficando a saber-se que o Ministro da Justiça declarou a tal respeito: «Como já disse, a liquidação e partilha poderão ser extrajudiciais; a sua regulamentação está no Código Comercial. Mas os sócios poderão divergir em qualquer dos seus termos e então há-de o tribunal intervir. Parece-me que em seguida à regulamentação do processo judicial se poderia estabelecer uma disposição a dizer que em tais hipóteses o juiz resolveria, a requerimento dos credores, a questão respectiva, seguindo-se novamente os termos da liquidação e partilha judiciais.» Comentando depois o então art. 1131.º, hoje 1130.º, JOSÉ ALBERTO DOS REIS escreve: «por força do art. 1131.º, o processo de liquidação judicial funciona como meio subsidiário da liquidação extrajudicial; sempre que os sócios estejam em divergência a respeito de qualquer acto ou fase da liquidação ou os liquidatários não concluírem esta, recorre-se aos termos da liquidação judicial; resolvida a dificuldade suscitada, volta a seguir a liquidação extrajudicial.»

Dando às palavras finais do artigo esta amplitude, poderia o juiz vir a ter larga intervenção na liquidação extrajudicial, designadamente no modo de a regular, mas a verdade é que tal interpretação do art. 1130.º não deve ser acolhida.

Já nos termos do CCom e hoje nos termos do art. 146.º, n.º 5, CSC, a regulamentação da liquidação extrajudicial cabe à lei e à vontade dos sócios, manifestada esta ou no contrato de sociedade ou por meio de deliberações. Sempre que os sócios divirjam a respeito de qualquer acto ou fase da liquidação, não devem recorrer ao juiz, mas sim reunir a assembleia geral e esta resolverá a divergência, ressalvado o direito de impugnação dos sócios dissidentes. Pode dar-se o caso de o sócio não ter direito de requerer a convocação da assembleia geral, mas não se vê motivo algum para lhe fazer nascer durante a fase de liquidação uma via especial de reacção, que lhe estivesse vedada na fase anterior da sociedade, antes se compreende, por exemplo, que não possa dar-se a qualquer accionista de uma sociedade anónima o direito de invocar o art. 1130.º sempre que discorde de um acto de liquidação. Aliás, as assembleias convocadas para apreciação das contas anuais e das contas finais do liquidatário — além daquelas que tiverem entretanto sido convocadas ou facultativamente ou para serem concedidos poderes especiais aos liquidatários ou para os sócios se pronunciarem sobre a partilha em espécie — conferem-lhe amplas possibilidades para exposição e discussão das suas divergências.

Assim, a frase «ou em qualquer outro momento se tornar necessária a intervenção do tribunal» é infeliz pelas interpretações que literalmente permite e de que é exemplo a interpretação acima apontada.

A dúvida não tem, aliás, importância prática, porque «as disposições dos artigos anteriores», para as quais remete o art. 1130.º, não podem, em si mesmas, ser aplicadas «se em qualquer outro momento se tornar necessária a intervenção do tribunal». Para o ver, basta confrontar as disposições dos artigos anteriores com os casos especificamente enumerados no princípio do art. 1130.º. O art. 1122.º não tem aplicação possível à liquidação extrajudicial, porque se limita a tratar da competência territorial do tribunal para a liquidação judicial; o art. 1123.º refere-se à nomeação de liquidatário, que está expressamente regulada no art. 151.º CSC e o mesmo se dirá do art. 1124.º, respeitante à fixação do prazo de liquidação, hoje estabelecido no art. 150.º; o art. 1125.º refere-se à competência dos liquidatários judiciais e, portanto, não pode ser aplicado à liquidação extrajudicial, tanto mais que remete para o que a lei dispuser a respeito desta; o disposto nos arts. 1128.º a 1129.º está coberto também pela primeira parte do art. 1130.º. Quer dizer: em nenhum outro momento, além dos anteriormente previstos no art. 1130.º, podem aplicar-se as disposições dos artigos anteriores, porque estes respeitam apenas a momentos anteriormente previstos.

15. Nas edições do Código de Processo Civil, até à de 1961, inclusive, a Secção dedicada ao processo de «Liquidação em benefício de sócios» começava por um art. 1122.º, n.º 1, em que determinavam os casos em que a liquidação das sociedades comerciais ou civis sob forma comercial devia ser feita judicialmente. Já vimos que, bem ou mal, esse n.º 1 foi eliminado na edição de 1967 e que hoje não teria cabimento, dado o disposto no art. 151.º, n.º 4, CSC.

O art. 1122.º, n.º 2, dispunha que o processo de liquidação segue os seus termos no tribunal da sede da sociedade e por dependência da acção de dissolução, rescisão, anulação ou declaração de inexistência da sociedade, quando a tenha havido, preceito que, com algumas alterações ligeiras, passou a constituir o actual art. 1122.º: «O processo de liquidação judicial do património das sociedades, quer comerciais, quer civis, segue os seus termos no tribunal correspondente à sede social e por dependência da acção de dissolução, declaração de inexistência, nulidade ou anulação da sociedade, quando a tenha havido.»

Antes de 1961, como o então art. 1130.º era omisso quanto à hipótese de não ter havido, antes da liquidação judicial, um processo de dissolução ou equiparado, colocava-se a questão de saber qual seria o tribunal competente para o processo de liquidação judicial, não tendo este sido precedido de tais acções e, por uns motivos ou por outros, concluía-se geralmente ser o tribunal da sede da sociedade, como está agora expressamente fixado.

A nova redacção, ao dizer «no tribunal correspondente à sede social *e* por dependência da acção de dissolução, etc.», deixa dúvida quanto à hipótese de a acção de dissolução, etc., não ter corrido no tribunal da sede da sociedade, como pode suceder por circunstâncias relacionadas com a competência territorial para tais acções. Parece mais curial que o processo de liquidação judicial corra sempre por dependência de uma das referidas acções, desde que esta tenha existido, embora para tal acção tenha sido, no caso concreto, competente territorialmente um tribunal diferente do tribunal da sede da sociedade.

Nos arts. 1123.º a 1129.º são sucessivamente tratados: nomeação dos liquidatários e prazo para a liquidação; fixação de prazo para a liquidação; operações de liquidação; contas do liquidatário e distribuição do saldo; aceitação da liquidação parcial; partilha no caso de liquidação parcial; termos a seguir no caso de não ser possível a liquidação total.

É duvidoso se está aqui regulado um só processo ou se estão regulados um, dois ou mais processos. Por exemplo, JOSÉ ALBERTO DOS REIS, no seu livro sobre os *Processos Especiais*, num lugar (vol. II, pág. 272) escrevia que «a liquidação judicial ou extrajudicial pode ser precedida de dois actos preparatórios: *a*) Nomeação de liquidatários; *b*) Fixação de prazos para a liquidação», mas na pág. 286 dizia «O processo começa ou pela nomeação de liquidatários (art. 1123.º) ou pela fixação do prazo para a liquidação (art. 1124.º) ou pela entrega aos liquidatários dos documentos, livros, papéis, fundos e haveres da sociedade (Código Comercial, art. 133.º), quando o juiz não tenha de intervir para aqueles actos preliminares».

Para focar correctamente a aplicação destes vários preceitos, há que ter em conta, em primeiro lugar, que, por força do art. 1130.º, como já dissemos, pode haver intervenções esporádicas do tribunal na liquidação extrajudicial; em cada um desses casos, haverá que aplicar os preceitos relevantes, sem qualquer correlação com os outros preceitos contidos na mesma Secção, isto é, o processo judicial limita-se nesses casos a um aspecto parcelar e concreto e não pode dizer-se que se aplicou o processo de liquidação judicial: aplicaram-se num processo de liquidação extrajudicial alguns preceitos isolados do processo de liquidação judicial e a isso se limita a intervenção do tribunal.

Inversamente, pode haver intromissões extrajudiciais no processo de liquidação judicial; o contrato de sociedade pode ter nomeado os liquidatários (bem como os liquidatários surgirem por mera força da lei, art. 164.º, n.º 1) bem como pode ter sido fixado o prazo da liquidação. Em tais casos, os artigos do Código de Processo Civil referentes a essas matérias não encontram aplicação.

A hipótese mais simples consiste em ser aplicável o processo de liquidação judicial, por algum dos motivos já indicados, e nada haver sido estipulado sobre nomeação dos liquidatários. Manifestamente, o processo de liquidação judicial aplica-se integralmente e a única dúvida consiste em saber como se propõe tal acção.

Na verdade, da redacção do art. 1123.º, poderia parecer que o requerente se limitaria a requerer a nomeação de liquidatário. Não cremos ser esse o procedimento correcto; o requerimento terá por objecto a liquidação judicial da sociedade, cujo processo começará pela nomeação de liquidatário.

Se, embora o liquidatário esteja nomeado pelos sócios, houver lugar a liquidação judicial, o procedimento será igual:

requere-se a liquidação judicial da sociedade, logo indicando que a nomeação dos liquidatários já se encontra feita.

Nesta hipótese levanta-se, porém, uma questão importante: a de saber se o liquidatário nomeado extrajudicialmente pode iniciar a liquidação antes de instaurado o processo de liquidação judicial; se tal fosse possível, o tribunal só viria a intervir se e quando houvesse necessidade de alguma autorização especial ou quando o liquidatário prestasse contas. Perfilhamos opinião contrária; o primeiro passo deve consistir na propositura da acção de liquidação judicial e o juiz, embora não nomeie o liquidatário, deverá declarar que como tal funcionará a pessoa nomeada extrajudicialmente, ou por outras palavras ordenar o seguimento do processo com o liquidatário nomeado pelos sócios ou designado pela lei.

O art. 1123.º, reportando-se à nomeação de liquidatário, estabelece uma regra de legitimidade. Literalmente, o preceito aplica-se quando a nomeação competir ao juiz, o que abrange tanto a hipótese de liquidação extrajudicial como a de liquidação judicial. Para a primeira, visto tratar-se de uma intervenção esporádica, a aplicação do preceito não é difícil e coincide com o disposto no art. 151.º, n.º 4, CSC. Para a segunda e tendo em vista a posição acima tomada quanto à instauração do processo de liquidação judicial, entendemos que esta regra respeita realmente à acção e não apenas à nomeação de liquidatário, visto este ser — se disso houver necessidade — apenas o primeiro acto a realizar.

A legitimidade é atribuída a qualquer sócio ou credor ou ao Ministério Público, se este tiver provocado a declaração de inexistência da sociedade. Quanto ao Ministério Público, em vez de inexistência da sociedade deve hoje falar-se em nulidade. Quanto aos credores sociais poderia duvidar-se da curialidade desta atribuição, mas ela aparece também no art. 151.º, n.º 4, CSC e talvez se reconduza ao desejo do legislador de pôr em funcionamento o mecanismo da liquidação — uma vez que a sociedade está dissolvida — apesar da eventual passividade dos sócios.

Não é referida a legitimidade da sociedade, mas consideramos esta parte legítima. Se pensarmos isoladamente na hipótese de simples nomeação de liquidatário, poderá supor-se que, deixando de nomear liquidatário, como podia fazer, a sociedade manifestara uma intenção de não prosseguir na liquidação — ou pelo menos manifestara um desinteresse pela liquidação — que justificaria só ser viável o recurso a outras pessoas, mas mesmo nesse pressuposto, entendíamos que a sociedade tem interesse em, por meio dos seus órgãos administrativos, requerer a nomeação dos liquidatários. Passando para o plano mais largo da instauração do processo de liquidação judicial, afigura-se-nos que o mecanismo normal não deve consistir em que algum sócio ou credor da sociedade tome a iniciativa, mas sim que a sociedade a tome, através de quem nessa altura a represente e que pode ser ainda gerente ou administrador ou pode já ser liquidatário.

No respeitante à fixação do prazo de liquidação, o disposto nos arts. 1123.º e 1124.º CPC devem ser coordenados com o disposto hoje no art. 150.º CSC. Assim, o art. 1124.º deve ser considerado revogado, pois se os sócios tiverem nomeado liquidatários sem determinar o prazo para a liquidação, aplicar-se-á supletivamente o prazo de três anos, fixado no art. 150.º, n.º 1, deixando de ter cabimento a fixação pelo tribunal. O art. 1123.º continua, no respeitante ao prazo, a ter aplicação quando o processo seja inteiramente judicial, mas, em obediência ao art. 150.º, n.º 1, o juiz só poderá fixar um prazo inferior a três anos. Este artigo refere-se apenas a prazo inferior convencionado no contrato ou fixado por deliberação dos sócios, mas aplicar-se-á por analogia à fixação do prazo pelo juiz, correspondente, no processo de liquidação judicial, à fixação por deliberação dos sócios, no processo de liquidação extrajudicial.

O processo estabelecido no art. 1123.º para a nomeação do liquidatário é muito simples: o juiz pode nomear o liquidatário logo a seguir ao requerimento ou, quando julgue necessário ouvir previamente os sócios, convocá-los-á por éditos para o dia que designar. Como no processo de liquidação judicial também haverá que nomear o liquidatário, se este não estiver nomeado no contrato de sociedade ou designado por força da lei, o preceito será aplicável.

O n.º 3 do art. 1123.º manda aplicar o disposto nos números anteriores à substituição de liquidatários, o que se compreende se por «substituição» se entender a nomeação de um novo liquidatário depois de o anterior ter cessado as suas funções por qualquer causa. A destituição de liquidatário não está ali abrangida, visto ser especialmente regulada no art. 151.º, n.ºs 2 e 3.

Para iniciar o exercício das suas funções, o liquidatário judicial — que não seja anteriormente gerente ou administrador — tem necessidade, tal como o liquidatário extrajudicial, de receber os livros, documentos, haveres da sociedade. Normalmente essa entrega efectuar-se-á por mero acto extrajudicial, mas quando houver recusa ou resistência por parte dos gerentes ou administradores, haverá que recorrer à investidura judicial, para a qual existe processo próprio no art. 1500.º.

Tendo o liquidatário assumido o exercício do cargo, com ou sem necessidade de investidura judicial, procederá às operações de liquidação, para as quais o art. 1125.º declara que os liquidatários judiciais têm a mesma competência que a lei confere aos liquidatários extrajudiciais, salvo no que respeita à partilha dos haveres da sociedade. O liquidatário procede, por si e extrajudicialmente, a tais operações; se, no exercício dessas funções tiver necessidade de recorrer a tribunal — por exemplo, cobrança de créditos da sociedade — ou alguém tiver necessidade de recorrer ao tribunal contra a sociedade, representada pelo liquidatário, tudo isso se processará nos termos gerais e independentemente do processo de liquidação judicial; para a venda dos bens sociais não há manifestamente que observar as regras da venda em processo de execução.

Determina o n.º 2 do art. 1125.º que os actos que para os liquidatários extrajudiciais dependem de autorização social ficam neste caso sujeitos a autorização do juiz; hoje, trata-se dos actos enumerados no art. 152.º, n.º 2, CSC. Admitido, porém, que, sendo extrajudicial a liquidação, essa autorização tanto pode ser dada no contrato de sociedade como por deliberação dos sócios e, por outro lado, parecendo claro que, no processo de liquidação judicial a autorização por deliberação dos sócios é substituída por autorização do juiz, pode perguntar-se se, no processo de liquidação judicial se mantêm — tornando desnecessária a autorização pelo juiz — as autorizações concedidas no contrato de sociedade. A resposta deve ser afirmativa, pois não há necessidade de fazer intervir o juiz quando os sócios já unanimemente manifestaram a sua vontade nesse sentido.

A partir do art. 1126.º funciona no Código de Processo Civil uma distinção entre *liquidação total* e *liquidação parcial* — já acima apreciada, sob certo aspecto — cuja fonte é o projecto, criticado e revisto, do Prof. JOSÉ ALBERTO DOS REIS, para a edição de 1939. «Entende-se por liquidação total» — escreveu J. A. REIS no seu livro *Processos Especiais*, II, pág. 286 — «a cobrança de todas as dívidas activas, o pagamento de todo o passivo e a venda de todos os bens. Quer dizer, os liquidatários chegam a um resultado que se exprime assim: estão pagos todos os credores, estão cobradas todas as dívidas, estão vendidos todos os bens; há um saldo em dinheiro, a que é necessário dar destino». «Liquidação parcial. Os liquidatários não ultimaram a liquidação; deixaram bens por vender e dívidas por cobrar. Apresentaram as contas respeitantes aos actos que praticaram e indicaram o que ficou por vender e por cobrar.»

Confrontando estas duas definições, nota-se uma diferença de critério. Se a liquidação é total quando estão cobradas todas as dívidas activas, pago todo o passivo e vendidos todos os bens, deveria ser parcial quando não estivessem cobradas todas as dívidas activas, ou não estivessem vendidos todos os bens, ou não estivesse pago todo o passivo. Ora naquela definição de liquidação parcial não está incluído o caso de falta de pagamento de parte do passivo.

Esta divergência de critério reflecte-se no Código. O art. 1126.º consagra manifestamente a concepção acima referida de liquidação total, visto que, por um lado, está ligado ao art. 1125.º, que se refere à generalidade das operações de liquidação, e por outro lado fala no *saldo* como resultado da liquidação total.

Quando passamos ao art. 1127.º, a previsão da norma é a seguinte: «Se aos liquidatários parecer conveniente não liquidar a totalidade dos bens», frase esta que, mesmo interpretada extensivamente para compreender a cobrança das dívidas activas, não pode abranger a hipótese de terem sido vendidos todos os bens e cobradas todas as dívidas activas mas não ter sido integralmente satisfeito o passivo. Se dúvidas houvesse a tal respeito, seriam dissipadas pelo art. 1127.º, n.º 2, quando manda convocar para uma conferência os credores ainda não pagos. Temos, pois, duas hipóteses a considerar: não foi vendida a totalidade dos bens ou efectuada a cobrança total das dívidas activas — aplica-se o processo do art. 1127.º, quer ainda haja quer já não haja passivo por satisfazer; venderam-se todos os bens e cobraram-se todas as dívidas activas, mas subsiste passivo por satisfazer — o liquidatário deve terminar essa satisfação, por pagamentos, consignações ou cauções; feito isto, aplicar-se-á o art. 1126.º e não o art. 1127.º, ao contrário do que noutra ocasião nós próprios entendíamos.

A liquidação parcial pode ser determinada não só por inconveniência (art. 1127.º), mas também por impossibilidade (art. 1129.º).

Em qualquer dos casos, o início do processo de liquidação parcial é da exclusiva iniciativa dos liquidatários; são estes que, apreciando as circunstâncias em que a liquidação está a decorrer, reconhecem que haveria maior vantagem em não terminar a liquidação ou que se lhes tornou impossível fazer a liquidação total. É natural que ao apresentarem as contas do que liquidaram, lhes seja exigida exposição das razões por que não concluíram a liquidação (art. 1127.º), mas isto não tem influência sobre o processo de liquidação parcial, que deve prosseguir os seus termos, para se determinar se essas razões procedem e correlativamente mandar ultimar a liquidação ou manter a liquidação parcial.

Vejamos os trâmites, primeiro no caso de liquidação total e depois no de liquidação parcial.

Quanto à liquidação total, o art. 1126.º é bastante claro: feita a liquidação total, devem os liquidatários apresentar as contas, seguindo-se o disposto no art. 1018.º; se as não apresentarem, pode qualquer interessado requerer a prestação, nos termos dos arts. 1013.º e segs.; julgadas as contas, será proferida a sentença, distribuindo-se o saldo pelos sócios segundo a parte que cada um deve ter; antes da sentença pode o juiz, se o julgar conveniente, mandar organizar sob a forma de mapa, um projecto de partilha do saldo e fazer notificar os sócios para apresentarem as reclamações que entendam.

Alguns aspectos convém, contudo, esclarecer.

Em primeiro lugar, «interessados» são apenas os sócios; os credores não têm interesse directo nas contas dos liquidatários, que não estavam obrigados a prestar-lhas. Num aspecto, porém, teriam os credores grande interesse em intervir no processo de liquidação judicial — para impedir que o processo seja encerrado pela sentença antes de o seu crédito estar satisfeito. A prestação de contas não é necessariamente meio idóneo para dar a conhecer ao juiz e aos sócios a existência de todos os débitos da sociedade (lembremo-nos de que o liquidatário pode desconhecer os débitos), e portanto só uma intervenção pessoal do credor pode chamar a atenção para o seu direito; por outro lado, tanto na liquidação extrajudicial como na judicial, é essencial que os direitos dos credores sociais sejam satisfeitos ou acautelados; o meio que fica ao alcance do credor para obstar a que seja pronunciada sentença é um requerimento no processo de liquidação judicial para mostrar que a liquidação total não está feita e que, existindo ainda o seu crédito, deve este ser satisfeito.

Em segundo lugar, a oportunidade da apresentação das contas é expressa pelas palavras «feita a liquidação total», que não corresponde a «terminado o prazo da liquidação» e, portanto, mostra que o liquidatário que queira apresentar contas não pode esperar que o prazo de liquidação termine, mas deve agir logo que conclua a liquidação. Fica, contudo, em dúvida: *a*) se as contas devem ser apresentadas dentro do prazo que estiver fixado para a liquidação; *b*) quando podem os interessados requerer que o liquidatário preste contas.

Quanto à primeira questão, a diferença de funções do prazo na liquidação judicial e na liquidação extrajudicial leva a concluir que naquela o prazo se reporta às operações de liquidação, excluída, portanto, a apresentação das contas.

Quanto à segunda questão, desdobra-se em dois aspectos: — como podem os interessados saber que a liquidação total foi feita, questão que não comporta solução dogmática, pois terão de averiguar pelos meios ao seu alcance e correm o risco de a petição de prestação de contas ser contestada com fundamento nos arts. 1014.º e 1126.º; saber quanto tempo a partir do termo da liquidação total pode o liquidatário esperar para apresentar as contas e, portanto, passado ele, ser legítima a iniciativa dos interessados — é questão que não pode ser rigorosamente resolvida, por faltar qualquer indicação legal, podendo-se apenas remeter para um prudente arbítrio do julgador na apreciação da demora havida quanto à apresentação espontânea.

Passemos a descrever os trâmites do processo no caso de liquidação parcial, reproduzindo, salvo nalguns pontos de discordância, a exposição de JOSÉ ALBERTO DOS REIS:

«Os liquidatários procedem à liquidação parcial, realizando, até onde o julgamento for conveniente, as operações que já descrevemos: venda de bens, cobrança de créditos, pagamento de dívidas. Feito isto, apresentam as contas dos actos que praticaram e justificam a liquidação parcial. O juiz lavra despacho, designando dia para a conferência dos interessados e mandando notificar estes para a conferência. Os interessados a convocar são os sócios e os credores que ainda não estejam pagos.

«A conferência é chamada a deliberar:

«1. Sobre se aceita ou recusa a liquidação parcial;

«2. Sobre se aprova ou nega aprovação às contas dos liquidatários;

«3. Sobre a forma da partilha.

«As três questões hão-de suceder-se pela ordem que fica indicada: a solução dada à questão precedente pode prejudicar a questão imediata. Quer dizer: põe-se primeiro a questão de saber se a liquidação fica no estado em que se encontra ou terá de ser ultimada. Se a conferência decide que a liquidação deve ser ultimada, isto é, se não aceita o ponto de vista dos liquidatários no tocante à conveniência de não prosseguir a liquidação, já não se põe a 2.ª nem a 3.ª questão; a solução dada à primeira prejudica as outras.

«Se a conferência aceita a liquidação parcial, passa-se então à segunda questão. A conferência aprecia as contas dos liquidatários e, uma de duas:

«*a*) Ou as aprova;

«*b*) Ou as rejeita.

«No primeiro caso, passa-se à 3.ª questão: forma da partilha. No 2.º, fica prejudicada, de momento, esta questão.»

Ao tempo em que JOSÉ ALBERTO DOS REIS escreveu, a 3.ª alínea do art. 1127.º (edição de 1939) estava assim redigida: «A aceitação da liquidação parcial depende do acordo da maioria dos sócios e do capital e da adesão de credores que representem três quartas partes do passivo. Os sócios e credores que, tendo sido notificados pessoalmente, não comparecerem nem se fizerem representar ficam sujeitos ao que deliberar a maioria dos interessados presentes.»

Interpretando esta disposição, J. A. REIS descobria um conflito entre os dois períodos dessa 3.ª alínea: «Parece-nos que as disposições contidas nesses períodos estão em conflito; por um lado, exige-se determinado quorum, por outro sujeitam-se os revéis, notificados pessoalmente, à deliberação que for tomada pela maioria dos interessados presentes. Se esta maioria aceitar a liquidação parcial, a deliberação será válida, ainda que essa maioria não corresponda ao quorum exigido pelo 1.º período?» E resolvia o conflito da seguinte maneira: «Parece-nos que os dois textos se conciliam desta maneira: os votos dos interessados revéis, que tenham sido notificados pessoalmente, acrescem aos votos da maioria dos interessados presentes; se, somados uns e outros, se obtiver o quorum fixado no 1.º período (maioria de sócios e de capital, adesão de credores que representem três quartas partes do passivo), a deliberação é válida.»

Escrevendo ainda na vigência dessa edição do Código de Processo Civil, manifestei-me contra tal opinião, entendendo que o preceito devia ser interpretado como estava redigido: os sócios e os credores não presentes ficavam vinculados pela deliberação tomada pelos presentes, mas a deliberação dos presentes devia ser tomada pelo quorum ali estabelecido, sem para este contarem os votos dos ausentes.

A partir da edição de 1961, o art. 1127.º, n.º 3, 2.º período, passou a dizer: «Os votos dos sócios e credores que, tendo sido notificados pessoalmente, não compareçam nem se façam representar na conferência acrescem aos votos da maioria dos interessados presentes.» Os comentadores deste preceito informam que foi acolhida a opinião de J. A. REIS, que, anteriormente, não tinha sério apoio no texto legal. Se assim era e se a opinião era em si mesma pouco recomendável, estranho é que o texto legal tenha sido modificado para a acolher. Mas efectuou-se a modificação e hoje é lei vigente, embora sem paralelo em nenhum caso legislativamente tratado: as maiorias qualificadas exigidas pela lei são formadas pelos votos da maioria dos presentes juntando-se os «flutuantes» dos sócios e credores ausentes, os quais tanto podem valer num sentido como noutro, conforme tiver sido formada a maioria dos presentes.

Se se decidir que a liquidação deve ser ultimada, os liquidatários concluí-la-ão, seguindo-se o disposto no art. 1126.º. A conferência não chega, portanto, a pronunciar-se sobre os outros dois pontos inicialmente em causa. Pode, porém, suceder que os liquidatários convolem da inconveniência da liquidação total para a impossibilidade desta, passando a aplicar-se o art. 1129.º.

Se a liquidação parcial for aceite, serão examinadas e apreciadas as contas dos liquidatários (art. 1128.º, n.º 2). A primitiva redacção deste preceito permitia supor, como fazia J. A. Reis, que o exame e a apreciação das contas competia à conferência (sócios e credores), embora houvesse quem, como nós, entendia que essa competência pertencia apenas aos sócios. A actual redacção elimina a dúvida, no bom sentido, dizendo «e, aprovadas (as contas) pela maioria dos sócios», etc.

A seguir à aprovação das contas, o art. 1128.º, n.os 2 e 3, distingue duas hipóteses: ou há ou não acordo sobre a partilha.

Se há acordo sobre a partilha, esta far-se-á conforme tiver sido acordado. Acordo sobre a partilha é acordo unânime dos sócios e não uma deliberação de maioria, qualificada ou simples. Não haverá impedimento à partilha se a sociedade já não tiver passivo que deva ser satisfeito ou acautelado; no caso contrário, parece evidente que, por um lado, os sócios não podem acordar sobre a partilha, esquecendo o passivo, pois não está ao seu alcance, nem ao do tribunal, eliminar débitos da sociedade, para aumentar o saldo partilhável; por outro lado, de duas uma, ou o passivo deve ser satisfeito *ainda pela sociedade* e a partilha só poderá ser efectuada depois de satisfeitos ou acautelados os direitos de todos os credores, ou este preceito admite que os sócios imponham aos credores uma modificação subjectiva do devedor, partilhando entre aqueles tanto os bens como o passivo.

No sentido de ser indispensável a prévia satisfação de todo o passivo, inclinam dois argumentos: o princípio geral aplicável a todas as liquidações; o regime estabelecido no art. 1128.º, n.º 3, para a hipótese de não ter havido acordo sobre a partilha e que só permite partilhar depois de satisfeito ou acautelado o passivo, não sendo razoável supor que o facto de os sócios terem acordado sobre a partilha pode ter alguma influência sobre os direitos dos credores. Em sentido contrário, pode argumentar-se que, nos termos do art. 1127.º, n.º 3, a liquidação parcial só é aceite se for consentida pelos credores presentes, aos quais acrescem os votos dos credores ausentes, nos termos referidos. Se este argumento fosse relevante e deles pudesse ser depreendida uma disponibilidade, quanto a transferência de dívidas da sociedade para os sócios, ele valeria tanto para o caso de os sócios acordarem sobre a partilha como para o caso contrário e para este é expressamente exigido o prévio pagamento do passivo, se o houver.

Daqui resulta que a intervenção dos credores na aceitação da liquidação parcial destina-se apenas à protecção dos seus interesses pela alienação do restante activo social e, por outro lado, que o disposto na parte final do art. 1128.º, n.º 2, só pode funcionar desde que a sociedade já não tenha passivo.

Se os sócios não chegarem a acordo sobre a partilha — e basta, como dissemos, a oposição de um sócio — observa-se o disposto no art. 1128.º, n.º 3: *a*) os sócios deliberam logo sobre o pagamento do passivo, se o houver — deliberação que não consiste em adjudicar dívidas sociais a sócios, mas sobre o reconhecimento das dívidas sociais e o melhor modo de as satisfazer; nada impede, por exemplo, que um só forneça fundos necessários para isso, mas tratar-se-á de um empréstimo feito à sociedade, a qual procede ao pagamento; pode também suceder que algum credor aceite dação em cumprimento ou consinta em assunção liberatória por um sócio ou terceiro; *b*) satisfeitas as dívidas ou assegurado o seu pagamento, pode qualquer sócio requerer licitação nos bens que ainda restem;

*c*) procede-se à venda dos bens que sejam licitados; *d*) organiza-se o mapa da partilha, sendo esta julgada por sentença; *e*) à licitação, venda de bens e partilha são aplicáveis as disposições respectivas do processo de inventário.

Para completar o quadro das hipóteses possíveis, o art. 1128.º, n.º 4, trata da falta de aprovação das contas da liquidação parcial feita pelo liquidatário e manda observar o disposto no art. 1018.º (prestação espontânea de contas), que manda citar os réus (neste caso, os sócios) e aplicar o disposto nos arts. 1016.º, sobre a forma da apresentação das contas (que, neste caso já foram apresentadas) e 1017.º, sobre a contestação das contas.

Depois de julgadas as contas, são convocados novamente os sócios e os credores para uma conferência, seguindo-se os termos que ficam prescritos para o caso de serem aprovadas. Supomos que o legislador incorreu num lapso, ao reproduzir textualmente a 5.ª alínea do art. 1128.º, na redacção de 1939, sem reparar em que, no sistema actual, a intervenção dos credores é limitada à aceitação da liquidação parcial e depois desta só intervêm os sócios. Afigura-se-nos, portanto, que os credores não têm de ser chamados a nova conferência, pois não têm nela qualquer cabimento.

Segundo o n.º 5 do art. 1128.º, quando se verifique algum dos casos previstos nos n.ºs 3 e 4 (falta de acordo dos sócios sobre ou partilha ou falta de aprovação das contas), os bens são entregues, até à partilha, a um administrador nomeado pelo juiz, com funções idênticas às do cabeça-de-casal. Tratamos deste administrador a propósito das modificações orgânicas da sociedade durante a fase de liquidação.

O texto primitivo do art. 1129.º era muito sucinto — «Se os liquidatários não puderem fazer a liquidação total, apresentarão as contas e seguir-se-á o disposto no artigo anterior para o caso de não ser aceite a liquidação parcial» — que deixava margem para importantes dúvidas. O texto actual, sob a rubrica «Termos a seguir no caso de não ser possível a liquidação total» engloba efectivamente duas hipóteses distintas: no n.º 1, a hipótese de os liquidatários não terem feito a liquidação total, por entenderem não o poderem fazer; no n.º 2, a hipótese de ter expirado o prazo marcado para a liquidação sem esta ter sido concluída.

O n.º 1 do art. 1129.º pressupõe que o liquidatário se apresenta a juízo declarando não ser possível fazer a liquidação total. É mandado aplicar o disposto no art. 1127.º e, portanto, o liquidatário apresentará as contas da liquidação efectuada e as razões por que não pode concluir a liquidação. Segue-se a conferência, nos termos dos n.os 2 e 3 deste último artigo. Se for aceite a liquidação parcial, segue-se o disposto no art. 1128.º. Se a liquidação parcial não for aceite pela conferência, há lugar a uma intervenção do juiz que não figura nos trâmites da liquidação parcial por inconveniência da liquidação total: o juiz decidirá se é possível remover os obstáculos encontrados pelos liquidatários para completar a liquidação, ou se terão de se seguir os termos prescritos nos n.os 2, 3 e 4 do art. 1128.º, não obstante a falta de aceitação da liquidação parcial. Por outras palavras: a liquidação parcial pode ser aceite pelo juiz, embora tenha sido recusada pela conferência, desde que o juiz se convença da impossibilidade de remover os obstáculos encontrados pelo liquidatário.

O art. 1129.º, n.º 2, constitui um esforço para regular uma hipótese plausível, omissa na redacção anterior. Expirado o prazo marcado para a liquidação, o liquidatário não concluiu a liquidação, não sendo, portanto, aplicável o art. 1126.º; além disso, não veio a juízo invocar nem a inconveniência nem a impossibilidade de proceder à liquidação total, pois, se o tivesse feito, teriam sido aplicados ou o art. 1127.º ou o art. 1129.º. Para essa hipótese, admite-se que qualquer dos interessados requeira que o tribunal notifique o liquidatário; não se admite que o tribunal *sponte sua* proceda a essa notificação, o que se justificaria teoricamente por o prazo ter sido fixado pelo tribunal e praticamente para não deixar o encerramento da liquidação dependente da iniciativa de algum interessado. A notificação tem por objecto a apresentação das contas e a justificação da demora; a apresentação das contas é compreensível, mas a justificação da demora é supérflua, pois não influi no facto real de a liquidação não estar concluída e só pode constituir uma desnecessária oportunidade para o liquidatário tentar escapar à responsabilidade em que tenha ocorrido e que, de qualquer modo, não seria apreciada neste processo, ou para evitar a substituição, que bem se impunha quanto a um liquidatário que deixou expirar o prazo sem se dignar expor a situação ao tribunal.

A notificação é feita sob pena de o liquidatário ser imediatamente substituído e de as contas serem prestadas nos termos do art. 1015.º. Quanto à substituição, parece que a iniciativa pertencerá ao juiz, sem esperar por algum requerimento dos interessados. Quanto à prestação de contas, nos termos do art. 1015.º, manifestamente não pode o juiz tomar a iniciativa; caberá, portanto, ao requerente da notificação apresentar as contas. Como isso se fará praticamente, é difícil conceber, uma vez que o requerente da notificação não tem ao seu alcance quaisquer elementos que lhe permita elaborar as contas; a única atitude prática consistirá em o juiz ordenar a substituição do liquidatário e o substituto arrumar os papéis e as contas. Se o liquidatário obedecer à notificação e apresentar as contas, seguir-se-á o disposto no art. 1129.º, n.º 1, quanto à hipótese de impossibilidade de concluir a liquidação. Fica evidentemente ressalvada, em todos os casos, a responsabilidade em que o liquidatário tenha incorrido.

No domínio do então art. 472.º, al. *b*) do Cód. Proc. Civil, hoje art. 463.º, n.º 3, havia divergências quanto ao regime dos recursos no processo de liquidação judicial. O acórdão do STJ de 20/10/50, no BMJ 21, 217, decidiu que o regime dos recursos no processo de liquidação de património social é o do processo ordinário, por força da referida alínea *b*), visto que a prestação de contas segue, de certa altura em diante, os termos do processo ordinário. J. A. REIS distinguia o processo de prestação de contas enxertado no processo de liquidação judicial, e este processo em si mesmo, isto é, fora do âmbito da prestação de contas dos liquidatários, seguindo-se quanto ao primeiro, o regime dos recursos conforme a alçada (al. *a*) e quanto ao segundo sempre o regime do processo sumário. Afigura-se que a questão depende da autonomia que se conceda ao processo de prestação de contas dos liquidatários dentro do processo de liquidação judicial e parece-nos que essa prestação é uma fase não autónoma deste último processo, sendo, pois, preferível a opinião do Supremo Tribunal.

## ARTIGO 147.º

### (PARTILHA IMEDIATA)

**1 — Sem prejuízo do disposto no artigo 148.º, se, à data da dissolução, a sociedade não tiver dívidas, podem os sócios proceder imediatamente à partilha dos haveres sociais, pela forma prescrita no artigo 156.º.**

**2 — As dívidas de natureza fiscal ainda não exigíveis à data da dissolução não obstam à partilha nos termos do número anterior, mas por essas dívidas ficam ilimitada e solidariamente responsáveis todos os sócios, embora reservem, por qualquer forma, as importâncias que estimarem para o seu pagamento.**

#### SUMÁRIO



1. O art. 147.º permite que, nas condições por ele previstas, os sócios procedam à partilha imediatamente a seguir à dissolução. Lembramos o que a propósito desta hipótese ficou dito no comentário ao art. 146.º.

Mais lembramos que, segundo alguns autores, obstáculo à partilha imediata encontrava-se na considerada indispensável intervenção do liquidatário, para proceder à partilha e para cumprir as formalidades destinadas ao encerramento da liquidação e correspondente extinção da sociedade, mas, como se verá, esse obstáculo não é insuperável e no nosso direito não pode valer contra o expresso texto legal.

O único requisito exigido pelo art. 147.º, n.º 1, para a licitude da partilha imediata consiste em a sociedade não ter dívidas, à data da dissolução. Não importam o número ou o quantitativo das dívidas da sociedade; de qualquer montante, por muito reduzido que seja, uma dívida basta para ser ilícita a partilha imediata.

O apuramento do requisito faz-se à data da dissolução. Evidentemente, se houver, à data da dissolução, alguma dívida, que se extinga posteriormente, e extinta esta se proceder à partilha, já não se trata de partilha imediata.

Não constitui requisito da aplicação do preceito a redução do activo a dinheiro. Ao referir-se à partilha dos haveres sociais, a parte final do art. 147.º, n.º 1, acrescenta «pela forma prescrita no artigo 156.º», o qual prevê duas hipóteses: a partilha em dinheiro ou a partilha em espécie. Assim, se tal estiver previsto no contrato ou se os sócios unanimemente o deliberarem, a partilha imediata pode ser feita em espécie. Acentue-se que, no caso de deliberação, esta deve ser *unânime*, não sendo, portanto, lícito a uns sócios forçar outro à partilha em espécie. Nos casos de liquidação normal, a liquidação *continuará*, se algum dos sócios recusar a partilha em espécie; nos casos de partilha imediata, se algum dos sócios recusar a partilha em espécie, a liquidação *começará*, para o activo ser reduzido a dinheiro.

Ao dizer que os sócios podem, verificado o citado requisito, proceder *imediatamente* à partilha, a lei toma como referência a *dissolução*; sendo a partilha *imediata* à dissolução, não há neste caso fase de liquidação em sentido restrito, designadamente, não chega a haver liquidatário; não o há por deliberação dos sócios, visto que os sócios não chegam a nomear liquidatários, nem o há nos termos da parte final do art. 151.º, n.º 1, porque é eliminada a fase de liquidação e só nela o liquidatário tem cabimento.

A lei pensou na hipótese natural em que, não havendo dívidas e estando os sócios de acordo quanto à partilha do activo, se sucedem não só lógica mas também temporalmente sem detença a dissolução, a partilha e a extinção da sociedade, mas pode suceder que entre esses três factos venham a medear períodos mais ou menos longos e bem assim que, durante esse tempo a falta de representante da sociedade prejudique terceiros (por exemplo, um antigo contraente que pretenda fazer declarar nulo ou anular um contrato, um senhorio que pretende propor uma acção de despejo, etc.). Parece seguro que uma faculdade atribuída aos sócios e para benefício destes não pode prejudicar terceiros; enquanto os sócios não tiverem procedido à partilha, os terceiros actuarão como o fariam nos casos normais e, uma vez ocorrida essa actuação, ela radica-se. Assim, se a dissolução ainda não é eficaz para com terceiros, a sociedade é representada pelos gerentes ou administradores; se a dissolução está registada, o terceiro dirigir-se-á a quem for liquidatário, nos termos da lei e não o havendo, será lícito requerer a nomeação judicial; uma vez que alguém tenha funcionado como liquidatário, as restantes operações continuarão sob a sua égide, simplificadas apenas pela desnecessidade da maior parte do processo normal.

A verificação do requisito da inexistência de dívidas sociais cabe aos sócios. Por este aspecto, parte da doutrina argumentava no sentido da necessidade do liquidatário: a este competiria verificar se existem ou não dívidas sociais e, portanto, se é possível passar imediatamente à partilha. Não se vê, porém, a necessidade do liquidatário para tal tarefa.

Os sócios, por si ou por auxiliares nos serviços da sociedade, podem perfeitamente averiguar se há ou não dívidas sociais e os eventuais credores lesados não encontram maior segurança na descoberta dos seus créditos se a busca for efectuada por um liquidatário.

Visto, contudo, não haver intervenção de liquidatário nessa hipótese, parece desaparecer a garantia de satisfação de débitos sociais antes de ser efectuada a partilha, consistente na responsabilidade dos liquidatários. Estranho seria que se forçasse a desnecessária intervenção do liquidatário apenas para conseguir mais uma pessoa responsável para com os credores sociais. Para com estes são responsáveis os sócios, nos termos do art. 163.º, n.º 1.

Também o art. 160.º, n.º 1, que aos liquidatários atribui o dever de requerer o registo do encerramento da liquidação, não leva à artificial implantação de liquidatário no caso de partilha imediata. O registo pode ser requerido por qualquer dos sócios.

2. A partilha imediata é apresentada como uma faculdade dos sócios: *podem* os sócios proceder, etc. Por um lado, fica assim coberta a hipótese acima referida de um sócio não aceitar a partilha em espécie; por outro lado, quando todo o património esteja reduzido a dinheiro, pode perguntar-se se algum sócio pode recusar a partilha imediata, forçando à nomeação de liquidatário. É claro que a partilha pode ser recusada por o sócio entender que existem dívidas sociais, discordar sobre o critério de partilha ou estar convencido de ser diferente do proposto o objecto da partilha, mas a recusa de proceder à partilha simplesmente por o sócio querer diferi-la para mais tarde não deverá impedir a partilha, como melhor se verá adiante.

A frase inicial do art. 147.º, n.º 1, representa uma cautela escusada e susceptível de criar confusões. O art. 148.º contempla uma hipótese em que, à data da dissolução, a sociedade tem (ou pode ser que tenha) dívidas e apesar disso se adopta um processo expedito de liquidação; a semelhança com o art. 147.º reside na circunstância de nesse caso ficar também efectuada a partilha, mas para além disso os dois preceitos diferem notavelmente. Coexistindo os dois artigos, não era de supor que o segundo se considerasse prejudicado pelo primeiro, ao contrário do que a referida frase dá a entender.

3. Por força dos mecanismos tributários é quase certo que, à data da dissolução, a sociedade terá responsabilidades fiscais, que só virão a concretizar-se meses ou anos depois. Assim, também quase sempre a sociedade teria dívidas e os sócios não poderiam proceder à partilha imediata. O art. 147.º, n.º 2, encara essa situação, estabelecendo um compromisso entre os interesses do Fisco e dos sócios.

A existência, à data da dissolução, de dívidas de natureza fiscal ainda não exigíveis não obsta à partilha imediata, ao contrário do que sucede com a existência naquela data ou de dívidas de natureza fiscal já exigíveis ou de dívidas de natureza diferente da fiscal, exigíveis ou não. Em contrapartida, a responsabilidade pelas dívidas fiscais ainda não exigíveis alarga-se a todos os sócios, ilimitada e solidariamente (portanto, muito mais gravosamente do que o estabelecido no art. 163.º para o passivo superveniente). Por cautela pessoal contra essa responsabilidade pessoal, pode suceder que os sócios retirem do activo social alguma importância e a reservem para o pagamento de tais dívidas. Isso, porém, é inoperante para com o Fisco que, desde a partilha, beneficia da citada responsabilidade dos sócios.

O sócio que efectuar ao Fisco pagamento superior à sua quota-parte goza de direito de regresso contra os outros sócios, nos termos gerais.

## ARTIGO 148.º

### (LIQUIDAÇÃO POR TRANSMISSÃO GLOBAL)

**1 — O contrato de sociedade ou uma deliberação dos sócios pode determinar que todo o património, activo e passivo, da sociedade dissolvida seja transmitido para algum ou alguns sócios, inteirando-se os outros a dinheiro, contanto que a transmissão seja precedida de acordo escrito de todos os credores da sociedade.**

**2 — É aplicável o disposto no artigo 147.º, n.º 2.**

**SUMÁRIO**

1. Cláusulas correntes e hipótese prevista no art. 148.º
2. Requisitos: cláusula do contrato de sociedade ou deliberação dos sócios
3. Requisitos: acordo de todos os credores sociais
4. Existência de liquidação e de partilha

1. A consulta de contratos de sociedade mostra serem frequentes cláusulas de liquidação em que se prevê a transferência em bloco de activo e passivo, mas também mostra que elas apresentam várias modalidades: ou dizem que, dissolvida a sociedade, o activo e o passivo ficarão pertencendo a certa entidade, normalmente um dos sócios, que pagará aos outros certa importância (por exemplo, o valor das quotas nominais, o valor das quotas nominais acrescidas da parte correspon-

dente dos fundos de reserva ou do valor que se apurar em balanço); ou estipulam que, dissolvida a sociedade, será o activo social licitado entre os sócios; ou estipulam que o activo ficará a pertencer a um sócio, com obrigação de pagar o passivo, etc. Tais cláusulas aparecem principal, mas não exclusivamente, em contratos de sociedades por quotas.

Factor comum dessas cláusulas é a intenção de evitar a desagregação do património social causado por operações normais de liquidação, mas os interesses subjacentes são diversos: pode ser o interesse comum de todos os sócios, funcionando a transmissão global do património social como um meio de valorização e, portanto, de aumento do eventual produto da liquidação; pode ser o interesse de um dos sócios em assegurar-se de que, no caso de liquidação, se assenhoriará do património social, para cuja constituição contribuiu relevantemente, ou logo na constituição da sociedade ou depois; pode ser o interesse de todos os sócios em que a exploração económica a que a sociedade se dedicava continue a ser efectuada por algum sócio, embora a identidade deste seja irrelevante.

Algumas destas cláusulas podem, além de outros, suscitar problemas de preceitos reguladores do direito dos sócios a lucros da sociedade, que nos abstemos agora de tratar.

Para a interpretação do art. 148.º importa distinguir as hipóteses de transmissão global do património social para sócios (um ou mais) ou para terceiros. O art. 148.º ocupa-se apenas da primeira hipótese. A segunda hipótese integra-se na regulamentação convencional da liquidação, a propósito da qual a trataremos. A regulamentação específica da transmissão global para um sócio justifica-se não só por às vezes serem adaptadas técnicas de legalidade duvidosa, como ainda pelos conflitos de interesses que desperta tanto entre os sócios como relativamente aos credores sociais.

2. A licitude da transmissão global para sócio depende, antes de mais, de cláusula do contrato de sociedade ou de deliberação dos sócios.

Quando no contrato de sociedade se estipula a referida transmissão global, há a intenção de assegurar que, dissolvida a sociedade, todo o património da sociedade será transferido para um sócio e por isso é natural que se procure tornar essa transferência o mais automática possível. Por estas ou outras palavras, tenta-se conseguir que, dissolvida a sociedade, um certo sócio ficará imediatamente titular de todo o activo e passivo, embora com o encargo de pagar aos outros sócios determinadas importâncias. O interesse dos outros sócios é protegido pelo consentimento que deram no contrato de sociedade e, se disso for caso, pelas normas legais imperativas sobre o direito a lucros. Protegidos não ficariam, porém, os credores sociais se se pudesse impor-lhes a transferência dos débitos sociais para uma pessoa diferente do devedor originário.

Encontram-se também contratos em que a técnica usada não vai tão longe como no exemplo anterior e apenas se prevê que na liquidação o património social seja totalmente atribuído a um sócio, ou logo designado ou escolhido por meio *ad hoc*, como a licitação. Quanto a interesses de sócio e de credores, o panorama não muda.

Quando o contrato nada disponha sobre o modo de liquidação, podem os sócios, no uso da sua faculdade de regulamentar a liquidação, deliberar que o património social seja transmitido globalmente para um sócio; pôr-se-ão nessa hipótese os problemas já referidos quanto aos interesses dos credores sociais e além disso, haverá problemas especiais de interesses dos sócios, adiante referidos.

Finalmente pode suceder que, encontrando-se o liquidatário autorizado a proceder à cessão global do activo e passivo da sociedade, a efectue para um sócio. Notemos desde já que este terceiro grupo de hipóteses não está abrangido pelo art. 148.º, visto que este só contempla as transmissões globais determinadas pelo contrato de sociedade ou por deliberação dos sócios. Adiante, contudo, voltaremos a ela.

O art. 148.º aplica-se a todas as hipóteses em que a transmissão global for determinada pelo contrato de sociedade ou por deliberação dos sócios. As cláusulas do primeiro grupo acima referido não podem, portanto, funcionar com o desejado carácter automático.

A intenção dos contraentes não pode realizar-se totalmente, mas também não é totalmente desperdiçada. É possível convertê-las numa cláusula de atribuição a um sócio, mas enquadrada no dispositivo do art. 148.º.

Quanto à deliberação social, apenas há duas observações a fazer. Trata-se de uma deliberação contemporânea da dissolução ou posterior a esta; uma deliberação anterior à dissolução não pode valer para este efeito: só por si não vale como alteração do contrato de sociedade, para introdução de nova cláusula ou modificação de cláusula existente (sem prejuízo da possibilidade de deliberação nesse sentido *intencionalmente* dirigida a alteração do contrato); não vale *ainda* como regulamentação da liquidação, por a sociedade ainda não estar dissolvida.

A hipótese prevista na lei não se coaduna, todavia, com o início da liquidação pelo processo normal; a deliberação, ao abrigo do art. 148.º, só pode ser tomada antes de ter sido efectivada alguma operação de liquidação (satisfação de passivo, liquidação do activo).

Deve ser uma deliberação *unânime* dos sócios.

Talvez pareça que a exigência da unanimidade restringe a aplicação do preceito exageradamente. Verdade é, porém, que a transmissão global para um sócio, por cláusula contratual ou por deliberação dos sócios só se concebe em sociedade com características personalistas, embora não seja excluído, só por si, nenhum tipo de sociedade. A limitação da aplicação do preceito resulta, pois, das características das sociedades a que ele pode interessar. A unanimidade justifica-se por estarem em causa interesses pessoais de todos os sócios, em contraposição ao interesse de um ou de alguns, a quem o património social será atribuído — interesses não só quanto à própria atribuição (na qual outros poderiam ter interesses) como também na contrapartida, que virá a constituir o saldo partilhável entre os restantes.

3. Preceitua o art. 148.°, n.° 1, que a licitude da transmissão global aí prevista está dependente de acordo escrito de todos os credores da sociedade, exigência determinada pela transmissão do passivo, visto que a transmissão do activo, depois de satisfeito o passivo ou no processo normal de liquidação, não é, nem mesmo no direito geral das obrigações, dependente da vontade dos credores.

Fala o art. 148.° em transmissão de todo o património, activo e passivo e a rubrica em «transmissão global». O direito das sociedades conhece transmissões do património de uma sociedade a título universal — fusão e algumas modalidades da cisão — mas não é isso que, em nosso entender, sucede neste caso. Esse é, contudo, um aspecto irrelevante, porque, por um lado, mesmo nas transmissões a título universal, a lei não deixa de proteger os interesses dos credores, embora por formas especiais adaptadas a cada hipótese (e assim, não poderia argumentar-se que, sendo a transmissão a título universal, não teria cabimento a protecção dos credores); por outro lado, sendo a transmissão a título singular, não haveria motivo para dispensar, neste caso, a protecção de que os credores gozam nessas transmissões.

Pode, pois, dizer-se que a estatuição expressa da parte final do art. 148.°, n.° 1, torna irrelevante a escolha do tipo de transmissão ocorrida neste caso. Há, contudo, um ponto em que pode interessar o confronto com os preceitos gerais.

A actual regulamentação da transmissão singular de dívidas, CC arts. 595.° e segs., permite distinguir aquilo que a doutrina chama assunção cumulativa e assunção privativa ou liberatória. Para os dois casos é indispensável a ratificação pelo credor, mas para a assunção liberatória é exigida declaração *expressa* do credor.

Em matéria de forma, o art. 148.º, n.º 1, vai mais longe. Exige que o acordo dos credores *preceda* a transmissão, o que se compreende por não se tratar potencialmente da transmissão de uma só dívida, mas de várias e não ser prático nem conforme aos intuitos das cláusulas ou deliberações que a transmissão — que se pretende global — vá sendo ou deixando de ser ratificada por alguns credores e não por outros. Por motivos de segurança exige que o acordo dos credores não só seja expresso como seja *escrito*.

Estão assim reproduzidos e até ultrapassados os requisitos da assunção liberatória, segundo a lei geral, e a finalidade da hipótese exige que a assunção das dívidas por um sócio seja liberatória relativamente à sociedade, primitiva devedora: não haveria liquidação da sociedade, por este processo, se a assunção fosse cumulativa e a sociedade continuasse solidariamente responsável pelas dívidas.

Exige a lei acordo de *todos* os credores da sociedade. Não há, pois, que abrir excepções, a nenhum título, designadamente nem quanto à exigibilidade nem quanto ao objecto ou fonte da obrigação.

O contrato entre o antigo e o novo devedor que não obtenha a ratificação do credor é considerado ineficaz. Diferente se nos afigura a sanção da violação da parte final do art. 148.º, n.º 1. Pelo carácter global que se pretende atribuir à transmissão do activo e do passivo, pelo carácter prévio do acordo relativamente à transmissão, deve considerar-se nula a transmissão global operada sem o prévio acordo de todos os credores da sociedade.

4. O art. 148.º não dispensa a liquidação; admite e regula um processo simplificado de liquidação. Essa é a diferença fundamental relativamente à partilha imediata, regulada no art. 147.º. Daí resultam várias consequências, a começar pela intervenção de liquidatário e pela realização das operações preliminares da liquidação. A transmissão para o sócio é efec-

tuada pelo liquidatário, em representação da sociedade, bem como o liquidatário intervém para a obtenção do acordo de todos os credores, sem o qual lhe é vedado proceder à transmissão.

Esta natureza da hipótese contribui para a interpretação da frase «inteirando-se os outros a dinheiro». Poderia parecer que essa frase suporia uma relação directa entre o sócio, transmissário do património social, e os outros sócios, que daquele receberiam directamente as importâncias estipuladas. Na realidade, a contrapartida da transmissão pertence à sociedade e há-de ser partilhada, apenas com a especialidade de o sócio transmissário já não participar na partilha. Mas este sócio participará nas despesas da liquidação, salvo se for convencionado que elas já foram descontadas na contrapartida da transmissão.

Para os efeitos da liquidação, que não sejam excluídos pelo processo especial utilizado, o sócio transmissário não perde a qualidade de sócio mesmo depois de efectuada a transmissão. Deve, por exemplo, participar na assembleia de aprovação de contas da liquidação.

O art. 148.º, n.º 2, manda aplicar o disposto no art. 147.º, n.º 2 (dívidas de natureza fiscal ainda não exigíveis à data da dissolução). Essa remissão significa que, no caso de transmissão global, não será necessário o acordo prévio do credor quanto a essas dívidas.

## ARTIGO 149.º

### (OPERAÇÕES PRELIMINARES DA LIQUIDAÇÃO)

**1 — Antes de ser iniciada a liquidação devem ser organizados e aprovados, nos termos desta lei, os documentos de prestação de contas da sociedade, reportados à data da dissolução.**

**2 — A administração deve dar cumprimento ao disposto no número anterior dentro dos 60 dias seguintes à dissolução da sociedade; caso o não faça, esse dever cabe aos liquidatários.**

**3 — A recusa de entregar aos liquidatários todos os livros, documentos e haveres da sociedade constitui impedimento ao exercício do cargo, para os efeitos dos artigos 1500.º e 1501.º do Código de Processo Civil.**

#### SUMÁRIO

1. Balanço de abertura da liquidação e balanço de exercício anterior à liquidação
2. O balanço prescrito no art. 149.º, como balanço de exercício anterior à liquidação; tempo; sujeito do dever
3. Falta de obrigação legal de balanço de abertura de liquidação
4. Entrega aos liquidatários e eventual recusa

1. Leis e doutrinas estrangeiras referem, como operações iniciais da liquidação (ou, segundo alguns autores, operações que antecedem a liquidação), a organização de balanços ou inventários.

Na Alemanha, o § 270 AktG determina que no início da liquidação, os liquidatários farão um balanço *(Eröffnungsbilanz)* e um relatório explicativo desse balanço; a assembleia delibera sobre o balanço de abertura; aplicam-se expressamente ao balanço de abertura certas disposições relativas ao balanço de exercício, mas também expressamente é excluída a aplicação dos §§ 153 a 158, 162 a 169 sobre a estruturação da conta de ganhos e perdas, sobre as avaliações do balanço anual e sobre a aprovação do balanço anual; o tribunal pode ordenar um exame do balanço de abertura quando haja fortes razões para isso. A doutrina marca a diferença entre o balanço de abertura e o balanço de exercício, a qual, aliás, já se deduz dos preceitos cuja aplicação é mandada excluir. Aquele é um simples balanço de património e não se destina, como o balanço de exercício a apurar um resultado, mas simplesmente a servir de ponto de partida para as operações de liquidação; assim, não aparecem do lado passivo nem conta de capital nem reservas e não há ligação necessária entre os valores que anteriormente figuravam nos balanços e os que devem ser inscritos no balanço de abertura, os quais devem ser aqueles que presumivelmente poderão ser alcançados pelas alienações que o liquidatário fará.

Além do balanço de abertura e embora a lei seja omissa sobre isso, entende a doutrina que o liquidatário deve organizar ainda um balanço final da vida activa da sociedade, relativamente ao tempo decorrido entre o último balanço de exercício e a data da dissolução, que só por acaso coincidirá com o termo de um exercício. Por um lado, este balanço final *(Schlussbilanz für das Rumpfgeschäftsjahr)* é indispensável a respeito da responsabilidade da administração e, por outro lado, não pode ser substituído pelo balanço de abertura, dada a natureza e organização deste, acima mencionadas.

Em França, o art. 411.º da Lei de 1966 manda que, dentro dos seis meses seguintes à sua nomeação, o liquidatário convoque uma assembleia geral, à qual apresentará um relatório sobre a situação activa e passiva da sociedade, sobre o seguimento das operações de liquidação e sobre o prazo necessário para a terminar. A Lei liga tal importância a este relatório que não só providencia para a convocação da assembleia, no caso de o liquidatário a omitir, como pune penalmente o liquidatário faltoso. Além disso, porém, a doutrina entende que, tal como já era entendido antes de 1966, o liquidatário, logo que entra em funções, deve organizar um inventário do activo e do passivo da sociedade; este entendimento funda-se, por um lado, em que o inventário é indispensável para o liquidatário cumprir o dever acima referido de apresentar o relatório à chamada assembleia de abertura da liquidação, nos seis meses seguintes à sua nomeação, e por outro lado, à circunstância de o inventário constituir o ponto de partida para a prestação de contas.

Em Itália, o art. 2277.º Cod. Civ. impõe que os administradores apresentem aos liquidatários a conta da gestão relativa ao período sucessivo à última prestação de contas (que a doutrina considera ser um verdadeiro balanço); depois determina que os liquidatários, com a assistência dos administradores (ou melhor, dos antigos administradores, visto estes terem cessado as suas funções), procedam a um inventário do qual resulte o estado activo e passivo do património. Segundo a doutrina, o inventário deve ser assinado pelos antigos administradores e pelo liquidatário, envolvendo, portanto, a responsabilidade de todos; deve proceder a uma descrição analítica do activo e do passivo, acompanhada de uma avaliação de todas as relações patrimoniais encabeçadas na sociedade; para este efeito e dada a sua função para a actividade subsequente do liquidatário, este não está vinculado às disposições relativas ao balanço de exercício, mas deve considerar os valores que poderão ser realizados através das operações de liquidação.

No nosso CCom, os arts. 132.º e 133.º determinavam respectivamente que «dissolvida a sociedade, os administradores submeterão à aprovação dos sócios, em reunião ou assembleia geral, o inventário, balanço e contas da sua gerência final, nos trâmites e pela forma porque o deveriam fazer, se se tratasse de inventários, balanços e contas anuais» e «aprovadas as contas da gerência, com o inventário e balanço, por estes se efectuará a entrega aos liquidatários de todos os documentos, livros, papéis, fundos e haveres da sociedade, a fim de se começar a liquidação».

2. O art. 149.º, n.º 1, CSC ordena que antes de ser iniciada a liquidação devem ser organizados e aprovados, nos termos deste diploma, o balanço e as contas da sociedade, reportados à data da dissolução; o n.º 2 do mesmo artigo determina que os gerentes ou administradores devem dar cumprimento ao disposto no número anterior dentro dos sessenta dias seguintes à dissolução da sociedade e, caso o não façam, esse dever cabe ao liquidatário.

Embora a redacção do art. 132.º CCom fosse mais clara nesse aspecto, não pode haver dúvidas de que, tanto no CCom como no CSC se visa o balanço de exercício final e não o balanço ou inventário de abertura da liquidação. Por isso, a organização do balanço e das contas compete, em princípio, aos administradores, são mandadas aplicar integralmente as regras de elaboração dos balanços de exercício e a aprovação cabe à assembleia geral (ou, quando disso for caso, ao conselho geral das sociedades anónimas). Excluídas são, portanto, a organização do balanço pelo liquidatário (salvo numa hipótese excepcional), a aprovação pelo liquidatário (ou pelo menos apresentação *ao* liquidatário), a organização de inventário do activo e do passivo destinado a constituir ponto de partida da liquidação. A única diferença entre este balanço e um normal balanço de exercício é o período a que respeita, mais curto do que o exercício anual.

O art. 132.º CCom não marcava prazo algum para ser dado cumprimento ao nele disposto; a doutrina supria a lacuna ou dizendo que a aprovação do balanço e das contas devia ser feita na própria reunião em que fossem nomeados os liquidatários ou na imediata, ou que devia ser feita o mais próximo possível da passagem de poderes para o liquidatário. O art. 149.º, n.º 2, CSC é mais preciso, marcando um prazo de sessenta dias seguintes à dissolução da sociedade, mas deixa subsistir uma dúvida; marca esse prazo para os gerentes ou administradores darem cumprimento «ao disposto no número anterior», mas o disposto no número anterior compreende tanto actos dos gerentes ou administradores — organização do balanço — como actos de outras entidades — pareceres do conselho fiscal — convocação da assembleia, quando não compita aos gerentes ou administradores e aprovação, que compete aos sócios. Entendemos que o prazo de sessenta dias respeita apenas ao exercício da competência dos gerentes e administradores e que nem sequer eles devem proceder de modo que, ressalvados acontecimentos extraordinários, possa a aprovação ocorrer dentro daquele prazo, entendimento que baseamos na parte final do referido n.º 2.

Na falta de cumprimento pelos gerentes ou administradores da obrigação imposta por aquele preceito, está hoje estabelecido que o dever compete ao liquidatário; a substituição do sujeito do dever tem manifestamente o intuito de apressar o início das operações do liquidatário, eliminando dúvidas causadas pelo art. 132.º CCom quanto ao que sucederia no caso de os administradores ou gerentes descurarem — talvez intencionalmente para retardarem a liquidação — o cumprimento daquele seu dever. Sendo assim, isto é, se o liquidatário se substitui aos gerentes ou administradores no cumprimento daquele seu dever dentro do prazo de sessenta dias, este prazo respeita exclusivamente à apresentação do balanço e não à sua aprovação pelos sócios.

O art. 149.º, n.º 2, teve em vista o caso de não haver, por força da lei, simples mudança da qualidade de gerente ou administrador para liquidatário. No caso dessa simples mudança, o balanço é organizado por pessoas revestidas já da qualidade de liquidatários. Mantém-se, contudo, o prazo de sessenta dias, embora, por força das circunstâncias, a parte final do preceito se torne inaplicável.

As palavras iniciais do art. 149.º, n.º 1, «antes de ser iniciada a liquidação», não pode ser interpretada como «antes de ser iniciada a fase de liquidação», visto que a fase de liquidação se inicia com a dissolução da sociedade. Não pode também significar «antes de iniciado o processo de liquidação», se neste for incluída a nomeação dos liquidatários. O seu significado deve, pois, reportar-se ao início das operações que constituem dever do liquidatário e compreende-se que assim seja, pois a realização dessas operações tornaria impossível ou pelo menos dificultaria gravemente a posterior elaboração do balanço que a lei ordena. Por isso, repete-se, o perigo de retardamento da efectivação da liquidação, por negligência ou propósito dos gerentes ou administradores, é evitado, mediante a substituição destes pelos liquidatários, ao fim dos referidos sessenta dias.

O facto de, por força da lei supletiva, serem liquidatários os antigos gerentes ou administradores não os exonera do dever de elaborar e tomar a iniciativa da aprovação do referido balanço. Embora eles pessoalmente tenham conhecimento do activo e do passivo da sociedade, como lhes é necessário para iniciar a liquidação, o aspecto relevante é essa mudança de funções; terminada a fase activa da sociedade, há que apurar e submeter aos sócios os resultados da actuação como gerentes ou administradores, tanto mais que este pode ser importante para os sócios exercerem ou não a faculdade, que lhes continua aberta, de deixarem a liquidação aos seus cuidados ou de nomearem novos liquidatários. De qualquer modo, mudou a situação da sociedade, que deve ser fixada contabilisticamente e da qual a mudança de funções das mesmas pessoas é simples reflexo.

3. Averiguado que, no nosso direito, está imposto e regulado o balanço final do último exercício encurtado, mas nada se diz quanto a um balanço ou inventário de abertura de liquidação, encontramo-nos numa situação oposta à da lei alemã, em que é prescrito o balanço de abertura e é omitido aquele balanço final; há, portanto, que averiguar, no sentido contrário ao da doutrina alemã, cuja investigação recai sobre o balanço final, se o liquidatário tem o dever de proceder a um balanço ou inventário de abertura da liquidação. Tal como a doutrina alemã faz para o balanço final, admitimos que, no nosso direito, o inventário de abertura da liquidação seja determinado pelo contrato de sociedade ou por deliberação dos sócios, como regulamentação da liquidação, ficando o problema circunscrito às sociedades em que tal não aconteça.

É evidente que o liquidatário pode elaborar um inventário do activo e do passivo da sociedade ou verificar aqueles que existam na data da sua entrada em funções, embora isso não lhe seja imposto por lei, nem pelo contrato de sociedade nem por deliberação dos sócios; o liquidatário pode tomar as cautelas que julgue necessárias, para sua protecção, bem como pode adoptar os procedimentos de carácter preparatório, que julgue adequados à tarefa de que está incumbido. É também manifesto que, para executar as tarefas de liquidação, ele tem de conhecer todo o activo e passivo da sociedade. Isso não significa, porém, que ele tenha forçosamente de organizar um novo inventário e ainda que esse inventário deva incluir os presumíveis valores de realização. Por um lado, ele pode encontrar na sociedade inventários fidedignos e actualizados; por outro lado, é muito duvidosa a utilidade dos presumíveis valores de realização e ainda mais da aprovação desses valores pela assembleia dos sócios.

É concebível que os sócios tenham interesse em conhecer o eventual valor de realização dos bens sociais, até para, nalgum caso, optarem por uma redução a dinheiro dos bens singulares ou por uma alienação em globo, mas em linha geral, não é o facto de os liquidatários fazerem prognósticos sobre o valor de realização que garante essa realização. Como escreveu um autor italiano, o êxito da liquidação não depende dos valores inscritos no inventário, mas da habilidade do liquidatário e das condições do mercado. Aprovar os valores inscritos ou tem o significado de limitar a actuação do liquidatário, impedindo-o de alienar por valores menores — o que pode nalgum caso suceder expressamente, mas não é de presumir sempre — ou é uma ilusória auto-satisfação.

Por outras palavras: o inventário, nos termos das leis alemã e italiana, pode ser útil para a actuação do liquidatário e pode constituir um elemento de informação para os sócios, mas nada mais. Designadamente, o inventário não condiciona os bens a alienar nem o passivo a satisfazer pelo liquidatário; os valores que a esses bens forem atribuídos no inventário não servem para, se não forem atingidos, se considerar ter havido uma perda, com ou sem responsabilidade do liquidatário.

4. Segundo o art. 135.º CCom, pelo inventário e balanço organizado pelos administradores ou gerentes e aprovado pela assembleia, se faria a entrega aos liquidatários de todos os documentos, livros, papéis, fundos e haveres da sociedade; previa-se, portanto, um acto de entrega em que interviriam gerentes ou administradores ou liquidatários. Nada, contudo, se dizia quanto à hipótese, igualmente previsível, em que os gerentes ou administradores não elaborassem o inventário e balanço ou não procedessem à referida entrega. Discutia-se, por isso, se em todas ou algumas dessas hipóteses haveria um impedimento ao exercício de funções pelo liquidatário, que justificasse o recurso ao disposto no art. 1500.º CPC.

Pelo que respeita à falta do inventário e balanço organizado pelos gerentes ou administradores, já vimos que o remédio na lei actual é a sua elaboração pelo liquidatário, não podendo, portanto, considerar-se haver impedimento ao exercício da função.

Para a recusa de entrega aos liquidatários dos livros, documentos e haveres da sociedade, dispõe o art. 149.º, n.º 3, que ela constitui impedimento ao exercício do cargo, para os efeitos dos artigos 1500.º do Código de Processo Civil.

É este o único preceito que fala de uma «entrega» aos liquidatários, facto que normalmente ocorrerá, de maneira civilizada e correcta, pois não podemos supor que os incidentes constituam regra. Importa, porém, saber, se essa entrega é essencial ou se o liquidatário pode, por si mesmo, tomar posse desses livros, documentos e haveres, o que tem reflexos na interpretação do art. 149.º, n.º 3. Esquematicamente, podemos distinguir várias hipóteses:: quanto à posse dos haveres, ou estarem estes na posse efectiva da sociedade ou estarem detidos por terceiros, empregando a palavra detidos em sentido amplo, que abrange por exemplo os depósitos bancários; quanto à falta da entrega, ou haverá abandono por parte de gerentes ou administradores ou haverá atitudes genericamente designáveis por recusa de entrega. Para todas estas hipóteses, é importante lembrar que o liquidatário está nomeado e necessita, para o efectivo exercício das suas funções, dos livros, documentos e haveres, mas pode haver casos em que tais funções possam ser exercidas apesar dessa falta, casos esses em que as funções não só podem como devem ser exercidas; por exemplo, se o livro de cheques se encontra em poder dos administradores, nada impede que o liquidatário requisite outro. No caso de abandono, parece-nos que o liquidatário procede licitamente se tomar posse dos referidos bens. O recurso ao processo especial de investidura em cargos sociais será necessário apenas no caso de recusa de entrega, restritamente entendida.

## ARTIGO 150.º

## (DURAÇÃO DA LIQUIDAÇÃO)

**1 — A liquidação deve estar encerrada e a partilha aprovada no prazo de três anos, a contar da data em que a sociedade se considere dissolvida, sem prejuízo de prazo inferior convencionado no contrato ou fixado por deliberação dos sócios.**

**2 — O prazo estabelecido no número anterior só pode ser prorrogado por deliberação dos sócios e por tempo não superior a dois anos.**

**3 — Não estando a liquidação encerrada e a partilha aprovada nos prazos resultantes dos números anteriores, passam a ser feitas judicialmente.**

### SUMÁRIO

1. Duração máxima da liquidação extrajudicial
2. Contagem do prazo
3. Prorrogação do prazo
4. Falta de observância do prazo

1. O corpo do art. 135.º do CCom determinava que os sócios, no acto de nomeação dos liquidatários, fixarão o prazo em que a liquidação deve terminar. O § 1.º do mesmo artigo dispunha que, não sendo os liquidatários nomeados pelos sócios ou não designando estes o prazo de liquidação, será este

determinado pelo respectivo juiz, ouvidos os sócios, que para isso serão chamados por editais de dez dias publicados na folha oficial. O Código de Processo Civil separava as duas hipóteses: quando a nomeação de liquidatários competir ao juiz, este, ao nomear os liquidatários, fixará o prazo para a liquidação (art. 1123.º); se os sócios tiverem nomeado liquidatários sem determinar o prazo para a liquidação, é este fixado judicialmente a requerimento de qualquer sócio ou credor, podendo ouvir-se previamente os liquidatários.

Destes preceitos deduzia-se que: *a*) deveria, por algum modo, ser fixado um prazo para a liquidação; *b*) que a duração do prazo de liquidação dependia ou da vontade dos sócios ou da decisão do juiz.

Este sistema tinha a vantagem de permitir, em cada caso, adequar às circunstâncias reais da sociedade o prazo para a liquidação; dissolvida a sociedade, os sócios poderiam conscientemente calcular o tempo necessário para a sociedade ser liquidada; as deficiências do prazo poderiam, como adiante se verá, ser corrigidas por uma prorrogação e a falta de cumprimento dava ensejo à intervenção judicial. A inteira liberdade de fixação pelos sócios do prazo inicial poderia, contudo, ser aproveitada para um excessivo protelamento da liquidação. Acrescia que, podendo o prazo da liquidação ser estabelecido no contrato de sociedade, nem sempre se efectuava a referida adequação consciente.

O art. 150.º CSC preferiu fixar um prazo inicial de liquidação — três anos — derrogável no sentido do encurtamento ou pelo contrato de sociedade ou por deliberação dos sócios. Prazo inicial superior ao estabelecido neste artigo não é válido, devendo ser reduzido até ao máximo legal.

Desde que o prazo é fixado pela lei, apenas com a ressalva das estipulações referidas, deixou de ter cabimento a fixação judicial de prazo, para liquidações extra-judiciais.

No sistema adoptado pelo CSC, não interessam o começo efectivo das operações de liquidação nem as eventuais interrupções destas, como, por exemplo, sucede na Lei brasileira n.º 6404, art. 209.º, II, que manda processar judicialmente a liquidação, a requerimento do Ministério Públlico, se a companhia, nos trinta dias subsequentes à dissolução, não iniciar a liquidação ou se, após iniciá-la, interrompê-la por mais de quinze dias, no caso do número I do art. 206.º.

2. O prazo começa a contar-se a partir da data em que a sociedade se considera dissolvida, o qual varia conforme a natureza da causa de dissolução e do modo como foi feita a sua actuação, e dentro dele deve a liquidação estar encerrada e a partilha estar aprovada. Desaparecem assim dúvidas abertas pelo art. 135.º CCom, quando dizia «o prazo em que a liquidação deve terminar»; está agora claro que não se trata apenas da liquidação *st. sensu* — como aliás considerávamos entendimento preferível no domínio daquele Código — mas também não exige que a sociedade fique extinta dentro do referido prazo. O último acto que dentro desse prazo deve ser praticado é a aprovação da partilha, a qual se efectua nos termos do art. 157.º, n.º 4. Poderia parecer mais curial fazer incluir dentro do prazo a entrega dos bens partilhados (art. 159.º) e a inscrição no registo comercial (art. 160.º), mas optou-se pela aprovação da partilha, porque a partir desse momento estão definidos os direitos dos sócios ao saldo de liquidação; depois disso, há apenas operações de execução, que aliás podem acarretar demoras inesperadas e inimputáveis aos liquidatários.

3. A possibilidade de prorrogação do prazo inicial era já concedida pelo art. 135.º, § 2.º, CCom. Foi mantida pelo art. 150.º, n.º 2, como uma correcção à eventual imprevidência da lei ou dos sócios quanto a dificuldades concretas de liquidação dentro dos prazos iniciais. Relativamente àquele parágrafo do CCom há três diferenças a notar. E expressamente indicado quem resolve a prorrogação: deve ela ser

deliberada pelos sócios. Existe um prazo máximo para o prazo de prorrogação, mas é sempre de dois anos, sem qualquer ligação com a duração concreta do prazo inicial, resulte esta da lei, do contrato ou de deliberação dos sócios. Contanto que *no total* seja respeitado o tempo máximo de dois anos, podem os sócios deliberar mais do que uma prorrogação.

4. A falta de cumprimento do disposto nos n.os 1 e 2 do art. 157.º tem como consequência o disposto no n.º 3: «Não estando a liquidação encerrada e a partilha aprovada nos prazos resultantes dos números anteriores, passarão a ser feitas judicialmente»; já assim dispunha o art. 135.º, § 3.º, CCom e não se encontrou solução melhor. Nada dispor para o caso de desrespeito do prazo, seria pior do que nada preceituar quanto a prazos; proibir que a liquidação ou a partilha continuassem, seria deixar eternamente sociedades por liquidar; multas, além de difíceis de graduar, poderiam ser ou injustas ou pouco eficazes.

Como se verá no comentário ao art. 151.º, o facto de a liquidação passar a processar-se judicialmente não implica mudança dos liquidatários. Daí resulta que os actos de liquidação que estes praticarem depois de terminado o prazo de liquidação extrajudicial não são inválidos, por motivos ligados à pessoa dos liquidatários.

## ARTIGO 151.º

## (LIQUIDATÁRIOS)

**1 — Salvo cláusula do contrato de sociedade ou deliberação em contrário, os membros da administração da sociedade passam a ser liquidatários desta, a partir do momento em que ela se considere dissolvida.**

**2 — Em qualquer momento e sem dependência de justa causa, podem os sócios deliberar a destituição de liquidatários, bem como nomear novos liquidatários, em acréscimo ou em substituição dos existentes.**

**3 — O conselho fiscal, qualquer sócio ou credor da sociedade pode requerer a destituição judicial de liquidatário, com fundamento em justa causa.**

**4 — Não havendo nenhum liquidatário, pode o conselho fiscal, qualquer sócio ou credor da sociedade requerer a nomeação judicial.**

**5 — Uma pessoa colectiva não pode ser nomeada liquidatário, exceptuadas as sociedades de advogados ou de revisores oficiais de contas.**

**6 — Sem prejuízo de cláusula do contrato de sociedade ou de deliberação em contrário, havendo mais de um liquidatário, cada um tem poderes iguais e independentes para os actos de liquidação, salvo quanto aos de alienação de bens da sociedade, para os quais é necessária a intervenção de, pelo menos, dois liquidatários.**

**7 — As deliberações de nomeação ou destituição de liquidatários, e bem assim a concessão de algum dos poderes referi-**

**dos no artigo 152.º, n.º 2, devem ser inscritos no registo comercial.**

**8 — As funções dos liquidatários terminam com a extinção da sociedade, sem prejuízo, contudo, do disposto nos artigos 162.º a 164.º.**

**9 — A remuneração dos liquidatários é fixada por deliberação dos sócios e constitui encargo da liquidação.**

SUMÁRIO

1. Modificações da estrutura orgânica da sociedade. Quanto à assembleia dos sócios
2. Idem. Quanto ao órgão de administração e ao órgão de fiscalização
3. Novo órgão: o liquidatário
4. Capacidade e legitimidade do liquidatário
5. Designação do liquidatário
6. Número dos liquidatários
7. Modo de actuação dos liquidatários
8. Remuneração dos liquidatários
9. Pessoalidade do cargo de liquidatário
10. Cessação das funções de liquidatário

1. Dissolvida a sociedade, não se altera radicalmente a sua organização, mas produzem-se algumas modificações na sua estrutura orgânica e bem assim na competência de alguns órgãos subsistentes.

A prova da subsistência da assembleia geral — ou deliberações de sócios tomadas sem reunião de assembleia geral, conforme permitido para os vários tipos de sociedades — encontra-se antes de mais no art. 146.º, n.º 2, quando determina que, salvo quando outra coisa resulte das disposições subsequentes ou da modalidade de liquidação, continua a ser aplicável à sociedade em liquidação o preceituado para as sociedades não dissolvidas, com as necessárias adaptações. Aliás, pode mesmo dizer-se que é da natureza da sociedade que a assembleia dos sócios se reúna enquanto a sociedade existir e esta, embora em liquidação, continua a existir. Se dúvidas houvesse a esse respeito, seriam dissipadas pelos numerosos preceitos que se referem à assembleia geral ou a suas deliberações durante a liquidação e partilha: arts. 146.º, n.º 5, 148.º, 149.º, n.º 1, 151.º, n.ºs 1, 2, 6, 9; 159.º, n.º 2; 156.º, n.º 1; 157.º.

A competência da assembleia dos sócios — ou deliberações dos sócios tomadas por outra forma — sofre necessariamente alterações, que podem circunscrever-se aos seguintes aspectos; mantém-se a competência que não seja contrária aos fins ou mecanismo da liquidação; adita-se a competência tornada necessária pelos fins ou mecanismo da liquidação. O traço mais saliente da nova competência é a regulamentação da liquidação, com ressalva do disposto na lei e do estipulado no contrato de sociedade.

A competência para deliberar o regresso da sociedade à actividade e correlativamente pôr termo voluntário à liquidação constitui no estrangeiro o grande ponto de interrogação, mas entre nós o art. 161.º CSC não deixa dúvidas a tal respeito.

2. Os arts. 403 e 404 da Lei francesa de 1966 dispõem que «Les pouvoirs du conseil d'administration, du directoire ou des gérants prennent fin à dater de la décision de justice prise en application de l'article précédent [casos de dissolução judicial] ou de la société ne met pas fin aux fonctions du conseil de surveillance et des commissaires aux comptes».

Não contém o CSC preceito semelhante. Há, pois, que ver, por um lado, quando cessam os poderes dos órgãos de administração (gerentes, conselho de administração, direcção) e, por outro lado, se subsistem os órgãos de fiscalização.

Determina o art. 151.º, n.º 1, que «salvo cláusula do contrato de sociedade ou deliberação em contrário, os membros da administração da sociedade passam a ser liquidatários desta, a partir do momento em que ela se considera dissolvida».

Quando este preceito for directamente aplicável, não há nenhuma interrupção temporal entre o termo do órgão administrativo e o início do órgão de liquidação; as mesmas pessoas mudam simplesmente de funções, compondo o novo órgão. Quando, por causa de aplicação do contrato de sociedade ou deliberação social, tomada logo na altura da dissolução, haja que nomear liquidatários, ocorrerá um espaço de tempo, maior ou menor, entre a dissolução e a referida nomeação. Dois preceitos do CSC mostram, sem sombra de dúvidas, que os administradores ou gerentes se mantêm durante esse período: o art. 149.º, n.º 2, que os manda organizar o balanço e as contas da sociedade, nos sessenta dias seguintes à dissolução; o art. 145.º, n.º 2, que lhes atribui o dever de requerer a inscrição da dissolução da sociedade no registo comercial.

Quanto à subsistência de órgãos de fiscalização, não existe preceito legal expresso; do art. 155.º, n.º 2, talvez se possa deduzir argumento nesse sentido, quando manda apreciar o relatório e as contas anuais do liquidatário nos termos prescritos para o relatório e contas dos gerentes e administradores. A argumentação lógica decisiva consiste, porém, na falta de instituição de órgão de fiscalização específico da fase de liquidação, na necessidade de que tal fiscalização exista, na falta de preceitos legais que substituam esses órgãos por outros; como argumento de texto, o art. 151.º, n.ºs 3 e 4, pressupõe a manutenção do conselho fiscal.

Apurado que nalguns casos os gerentes ou administradores se mantêm temporariamente, há que determinar o termo das suas funções e as alterações que porventura sofra a sua competência durante esse período.

A primeira questão — que só se coloca quando não haja simples mudança de qualidade das mesmas pessoas, pois nesse outro caso as funções de administração terminam na data da dissolução — é de pouco clara solução, na falta de preceito legal expresso. Seguro é apenas que as funções dos gerentes ou administradores não terminam (embora a competência seja modificada) antes do prazo que a lei assinala para a sua intervenção no balanço do último e encurtado exercício; para além disso, colocam-se várias hipóteses duvidosas.

Se os gerentes ou administradores terminam antes dos sessenta dias a contar da dissolução a intervenção prescrita quanto ao balanço da sociedade, pode hesitar-se entre considerar terminadas as suas funções no dia em que essa intervenção se consumou ou no referido sexagésimo dia, desdobrando ainda a hipótese, conforme já tenha ou ainda não tenha sido nomeado liquidatário. Se os gerentes não cumpriram a sua obrigação quanto ao balanço e este vem a ser organizado pelo liquidatário, pode duvidar-se entre aquele sexagésimo dia ou o dia posterior em que for nomeado o liquidatário; restará apenas a primeira hipótese, se entretanto já o liquidatário tiver sido nomeado.

Considerando que a lei prevê a entrega pelos gerentes ou administradores ao liquidatário, de livros, documentos, haveres, etc. e, por outro lado, ser pouco natural que a lei deixasse uma sociedade sem qualquer órgão administrativo-representativo, pensamos que os gerentes ou administradores não terminam as suas funções sem ter sido nomeado o primeiro liquidatário; se esta nomeação ocorreu antes dos sessenta dias, o termo das funções dos gerentes ou administradores ocorre ou no fim desses sessenta dias, se até lá não foram cumpridos os deveres relativos ao balanço, ou no dia desse cumprimento.

Numa das hipóteses agora previstas, parece ocorrer uma mudança de competência dos gerentes ou administradores. Quando estes coexistem com liquidatários nomeados, a sua competência ficou reduzida à organização do balanço e contas da sociedade. Em contrário, pode pensar-se que os liquidatários ainda não podem iniciar as suas funções, visto que, na hipótese, ainda não há o balanço necessário para o início daquelas, mas uma outra ordem de questões leva a preferir a primeira solução: desde que a nomeação dos liquidatários se torna oponível a terceiros pelo registo, devem ser eles a representar a sociedade, pois os terceiros não têm meios de saber o que se passa com o balanço e contas, designadamente quando, na teoria contrária, os gerentes ou administradores seriam substituídos pelos liquidatários.

Passando às modificações de competência dos gerentes ou administradores, durante o tempo em que subsista a gerência ou conselho de administração e não haja liquidatário nomeado, lembramos que o art. 121.º CCom determinava: «Dissolvida a sociedade, todas as operações iniciadas pelos administradores reputam-se individuais, sujeitando-os a responsabilidade pessoal e solidária», preceito que se inspirava nos arts. 197.º e 201.º do Código de Comércio italiano, segundo os quais, os administradores, enquanto a nomeação dos liquidatários não tiver sido feita e aceite, são depositários dos bens sociais e devem prover aos negócios urgentes e, bem assim, que os liquidatários não podem empreender nenhuma nova operação de comércio e que, desrespeitando essa proibição, são responsáveis pessoalmente pelas operações empreendidas.

No Codice Civile italiano, para as sociedades simples, o art. 2274.º seguiu a linha do antigo art. 197.º, mas melhorou-o, passando a dispor que «Ocorrida a dissolução da sociedade, os sócios administradores conservam o poder de administrar, limitadamente aos negócios urgentes, até que sejam tomadas as providências necessárias para a liquidação». Por sua vez, o art. 2279.º retomou o antigo art. 201.º, dizendo «Os liquidatários não podem empreender novas operações. Violando esta proibição, eles respondem pessoalmente e solidariamente pelos negócios empreendidos». O art. 2278.º é mandado aplicar, com ressalva de certas disposições contratuais, e o art. 2279.º integralmente às sociedades por acções. De notar que nenhum daqueles dois artigos foi aproveitado para o nosso Código Civil.

Em França, as «novas operações» ou «novos negócios» aparecem a propósito da representação da sociedade pelos liquidatários — Lei de 1966, art. 412.º, 3.º trecho.

O nosso Código Comercial transpusera, portanto, para os administradores a proibição de novas operações constante do Código de Comércio italiano, mas evitando o adjectivo «novas» e falando em «iniciar operações», facilitara o entendimento do preceito; em contrapartida, omitia o empreendimento de novas operações ou início de operações a propósito dos liquidatários. No CSC nada se diz quanto aos administradores nesse período transitório e fala-se na competência dos liquidatários para continuar a actividade anterior da sociedade, mediante autorização dada pelos sócios, e em ultimar os negócios pendentes, sem necessidade de qualquer autorização.

A questão relativa aos administradores coloca-se necessariamente, desde que eles não se transformem imediatamente em liquidatários; desde que eles se mantêm em funções, há que determinar qual a sua competência e quais os seus deveres, por pouco tempo que seja.

À primeira vista, a fórmula italiana parece adequada; a sociedade está dissolvida, aguarda-se a nomeação dos liquidatários, para os administradores lhe entregarem a sociedade, estes conservam o poder de administrar, como dizia o antigo art. 197.º, mas devem limitar-se aos negócios urgentes. Alguns autores não vêem diferença entre esta fórmula e a usada no art. 197.º CCom., pensando que, como o património social deixa de ser, depois da dissolução, destinado ao exercício de uma empresa, os administradores não podem utilizá-lo para esse fim e só podem praticar, nos limites dos negócios urgentes, os actos necessários à conservação do património social. Dúvidas surgem, porém, quando se procura precisar os negócios urgentes ou os actos de conservação do património.

Incidindo a dissolução sobre uma sociedade que desenvolve uma actividade comercial ou industrial, parece *urgente* praticar todo e qualquer acto que se torne necessário para manter essa actividade em funcionamento, tal como se encontrava à data da dissolução, o que conduziria a eliminar praticamente a referida limitação; se, pelo contrário, se pretende dar conteúdo positivo à limitação, designadamente, entendendo-a como meros actos de conservação, arriscamo-nos a admitir que os administradores se vejam constrangidos a paralisar a dita actividade. Donde concluímos que a nova fórmula italiana é ambígua e perigosa.

Um factor importante no nosso direito e que não existe no direito italiano é a possibilidade de os liquidatários serem autorizados a continuar a actividade anterior da sociedade. Dele decorre logicamente que para os liquidatários poderem continuar a actividade anterior da sociedade é indispensável que os administradores, no referido tempo intermédio, a continuem também. Essa lógica conclusão depara, contudo, dificuldades práticas.

Se a continuação da actividade anterior está autorizada, aos liquidatários, pelo contrato de sociedade, afigura-se que a referida conclusão se aplica plenamente; os administradores não só podem, como devem, continuar a actividade anterior, para depois a entregarem aos liquidatários. Se o contrato de sociedade não concede tal autorização, ela pode vir a ser concedida aos liquidatários, por deliberação dos sócios, mas esta não ocorre necessariamente no momento da dissolução e, portanto, poderá haver um período durante o qual os administradores não sabem se a actividade social virá ou não a ser continuada.

A opção a fazer pelo intérprete consiste, pois, ou em recusar aos administradores o poder de continuar a actividade anterior da sociedade, por no futuro essa continuação poder não vir a ser concedida aos liquidatários; ou em admitir aquela continuação pelos administradores, atendendo a que no futuro a referida autorização pode vir a ser concedida aos liquidatários; ou em só admitir a continuação da actividade desde que ela seja especificadamente autorizada pelos sócios aos administradores. A primeira solução parece de afastar, porque ela precludiria a possibilidade de os sócios, quando julgassem oportuno, dirigirem os seus interesses no sentido da continuação da sociedade, com a qual podem, na liquidação, ser conseguidas importantes vantagens. Embora com hesitações entre a segunda e terceira das soluções, preferimos a segunda. A terceira impõe aos sócios o ónus de tomar uma decisão rápida, coincidente ou quase com a dissolução, a qual pode ser precipitada por não estarem ainda exploradas as possibilidades de liquidação vantajosa para as quais a continuação da actividade anterior constitui pressuposto. A segunda solução permite que os sócios tomem a deliberação de continuar temporariamente a actividade ou de a fazer cessar no momento em que conscientemente o possam fazer, nada impedindo que uma deliberação no sentido de cessação da actividade (desnecessária para os liquidatários, pois só mediante autorização expressa podem continuar a actividade) seja tomada antes de os liquidatários serem nomeados.

Manifestamente, a causa de dissolução pode impedir a continuação da actividade (causas relativas ao objecto da sociedade).

A continuação pelos administradores da actividade anterior da sociedade deve ser orientada como indicaremos para os liquidatários, a tal autorizados.

Ainda relativamente aos administradores pode colocar-se o problema inverso daquele que acabamos de tratar: saber se eles podem praticar actos de liquidação, no referido período intermédio ou até mesmo antes de a sociedade ser dissolvida.

Começando por esta segunda hipótese, consiste ela em a sociedade, ainda em fase activa, pois não ocorreu dissolução mas prevendo esta (mais naturalmente, por deliberação dos sócios) e preparando-a, praticar verdadeiros actos de liquidação. Seguramente, os administradores *por si* não poderão fazê-lo; os seus poderes e os seus deveres reportam-se à administração da sociedade como entidade activamente em funcionamento. Transpondo a questão para os sócios — por meio de deliberações, a executar pelos administradores — afigura-se que, ressalvados os interesses dos credores que não são neste caso necessariamente afectados, é-lhes lícito tomar unanimemente tal atitude; tomadas essas deliberações por maioria, serão elas anuláveis, visto que contrariam o fim do contrato de sociedade.

Afigura-se que, depois da dissolução, não podem os administradores praticar actos de liquidação, os quais são reservados para os liquidatários. Cuidado deve, porém, ser posto na qualificação como de liquidação, de actos concretos; por exemplo, nos actos de liquidação incluem-se a cobrança de créditos da sociedade vencido ou o pagamento de uma dívida social, mas estes são actos que entram na competência dos administradores mantidos em funções e não devem, para o efeito, ser considerados como actos de liquidação.

3. O CCom declarava no art. 131.º que aos sócios devidamente reunidos pertence a nomeação dos liquidatários e no art. 133.º que, aprovadas as contas da gerência, com o inventário e balanço, por estes se efectuará a entrega aos liquidatários de todos os documentos, livros, papéis, fundos e haveres da sociedade, a fim de se começar a liquidação.

Impunha, pois, o Código a nomeação de liquidatários e muito claramente mostrava que os administradores ou gerentes cessavam as suas funções, como tais, e não assumiam as funções de liquidatários. Manifestamente, o Código não proibia que a nomeação de liquidatários recaísse sobre pessoas que, à data da dissolução, exercessem a administração ou a gerência, mas exigia um corte radical e expresso, constituído, nesse caso, pelo acto de nomeação como liquidatários. Na prática, apareciam contratos de sociedade em que se estipulava que serviriam como liquidatários os últimos gerentes ou administradores da sociedade, cláusula essa que não suscitou problemas, embora o CCom não fosse claro quanto à possibilidade de nomeação de liquidatários no contrato de sociedade e, se tal problema fosse resolvido no sentido da licitude, pudesse argumentar-se que tal cláusula não procedia a uma nomeação.

Essa orientação da lei portuguesa era compartilhada por muitas legislações, enquanto outras, como a belga, a espanhola e a suíça, confiam as tarefas de liquidação aos administradores que estiverem em funções à data da dissolução, sem embargo da nomeação de liquidatários, em certas condições. Das leis mais recentes, a francesa de 1966 mantém o sistema de nomeação específica (arts. 406.º e segs.), a alemã de 1965 determina que a liquidação incumbe aos membros do *Vorstand* na qualidade de liquidatários (§ 265, 1).

Para a necessidade de substituição (ou, pelo menos, para conveniência de sujeitar a manutenção a consciente exame no momento próprio) argumentava-se que as exigências e natureza da vida social no período de liquidação são diversas das verificadas durante a fase activa da sociedade e que, portanto, podem os administradores ou gerentes não se adaptar às novas circunstâncias e tarefas, mas o argumento tem sido repelido notando-se que a diferença não é tal que leve a presumir a inaptidão de quem fez o mais difícil — a administração normal da sociedade — para praticar o mais fácil. Mais pacífica e correntemente se dizia que esse sistema tinha a vantagem de dar aos sócios uma oportunidade de escolher uma pessoa, sócia ou não sócia, de sua confiança para decidir os conflitos de interesses *entre sócios* suscitados pela liquidação, pois enquanto a sociedade desenvolve a sua actividade normal os administradores ou gerentes têm o dever e o poder de a dirigir sem suporem latente ou aberto um conflito entre os interesses dos sócios, mas na fase de liquidação os interesses dos sócios e os possíveis conflitos entre eles passam ao primeiro plano, visto que a liquidação deve conduzir à partilha.

A força deste argumento não é tão grande quanto pode parecer, pois não é aceitável que a fase de liquidação, por conduzir à partilha ou por outros motivos, seja uma fase de conflitos institucionalizados, mas importa mais acentuar que o sistema de continuidade de *pessoas* recomenda-se por dois motivos: o conhecimento que os administradores ou gerentes já têm da sociedade que administraram; a possibilidade de imediato começo das tarefas de liquidação.

O art. 151.º, n.º 1, dispõe que «Salvo cláusula do contrato de sociedade ou deliberação em contrário, os gerentes ou administradores da sociedade passam a liquidatários desta, a partir do momento em que ela se considere dissolvida». Em regra, os administradores ou gerentes, mudam de qualidade — como diz o citado preceito alemão — passando a exercer funções de liquidatários; o órgão é outro, mas os novos cargos são, por força da lei, providos nas pessoas que exerciam os cargos anteriores.

As circunstâncias específicas de cada sociedade — qualidades das pessoas para as novas tarefas, composição do antigo órgão administrativo inadequada para tarefas de liquidação — podem, contudo, ser ponderadas pelos sócios em dois momentos: ou logo no contrato de sociedade ou na altura da dissolução. A primeira das duas excepções abertas pelo art. 151.º, n.º 1, não força os sócios a nomear os liquidatários no contrato de sociedade; eles podem limitar-se a derrogar a regra estabelecida naquele número, estipulando que, dissolvida a sociedade, se procederá à nomeação dos (primeiros) liquidatários. A segunda das referidas excepções tem oportunidade própria; para ser evitada a aplicação da regra do art. 151.º, n.º 1, é indispensável que a nomeação ocorra simultaneamente com a deliberação (qualquer que seja a natureza desta) que incida sobre a dissolução, pois se assim não acontecer, os administradores ou gerentes passarão, por muito ou pouco tempo, a servir como liquidatários e a deliberação dos sócios terá por objecto a *substituição* deles.

A dissolução (e consequente entrada na fase de liquidação) importa uma mudança na orgânica da sociedade; em vez do anterior órgão de administração — gerência, conselho de administração, administrador único, direcção — passa a existir um órgão de liquidação.

Há leis em que o órgão de administração pode ser mantido — Lei brasileira das sociedades anónimas, art. 208.º, § 1.º: «A companhia que tiver conselho de administração poderá mantê-lo, competindo-lhe nomear o liquidante [...]». Não é esse o sistema da nossa lei, excepto para o caso de dissolução por falência.

O art. 122.º, § único, CCom dispunha que os administradores da sociedade continuarão a representá-la até final conclusão da quebra, e o art. 1289.º do CPC pressupõe a manutenção do órgão administrativo, ao dispor que «Os directores, administradores ou gerentes de sociedades de responsabilidade limitada ficam sujeitos às obrigações que no processo de falência incumbem ao falido singular; devem ser ouvidos no caso em que se exige que o seja o falido e têm legitimidade para opor embargos à falência e para interpor os mesmos recursos que competem ao falido singular.»

O CSC não repete o disposto naquele artigo do CCom e seria ilegítimo pretender que o citado preceito do CPC constitui aplicação de regra geral quanto à manutenção do órgão administrativo de sociedade dissolvida. Ao considerar especialmente a falência de sociedades, o CPC depara a necessidade de atribuir a alguém os poderes e os deveres que, em geral, incumbem ao falido singular; sob pena de tais poderes e deveres, no caso de sociedades, não poderem ser exercidos, era indispensável encarregar alguém de os exercer e a solução natural é manter, para esse efeito, o órgão que anteriormente representava a sociedade.

4. O CSC contém apenas uma regra quanto à capacidade e legitimidade para ser nomeado liquidatário. Em tudo o mais, devem ser aplicadas as regras respeitantes a gerentes ou administradores. Capacidade e legitimidade não estão referidas no art. 152.º, n.º 1, que procede à equiparação quanto a deveres, poderes e responsabilidade, mas não se vê motivo para excluir a analogia neste caso.

Já no domínio da legislação anterior, a nomeação para liquidatário poderia recair em pessoa que não fosse sócia; o mesmo sucede actualmente, visto que nesse aspecto não é posta limitação alguma, acrescendo que, não sendo hoje exigida a qualidade de sócio para a nomeação de gerentes ou administradores, a continuação de pessoas admitida como regra pelo art. 151.º, n.º 1, pode conduzir ao exercício do cargo de liquidatário por pessoa que não seja sócia.

Entende-se geralmente que o sócio comanditário pode ser nomeado liquidatário e nessa qualidade agir, sem incorrer em responsabilidade ilimitada, e vinculando a sociedade. Esta opinião funda-se na inexistência, durante a liquidação, dos perigos que conduziram os legisladores à proibição de gerência dos comanditários, visto que, por um lado, não há perigo de que o comanditário se aproveite da sua responsabilidade limitada para envolver a sociedade em operações temerárias e, por outro lado, o público não é enganado sobre o título a que o sócio comanditário passa a actuar e consequente extensão da sua responsabilidade, dada a publicidade da nomeação. Aliás, no CSC, art. 464.º, n.ºs 1 e 2, foi esbatida a antiga proibição de ingerência do sócio comanditário na administração da sociedade, pois admite-se que o contrato de sociedade permita a atribuição da gerência ao sócio comanditário, bem como a delegação nele de poderes de gerência.

O art. 151.º, n.º 5, proíbe que uma pessoa colectiva ou sociedade seja nomeada liquidatário, exceptuadas as sociedades de advogados ou de revisores de contas. O afastamento das pessoas colectivas e sociedades do exercício de cargos de administração ou de fiscalização em sociedades é orientação geral do CSC: art. 191.º, n.º 3, para as sociedades em nome colectivo; art. 252.º, n.º 1, para as sociedades por quotas; art. 390.º, n.ºs 3 e 4, para os administradores de sociedades anónimas; art. 414.º, n.º 1, para os membros do conselho fiscal; art. 425.º, n.º 5, al. *a*), para os directores de sociedades anónimas.

Nalguns dos preceitos acabados de citar, diz-se que a nomeação de pessoa colectiva entende-se como conferindo a esta a faculdade de designar a pessoa singular que, em nome próprio, exercerá o cargo; nalguns outros preceitos, como o art. 151.º, n.º 5, nada de semelhante aparece. Não se trata de omissões involuntárias, que possam ser preenchidas por analogia com o primeiro género de preceitos; nesses casos a nomeação de pessoa colectiva é nula, pura e simplesmente.

Não é proibida a nomeação de sociedades de advogados e de sociedades de revisores de contas, pois estas sociedades de profissionais têm vocação para o exercício de funções deste género.

5. A designação de liquidatários pode revestir três modalidades: designação resultante da lei; nomeação pelos sócios, nomeação pelo tribunal.

Na França e na Itália apareceram opiniões no sentido de que a nomeação dos liquidatários pode ser atribuída aos credores sociais. Sem nos pronunciarmos quanto ao cabimento de tal nomeação nesses direitos — onde, aliás, se nos afigura que os textos legais não a permitem — e embora reconhecendo haver legislações, como a inglesa, em que ela é permitida, não é ela admissível no nosso direito. O CSC não a refere e não tem força para a introduzir o argumento de que o liquidatário — como se aduz lá fora — em certa medida, age no interesse dos credores; deste interesse não se segue que a nomeação caiba aos credores, mas sim, quando muito, que aos credores cabe uma palavra se os liquidatários nomeados pelos sócios prejudicarem aqueles interesses (destituição e designação judicial por iniciativa dos credores, art. 151.º, n.ºs 3 e 4). Em Itália não se considera lícito confiar a nomeação de liquidatário a um estranho ou ao conselho fiscal, embora subordinadamente à falta de nomeação pela assembleia (pode ver-se um caso desse género em RS, 1961, pág. 681).

A designação resultante da lei ocorre nas já referidas circunstâncias previstas pelo art. 151.º, n.º 1: são designados os gerentes ou administradores da sociedade, contanto que não haja cláusula do contrato ou deliberação dos sócios em sentido contrário. Em bom rigor, nesta designação concorrem dois factores; a lei, por meio da citada disposição; um facto anterior (normalmente, mas nem sempre, uma deliberação dos sócios) de designação dos gerentes ou administradores; é, contudo, apenas a lei que designa *como liquidatários* as pessoas que, por outros factos, foram designadas gerentes ou administradores. Manifestamente, a designação pela lei reporta-se a quem for administrador ou gerente à data da dissolução da sociedade e abrange todas as pessoas que, nessa data, exerçam essas funções.

Os gerentes ou administradores não podem ser forçados, contra sua vontade, a exercer as funções de liquidatários; pelo menos, poderão renunciar a tais funções, como podem fazer quaisquer outros liquidatários, bem como podem evitá-las renunciando aos seus cargos antes de a sociedade ser dissolvida. Duvidosa é uma terceira possibilidade: a de *não aceitarem* as novas funções, não chegando assim a iniciar o exercício delas. Parece admissível também esta possibilidade; a lei pretende que, pela mudança de qualidade, as novas funções sejam exercidas pelas mesmas pessoas, mas não indica que queira fazê-lo à custa de mudança *forçada*, cujo efeito prático consistiria apenas em dizer-se que tais pessoas foram liquidatárias durante uns momentos.

A nomeação pelo sócios pode ser feita ou no contrato de sociedade ou por deliberação. Já acima distinguimos a nomeação efectuada pelos sócios no contrato de sociedade e a cláusula deste contrato que, sem proceder a nomeação, derrogue a norma geral do art. 151.º, n.º 1, estabelecendo para essa sociedade a nomeação em deliberação dos sócios como forma de designação dos liquidatários.

A nomeação dos liquidatários no contrato de sociedade não estava expressamente prevista no CCom e por isso era possível discutir a sua licitude, aliás sem argumentos concludentes no sentido negativo. Se está ou não hoje prevista no CSC, depende da interpretação da frase inicial do art. 151.º, n.º 1, «Salvo cláusula do contrato de sociedade». Em minha opinião, essa frase abrange tanto a cláusula que derrogue o referido preceito, estabelecendo um modo de designação diferente, como aquela que proceda directamente à nomeação. A regra legal cede perante a vontade dos sócios e esta manifesta-se por qualquer dos referidos modos. Dos antigos argumentos em sentido contrário a este — e que já acima referimos — um era tão fraco antes como hoje: a dificuldade de os sócios, logo no contrato de sociedade determinarem as pessoas aptas para a liquidação em épocas muito afastadas; responde-se que o problema deve ser encarado pelos sócios, os quais, aliás, têm possibilidade, por alteração do contrato, de corrigir a estipulação inicial. O outro argumento, que não afastava inteiramente, mas condicionava, esta cláusula contratual apenas no caso de ela ser introduzida por meio de alteração do contrato, consistia na maioria qualificada exigida para a nomeação de liquidatários, quando os requisitos da alteração do contrato fossem menos exigentes; é argumento hoje inutilizável, como a seguir se verá. Notáveis são também, entre essas leis, as flutuações de critérios: para as sociedades anónimas, o Código italiano exige as condições de maioria das assembleias gerais extraordinárias, mas a lei francesa contenta-se com a maioria das assembleias gerais ordinárias.

Além da falta de motivo visível para neste caso ser exigida maioria qualificada, há hoje uma razão de coerência com o modo normal de designação de liquidatários; se estes, como regra, são os gerentes ou administradores e se para a designação destes não é sempre necessária uma maioria qualificada, é incoerente exigir tal maioria quando a designação seja feita por nomeação em deliberação de sócios. Aliás, já o nosso actual CC, no art. 1021.º, omitiu a maioria para a nomeação de liquidatários pelos sócios, apesar de o Código Civil italiano, para sociedades simples, exigir a unanimidade dos sócios.

Algum efeito pernicioso deste novo sistema é eliminado ou atenuado por dois factores: primeiro, a possibilidade de os sócios, dentro dos seus poderes de regulamentação da liquidação, reclamarem a unanimidade ou uma maioria qualificada; segundo, a possibilidade de o sócio minoritário requerer a destituição judicial do liquidatário, provando justa causa para tanto, e de os sócios maioritários poderem proceder directamente à destituição, mesmo sem justa causa.

No lugar próprio se verá a quem compete a iniciativa de convocação da assembleia geral quando for necessário nomear liquidatários, em acréscimo ou substituição de outros. Pode, porém, surgir idêntico problema quando inicialmente haja que nomear liquidatários, por assim estipular o contrato de sociedade. Nas sociedades que tenham conselho fiscal, este pode fazê-lo, nos termos dos arts, 377.º, n.ºs 1 e 7. Consoante o n.º 2 do art. 375.º, a assembleia geral poderá ser convocada a requerimento de um ou mais accionistas que possuam acções correspondentes, pelo menos, a cinco por cento do capital social ou ao valor nominal de 1 000 000$00. Além disso, porém, e com carácter genérico, essa iniciativa deve pertencer aos gerentes ou administradores, como seu dever, visto que eles apenas cessam as suas funções quando os liquidatários forem nomeados e entre tais funções conta-se a iniciativa para assembleias gerais que forem necessárias.

A nomeação dos liquidatários pode ser feita judicialmente, nos termos do art. 151.º, n.º 4.

A nomeação judicial pressupõe que não haja nenhum liquidatário, situação essa que pode ocorrer em circunstâncias diversas. Distinguindo faltas a que convencionalmente chamaremos *inicial* e *subsequente*, temos, quanto à primeira modalidade: se for aplicável a regra da mudança de qualidade de gerente ou administrador para liquidatário, pode suceder que, na data da dissolução, não haja gerentes ou administradores, ou porque morreram ou porque foram destituídos ou porque renunciaram, etc.; se os liquidatários foram nomeados no contrato, pode acontecer que, na referida data, ou já não existam, ou sejam incapazes ou não aceitem; se, pelo contrato de sociedade, os liquidatários devem ser nomeados por deliberação dos sócios, são previsíveis várias eventualidades, tais como, a assembleia geral não chegar a ser convocada, ser convocada mas não tomar deliberação alguma, tomar uma deliberação mas por maioria inferior à exigida pelo contrato ou ainda, a deliberação de nomeação ser validamente tomada, mas os nomeados não aceitarem os cargos. A falta a que chamamos subsequente pode ocorrer quando todos os liquidatários cessem as suas funções por qualquer dos factos que têm tal efeito.

Os condicionalismos da nomeação judicial dos liquidatários estabelecidos em leis estrangeiras têm dado lugar a dificuldades. Assim, o art. 407.º da lei francesa diz «si les associés non pu nommer un liquidateur», mas a doutrina faz interpretação lata, permitindo a nomeação não só quando não foi atingida a maioria necessária para a deliberação mas também quando a assembleia nem sequer chegou a reunir; o art. 2450.º Cod. Civile italiano diz «o quando la maggioranza prescritta non è raggiunta» e a doutrina considera necessária a legítima convocação da assembleia pelos órgãos competentes, pois não se pode dizer que a maioria não foi alcançada, se a assembleia nem sequer foi convocada.

Interpretado à letra o art. 151.º, n.º 4, a nomeação judicial de liquidatário poderia ser requerida logo que não houvesse, ou inicial ou subsequentemente, nenhum liquidatário. Tal interpretação não é, contudo, razoável, se considerarmos a nomeação judicial como um último recurso e não como um meio alternativo de provimento do cargo. Hipóteses há em que é lícito aos sócios proceder à nomeação por sua deliberação — provimento inicial, quando o contrato de sociedade assim estipule; todos os provimentos subsequentes — devendo dar-se aos sócios o tempo necessário para tal deliberação ser tomada. Entendemos, pois, que antes da nomeação judicial deve ter decorrido um tempo razoável — medida mais precisa não pode exigir-se, na falta de indicação na lei, sem prejuízo de o contrato de sociedade a poder determinar — para a nomeação por eles, mas decorrido esse tempo, serão irrelevantes as circunstâncias que conduziram à situação de falta de nomeação por esse meio.

Pelo art. 2450.º Cod. Civ. italiano, a nomeação judicial depende de requerimento «dei socii, degli ammistratori o dei sindaci»; o nosso art. 151.º, n.º 4, legitima para o requerimento de nomeação judicial o conselho fiscal, qualquer sócio e qualquer credor da sociedade. A doutrina italiana justifica a legitimidade dos administradores invocando, entre outros factos, a obrigação que eles têm de convocar a assembleia geral para nomeação dos liquidatários, argumento este que não pode funcionar no nosso direito quando, para provimentos iniciais, seja aplicável a regra da mudança de qualidade dos administradores para liquidatários, mas que talvez fosse susceptível de emprego quando o contrato de sociedade prescreva a nomeação por deliberação dos sócios. Na verdade, nesses casos, a convocação da assembleia geral tem de partir dos gerentes ou administradores, uma vez que, por definição, ainda não há liquidatários. Apesar disso, o argumento italiano não colhe, porque não é logicamente forçoso que o dever de convocação se alargue a um dever de providenciar, pela nomeação judicial, ao preenchimento dos cargos; é perfeitamente lógico que aos gerentes ou administradores compita convocar a assembleia geral para aquele efeito, mas aí se esgote a sua intervenção, passando a iniciativa para quem por outros motivos deva ter legitimidade.

Nas sociedades em que haja conselho fiscal, tem este legitimidade para requerer a nomeação judicial dos liquidatários, podendo apenas duvidar-se se esse pertence ao conselho, como tal, ou aos seus membros individualmente. O conselho é um órgão colegial, salvo quanto aos deveres e poderes de fiscalização que a lei imputa individualmente aos seus membros. Deve, pois, o conselho fiscal deliberar a tomada de iniciativa para aquele efeito e em nome do conselho ser apresentado o requerimento.

O § 265, 3 AktG permite a nomeação judicial de liquidatários a requerimento de uma minoria de accionistas cujas acções perfaçam a vigésima parte do capital social ou o valor de um milhão de marcos alemães, desde que se verifiquem fortes razões. Deve notar-se que o preceito abrange tanto a nomeação como a destituição de liquidatários; quanto à segunda, as «fortes razões» correspondem à justa causa, exigida pelo art. 151.º, n.º 3; quanto à primeira, a «forte razão» é apenas a falta total de liquidatários. No aspecto agora relevante, esse preceito cria um direito de minoria e não um direito de cada sócio, mas afigura-se preferível o sistema italiano, pois efectivamente o interesse na nomeação do liquidatário, como factor indispensável da liquidação, é qualitativamente igual para todos os sócios, independentemente do volume da sua participação.

No respeitante à legitimidade de credores sociais, o nosso preceito seguiu a lei francesa, art. 407.º, que se refere a «tout intéressé», expressão que, segundo consenso unânime da doutrina, compreende aqueles credores. A necessidade de permitir aos credores sociais este requerimento tinha conduzido, em França antes da Lei de 1966, a atribuir-lhes o exercício da acção dos sócios, mas é mais claro e correspondente aos interesses dos credores na liquidação, a atribuição de acção directa. Já, porém, quanto aos credores individuais de sócios de responsabilidade ilimitada, que a doutrina francesa também considera «interessados» para este efeito, a lei portuguesa não lhes reconheceu idêntica legitimidade.

As modalidades de designação de liquidatários previstas na lei portuguesa não variam consoante a dissolução da sociedade tenha ou não sido ordenada ou reconhecida pelo tribunal. Entre nós não foi criada doutrina semelhante à francesa que admitia a nomeação do liquidatário pelo tribunal desde que a dissolução tivesse sido judicialmente decretada por justos motivos, nem hoje existe texto semelhante ao art. 408.º da Lei de 1966 que — com severas críticas da doutrina — prescreve: «Si la dissolution de la société est prononcée par décision de justice, cette décision désigne un ou plusieurs liquidateurs.»

A nomeação judicial do liquidatário ao abrigo do art. 151.º, n.º 4, não muda a natureza da liquidação, de extrajudicial para judicial; nomeado o liquidatário pelo tribunal, a liquidação continua a processar-se extrajudicialmente. Sobre a nomeação de liquidatário no processo judicial de liquidação, v. este processo.

6. Tal como sucedia no CCom, o CSC refere-se a liquidatários, no plural, mas tanto anteriormente como hoje, isso não impede que para a liquidação de uma sociedade haja um só liquidatário. O modo de redacção da lei explica-se não só por estar a ser feita referência genérica aos liquidatários de todas as sociedades, como também pela comodidade de linguagem, usual para evitar a constante referência a uma ou mais pessoas.

Qualquer dúvida a respeito da licitude da fixação do número de liquidatários em mais de um, é hoje dissipada pelo art. 151.º, n.º 6, quando diz «havendo mais de um liquidatário»; complementarmente pode notar-se que a mudança de qualidade de administrador ou gerente para liquidatários pode acarretar o exercício desta função por uma só pessoa, se a sociedade tinha um só gerente ou administrador. Esta possibilidade existe para sociedades de qualquer tipo; mesmo quando, na fase activa da sociedade, a administração devia ser ou era de facto plural, nada impede que, pelos meios adiante referidos, a função de liquidatário seja atribuída a uma só pessoa.

O número de liquidatários de uma sociedade pode resultar do modo de designação; quando for aplicável a regra da mudança de qualidade dos gerentes ou administradores para liquidatários, o número destes será melhor o número daqueles. Quando a nomeação seja feita judicialmente, é discutível se deverá ser nomeado apenas um liquidatário ou devem ser nomeados tantos quantos o número de liquidatários que estiver fixado para essa sociedade pelo respectivo contrato ou por deliberação dos sócios. Da letra do art. 407.º da lei francesa têm alguns autores deduzido que o tribunal pode nomear apenas um liquidatário, embora o raciocínio não pareça muito seguro, pois a palavra *un* nesse texto pode estar empregada com sentido indefinido («Si les associés n'ont pu nommer un liquidataire, celui-ci ...», «un» como numeral ou como «qualquer»). Da letra do nosso preceito nada pode inferir-se a tal respeito, pois somente diz «requerer a nomeação judicial». Afigura-se-nos que o tribunal nomeará *um* liquidatário, não obstante o que estiver disposto pelos sócios; a nomeação judicial é um meio subsidiário, para ocorrer à negligência ou dificuldade dos sócios e deve limitar-se ao mínimo necessário para a liquidação se iniciar ou prosseguir. Nada impede, porém, que, podendo nessa sociedade haver mais de um liquidatário, os sócios nomeiem outro ou outro, além do nomeado pelo juiz.

Quando não for aplicável, nos termos acima indicados, a citada regra da mudança de qualidade dos gerentes ou administradores para liquidatários, o número destes pode ser fixado, como regulamentação da liquidação, ou pelo contrato de sociedade ou por deliberação dos sócios (art. 146.º, n.º 5). No silêncio do contrato e na falta de fixação por meio de deliberação, bastará nomear um. Sendo o contrato omisso, não parece que a deliberação de nomeação deva ser precedida da deliberação formal e expressa de fixação de número; em cada momento, o número de liquidatários nomeados (v. art. 151.º, n.º 3, que permite, em qualquer momento, a nomeação de novos liquidatários, em acréscimo aos existentes).

7. A pluralidade dos liquidatários suscita o problema do modo de actuação destes. Basicamente, quatro sistemas

podem conceber-se: a actuação individual ou disjunta, em que cada liquidatário pode praticar isoladamente todos os actos relativos à liquidação; a actuação colectiva ou conjunta, em que os liquidatários devem praticar em conjunto os actos de liquidação ou, por outras palavras, em que os actos de liquidação devem ser actos plurais, pela participação de todos (ou um certo número deles) os liquidatários; a actuação colegial, em que se forma e como tal actua, um colégio de liquidatários; a actuação sucessiva, em que um liquidatário actuará apenas na falta de outro ou outros.

A escolha do sistema de actuação dos liquidatários compete em primeiro lugar aos sócios, quer no contrato de sociedade, quer por deliberação depois de dissolvida a sociedade. Tal escolha caberia nos poderes de regulamentação conferidos aos sócios pelo art. 146.º, n.º 5, mas é especialmente prevista na frase inicial do art. 151.º, n.º 6, «Sem prejuízo de cláusula do contrato de sociedade ou de deliberação em contrário».

Não sendo o sistema de actuação dos liquidatários regulado pelos sócios, aplica-se o disposto no art. 151.º, n.º 6: cada um tem poderes iguais e independentes para os actos de liquidação, salvo quanto aos de alienação de bens da sociedade, para os quais é necessária a intervenção de, pelo menos, dois liquidatários.

O sistema supletivo instituído como regra é o individual ou disjunto; para os actos de alienação de bens da sociedade está prescrito um sistema conjunto ou plural, que força à intervenção de, pelo menos, dois liquidatários. Esta última hipótese não admite interpretações restritivas, consoante a espécie dos bens a alienar; sejam bens móveis ou imóveis, participações noutras sociedades, obrigações de outras sociedades, etc., é sempre necessária a conjunção de dois liquidatários.

Perante tão clara disposição legal, não interessa averiguar qual seria a actuação preferível; a estabelecida por lei tem a vantagem de facilitar a liquidação, permitindo que, ressalvada a mencionada excepção, cada um pratique os actos necessários para aquele fim. O sistema de actuação disjunto suscita, contudo, sempre o problema das divergências entre as pessoas habilitadas a praticar os mesmos actos. Para o mesmo problema, entre administradores de sociedades civis, dispõe o art. 985.º, n.º 2, CC, que qualquer dos administradores tem direito de se opor ao acto que outro pretenda realizar, cabendo à maioria decidir sobre o mérito da oposição e este preceito deve ser aplicado, no caso de pluralidade de liquidatários disjuntos. Em última análise, a divergência pode ser resolvida por deliberação dos sócios, como terá de suceder se houver apenas dois liquidatários e entre eles surgir a divergência quanto ao acto a praticar por algum deles.

Ordenada pelo contrato de sociedade ou por deliberação dos sócios a pluralidade de liquidatários, pode suceder que, por qualquer circunstância, o número prescrito não esteja ou deixe de estar totalmente preenchido. Caso análogo está previsto no art. 253.º, n.º 3, do qual resulta, para a falta de liquidatários: se o número de liquidatários em exercício baixou, mantendo-se, contudo, o número de liquidatários necessário (ou as pessoas nominalmente necessárias) para a representação da sociedade, tal baixa não afecta o prosseguimento da liquidação nem altera o regime de actuação que se encontrava prescrito; se deixaram de existir liquidatários, no número prescrito necessário para a representação da sociedade, há que distinguir, conforme falta ou não um liquidatário que, por força do contrato, tenha sido nominalmente designado para intervir como representante da sociedade; se é esse liquidatário que falta, a cláusula do contrato caduca; no caso contrário, os sócios podem deliberar a nomeação, mas se, no prazo de trinta dias a vaga não tiver sido preenchida, pode qualquer sócio ou liquidatário requerer ao tribunal a nomeação de liquidatário até a situação ser regularizada, nos termos do contrato ou da lei. Temos assim um outro caso de nomeação judicial de liquidatários, a não confundir com o previsto no art. 151.º, n.º 4.

Finalmente, note-se que os liquidatários podem, de certa maneira, organizar a sua forma de actuação. Com efeito, nada impede que eles combinem entre si a actuação colectiva ou a colegial, sem, contudo, poderem opor esse facto a terceiros ou à sociedade. Como, faltando definição pelos sócios do modo de actuação, eles podem individualmente praticar os actos de liquidação, ressalvada a alienação de bens da sociedade, é-lhes lícito acordar com os outros um regime em que tais actos sejam praticados por mais do que um, mas nem podem esquivar-se à responsabilidade por inadimplemento dos seus deveres com fundamento na recusa de intervenção de outro co-liquidatário, nem podem alterar a regra de representação estabelecida por lei.

8. Ocupamo-nos agora apenas dos direitos que o liquidatário pessoalmente tenha contra a sociedade ou os sócios, por causa do exercício do seu cargo; os poderes e deveres funcionais serão tratados no comentário ao art. 152.º.

O art. 151.º, n.º 9, refere o direito do liquidatário à remuneração, dizendo que esta é fixada por deliberação dos sócios. No direito anterior, entendia-se que a remuneração dos liquidatários podia ser fixada ou pelo contrato de sociedade ou por deliberação dos sócios e não parece que o preceito actual tenha tido intenção de excluir a primeira modalidade. Sendo a remuneração fixada pelo contrato de sociedade, não terá cabimento a fixação por deliberação dos sócios; a remuneração fixa, se desactualizada, e a remuneração variável, se inadequada por excesso ou defeito, só podem ser corrigidas por meio de alteração do contrato.

Os sócios podem fixar, por deliberação, a remuneração dos liquidatários, antes ou depois da designação destes, embora seja pouco natural que a designação seja aceite sem prévio conhecimento da remuneração, salvo circunstâncias especiais, como o da influência dos liquidatários, como sócios, na decisão que venha a ser tomada.

Não há limitação alguma quanto ao modo de fixação. São admissíveis uma remuneração fixa global, uma remuneração fixa anual ou mensal, uma remuneração variável, designadamente proporcional ao valor do activo realizado, ao valor do passivo pago ou ao valor do saldo partilhado entre os sócios.

No caso de o contrato não providenciar a tal respeito e os sócios nada terem deliberado sobre o assunto, podem surgir várias dificuldades.

A primeira consiste em saber se o cargo se presume gratuito ou remunerado. Não só como presunção de facto, que se deduz da prática de todos os cargos sociais, mas também como presunção legal que se retira do art. 151.º, n.º 9, o cargo de liquidatário deve ser remunerado, salvo prova em contrário. Esse n.º 9, ao regular o meio de fixação da remuneração, pressupõe que normalmente os liquidatários são remunerados.

A segunda dificuldade respeita ao montante da remuneração e desdobra-se em duas: saber se podem ser aplicados aos liquidatários os preceitos contratuais relativos aos gerentes ou administradores; em caso negativo, saber como poderá a remuneração ser fixada. A remuneração ou maneira de determinação da remuneração dos gerentes ou administradores não pode ser aplicada aos liquidatários, dada a diferença entre as funções de uns e de outros; num caso, trata-se de uma administração normal e visando determinados fins; no outro, esses fins são especiais. Nem se esqueça que certos modos de remuneração de gerentes ou administradores — percentagem nos lucros de exercício — seriam, por natureza, inaplicáveis aos liquidatários.

A parte final do art. 151.º, n.º 9, esclarece que a remuneração dos liquidatários constitui encargo da liquidação, ou, por outras palavras, que o seu pagamento constitui uma obrigação da sociedade. É isto que está de harmonia com a natureza jurídica do órgão de liquidação da sociedade e desse esclarecimento resultam duas consequências importantes: os liquidatários podem fazer-se pagar pelos meios da sociedade, nos termos em que isso é lícito a gerentes ou administradores; no caso de insuficiência do activo social, os sócios de responsabilidade ilimitada são responsáveis por essas dívidas, como por outras da sociedade.

O art. 151.º, n.º 9, não revogou o art. 53.º, n.º 5, do Código das Custas Judiciais, segundo o qual «As pessoas que intervêm acidentalmente em processo ou coadjuvam em quaisquer deliberações receberão emolumentos, nos termos seguintes: ... 5.º os liquidatários — o que for determinado pelo juiz até cinco por cento do valor da causa ou dos bens vendidos». Quanto ao âmbito de aplicação deste preceito, o liquidatário nomeado pelo juiz para o processo de liquidação extrajudicial e nos termos acima referidos, não intervém acidentalmente em nenhum processo judicial e, portanto, deve ser remunerado nos termos gerais prescritos para os liquidatários em liquidações extrajudiciais; o liquidatário nomeado pelo juiz na liquidação judicial está abrangido por aquele art. 53.º; quanto ao liquidatário nomeado pelos sócios na liquidação judicial, a aplicação deste artigo é mais duvidosa, mas parece não poder ser evitada, visto aquele intervir no processo de liquidação judicial, da mesma forma que se tivesse sido nomeado pelo juiz.

9. O liquidatário deve exercer as suas funções pessoalmente. Não tem o direito de fazer-se substituir, nem pode partilhar as suas funções com pessoas que a sociedade não tenha nomeado liquidatários. Este princípio, deve, porém, ser entendido sem prejuízo da constituição de mandatários da sociedade, para actos determinados, pois isso corresponderia a retirar à sociedade o poder de se fazer representar avulsamente.

Havendo vários liquidatários, e estando determinado que devem actuar colegialmente, será lícita a cláusula contratual ou a deliberação dos sócios que, regulamentando a liquidação, permite delegação em um deles de poderes que a todos pertençam.

10. As funções de liquidatário cessam pelo termo da liquidação, salvo hipóteses excepcionais, pela expiração do prazo de nomeação, pela morte, incapacidade ou inabilidade superveniente do liquidatário, por renúncia e por destituição.

Certas alterações de situações ocorridas durante a fase de liquidação não fazem cessar as funções dos liquidatários. É o caso de declaração da falência da sociedade, durante a fase de liquidação; como se viu, o art. 1128.º CPC pressupõe a manutenção dos gerentes ou administradores da sociedade, atribuindo-lhes o exercício de direitos e o cumprimento de obrigações que competem ao falido singular, mas durante a fase de liquidação, a partir de certo momento, como acima vimos, já não há administradores ou gerentes e portanto, aquele artigo deve ser entendido como atribuindo os referidos direitos e obrigações aos liquidatários, únicos possíveis representantes da sociedade nesse caso. O mesmo sucede na hipótese de ser declarada a nulidade da sociedade durante a fase de liquidação, que estivesse a decorrer como se a sociedade fosse válida. No domínio do CCom, o art. 131.º, § 2.º, impunha solução diversa, mas o art. 165.º CSC permite a liquidação extrajudicial, com nomeação de liquidatários pelos interessados e, portanto, não há motivo para substituir, na referida hipótese, os liquidatários nomeados antes de declarada a nulidade. Por motivos paralelos, sendo a liquidação extrajudicial e não estando terminada no prazo (possivelmente prorrogado) estabelecido pelos sócios, as funções dos liquidatários não terminam, quer eles tenham sido nomeados pelos sócios, quer o tenham sido pelo tribunal; a consequência de a liquidação não ter terminado dentro do prazo é a sua continuação judicial (art. 150.º); se o liquidatário foi nomeado pelo tribunal, nenhuma dúvida pode haver quanto à sua manutenção, pois não haveria razão para o tribunal nessa hipótese ser obrigado a nomear outro ou a renovar a nomeação do existente; se o liquidatário foi nomeado pelos sócios, como na própria liquidação judicial é regra a nomeação pelos sócios, só intervindo o juiz se aquela faltar, a simples mudança do processo de liquidação não deve acarretar a substituição daquele liquidatário por outro nomeado pelo juiz.

Determina o art. 151.º, n.º 8, que as funções dos liquidatários terminam com a extinção da sociedade, sem prejuízo, contudo, do disposto nos arts. 162.º a 164.º. O preceito justifica-se mais pela sua parte final do que pelo seu início, pois é óbvio que a extinção da sociedade, depois de terminadas a liquidação e a partilha e de efectuado o registo determinado pelo art. 160.º, deve determinar a cessação daquelas funções. Quis-se, contudo, vincar que a intervenção dos liquidatários nas hipóteses de existirem acções pendentes, passivo ou activo superveniente (arts. 162.º a 164.º) constitui ainda função do liquidatário, como tal.

As funções dos liquidatários podem também terminar por a liquidação ter terminado, sem contudo, a sociedade ser extinta. É o caso do regresso da sociedade à actividade, prescrito o art. 161.º.

Não é corrente a fixação de prazo para as funções do liquidatário (não confundir com a obrigatória fixação da duração da liquidação), mas quando ocorra, deve ser considerada válida. Os liquidatários podem ser nomeados — ou porque o contrato de sociedade assim estipula ou porque os sócios assim deliberaram, ao nomear os liquidatários — por certo tempo, findo o qual, as suas funções cessam, devendo proceder-se à nova nomeação.

É pacificamente aceite que o liquidatário pode renunciar às suas funções. Dúvidas subsistem, porém, quanto ao condicionamento e às consequências dessa renúncia. Não é hoje necessário o recurso a disposições relativas ao mandato comercial, uma vez que os arts. 258.º e 404.º tratam da renúncia de gerentes de sociedades por quotas e de membros do conselho de administração de sociedades anónimas, mas sucede que os preceitos destes dois artigos não são inteiramente coincidentes. Poderia parecer que, como cada um desses artigos respeita a um tipo de sociedade, o disposto neles, respectivamente quanto a gerentes e a administradores, seria transposto para os liquidatários de sociedades por quotas e para os liquidatários de sociedades anónimas. Por esse sistema, ficaria sem cobertura a renúncia de liquidatários de sociedade de outros tipos e, além disso, não é certo que as diferenças entre aquelas duas disposições, justificadas pela especificidade dos respectivos administradores, devam repercutir-se na liquidação, organizada por lei de modo idêntico para todos os tipos de sociedades. Afigura-se, portanto, preferível, organizar, embora com base naqueles dois artigos, um regime comum para renúncia de todos os liquidatários.

A necessidade de comunicação à sociedade, pelo liquidatário renunciante, é da própria natureza dessa declaração receptícia de vontade e coincide com o disposto naqueles dois artigos. Quanto à entidade a quem a declaração de renúncia deve ser dirigida, nas sociedades anónimas atender-se-á à regra, especialmente pormenorizada, do art. 404.º, n.º 1, e, nas restantes, aplicar-se-á o sistema que funcionar para declarações à sociedade de pessoas que exerçam cargos de administração.

Os dois referidos artigos apresentam o traço comum de tornarem a eficácia da declaração de renúncia dependente de certo tempo, a partir da comunicação. Como, porém, a dilação da eficácia é diferente nos dois tipos de sociedade e como tal dilação pode ser estabelecida por lei e neste caso não o está, a declaração de renúncia dos liquidatários será imediata.

Consideramos a obrigação de indemnizar a sociedade pelos prejuízos causados injustificada e intempestiva, um princípio geral a que não pode escapar a renúncia dos liquidatários. Essa indemnização está estabelecida, para a renúncia dos gerentes, no art. 258.º, n.º 2, para a renúncia dos mandatários comerciais no art. 254.º CCom e tem a sua contrapartida no disposto quanto a destituição injustificada de gerentes e administradores, que, como se dirá, consideramos também aplicável à destituição de liquidatários.

A faculdade de renúncia não pode ser exercida quanto às funções atribuídas ao liquidatário relativamente a acções pendentes, passivo e activo supervenientes; v. comentário aos arts. 162.º a 164.º.

O art. 151.º trata da destituição os liquidatários nos n.ºs 2 e 3 e, no primeiro destes, fala em substituição. A substituição aparece nalguns autores como causa de cessação de funções distinta da destituição. É mais correcto entender a substituição como a cumulação de um facto extintivo — a destituição — com um facto constitutivo — a nomeação de novo liquidatário — quando só este segundo é expresso e o primeiro é tácito (veja-se o caso similar de revogação tácita do mandato por designação de outro mandatário, CC art. 1171.º). Não excluímos, contudo, que nalguns casos a lei empregue a palavra substituição em sentido mais lato, abrangendo também a sucessão de um acto expresso de destituição e um outro acto expresso de nomeação.

O interesse da distinção reside na necessidade de, para a substituição no sentido restrito acima referido, se cumularem os requisitos legais e contratuais necessários para os dois actos em que ela se desdobra.

Os dois mencionados números do art. 151.º contemplam duas modalidades de destituição dos liquidatários: por deliberação dos sócios e por sentença do tribunal.

Em qualquer momento e sem dependência de justa causa, podem os sócios deliberar a destituição de liquidatários. As palavras iniciais do n.º 2 têm especial interesse para o caso de nomeação do liquidatário por tempo determinado, pois mostram que essa particular duração das funções de liquidatário não impede o exercício pela sociedade do direito de destituição. A deliberação dos sócios não depende de justa causa;

o carácter discricionário da destituição explica-se pela confiança que o liquidatário deve merecer aos sócios. A deliberação não está sujeita a qualquer maioria qualificada, mas é admissível que o contrato de sociedade a sujeite a esse ou outros requisitos.

O art. 151.º é omisso quanto a eventual indemnização devida ao liquidatário destituído sem justa causa. Para os gerentes e directores, os arts. 257.º, n.º 7, e 430.º, n.º 3 respectivamente, estabelecem o princípio da indemnização pelos prejuízos sofridos e tal princípio deve vigorar também para os liquidatários, dada a analogia das situações. A medida da indemnização pode também ser retirada do disposto nesses dois artigos: se os liquidatários foram nomeados por tempo determinado, será este o tempo a considerar; se não foram nomeados por tempo determinado, atender-se-á à duração prevista para a liquidação, a qual não pode exceder três anos; a eventual prorrogação, por causa desse carácter eventual, não deve ser computada para este efeito.

O art. 151.º, n.º 2, fala em liquidatários, sem distinguir a fonte da sua designação. Além dos liquidatários nomeados por deliberação dos sócios, estão abrangidos pelo preceito os liquidatários designados inicialmente pela lei (anteriores gerentes ou administradores); os liquidatários nomeados pelo juiz só por este poderão ser destituídos.

O art. 151.º, n.º 3, admite a destituição judicial de liquidação, desde que o requerente prove a existência de justa causa. No silêncio da lei sobre o que para este efeito deve ser considerado justa causa, como tal se entenderá qualquer facto relativo à pessoa ou ao comportamento do liquidatário que justifique a cessação das suas funções. Por motivos paralelos aos que já vimos valerem para o disposto no n.º 4 do mesmo artigo, são legítimos para o requerimento de destituição o conselho fiscal da sociedade, qualquer sócio, qualquer credor da sociedade.

## ARTIGO 152.º

### (DEVERES, PODERES E RESPONSABILIDADE DOS LIQUIDATÁRIOS)

**1. Com ressalva das disposições legais que lhes sejam especialmente aplicáveis e das limitações resultantes da natureza das suas funções, os liquidatários têm, em geral, os deveres, os poderes e a responsabilidade dos membros do órgão de administração da sociedade.**

**2. Por deliberação dos sócios pode o liquidatário ser autorizado a:**

***A*) Continuar temporariamente a actividade anterior da sociedade;**
***B*) Contrair empréstimos necessários à efectivação da liquidação;**
***C*) Proceder à alienação em globo do património da sociedade;**
***D*) Proceder ao trespasse do estabelecimento da sociedade.**

**3. O liquidatário deve:**

***A*) Ultimar os negócios pendentes;**
***B*) Cumprir as obrigações da sociedade;**
***C*) Cobrar os créditos da sociedade;**
***D*) Reduzir a dinheiro o património residual, salvo o disposto no artigo 156.º, n.º 1;**
***E*) Propor a partilha dos haveres sociais.**

**SUMÁRIO**



1. O § 268 AktG começa por enumerar as funções (*Geschäftskreis)* dos liquidatários e em seguida declara que, no âmbito das suas funções, os liquidatários têm os direitos e obrigações do *Vorstand*. A doutrina aplica também neste campo a conhecida distinção entre *Gechäftsführungsbefugnis* e *Vertretungsbefugnis* e explica que a citada alínea do § 268 respeita à primeira, pois os poderes de representação dos liquidatários estão regulados no § 269.

Sem usar tal distinção, o art. 251.º, n.º 3, do projecto modificado de Sociedade Anónima Europeia torna aplicáveis aos liquidatários, para as necessidades da liquidação, os poderes e as obrigações dos membros do directório.

O art. 412.º da Lei francesa de 1966 afirma primeiramente o poder representativo do liquidatário: «Le liquidateur représente la société.» Em seguida, indica os poderes do liquidatário para realizar o activo, para pagar aos credores e para repartir o saldo disponível, bem como o poder, condicionado a autorização, para continuar os negócios em curso ou iniciar outros.

O art. 152.º começa por uma norma de carácter geral sobre deveres, poderes e responsabilidade dos liquidatários;

depois enumera poderes do liquidatário dependentes de autorização específica e finalmente fixa os deveres essenciais dos liquidatários.

A norma geral do art. 152.º, n.º 1, transpõe para os liquidatários os deveres, os poderes e a responsabilidade que, em geral, têm os membros do órgão de administração da sociedade, mas fá-lo com ressalva das disposições legais que lhes sejam especialmente aplicáveis e das limitações resultantes da natureza das suas funções. Não vai, pois, além duma equiparação genérica, restringida por um condicionalismo também genericamente enunciado.

Autores franceses colocam relativamente ao citado art. 412.º da Lei de 1966 (e também quanto ao art. 403.º) a questão de saber se o contrato de sociedade, deliberações dos sócios ou até o acto de nomeação dos liquidatários podem atribuir a outras pessoas poderes que, nos textos legais, pertencem aos liquidatários, por exemplo, conferir a um antigo gerente ou director, propositadamente mantido, os poderes de representação da sociedade. A questão só faz sentido se aquelas normas foram dispositivas, o que em França talvez resulte do art. 462.º. No nosso CSC, a questão é eliminada pelo art. 146.º, n.º 5, o qual só permite que o contrato de sociedade e as deliberações dos sócios regulamentem a liquidação «em tudo quanto não estiver disposto nos artigos seguintes».

A equiparação dos liquidatários a «membros do órgão de administração da sociedade» deve ser entendida como remetendo em cada caso para a modalidade de órgão administrativo e representativo correspondente ao tipo de sociedade.

Este art. 152.º, n.º 1, não distingue conforme se trate de poderes representativos ou de poderes administrativos *st. sensu*; aos administradores competem os poderes das duas naturezas e, se dúvidas pudesse haver quanto aos poderes representativos, desapareceriam vendo o disposto no art. 151.º, n.º 6, para a hipótese de pluralidade de liquidatários.

Os liquidatários são os únicos representantes *legais* da sociedade em liquidação. Sublinhamos *legais*, visto que a sociedade continua a poder ser representada por procuradores, quer estes tenham sido constituídos antes da dissolução — a qual não faz caducar as procurações — quer sejam constituídos depois dela (com necessária intervenção dos liquidatários, a representar a sociedade nos contratos de mandato).

A representação pertencente ao liquidatário tanto é judicial como extrajudicial. Judicialmente, ele representa a sociedade activamente e na sua pessoa deve ser efectuada a citação da sociedade como ré (CPC, art. 228.º B). O liquidatário presta depoimento de parte e é inábil para testemunhar (CPC, arts. 553.º e 618.º).

Entre as disposições legais assim mandadas aplicar ao liquidatário, contam-se as do art. 260.º, quanto a sociedades por quotas, e do art. 408.º, quanto a sociedades anónimas, ambas respeitantes à vinculação da sociedade. Os actos praticados pelos liquidatários, em nome da sociedade e dentro dos poderes que a lei lhes confere, vinculam a sociedade para com terceiros, não ultrapassando as limitações constantes do contrato de sociedade ou resultantes de deliberações dos accionistas, mesmo que essas limitações estejam publicadas. Isto significa que os poderes representativos dos liquidatários não podem ser limitados pelo contrato de sociedade e, por maioria de razão, por deliberações dos sócios, quanto à eficácia desses actos para com terceiros; internamente, os liquidatários estão submetidos a essas limitações e são responsáveis pelas violações cometidas.

Duas questões devem, contudo, ser consideradas.

A primeira respeita à aplicabilidade, durante a fase de liquidação, do disposto nos n.os 2 e 3 dos dois citados artigos, ou seja, à excepção introduzida quanto à vinculação da sociedade por efeito da cláusula de objecto. Durante a fase activa, a sociedade pode opor a terceiros limitações de poderes resultantes do seu objecto contratual, se provar que o terceiro tinha conhecimento de que o acto praticado não respeitava essa cláusula e se, entretanto, ela não tiver assumido o acto, por deliberação expressa ou tácita dos sócios; esse conhecimento não pode ser provado apenas pela publicidade ao contrato de sociedade. Dissolvida a sociedade, esta não muda de objecto, mas pode parecer que a cláusula de objecto deixa de funcionar, uma vez que ela limita a actividade a exercer em comum e na fase de liquidação essa actividade cessou. Mesmo assim, afigura-se que a cláusula de objecto mantém a sua função depois de dissolvida a sociedade, não só quando é autorizada a continuação da actividade anterior, como também na hipótese de regresso à actividade, e ainda como um limite geral aos poderes do liquidatário. Nestes últimos casos sucederá, porém, que uma violação pelo liquidatário da cláusula de objecto pressupõe uma violação simultânea dos limites impostos pela própria liquidação e, portanto, perde autonomia.

Uma outra questão respeita aos limites *legais* dos poderes dos liquidatários, no aspecto da vinculação da sociedade para com terceiros. Não se trata agora da licitude ou eficácia de limitações contratuais a poderes legais, mas sim do condicionalismo ou das restrições que a própria lei coloque a tais poderes, matéria excluída dos dois artigos acima citados.

O § 269 AktG está redigido de modo que permite à doutrina alemã sustentar que ele atinge o máximo de protecção dos terceiros e reflexamente o máximo de vinculação da sociedade. Pelo que respeita a limitações contratuais estão elas totalmente proibidas pelo n.º 5, segundo o qual a legitimidade dos liquidatários para a representação não pode ser limitada. Quanto a poderes legais, o n.º 1 determina que «os liquidatários representam a sociedade judicial e extrajudicialmente» e nenhum outro preceito introduz limitações a essa regra, ao contrário do que sucedia na lei anterior, § 210, tr. 1, que circunscrevia o poder representativo do liquidatário ao respectivo *Geschäftskreis*. Por isso, a doutrina entende que a sociedade é sempre vinculada pelos negócios em seu nome celebrados pelos liquidatários, embora eles não se contenham nas respectivas funções, determinadas pelo fim de liquidação; deste modo, os terceiros não têm que preocupar-se (exceptuados, nos termos gerais, os negócios celebrados para intencional prejuízo da sociedade — *Kollusion*) com as relações entre o negócio celebrado e os poderes *internos* do liquidatário.

No art. 152.º CSC existem duas espécies de limitações aos poderes do liquidatário: a limitação resultante da necessidade de autorização, por deliberação dos sócios, para a prática de certos actos; a limitação genérica resultante da natureza das suas funções. Nenhuma dúvida pode haver quanto à eficácia interna desses dois géneros de limitações legais; se nem tal eficácia tivessem, nenhum cabimento teriam. É, contudo, duvidoso se elas se estendem aos poderes representativos, podendo, portanto, a sociedade arguir a violação das limitações legais para se considerar desvinculada de negócios celebrados em seu nome. Afigura-se-nos esse o melhor entendimento, pois não encontramos, nem para esta matéria concreta, nem no sistema geral de representação da sociedade pelos seus órgãos, dissociação de poderes internos ou administrativos e de poderes representativos, para efeitos relativos a terceiros, quando as limitações dos poderes são estabelecidas pela própria lei. Nem, no sentido contrário, pode argumentar-se com a latitude de poderes representativos atribuídos aos gerentes das sociedades por quotas pelo art. 252.º, n.º 1, e ao conselho de administração pelo art. 408.º, n.º 1, pois o paralelismo entre liquidatários, gerentes e administradores termina no ponto em que o art. 152.º estabelece para os primeiros limitações que não existem para os outros.

Internamente, ou seja quanto aos poderes conhecidos por administrativos *st. sensu* ou internos, os liquidatários são equiparados aos gerentes, administradores ou directores, mas com a dupla ressalva das disposições legais que lhes sejam especialmente aplicáveis e das limitações resultantes das suas funções; essas são restrições ou adaptações *legais* e para além destas são válidas, nesse campo, as limitações estabelecidas no contrato de sociedade e em deliberações dos sócios. Nem o contrato nem deliberações podem *alargar* os poderes dos liquidatários, visto que, tentando fazê-lo, violariam as referidas disposições especiais ou contrariariam a natureza da liquidação em que a sociedade se encontra. Adiante referiremos o caso especial da autorização, por deliberação dos sócios, para continuação temporária da actividade anterior da sociedade, a qual, sob certo aspecto, pode parecer um alargamento de funções.

2. O art. 152.º, n.º 2, sujeita a autorização, por deliberação dos sócios, a prática pelo liquidatário de certos actos e a realização de certas operações.

Sobre as deliberações dos sócios relativas a essas autorizações, a lei é omissa, mas podem existir disposições contratuais, que se enquadram na regulamentação da liquidação. Na falta de tais disposições, as deliberações podem ser tomadas por qualquer das formas admitidas para o tipo de sociedade e não necessitam de maioria qualificada.

O art. 152.º, n.º 2, refere-se apenas a deliberações dos sócios, omitindo a concessão de autorização no próprio contrato de sociedade. No domínio do CCom era prática corrente consignar em contratos de sociedade, por estas ou outras palavras, que os liquidatários gozavam dos poderes previstos no art. 134.º, § 1.º, CCom. Afigura-se que esta prática continua a ser lícita. Por um lado, a referida cláusula contém uma autorização unânime dos sócios; por outro lado, não parece que a lei tenha tido em vista uma autorização necessáriamente ditada por circunstâncias do tempo em que a liquidação ocorre, a qual só se coadunasse com uma deliberação tomada nesse momento.

Transitoriamente, poderá colocar-se o problema de saber se as autorizações contratuais dadas anteriormente ao CSC e, portanto, referidas ao art. 134.º, § 1.º CCom, se mantêm hoje, reportadas agora ao art. 152.º, n.º 2. Quando as autorizações concedidas no domínio da lei antiga coincidam, pelo objecto, com as requeridas no preceito actual, é razoável supor a sua continuação, visto que a mudança apenas do texto legal em que a exigência era consignada não leva a supor que mudou a vontade dos sócios. Quando o objecto da autorização hoje exigida não estivesse compreendido no texto anterior, ainda essa solução é de manter, sempre que, pela amplitude da autorização contratualmente concedida, possa presumir-se que os sócios quiseram conceder aos liquidatários todas as autorizações a que a lei subordina a prática de operações de liquidação.

3. É geralmente admitido, como princípio, que uma sociedade, apesar de dissolvida, continue temporariamente a exercer a actividade anterior e ultime os negócios pendentes. O art. 134.º, § 1.º, CCom, exprimindo-se na negativa mas implicando o lado positivo, determinava que sem autorização expressamente conferida, em reunião ou assembleia geral de sócios, não podem os liquidatários: 1.º — Continuar até à partilha como o comércio da sociedade, e prosseguir até final conclusão nas operações pendentes». O § 268 AktG dispõe que «Os liquidatários devem concluir os negócios pendentes [...] Na medida em que a liquidação o exija, podem ainda empreender novos negócios». O 3.º tr. do art. 412.º da Lei francesa de 1966 prescreve: «Il ne peut continuer les affaires en cours ou en engager de nouvelles pour les besoins de la liquidation que s'il a été autorizé, soit par les associés, soit par décision de justice s'il a été nommé par la même voie.». Sem necessidade de autorização específica, o art. 254.º, parte final, do projecto modificado de Sociedade Anónima Europeia diz, referindo-se aos liquidatários: «Ils peuvent prendre de nouveaux engagements si la liquidation le nécessite.» Pelo, contrário, em Itália, lê-se no art. 2279.º — referente à sociedade simples, mas mandado aplicar às sociedades por acções pelo art. 2452.º — que os liquidatários não podem empreender

novas operações. Violando esta proibição, eles respondem pessoalmente e solidariamente pelos negócios empreendidos.

A doutrina italiana, ao justificar esta proibição, afirma ser ela conatural ao próprio conceito de liquidação e fala num património cristalizado, objecto da liquidação e que, portanto, não se destina a ser aumentado, como é escopo de qualquer nova operação. Para o efeito, nada interessa que o liquidatário seja ou não autorizado por deliberação dos sócios a empreender novas operações; na falta de autorização, é só o liquidatário que viola os seus deveres; a deliberação dos sócios será anulável, por violação do art. 2451.º.

Lembramos esta radical posição do direito italiano, para melhor realçar as razões e os limites da posição contrária. É evidente que uma continuação indefinida da actividade anterior da sociedade seria contrária ao escopo da liquidação, mas não está provado que uma continuação temporária dessa actividade não seja, por vezes, necessária e conveniente para a própria realização desse escopo. Basta pensar na diferença de valores a que uma liquidação pode chegar (não implicamos que uma das modalidades seja sempre a melhor), consoante seja alienada uma empresa activa, sejam alienados em globo os bens de uma empresa ou estes bens serem alienados individualmente. Por outro lado, imaginem-se os prejuízos que uma sociedade pode sofrer se abruptamente terminar a sua actividade, nem sequer lhe sendo permitido ultimar os negócios pendentes.

Julgada preferível a admissibilidade de continuação da actividade anterior e de ultimação dos negócios pendentes, surge o problema da entidade a quem deve ser confiada a decisão a tomar a tal respeito. No caso do CCom, como ainda hoje na lei francesa, a escolha pertence aos sócios, tanto num como noutro caso. O CSC preferiu soluções diferentes: sujeitar à autorização dos sócios a continuação da actividade anterior e dispensá-la para a ultimação dos negócios pendentes. Aquela continuação implica uma opção quanto à modalidade de liquidação: alienação global, trespasse, fusão, cisão — e isso deve exceder a competência do liquidatário; nada impede que a lei confira ao liquidatário, como na Alemanha, poderes tão vastos, mas é razoável que este fique subordinado à decisão dos sócios em matéria tão delicada. A ultimação dos negócios pendentes é uma função natural do liquidatário, a quem de um momento para o outro é entregue uma sociedade em funcionamento ou, por outras palavras, é natural presumir que os sócios querem que os negócios pendentes sejam ultimados, de modo a evitarem-se prejuízos para todos. Admitimos, todavia, que os sócios, considerando cada um desses negócios, por si, instruam o liquidatário sobre a forma de ultimar um ou mais, embora sejam formas anómalas.

O art. 134.º, § 1.º, CCom, permitia, mediante a referida autorização, a continuação do comércio da sociedade *até à partilha*, o que parece exagerado. O CSC fala em continuação temporária, acentuando apenas que, como dissemos, uma continuação indefinida seria contrário ao escopo da liquidação. Será lícito aos sócios estabelecer o tempo durante o qual a actividade anterior da sociedade poderá ser mantida, ou estabelecendo um prazo fixo, ou ligando aquela continuação a um evento separado, como uma transmissão em vista. Podem, contudo, surgir duas dificuldades: saber se o tempo estabelecido tem o carácter de mínimo de espera pelo liquidatário ou se, no decurso desse tempo, o liquidatário pode encerrar a actividade — questão que parece de mera interpretação da deliberação dos sócios; saber se, não tendo a deliberação estabelecido tempo algum (hipótese talvez mais plausível quando a continuação é autorizada logo no contrato de sociedade), o liquidatário pode, em qualquer momento, terminar a actividade — questão a responder afirmativamente, dada a indiferença dos sócios pelo tempo da continuação, mas ressalvando a diligência que deve pautar o comportamento do liquidatário.

Falando em continuação da actividade anterior da sociedade, a lei portuguesa exprime-se mais claramente do que algumas leis estrangeiras; *nouvelles affaires*, *nuove operazioni*, *neue Geschäfte*. Não há que considerar, neste caso, cada acto do liquidatário de per si, nem mesmo um conjunto de actos que globalmente possam ser ditos «operação» ou «negócio». A sociedade continua temporariamente a sua actividade anterior e para essa continuação o liquidatário praticará todos os actos necessários, como um gerente ou um administrador praticaria antes da dissolução. A fase de liquidação em que se encontra a sociedade não deixa, contudo, de marcar, tornando-a mais delicada, a actuação do liquidatário, pois este não pode esquecer que a continuação da actividade é meramente temporária e o objecto ulterior desta continuação — por exemplo, a cessão global — pode não se realizar, caso em que o desfazer da actividade pode ser prejudicado por actos praticados por ele. Designadamente, continuar a actividade anterior não envolve o progresso da actividade anterior, como acontecia na fase activa da sociedade; não será admissível, por exemplo, comprar ou encomendar uma nova fábrica, adquirir por trespasse um novo estabelecimento comercial, comprar uma nova máquina destinada a fazer aumentar a capacidade de produção.

Refere-se a lei à continuação da actividade anterior da sociedade, o que legitima uma continuação total. Pode, porém, suceder que a actividade da sociedade não seja, sob o ponto de vista económico, unitária e nessa hipótese podem surgir duas questões: a licitude da continuação de uma só ou de algumas das actividades sociais, mas não da totalidade; a necessidade ou desnecessidade de autorização, por deliberação dos sócios, para continuar uma ou algumas dessas actividades. Quanto à primeira questão, deve ser respondida afirmativamente; nem sempre se justificará a continuação de todas as actividades da sociedade e não se vê motivo para que só a actividade total anterior seja permitida. Quanto à segunda questão, deve ser respondida no sentido de que, em qualquer desses casos, deve ser necessária a autorização dos sócios, visto que a razão de ser do requisito legal é deixar aos sócios e não ao liquidatário a opção que envolve temporariamente a suspensão das operações de liquidação propriamente ditas.

Pode assim suceder que se cumulem, na fase de liquidação duma sociedade, a continuação de alguma actividade anterior e operações de liquidação, bem como pode suceder que, embora tenha sido autorizada pelos sócios a continuação da única ou da total actividade anterior da sociedade, ao mesmo tempo o liquidatário pratique actos de liquidação. Tal será possível, por um lado, quando as actividades económicas da sociedade sejam de tal modo distintas que, enquanto umas perduram, as outras sejam extintas e os bens a elas afectos possam ser vendidos (incluindo a hipótese de trespasse parcial); por outro lado, quando a sociedade possua bens que não estejam afectos às actividades mantidas temporariamente (por exemplo, participações noutras sociedades).

Questão importante é a do tratamento dos resultados da continuação temporária da actividade anterior; quanto às perdas, a questão tem pouco interesse visto que, sendo a continuação necessariamente temporária, um momento chegará em que definitivamente se verificará a perda final; quanto aos lucros, o interesse reside na licitude da sua distribuição aos sócios, como se se tratasse de lucros normais de exercício. Pensamos que esses lucros não podem ser distribuídos, como lucros de exercício, porque a continuação da actividade da sociedade é permitida para fins de liquidação e não para os fins anteriores à dissolução. Os lucros acumular-se-ão, ao activo já existente, para todos os fins da liquidação: satisfação dos credores ou partilha entre os sócios, como activo restante.

4. A locução da al. *b*) do art. 152.º, n.º 2, é mais ampla do que a do art. 134.º, § 1.º, n.º 2, CCom; «contrair empréstimos necessários à efectivação da liquidação», em vez de «con-

trair empréstimos para a satisfação de dívidas passivas da sociedade».

O texto antigo fundava-se provavelmente em que, na fase de liquidação, será geralmente inútil substituir um elemento passivo por outro, visto que isso não adianta a liquidação, mas, reconhecendo que pode haver circunstâncias atendíveis, como por exemplo a redução de encargos, fazia a sociedade e não o liquidatário árbitro dessas possíveis vantagens.

Tal hipótese está hoje incluída na referida alínea, mas não apenas ela; prevê-se que exista necessidade de contrair empréstimos *para a efectivação da liquidação*, o que abrange qualquer fim de empréstimo durante a fase de liquidação e que não contrarie as finalidades desta, como por exemplo, a manutenção ou conservação de bens sociais, o pagamento de impostos, de prémios de seguro, etc.

Há, porém, hipóteses de empréstimos contraídos durante a fase de liquidação que, em nosso entender, não têm por fim a efectivação da liquidação e, portanto, não requerem autorização por deliberação dos sócios. Quando o liquidatário esteja autorizado a continuar temporariamente a actividade anterior da sociedade, pode ser necessário contrair empréstimos *para tal continuação* e parece que o liquidatário deve dispor para isso dos poderes de que dispunham os gerentes ou administradores, sem necessidade de autorizações específicas para contracção de empréstimos. Se se preferir, pode entender-se que a autorização para continuar a actividade anterior da sociedade tem implícita a autorização para contracção de empréstimos necessários a esse fim. Evidentemente, aplicar-se-ão nesse caso os condicionamentos a que estivesse sujeita a contracção de empréstimos pelos gerentes ou administradores.

Os empréstimos contraídos durante a fase de liquidação deverão ser liquidados durante esta, não sendo válidas cláusulas que difiram o pagamento para depois de extinta a sociedade.

5. Embora o CCom não previsse expressamente a possibilidade de, como acto de liquidação, ser alienado em globo o património, activo a passivo da sociedade, a doutrina encontrava elementos bastantes para se pronunciar afirmativamente.

A cessão global do património da sociedade em liquidação é prevista nalgumas legislações e é admitida pela doutrina doutros países. Na Itália, refere-lhe o art. 2278.º Cod. Civ., quando diz que se os sócios não tiverem disposto diversamente, os liquidatários podem vender em bloco os bens sociais. Em França, a Lei de 1966 trata da cessão global a dois propósitos; o art. 394.º rodeia-a de cuidados especiais quando o adquirente teve especiais situações ou relações com a sociedade — esse artigo, que é igualmente aplicável à cessão de uma parte do activo da sociedade, exige autorização do tribunal de comércio, quando a cessão é feita a quem tenha tido na mesma sociedade a qualidade de sócio de responsabilidade ilimitada, de gerente, de administrador, de director geral, de membro do conselho de vigilância, de membro do directório, de comissário ou de controlador; o art. 396.º estabelece, conforme os vários tipos de sociedade, as maiorias necessárias para os sócios autorizarem tal cessão. Na Alemanha, a doutrina considera a cessão global uma das formas lícitas de liquidação e, quando for caso disso, enquadra-a no § 361 AktG, que disciplina os contratos pelos quais uma sociedade por acções ou uma sociedade em comandita por acções se obriga a ceder todo o património da sociedade, sem que se trate de casos abrangidos nos dois parágrafos antecedentes.

O art. 152.º, n.º 2, al. *c*), dispõe que, por deliberação dos sócios, pode o liquidatário ser autorizado a proceder à alienação em globo do património da sociedade.

As vantagens eventuais desta alienação global já foram por nós ressaltadas a propósito da continuação da actividade anterior da sociedade, que constitui prólogo necessário desta forma de alienação: casos haverá em que a sociedade obtenha um melhor resultado económico alienando o seu património em globo do que desfazendo o seu activo mediante vendas de bens isolados. Apesar de tudo isso, a hipótese nem sempre terá a utilidade prevista, dado que envolve elevados custos, designadamente fiscais, podendo nalguns casos ser substituída pela alienação das quotas ou acções de todos os sócios.

Procurando delimitar a hipótese, deve notar-se que ela não abrange a transmissão do património por via de fusão ou de cisão-dissolução, as quais podem ocorrer na fase de liquidação, mas estão sujeitas a regime próprio (art. 97.º, n.º 2).

Se se reparar nos textos de leis italianas e francesas acima referidos, verifica-se que eles se referem a cessões globais do *activo* da sociedade, enquanto o nosso texto fala em alienação global do *património*, que literalmente compreende tanto o activo como o passivo. Em França, a doutrina estende os respectivos preceitos à transmissão do património, activo e passivo; em Portugal, haverá que ver se a referida alínea deve ser alargada à transmissão global do activo, mantendo a sociedade transmitente as suas dívidas. A questão pode ser encarada sob dois prismas: a possibilidade de venda em bloco do activo pelo liquidatário; a necessidade de autorização dos sócios. Quanto ao primeiro aspecto, nada impede que o liquidatário, dentro do critério de diligência a que está sujeito, aliene globalmente o activo, se nisso houver vantagem para a liquidação; quanto ao segundo, parece que a cautela estabelecida pelo legislador para a alienação do património deve estender-se à alienação global do activo, pois aquela não é seguramente ditada pelo facto de juntamente com o activo serem transmitidas as dívidas da sociedade.

O art. 148.º CSC ocupa-se da transmissão global de todo o património social, activo e passivo, para algum ou alguns sócios. Como não é de supor uma repetição de preceitos, a hipótese prevista no art. 152.º, n.º 2, al. *c*) deve ser correspondentemente reduzida.

A doutrina alemã admite que o direito ao uso da firma seja ou incluído ou excluído dos elementos do activo transmitidos globalmente. Também entre nós são admissíveis as duas hipóteses, desde que, para a primeira sejam preenchidos os requisitos legais de transmissão da firma; colocam-se, contudo, dois problemas: saber se, no silêncio do contrato, a firma deve considerar-se ou não transmitida, o qual deve ser respondido negativamente, por não se poder presumir que quem tem uma firma, deseja adoptar uma nova; saber se, transmitida expressamente a firma, a sociedade alienante deve adoptar outra ou pode continuar a usá-la até ao termo da liquidação, problema para o qual na Alemanha prevalece o entendimento no sentido de que basta tornar claro, enquanto a liquidação, em sentido lato, não terminar, que se trata da sociedade que usava a firma transmitida e que a alienou para fins de liquidação.

Para a alienação a um sócio, prevista no art. 148.º, é exigido o prévio acordo escrito de todos os credores da sociedade. Para a alienação permitida pelo art. 152.º, n.º 2, al. *c*), não é feita nenhuma referência a consentimento dos credores sociais, mas nem por isso pode este ser dispensado; a diferença entre as duas hipóteses situa-se no regime desse consentimento, que para a segunda será o da ratificação que, para a transmissão singular de dívidas, é estabelecido no art. 595.º CC, de cujo n.º 2 decorre a possibilidade de assunção cumulativa ou de assunção liberatória. A assunção cumulativa mantém a sociedade como devedora e não poderá proceder-se à partilha enquanto os credores não forem satisfeitos por algum dos devedores que coexistam.

Falando apenas em alienação — e excluída por natureza a alienação a título gratuito — pode, em princípio, a contrapartida respectiva consistir em dinheiro ou em outros bens. A alienação por venda e respectivo preço pago à sociedade não suscita dúvidas. A sociedade pode, em contrapartida da alienação, receber acções de outra sociedade por duas modalidades de alienação: ou por troca do seu património ou seu activo por acções (ou obrigações) de qualquer outra sociedade, mesmo diferente da adquirente do património; por entrada com o património para o capital da sociedade adquirente, quer na constituição desta quer em aumento do capital. O primeiro caso não contraria os fins da liquidação, pois pode constituir uma operação intermédia, destinada a facilitar a liquidação, quer em espécie quer em dinheiro, obtido por subsequente venda das acções. O segundo caso — expressamente previsto, ao lado da cessão global, no art. 396.º da Lei francesa de 1966 — é, quanto a finalidades, idêntico ao primeiro.

Quanto a troca do património social por outros bens, parece dever atentar-se nas circunstâncias de cada caso. Em princípio, a troca não realiza nem facilita a liquidação, pois os bens não foram reduzidos a dinheiro, mas em casos concretos poderá suceder o contrário, tal como o caso já apontado de troca por acções.

No comentário ao art. 148.º, a propósito da frase «inteirando-se os outros a dinheiro», afastámos a hipótese de pagamento directo pelo sócio adquirente do património, aos outros sócios. Quanto à cessão global, abrangida pelo art. 152.º, concebe-se que a deliberação dos sócios e o contrato subsequente outorgado pelo liquidatário pretendem criar um regime desse género, isto é, em vez de o pagamento ser efectuado à sociedade, que depois procederá à partilha entre os sócios, os pagamentos serem feitos directamente aos sócios. Esse procedimento apenas será admissível se for estruturado como uma partilha em espécie — e, portanto, deliberado por unanimidade — do crédito resultante do contrato de alienação, a satisfazer pelo adquirente a cada sócio, conforme os termos da partilha.

6. Ainda mediante autorização dada por deliberação dos sócios (ou pelo contrato de sociedade), pode o liquidatário «proceder ao trespasse do estabelecimento da sociedade». É este um outro meio que a lei prevê para evitar o fraccionamento do activo e eventualmente conseguir um melhor resultado financeiro para a sociedade.

Dando às palavras «trespasse» e «estabelecimento» sentidos muito amplos, pode parecer que a alínea *d*) do n.º 2 do art. 152.º é desnecessária, por a hipótese estar incluída na alienação em globo prevista na al. *c*). A consideração do trespasse, em separado, justifica-se, contudo, porque afasta qualquer dúvida que pudesse derivar de significados mais estreitos daqueles dois termos, porventura impeditivos da sua absorção na «alienação em globo do património da sociedade.

Falando em «trepasse *do* estabelecimento da sociedade», a al. *d*) parece não abranger os chamados «trespasses parciais». O alcance do problema é, porém, reduzido à necessidade de autorização dos sócios, visto que um trespasse parcial constitui um meio de liquidação do activo e até do passivo, abrangido pelo n.º 3 do art. 152.º. Afigura-se que esses trespasses necessitam da referida autorização, ou por caberem na letra da al. *d*) ou por analogia com o disposto nessa alínea e na alínea *c*).

7. O art. 159.º, n.º 3, atribui ao liquidatário cinco deveres. Já dissemos a importância de que se reveste o facto de, ao contrário do que sucedia no CCom e sucede em leis doutros países, o CSC ter directamente encarado o aspecto dos deveres do liquidatário. Destes cinco deveres retira-se a finalidade da liquidação e por eles se apreende o processo normal que deve conduzir àquela finalidade.

O primeiro desses cinco deveres consiste em ultimar os negócios pendentes. A frase é elucidativa em si mesma, mas a hipótese deve ser comparada, para maior precisão, com outras hipóteses previstas no n.º 2, al. *a*) e n.º 3, al. *d*) do mesmo artigo.

Como dissemos acima, a dissolução pode ocorrer e normalmente ocorrerá num momento em que a actividade social não está paralisada; aos sócios abre-se então uma alternativa, que eles escolherão consoante a modalidade de liquidação que tenham preferido; se esta impuser a continuação temporária da actividade anterior da sociedade, os sócios devem tomar uma deliberação nesse sentido, sem a qual o liquidatário não pode continuar a referida actividade. Se assim não deliberarem ou se nada deliberarem, o liquidatário tem o dever imposto por lei de ultimar os negócios pendentes.

Não devem, pois, confundir-se continuação (autorizada) da actividade anterior da sociedade e continuação temporária da empresa da sociedade, para o efeito de ultimação dos negócios pendentes. Normalmente, para ultimar os negócios pendentes, o liquidatário tem de conservar activa a empresa social e poderá praticar todos os actos jurídicos necessários para esse fim, muitos dos quais coincidem com actos que praticaria se estivesse autorizado a continuar a actividade anterior, bem como tais actos, num e noutro caso, coincidem com actos que seriam praticados pelos administradores ou gerentes antes da dissolução da sociedade. A diferença reside nos novos negócios, que são lícitos no primeiro caso, mas que não o são no segundo, em que se prevê um esgotamento progressivo da actividade social.

A posição que a sociedade assume nesses negócios pendentes é, para o efeito, indiferente; por exemplo, tanto pode consistir num fornecimento a fazer *pela* sociedade como num fornecimento a fazer *à* sociedade. Essencial é que o acto jurídico donde para a sociedade resulta uma posição activa ou uma posição passiva tenha sido praticado pela sociedade antes da dissolução.

Num outro ponto de vista, ultimar os negócios pendentes distingue-se de reduzir a dinheiro o activo social. Nalgumas hipóteses, nenhuma confusão é previsível; por exemplo, vender uma máquina que faz parte do activo de uma fábrica e é utilizada como elemento de produção é uma operação destinada a reduzir a dinheiro o activo social. Noutros casos, poder-se-ia hesitar, como no caso de venda de mercadorias em armazém, por exemplo, vender máquinas que a sociedade já tem fabricadas na altura em que se dissolve; poder-se-ia dizer que essa venda ultima negócios pendentes (produção para venda), mas em bom rigor trata-se de reduzir a dinheiro o activo social.

Na ultimação dos negócios pendentes inclui-se o cumprimento desses negócios; o liquidatário tem o poder de cumprir porque tem o dever de ultimar. Outra forma, porém, de ultimar, consiste em não cumprir, sujeitando a sociedade às respectivas consequências. É ainda o critério de diligência exigida ao liquidatário — com subordinação às deliberações dos sócios, espontâneas ou provocadas pelo liquidatário — que deverá guiá-lo nessa opção. É evidente que se o balanço entre o cumprimento ruinoso de um negócio e as consequências do incumprimento inclinar no segundo sentido, assim deve o liquidatário proceder. A delicadeza da matéria reside na influência que sobre essa escolha pode ter a duração da liquidação; por exemplo, se estiver pendente uma acção importante para a sociedade e o termo da liquidação se aproximar, justifica-se ou não que, por este motivo, o liquidatário aceite uma transacção desfavorável. Ressalvada a possibilidade de liquidatário provocar uma deliberação dos sócios, afigura-se que, em princípio, as decisões do liquidatário devem ser mais influenciadas pelo intuito de conseguir os melhores resultados económicos do que pelo prazo da liquidação, a qual pode continuar ou mediante prorrogação ou judicialmente.

8. Dos deveres do liquidatário de «cumprir as obrigações da sociedade» e «cobrar os créditos da sociedade» trataremos, respectivamente, no comentário aos arts. 154.º e 153.º.

9. O quarto dos poderes-deveres atribuídos ao liquidatário pelo art. 152.º, n.º 3, consiste em reduzir a dinheiro o património residual, salvo o disposto no artigo 156.º, n.º 1, o qual dispõe: «O activo restante, depois de satisfeitos e acautelados, nos termos do artigo 154.º, os direitos dos credores da sociedade, pode ser partilhado em espécie, se assim estiver previsto no contrato ou se os sócios unanimemente o deliberarem.»

Se essas disposições resolvem algumas questões debatidas na doutrina anterior, também suscitam outras.

Manifestamente, a al. *d*) do art. 152.º, n.º 3, não se refere a todo o activo da sociedade, tal como este era composto no momento da dissolução da sociedade; expressamente menciona o património (melhor activo) *residual*. Para haver um activo residual, que não consista já em dinheiro, há pressupostos óbvios: que o activo da sociedade não seja, na altura da dissolução, constituído exclusivamente por dinheiro; que o activo social não tenha sido esgotado pelo cumprimento das obrigações da sociedade; que tenha havido passivo social a satisfazer. Esta última hipótese leva a um primeiro entendimento correctivo do preceito: activo residual, *se tiver havido passivo a satisfazer*; no caso contrário, todo o activo social não consistente em dinheiro.

O *resíduo* é constituído pelos bens sociais, depois de satisfeito ou acautelado o passivo social. Dizemos «satisfeito ou acautelado» para abranger todas as hipóteses compreendidas no art. 154.º: satisfação directa das dívidas da sociedade, consignação em depósito do objecto da prestação, caução das dívidas litigiosas.

Referindo-se a património (activo) residual, o CSC omite a venda e consequente redução a dinheiro de bens da sociedade, necessária para liquidação do passivo. Não seria assim se, conforme sucede noutras leis, tivesse sido editada uma autorização genérica para vender bens. O CSC encarou, contudo, as vendas de bens sociais sob uma outra perspectiva; não a atribuição de um simples poder para vender ou de outro modo alienar bens, mas um *dever* de reduzir a dinheiro o activo residual, a fim de a partilha entre os sócios incidir sobre esse dinheiro.

Não é, pois, à referida alínea *d*) que se pode ir buscar o poder dos liquidatários para vender bens a fim de liquidar o passivo social, mas sim a vários outros preceitos: ao dever que lhe é atribuído de cumprir as obrigações da sociedade e para cujo cumprimento pode ser necessária a venda de bens; ao art. 156.º, n.º 1, que admite a partilha em espécie depois de satisfeitos ou acautelados os direitos dos credores, pressupondo, portanto, que tenham sido alienados os bens necessários para satisfação ou acautelamento dos direitos dos credores; aos poderes gerais conferidos ao liquidatário pelo art. 152.º, n.º 1, em paralelo àqueles de que, na fase activa, gozam os gerentes, administradores ou directores de sociedades.

Conjuntamente, o art. 152.º, n.º 3, al. *a*) e o art. 156.º, n.º 1, resolvem o velho problema da prioridade da partilha em espécie ou em dinheiro, o qual, segundo os efeitos para que é considerado, pode assumir várias formulações, mas fundamentalmente consiste em saber qual é a forma *natural* da partilha, com o corolário de o dever de redução de bens a dinheiro pelo liquidatário ou não existir ou ser excepcional, num caso, ou ser a regra, sujeita porventura a alguma excepção.

A prioridade cabe à redução a dinheiro e isso é lógico, por o dinheiro ser o único bem que coloca todos os interessados em pé de igualdade e a lei pode forçar a aceitar. O dever do liquidatário de reduzir a dinheiro o activo residual cede, porém, se outra for a vontade dos interessados, expressa nos termos previstos no art. 156.º, n.º 1.

Por contraposição às hipóteses previstas no art. 152.º, n.º 2, als. *c*) e *d*), a redução a dinheiro do activo residual não é a alienação em globo do património da sociedade nem o trespasse do estabelecimento da sociedade; é a venda de elementos do activo, autonomamente considerados.

O negócio jurídico implicitamente considerado para a redução a dinheiro é o contrato de venda, uma vez que só neste existe um preço em dinheiro, em contrapartida da transmissão da propriedade da coisa.

Este poder-dever do liquidatário abrange todos os bens componentes do activo residual, seja qual for a sua natureza: bens móveis e imóveis, corpóreos ou incorpóreos. A lei não sujeita a venda de quaisquer desses bens a prévia autorização ou parecer de outro órgão da sociedade, ao contrário do disposto no art. 134.º, § 1.º, do Código Comercial, que exigia autorização expressa dos sócios para o liquidatário alienar bens imobiliários. Duvidoso é, porém, se se estendem aos liquidatários cláusulas contratuais que por essa forma condicionem a alienação de certos bens pelos gerentes ou administradores. Atento o disposto no art. 152.º, n.º 1, é preferível a resposta afirmativa, não podendo dizer-se que essa exigência contraria os fins da liquidação porque, embora fique limitada a autonomia do liquidatário, também os outros órgãos devem proceder conforme for mais adequado para os fins da liquidação. Entendemos também que a exigência de prévias autorizações ou pareceres pode ser estabelecida por deliberações dos sócios que, ao abrigo do disposto no art. 146.º, n.º 5, regulamentem a liquidação. Na verdade, a liberdade de venda de bens pelo liquidatário pode ser limitada por cláusulas contratuais ou por deliberações de sócios de vários géneros: quanto ao tipo de alienação (por exemplo, hasta pública, licitação entre os sócios), organização de lotes para venda, direitos de preferência dos sócios (ou para todos os bens ou para alguns destes, como os que tenham constituído entradas e ainda subsistem no património social).

Pode suceder que nos actos ou contratos pelos quais a sociedade adquiriu algum bem sejam estipulados condicionamentos à respectiva alienação pela sociedade; por exemplo, em contratos de transferência de tecnologia encontram-se cláusulas que restringem a alienação de bens importantes para a conservação do segredo da tecnologia. É questão de interpretação do contrato saber se foi intenção das partes limitar essas cláusulas à fase activa da sociedade ou mantê-las na fase de liquidação. Na segunda hipótese, haverá que observá-las, embora isso possa dificultar a liquidação ou prejudicar os resultados desta. Na hipótese extrema de, pelo contrato, os bens só poderem ser vendidos ao concedente da tecnologia e este, conhecendo a situação da sociedade, recusar comprá-los, afigura-se que a venda se torna livre, uma vez que não pode ter sido intenção da sociedade contraente impedir por essa cláusula a sua eventual liquidação.

Não está estabelecida na lei qualquer ordem que o liquidatário deva observar na venda dos bens, quer para satisfação do passivo quer do activo residual, mas tal ordem pode ser establecida, quer pelo contrato de sociedade, quer por deliberação dos sócios, como regulamentação da liquidação. Salvo esta regulamentação, a que o liquidatário deve obedecer, ele deve proceder segundo o critério do gestor cuidadoso, de modo a obter, nas ocasiões oportunas, os resultados mais favoráveis. O liquidatário é forçado a ter em vista a duração estabelecida contratual e legalmente para a fase de liquidação e isto pode conduzir, pelo menos nas proximidades do termo dessa fase, a vendas em más condições. Se ainda é possível prorrogar a duração da liquidação, deve o liquidatário tomar as necessárias providências; no caso contrário, o liquidatário que pretenda evitar eventuais responsabilidades, submeterá a questão a deliberação dos sócios; prosseguindo ele as alienações com prejuízo para os sócios, pode incorrer em responsabilidade.

As vendas tanto podem ser feitas a estranhos como a sócios. Neste último caso, deve ser observado o princípio do igual tratamento dos sócios, dando o liquidatário, sob pena de responsabilidade dele e do sócio adquirente, igual oportunidade a todos para a compra.

Sempre com ressalva da regulamentação da liquidação, a venda pode ser feita por negociação particular, na Bolsa, em leilão. A escolha pertence ao liquidatário, guiado pelo critério de diligência que preside a toda a sua actividade.

Entendendo o art. 156.º, n.º 1, no sentido de que, *em qualquer momento*, podem os sócios deliberar unanimemente a partilha em espécie, o liquidatário deve cessar as vendas do activo residual a partir de tal deliberação.

10. O quinto poder-dever dos liquidatários enumerados no art. 159.º, n.º 3, consiste em «propor a partilha dos haveres sociais». Dele trataremos no comentário ao art. 156.º.

11. Além dos deveres enumerados no art. 152.º, n.º 3, o CSC atribui expressamente outros deveres aos liquidatários, dos quais trataremos nos comentários aos respectivos artigos: requerer a inscrição da dissolução no registo comercial, art.º 145.º, n.º 2; prestar contas anuais, art. 155.º; prestar contas finais, art. 157.º; entregar os bens partilhados, art. 159.º; requerer o registo do encerramento da liquidação, art. 160.º; representar a generalidade dos sócios nas acções pendentes ao tempo da extinção da sociedade, art. 162.º; representar a generalidade dos sócios em acções propostas contra a sociedade para satisfação de passivo superveniente, art. 163.º; propor a partilha adicional de activo superveniente e representar a generalidade dos sócios quanto a acções relativas a esse activo, art. 164.º.

## ARTIGO 153.º

### (EXIGIBILIDADE DE DÉBITOS E CRÉDITOS DA SOCIEDADE)

**1 — Salvo nos casos de falência ou de acordo diverso entre a sociedade e um seu credor, a dissolução da sociedade não torna exigíveis as dívidas desta, mas os liquidatários podem antecipar o pagamento delas, embora os prazos tenham sido estabelecidos em benefício dos credores.**

**2 — Os créditos sobre terceiros e sobre sócios por dívidas não incluídas no número seguinte, devem ser reclamados pelos liquidatários, embora os prazos tenham sido estabelecidos em benefício da sociedade.**

**3 — As cláusulas de diferimento da prestação de entradas caducam na data da dissolução da sociedade, mas os liquidatários só poderão exigir dessas dívidas dos sócios as importâncias que forem necessárias para satisfação do passivo da sociedade e das despesas de liquidação, depois de esgotado o activo social, mas sem incluir neste os créditos litigiosos ou considerados incobráveis.**

**SUMÁRIO**

1. Efeitos da dissolução quanto a dívidas da ou para com a sociedade, quanto a terceiros
2. Dever de cobrança de créditos da sociedade sobre os sócios
3. Dívidas de anteriores proprietários de quotas ou acções
4. Condicionamento da exigência de dívidas de entradas
5. Sócios de responsabilidade ilimitada

1. Depois de, no art. 152.º, n.º 3, als. *b*) e *c*) ter feito recair sobre o liquidatário o dever de cumprir as obrigações da sociedade e o dever de cobrar os créditos da sociedade, o CSC, no art. 153.º ocupa-se da exigibilidade das obrigações da sociedade dissolvida e das obrigações de terceiros e de sócios para com a sociedade dissolvida.

Pode, na verdade, suceder que, à data da dissolução da sociedade, existam ou desta ou para com esta, obrigações já exigíveis — para as quais a lei omite qualquer referência especial, pois manifestamente elas não serão afectadas, nesse aspecto, pela dissolução — ou obrigações ainda não exigíveis, relativamente às quais pode colocar-se o problema de saber se a dissolução as tornou exigíveis. O motivo da dúvida ou da curialidade da colocação do problema reside nos fins da liquidação, seguinte à dissolução, podendo parecer que tais fins levariam à exigibilidade imediata, a fim de poderem as obrigações ser satisfeitas pela sociedade ou a esta durante a fase de liquidação.

O art. 153.º, n.º 1, prevê inicialmente regimes excepcionais resultantes ou de condições ajustadas entre a sociedade e um seu credor ou do facto dissolutivo ter consistido na falência da sociedade.

Quanto aos eventuais ajustes entre a sociedade e um seu credor, é na verdade possível e comprovado pela prática que nos contratos donde nascem obrigações da ou para com sociedade, as partes prevejam a influência que a dissolução de alguma delas ou de ambas exercerá sobre tais obrigações, designadamente tornando-as imediatamente exigíveis.

Afastadas, pela ressalva, essas duas hipóteses, aparece a regra; a dissolução da sociedade não torna exigíveis as obrigações desta. Por exemplo, se se tratar de obrigação sob condição suspensiva, esta não se tem como verificada ou substituída e, se se tratar de obrigação a termo, a necessidade do decurso deste não é afectada pela dissolução.

A esta regra, a parte final do n.º 1 abre uma excepção: o liquidatário pode antecipar o pagamento, embora o prazo tenha sido estipulado em benefício do credor, ou exclusivamente em benefício do credor ou também em benefício deste, pois o que está em causa não é a exclusividade, mas sim a existência do benefício. Há aqui sacrifício de um interesse do credor, dado o prazo ter sido estabelecido em seu benefício, o qual se justifica pelo desejo de abreviar a satisfação dos débitos sociais e terminar a liquidação.

O liquidatário tem, contudo, apenas o poder de antecipar o pagamento, não o dever, como sucede na hipótese prevista no n.º 2 do mesmo artigo; competir-lhe-á, portanto, apreciar a oportunidade da antecipação e deverá fazê-lo procurando causar ao credor o menor prejuízo, isto tanto no interesse do credor como no interesse da sociedade. Na verdade, a atribuição deste poder ao liquidatário é determinado por um interesse da sociedade em pôr termo à liquidação, mas deste não se segue que o interesse do credor no decurso do prazo deva ser totalmente sacrificado. A sociedade deverá indemnizar pelo prejuízo causado, embora no exercício de uma faculdade atribuída pela lei.

Esta parte final do n.º 1 é excepcional e deve considerar-se limitada a obrigações pecuniárias (como, aliás, se dizia num anteprojecto). Quando a prestação devida pela sociedade consiste numa obrigação em dinheiro, o prejuízo é facilmente calculável, mas tratando-se de obrigações com outros objectos, as consequências podem ser gravíssimas e imprevisíveis para o legislador, que, assim, não pode tê-las admitido.

O art. 153.º, n.º 1, não se ocupa da resolução de contratos, pela sociedade, com fundamento na dissolução, quer contratos de execução instantânea, quer contratos de execução duradoura; não existe, portanto, preceito algum que especialmente permita a resolução de contratos com fundamento na dissolução ocorrida. A doutrina alemã entende que, em casos concretos, pode suceder que a dissolução — ou a situação de liquidação, com o que essa doutrina chama a mudança do fim da sociedade — constitua justa causa para a sociedade ou o outro contraente resolver o contrato. Não podemos negar que tal possa suceder nalgum caso, devido a circunstâncias especiais deste, mas afigura-se-nos que tal não sucede, como regra; a sociedade, pela dissolução, não fica impossibilitada de cumprir o contrato nem de receber a prestação devida pela outra parte; além disso, a dissolução é um facto relativo a um dos contraentes que não deve afectar as relações jurídicas por ela estabelecidas.

O art. 153.º, n.º 2, trata de obrigações activas da sociedade sobre terceiros ou sócios (quanto a estes últimos, ressalvadas as obrigações referidas no n.º 3 do mesmo artigo), mas apenas para estabelecer um princípio quanto à exigibilidade antecipada. Tal como sucede com a parte final do n.º 1 e pelos mesmos motivos, a especialidade respeita às obrigações pecuniárias.

Porque se trata de créditos da sociedade, o legislador pôde ir mais longe do que quanto aos débitos sociais e estabeleceu um *dever* do liquidatário, não apenas um poder: ele deve reclamar esses créditos, embora os prazos tenham sido estabelecidos a favor da sociedade. O propósito da liquidação prevalece sobre o interesse que a sociedade pudesse ter no diferimento do seu crédito. Não é, contudo, estabelecida alguma medida precisa de tempo para o liquidatário cumprir esse dever, podendo fazê-lo até ao termo da liquidação e para que a possa terminar.

2. O art. 136.º CCom determinava: «Os liquidatários exigirão dos sócios o pagamento das quantias por que estes forem responsáveis para com a sociedade e que se tornarem necessárias à satisfação dos respectivss compromissos e das despesas de liquidação.» O art. 153.º, n.º 3, CSC, ocupa-se também da exigência pelos liquidatários de dívidas dos sócios

para com a sociedade, mas são grandes as diferenças entre o antigo e o novo preceito.

Antes de mais, notemos que o art. 153.º, n.º 3, é imperativo, no sentido de que nem o contrato de sociedade nem deliberações dos sócios podem dispor que as cláusulas de diferimento da prestação de entradas não caducam na data da dissolução da sociedade ou que os liquidatários não poderão exigir, dessas dívidas dos sócios, as importâncias tornadas exigíveis por esse preceito. É, porém, dispositivo, quanto à segunda parte, no sentido de poder o contrato de sociedade tornar essas dívidas exigíveis, a partir da dissolução da sociedade, em medida restritiva da ali preceituada; o contrato poderá, por exemplo, permitir que os liquidatários procedam à cobrança dessas dívidas na totalidade, em qualquer momento, sem esperar pelo esgotamento do activo (restante) social.

A redacção do art. 136.º CCom inculcava que os liquidatários recebiam um comando, constitutivo de um *dever*, de qual reflexamente lhes resultava um *poder*; por isso, a doutrina portuguesa, em seguida da sua congénere italiana, falava de um *poder-dever* dos liquidatários quanto à exigência aos sócios do pagamento das quantias por que este fossem responsáveis para com a sociedade. O art. 153.º, n.º 3, está estruturado de forma muito diversa: uma providência quanto a cláusulas de diferimento da prestação de entrada, da qual resultaria a exigibilidade do montante total em dívida, seguida de uma providência limitativa desse poder dos liquidatários. No entanto não há, neste aspecto, diferença substancial entre os dois preceitos.

Na verdade, o dever de os liquidatários exigirem aos sócios as dívidas de entradas está consignado no art. 152.º, n.º 3, al. *c*), quando atribui aos liquidatários o dever — acompanhado dos poderes necessários para o efeito — de cobrar os créditos da sociedade, sem distinguir se se trata de créditos contra terceiros ou contra sócios e, quanto aos últimos, sem distinguir as respectivas causas. A essa cobrança poderia eventualmente ser oposto um impedimento: o tempo de exigibilidade estipulado no contrato de sociedade; é esse impedimento que a primeira parte do art. 153.º, n.º 3, remove, e depois disso o liquidatário está habilitado a cumprir quanto a estas dívidas de sócios o poder-dever geral de cobrança dos créditos da sociedade.

No direito anterior entendia-se que o especial comando dirigido aos liquidatários se destinava a proteger os interesses de terceiros contra os interesses dos sócios, responsabilizando o liquidatário se poupasse os sócios além da medida legítima, embora logo se observasse que tal dever, em princípio, poderia englobar-se no dever de pagar os débitos sociais antes de proceder à partilha, visto que a cobrança dos débitos dos sócios era legítima quando necessária para a satisfação dos compromissos da sociedade. Não parece, porém, que a especial expressão do comando dirigido aos liquidatários aumentasse a eficácia do dever ou a responsabilidade, se ele fosse violado; especial ou não, poderia ser violado pelos liquidatários da mesma maneira e, na hipótese de violação, a responsabilidade dos violadores é igual nos dois casos.

O art. 153.º, n.º 3, refere-se apenas às prestações de entradas devidas pelos sócios, quer na primeira parte, relativa à caducidade das cláusulas de diferimento, quer na segunda parte, relativa à limitação da exgibilidade. Lembremos, quanto à caducidade das cláusulas de diferimento, que, por força do art. 26.º, as entradas dos sócios devem ser realizadas no momento da outorga da escritura do contrato de sociedade, sem prejuízo de estipulação contratual que preveja o diferimento da realização das entradas em dinheiro, nos casos e termos em que a lei o permita; que para as sociedades por quotas e por força dos arts, 202.º e 203.º, só pode ser diferida de metade a efectivação das entradas em dinheiro e, em qualquer caso, a prestação pode ser exigida a partir do momento em que se cumpra o período de cinco anos sobre a celebração do contrato ou a deliberação de aumento do capital, ou se encerre prazo equivalente a metade da duração da sociedade, se este limite for inferior; que, para as sociedades anónimas, por força do art. 277.º, n.º 2, nas entradas em dinheiro só podem ser diferidos a realização de 70 por cento do valor nominal das acções e o pagamento de metade do ágio.

Entendemos que o art. 153.º, n.º 3, abrange também a obrigação de entrega de bens que constituam entradas em espécie, quando para tal entrega tenham sido estipulados prazos. O cumprimento do prazo estipulado poderá causar um impedimento semelhante ao da transmissão da propriedade, dificultando a obtenção dos meios necessários para os liquidatários cumprirem o seu primordial dever de satisfazer as obrigações da sociedade.

Não têm hoje cabimento dúvidas, legítimas perante o art. 136.º CCom, quanto aos débitos dos sócios por ele abrangidos. Estão fora do art. 153.º, n.º 3, as dívidas extra-sociais dos sócios para com a sociedade e outras dívidas dos sócios, nesta qualidade; elas estão sob a alçada do disposto no n.º 2 do mesmo artigo, como nele expressamente está escrito: «Os créditos sobre terceiros e sobre sócios por dívidas não incluídas no número seguinte ...»

A dissolução da sociedade afecta, porém, algumas obrigações patrimoniais dos sócios para com a sociedade. Nas sociedades por quotas e nas sociedades anónimas, as obrigações acessórias extinguem-se com a dissolução da sociedade, arts. 209.º, n.º 5 e 287.º, n.º 5; nas sociedades por quotas, não podem ser exigidas prestações suplementares depois de a sociedade ter sido dissolvida por qualquer causa, art. 211.º, n.º 3.

Nas cláusulas de diferimento das entradas a que os sócios se obrigaram, a doutrina costumava distinguir aquelas que estabeleciam prazos e aquelas que requeriam condicionalismo formal para as importâncias em dívida serem exigidas aos sócios. Quanto às primeiras, nenhuma dúvida pode haver de que estão hoje abrangidas pelo art. 153.º, n.º 3. Quanto às segundas, o seu tratamento diferia conforme os países; a jurisprudência francesa e belga julgava no sentido de o liquidatário continuar sujeito aos mesmos condicionalismos; a doutrina italiana pendia para entender que tais condicionalismos apenas eram requeridos para a fase activa da sociedade. Pensamos que tais cláusulas, na medida em que sejam lícitas no actual direito, estão sujeitas à caducidade prescrita pelo art. 153.º, n.º 3.

Se correctamente identificamos essas cláusulas, a que jurisprudências e doutrinas se referem, elas, por um lado, permitem que a exigência da dívida de entrada fique dependente da vontade do credor, a sociedade, e, por outro lado, estabelecem regras para a formação dessa vontade interna, como, por exemplo, uma maioria qualificada na resolução do conselho de administração sobre o assunto, a precedência de uma deliberação da assembleia geral ou de um parecer do órgão de fiscalização. São, pois, ainda cláusulas de diferimento, embora de um tipo especial. Além disso, tais cláusulas constituem uma limitação dos poderes da gerência ou administração, condicionando o exercício deles a uma avaliação especialmente ponderada da oportunidade da cobrança das dívidas dos sócios, o que só se coaduna com a evolução dos negócios sociais durante a referida fase activa. A cobrança dessas dívidas pelos liquidatários tem uma finalidade precisa e necessária, que não se compadece com tais avaliações; os liquidatários devem cumprir as obrigações da sociedade e, se para tanto necessitarem dos fundos a fornecer pelos sócios, em satisfação das suas dívidas de entrada, devem poder fazê-los sem outros entraves que os resultantes da própria lei. Assim, nem prevalecem, contra o art. 153.º, n.º 3, as cláusulas contratuais que indiquem genericamente (isto é, sem distinguir se se destinam à fase activa ou também à fase de liquidação) a intervenção de outros órgãos sociais, nem seriam válidas as clásulas ou deliberações sociais que expressamente mantivessem esse condicionalismo para a fase de liquidação.

3. O disposto na segunda parte do art. 153.º, n.º 3, alcança mais longe do que os sócios da sociedade ao tempo da dissolução desta. Anteriores titulares de quotas ou acções podem ser responsáveis para com a sociedade por dívidas de entradas, arts. 206.º e 286.º, e essa responsabilidade não termina pela dissolução da sociedade. A primeira parte do referido n.º 3 não tem interesse para estes casos, pois a responsabilidade dos antecessores pressupõe que o actual sócio ou accionista já esteja em mora no cumprimento da obrigação de entrada. A segunda parte do preceito justifica-se tanto quanto ao sócio ou accionista actual como quanto aos seus antecessores na quota ou acção; por um lado, estes são responsáveis *solidariamente* entre si e com o sócio ou accionista actual e, portanto, o regime da obrigação deve ser unitário; por outro lado, aplicam-se também a estes casos as razões que levaram o legislador a limitar a exigência da dívida pelos liquidatários.

4. Terminada a fase activa da sociedade, desaparece a finalidade da obrigação dos sócios de efectuarem entradas; os sócios obrigaram-se a contribuir com certos bens para o exercício em comum de certa actividade económica e a partir da dissolução, há que liquidar e não que continuar (salvo na medida em que isso facilite a liquidação) a actividade exercida em comum. Em princípio, seria, pois, concebível que a parte ainda não realizada das entradas prometidas deixasse de ser exigível. Aliás, pouco sentido faria que os sócios fossem forçados a satisfazer tais dívidas, depois da dissolução, para as respectivas importâncias lhes serem restituídas quando, satisfeito o passivo social, se procedesse à partilha do saldo de liquidação. O sócio tem, pois, interesse em não efectuar um desembolso desnecessário e isso reconhece o art. 153.º, n.º 3 — como já fazia o art. 136.º CCom — ao limitar a exigibilidade dessas dívidas dos sócios às importâncias que forem necessárias para a satisfação do passivo da sociedade e das despesas de liquidação.

Se, esgotado o activo social — ou quase esgotado, como se verá — ainda há passivo por satisfazer, a fase activa da sociedade salda-se por uma perda, a qual deve ser coberta pelos sócios, na medida das responsabilidades contraídas na celebração da sociedade. As importâncias em dívida são necessárias, ainda por causa da actividade que foi exercida em comum e o capital deve ser realizado porque de outra maneira deixaria de cumprir a sua função para com terceiros. Talvez pudesse pensar-se em deixar aos terceiros a cobrança dos seus créditos, em acção contra os sócios, mas a fase de liquidação destina-se precisamente a forçar a sociedade, antes de se extinguir, a satisfazer as suas obrigações para com terceiros.

Ligando muito estreitamente a primeira e a segunda partes do art. 153.º, n.º 3, poderá parecer que a aplicação da segunda depende da aplicação da primeira, isto é, a limitação da exigibilidade pelos liquidatários só ocorreria quando houvesse cláusulas de diferimento *que caducassem* na data da dissolução. De tal interpretação resultaria que no caso de, à data da dissolução, as dívidas de entradas dos sócios já estarem vencidas, não haveria limitação à actuação dos liquidatários, que poderiam, a partir daquela data, exigir a totalidade de tais dívidas, como os gerentes ou administradores já antes poderiam ter feito. Em nosso entender, a segunda parte daquele n.º 3 aplica-se, quer a dívida de entrada já esteja ou não esteja vencida, quer o sócio já esteja ou ainda esteja em mora quanto a tal dívida. Dir-se-á que, por tal entendimento, é favorecido o sócio inadimplente, a quem só passará a ser exigível uma parte da dívida, relativamente àqueles que atempadamente cumpriram as suas obrigações. Notemos, em primeiro lugar que, a partir da mora, o sócio deve juros à sociedade e que esta dívida de juros não sofre qualquer redução ou diferimento de exigibilidade. Em segundo lugar, observemos que exigir ao sócio em mora a totalidade da dívida, embora parte da importância não seja necessária e venha a ser-lhe restituída, é inflingir-lhe uma punição, apenas concebível por expressa disposição legal.

Os liquidatários só podem exigir, dessas dívidas dos sócios, as importâncias que forem necessárias para satisfação do passivo da sociedade e das despesas de liquidação, depois de esgotado o activo social, mas sem incluir neste os créditos litigiosos ou considerados incobráveis. Esta última frase constitui manifesta cautela contra ardis dos sócios, que protelassem o pagamento das importâncias exigidas, a pretexto de não estar esgotado o activo social enquanto algum crédito da sociedade não estivesse cobrado, apesar de previamente se saber que tal crédito é contestado pelo devedor ou que não existe esperança de o cobrar.

O condicionamento imposto aos liquidatários é duplo: de objecto e de tempo. O primeiro resulta directamente das palavras da lei. O segundo é corolário do primeiro, visto que o objecto exigível só é definido depois de estar esgotado o activo social e só depois de o objecto exigível estar definido é possível proceder à exigência.

Este duplo condicionamento acarreta a solução (aliás, em sentido contrário àquele que julgávamos preferível perante o art. 136.º CCom) do problema de saber se o liquidatário pode dirigir-se aos sócios quando faltem *fundos* para a satisfação dos compromissos sociais ou apenas quando faltem outros *bens*, ou por outras palavras, se os liquidatários podem exigir o pagamento das dívidas dos sócios para ocorrer a dificuldades de tesouraria. A *necessidade* apura-se depois de esgotado o activo social e, portanto, apenas quando não existam bens, que, reduzidos a dinheiro, bastem para a satisfação do passivo da sociedade. Às dificuldades temporárias de tesouraria terão os liquidatários de ocorrer por outros meios.

A necessidade da importância para a satisfação do passivo social e das despesas de liquidação não surge apenas depois de todos os créditos contra a sociedade estarem vencidos; pelo contrário, é normal e de boa administração que o devedor esteja provido de meios para satisfazer as suas obrigações quando estas se vencerem. Donde se segue que os liquidatários poderão reclamar dos sócios as quantias necessárias, antes daquele vencimento ter ocorrido; precisamente *quando*, é difícil dizer, mas certamente haverá que contar com, pelo menos, o tempo materialmente necessário para a cobrança.

Aliás, essa questão prende-se com outra, relativa ao esgotamento do activo social. Trata-se de saber se o activo social se considera, para este efeito, esgotado quando por força dele tiverem já sido efectuados pagamentos a credores e materialmente nada mais reste para satisfazer as dívidas ainda subsistentes, ou se o esgotamento pode ser apurado contabilisticamente, antes do efectivo desembolso. Dissemos acima que a lei estabelece um condicionamento de tempo, ao referir-se ao esgotamento do activo social, mas daí não se segue que esse tempo seja forçosamente o instante em que os cofres estejam efectivamente esvaziados. Um balanço inicial elaborado para os efeitos da liquidação não é bastante, pois nada pode garantir que os valores do activo ali previstos sejam os efectivamente realizados, ou que se mantenham integralmente as verbas do passivo. A incerteza irá gradualmente sendo reduzida, à medida da liquidação em dinheiro dos bens do activo e da satisfação dos débitos sociais e a certeza só será atingida quando, terminada a primeira, não estiver terminada a segunda. Pendemos, pois, para o esgotamento efectivo, apenas com a atenuação resultante da solução dada à questão anterior.

Alguns autores italianos defendem a opinião contrária — os liquidatários seriam livres para, segundo seu prudente juízo — escolher o meio mais adequado segundo as circunstâncias, para ocorrer à satisfação dos débitos sociais, ou vendendo bens ou exigindo as entradas (e possivelmente outras quantias, v., adiante) dos sócios — apresentando um argumento à primeira vista impressionante: a venda de bens sociais deve efectuar-se quando haja a possibilidade de retirar dela o proveito máximo, podendo mesmo suceder que uma venda inoportuna prejudique irremediavelmente a satisfação do passivo pelas forças do activo; o liquidatário deve esperar essa oportunidade, porque lhe compete agir com a diligência marcada por lei. A hipótese prevista por estes autores é possível, como também é possível que a dissolução da sociedade tenha ocorrido em momento particularmente desfavorável para uma liquidação rendosa, como é ainda possível que se a duração da liquidação não fosse fixada por lei, fosse possível esperar por uma melhoria das condições económicas, a longo prazo. Mal havida e precavida estaria, porém, a lei, de mandasse ou permitisse atender a todas essas circunstâncias dos eventuais casos concretos. Ocorrida a dissolução, deve seguir-se a liquidação, cuja preocupação prioritária é o pagamento dos credores sociais; a liquidação deve ser efectuada dentro de determinado prazo, para se chegar à extinção da sociedade e não serem arrastadas indefinidamente situações temporárias por natureza. A origem dos fundos necessários para a satisfação dos débitos reside em primeiro lugar nos bens da própria sociedade; se a venda de algum desses bens é inoportuna, os sócios, senhores dos seus interesses, podem avançar voluntariamente os fundos necessários, ou seja, neste caso, adiantar o cumprimento das suas obrigações de entrada, o que a lei não lhes proíbe. Se os sócios ficam indiferentes à inoportunidade da venda de um bem social e preferem recolher-se atrás da limitação da exigência pelos liquidatários, só de si próprios podem queixar-se; a lei protege-os contra exigências descabidas dos liquidatários, mas não os impede de avaliarem os seus próprios interesses quanto à opção entre venda inoportuna de um bem social ou cumprimento antecipado da sua obrigação de entrada.

Os liquidatários calculam uma importânúcia global que se torna necessária para satisfação do passivo da sociedade e das despesas de liquidação; depois, reparti-la-ão entre os sócios devedores.

Seria exagerado, contudo, supor que a importância global deve ser calculada com absoluta precisão ou que deve ser reclamada por uma só vez. Os liquidatários devem fazer um cálculo honesto, em conformidade com os elementos de que dispõem, mas não pode ser-lhes exigido um absoluto rigor, tanto mais que os compromissos sociais ou as despesas de liquidação podem sofrer, mesmo em circunstâncias normais, algumas flutuações. O fraccionamento das reclamações, adaptando-as ao tempo da satisfação dos compromissos sociais só reverte em benefício dos sócios, a quem é evitado um desembolso maior desnecessário.

Perante textos semelhantes de legislações estrangeiras, tem-se discutido sobre o modo de fundamentações da reclamação dirigida aos sócios pelos liquidatários. A tese mais rigorosa exige que o liquidatário justifique perante os sócios a quem faz a exigência a necessidade dessas quantias para a satisfação do passivo social e despesas de liquidação. Por um lado, invoca-se a própria letra da disposição legal, pois não pode esquecer-se que as quantias a exigir aparecem quantitativamente restringidas; por outro lado, diz-se que essas dívidas dos sócios para com a sociedade não podem ser colocadas em pé de igualdade com as dívidas de terceiros, porque aquelas têm uma finalidade social e, portanto, só se justifica que o liquidatário peça o seu cumprimento quando se prove que elas são necessárias para essa finalidade.

A tese menos rigorosa entrega aos liquidatários poder para determinar, sem possível oposição dos sócios e sem que deva sequer ser alegada a necessidade, quando e quanto os sócios devem pagar. Alguns autores completam a tese esclarecendo que quem a tal respeito proceda incorrectamente pode ser chamado à ordem pela assembleia geral, até ao ponto de ser exonerado. A justificar esta tese invoca-se, primeiro, que obrigar o liquidatário a justificar a exigência, entravaria e retardaria o processo de liquidação, sem real vantagem para ninguém; é melhor deixar ao liquidatário plena liberdade para apreciar a situação financeira, pois é ele a entidade que para isso está melhor situada; em segundo lugar, os sócios não poderiam abusar da vantagem que lhes é concedida pelo contrato de não realizarem logo integralmente a sua entrada, para se eximirem a fazê-lo, na altura em que isso se torna necessário para a liquidação; finalmente, não seria invocável o interesse individual dos sócios quando está em causa o interesse colectivo de que a liquidação se realize pela melhor forma; a assembleia geral, com os seus poderes gerais de orientação e fiscalização, poderá coibir quaisquer abusos que o liquidatário tente praticar.

Entre estas teses extremas podem encontrar-se outras intermédias, como a que entende que os sócios não podem reclamar que o liquidatário justifique concretamente a exigência das quantias, mas apenas que a *motive* com insuficiência dos fundos disponíveis.

Afigura-se que devem distinguir-se duas questões. Quando se trata de saber se a exigência pelo liquidatário tem um objecto e um tempo definidos, a resposta tem de ser afirmativa, como acima sustentámos; deve, pois, ser repudiada qualquer tese que, directa ou indirectamente, conduza à licitude da reclamação pelo liquidatário de mais do que o necessário para os referidos fins ou antes de, segundo o critério da lei, o pagamento se tornar necessário. Assente esse princípio, pode abrir-se uma questão de ónus da prova, a resolver nos termos gerais. O liquidatário não está a exercer um direito pessoal, mas sim um direito da sociedade, pela qual actua; compete-lhe, portanto, fazer a prova dos factos constitutivos do direito alegado, ou seja, a prova dos factos constitutivos do direito da sociedade à entrada diferida do sócio — art. 342.º, n.º 1, CC; se há, porém, um facto impeditivo do direito invocado, a prova cabe àquele contra quem a invocação é feita — art. 342.º. n.º 2, CC. Parece neste caso ser impeditiva a inexigibilidade do direito e a prova dever ser feita pelo sócio.

Sempre foi ensinamento generalizado que o liquidatário não pode escolher entre os sócios aqueles a quem exigirá o cumprimento das dívidas para com a sociedade, mas deve exigi-lo a todos proporcionalmente. O fundamento desta doutrina encontra-se no respeito da igualdade entre os sócios e não pode ser posto em causa.

Não indica, contudo, o art. 153.º, n.º 3, o critério a usar para a proporção a aplicar. Entendemos que deve ser aplicado por analogia o disposto a tal respeito no art. 195.º, n.º 2: as quantias serão reclamadas em proporção da parte de cada um nas perdas. Também por analogia deve ser aplicado o disposto na parte final do mesmo n.º 2: se algum sócio se encontrar insolvente, será a sua parte dividida pelos demais, na mesma proporção (adiante serão examinados alguns pormenores deste regime).

Supondo que a satisfação do passivo social e das despesas de liquidação não requereram o pagamento pelos sócios da totalidade das suas dívidas de entradas, a parte restante é tomada em consideração para os efeitos do art. 156.º, n.ºs 2 e 3 — v. respectivo comentário.

5. Nas sociedades de responsabilidade ilimitada, pode acontecer que o liquidatário conclua que o activo social não é bastante para o pagamento de todo o passivo e que esse activo social já esteja totalmente realizado, inclusivamente por já estarem completadas as entradas dos sócios. O liquidatário sabe, pois, que a sociedade pode ser arrastada para a falência e com ela os sócios ilimitadamente responsáveis, e reconhece eventualmente que, se pudesse exigir aos sócios as quantias indispensáveis, tal falência seria evitada. Esta solução tem manifestas vantagens, para a sociedade, para os sócios e para os credores. A sociedade satisfaz os seus compromissos e evita a falência; os sócios seriam mais tarde accionados pelos credores e em piores circunstâncias, visto que, não só poderiam estar abrangidos pela falência da sociedade, como teria cada

um deles que responder pela totalidade das dívidas, pois os credores poderiam escolher qualquer deles e a esse pedir o pagamento integral, enquanto o liquidatário poderia recorrer a eles todos, proporcionalmente à sua parte nas perdas; os credores escusariam de excutir o património social e depois intentar acções contra os sócios. Nem poderia dizer-se que tal faculdade constitui exagerado alargamento dos fins da liquidação e da competência do liquidatário, pois é ideal que, durante a fase de liquidação, fiquem inteiramente extintas as relações entre os credores e a sociedade, os credores e os sócios e entre os sócios.

O problema foi muito discutido em Itália, perante o art. 202.º do Código de Comércio, até que o art. 2280.º do actual Código Civil veio dispor que «se os fundos disponíveis resultarem insuficientes para o pagamento dos débitos sociais, os liquidatários podem reclamar dos sócios as prestações ainda devidas das respectivas quotas e, se disso for caso, as importâncias necessárias, nos limites da respectiva responsabilidade e em proporção da parte de cada um nas perdas. Na mesma proporção se reparte entre os sócios o débito do sócio insolvente».

O preceito italiano foi praticamente traduzido no art. 1016.º, n.º 2, do nosso actual Código Civil: «Quando os bens da sociedade não forem suficientes para liquidação do passivo, os liquidatários podem exigir dos sócios, além das entradas em dívida, as quantias necessárias, em proporção da parte de cada um nas perdas e dentro dos limites da respectiva responsabilidade; se, porém, algum sócio se encontrar insolvente, será a sua dívida repartida pelos demais, nos termos referidos.» Do CC, o preceito passou para o art. 195.º, n.º 2, CSC, com as alterações formais requeridas pelo facto de a cobrança das prestações de entradas estar regulada no art. 153.º, n.º 3, e com algumas novas palavras destinadas a resolver problemas de pormenor.

O condicionalismo geral é idêntico ao do art. 153.º, n.º 3, o que nos dispensa de repetições. Mais clara é a posição dos liquidatários, agora expressamente subordinada a um *dever*, evitando-se assim esforços interpretativos, necessários em Itália e perante o nosso art. 1016.º, n.º 2, CC, para chegar à mesma conclusão; atribuir aos liquidatários simplesmente um *poder*, deixaria ao arbítrio deles exercê-lo ou não e as finalidades do preceito poderiam deixar de ser atingidas; o dever conduz a uma solução uniforme, salvo eventuais violações, que acarretarão responsabilidade do violador.

Ficou também resolvido um problema que os preceitos civis italiano e português deixavam em aberto: o da prioridade entre a reclamação da dívida da entrada e a reclamação da efectivação da responsabilidade ilimitada do sócio. Desde que aos liquidatários seja lícito exigir o cumprimento da obrigação de entrada (v. supra), eles podem também utilizar a responsabilidade do sócio; ou formulam simultaneamente as duas exigências, ou começam pelo cumprimento da obrigação de entrada e posteriormente recorrem à dita responsabilidade, sendo-lhes apenas vedado, como é natural, adoptar a ordem inversa.

A lei estabelece, para as sociedades em nome colectivo, o critério de repartição entre os sócios das somas globais exigidas pelos liquidatários; acima vimos que, por analogia, o preceito é aplicável, nessa parte, aos outros tipos de sociedade. A reclamação deve ser feita em proporção da parte de cada um nas perdas, critério que parece justo, uma vez que, esgotado o activo social e mantendo-se passivo, este representa perda da sociedade. A aplicação prática e rigorosa do critério é, contudo, muito difícil, quanto às dívidas de entrada.

Na data em que os liquidatários se propõem reclamar dos sócios as dívidas de entradas, as circunstâncias individuais podem ser muito diversas: pode algum sócio ter já satisfeito completamente a sua obrigação; podem ter ocorrido pagamentos parciais de alguns sócios; pode algum estar em mora já antes da dissolução, etc. Também só no caso de as quotas de capital de cada sócio serem rigorosamente iguais, serão iguais os montantes de todas as dívidas. Quanto à responsabilidade ilimitada, todos os sócios estão em situação de igualdade, visto que, por definição, o disposto nessa parte do art. 195.º, n.º 2, ainda não foi utilizado nessa sociedade.

Ora, o critério da proporção da parte de cada um nas perdas funciona correctamente, se houver perfeita igualdade nas condições dos sócios: igual montante em dívida à sociedade e igual percentagem na repartição das perdas. Nas outras hipóteses, dependendo também do montante reclamado pelos liquidatários, sucederá frequentemente que a soma global não poderá ser repartida segundo tal critério, porque a parte dela que caberia ao sócio que menos devesse seria superior à importância devida por este e ao sócio que mais devesse não poderia ser reclamada a totalidade da dívida, porque isso excederia a sua parte proporcional nas perdas. Seguro é que a nenhum sócio pode ser reclamado, a este título, mais do que a importância da entrada ainda não paga; na sociedade em nome colectivo, poderá ser reclamado mais a título diferente e nas outras sociedades nada mais poderá ser reclamado. A solução do problema só pode, portanto, residir na zona daqueles sócios que, por aplicação do critério da repartição das perdas, viriam a responder para com a sociedade por importância menor que a devida. Para concluir que o liquidatário deve contentar-se com a cobrança legalmente possível e, portanto, virá a cobrar menos do que o sócio deve, embora não seja atingido total bastante para satisfazer o passivo, não vale argumentar que o mesmo sucede quando o passivo ainda insatisfeito excede a totalidade das dívidas de entrada dos sócios; neste último caso, é impossível cobrar mais, porque nada mais é devido; no primeiro caso, o obstáculo resulta do critério de repartição entre os sócios, mas alguns destes ainda continuam a dever, depois de aplicado tal critério, parte das suas entradas.

O sócio deve à sociedade a entrada prometida; a lei apenas dispensa o pagamento, se este for desnecessário para satisfação do passivo social; os interesses dos credores sociais impõem que o capital seja totalmente realizado desde que subsistam créditos contra a sociedade. Por outro lado, não pode dizer-se que a liquidação do activo está completa enquanto aquelas dívidas dos sócios não forem cobradas, pois os créditos respectivos constituem activo social. Pelo prisma das relações entre os sócios, seria injusto que os maiores devedores não pagassem, na medida necessária, quando os que já pagaram tudo, ou menos devem, já perderam as entradas realizadas.

Afigura-se-nos, pois, que o critério da proporção nas perdas aplica-se enquanto houver que *repartir* entre os sócios a importância total necessária; quando houver ainda passivo a satisfazer depois de totalmente cobrada a dívida de um sócio, já não há que repartir, quanto a esse, e assim sucessivamente, até que eventualmente reste um único sócio devedor, cuja dívida deverá ser totalmente cobrada, se necessário.

O art. 195.º, n.º 2, determina na parte final que, se algum sócio se encontrar insolvente, será a sua parte dividida pelos demais nas mesmas proporções, o que equivale a mandar fazer o cálculo da repartição da importância reclamada sem contar com o sócio insolvente.

Passando à disposição especial das sociedades em nome colectivo contida na primeira parte do art. 195.º, n.º 2, expusemos acima a sua justificação, mas importa precisar o seu enquadramento dogmático, quanto à responsabilidade daqueles sócios.

Segundo o art. 175.º, n.º 1, na sociedade em nome colectivo, o sócio, além de responder individualmente pela sua entrada, responde pelas obrigações sociais, subsidiariamente relativamente à sociedade e solidariamente com os outros sócios. A subsidiariedade implica a prévia excussão dos bens do devedor principal, neste caso a sociedade.

É entendimento pacífico que este regime se aplica tanto antes como depois da dissolução da sociedade; nada impede que o credor social execute e excuta os bens sociais durante a fase de liquidação e subsidiariamente accione todos, alguns ou um dos sócios, conforme as regras da solidariedade. O disposto no art. 195.º, n.º 2, não derroga estas normas, mas apenas coloca à disposição da sociedade, através dos liquidatários, um meio de evitar a acção dos credores sociais contra os sócios; meio que pode ser infrutífero ou porque o liquidatário não cumpre esse seu dever ou porque os credores não esperam — e nada os força a esperar — por tal cumprimento.

O preceito está redigido em função de um poder dos liquidatários, mas como estes não passam de órgãos da sociedade em liquidação, trata-se na realidade de um direito da sociedade, direito esse, com a correlativa responsabilidade dos sócios, que não está consignado na definição do art. 175.º, n.º 1, onde a responsabilidade pelas obrigações sociais é responsabilidade *para com* credores sociais e subsidiária relativamente à sociedade; como escreveu um antigo autor italiano, «os sócios são garantes solidários da sociedade e nenhuma lei deu alguma vez ao devedor garantido uma acção para forçar o garante a pagar por ele ao terceiro garantido».

A sociedade, através dos liquidatários, não exerce, contra os sócios, as acções que aos credores competem, por força do art. 175.º, n.º 1, nem força os sócios garantes a pagar pela sociedade aos credores garantidos. São patentes as diferenças entre os direitos dos credores e o direito da sociedade; aqueles podem dirigir-se contra qualquer sócio e pela totalidade da sua dívida; esta só pode reclamar na proporção das perdas de cada um; a sociedade só pode reclamar desde que, pelo menos ao mesmo tempo, reclame também as dívidas de entradas, condicionamento a que os credores não estão sujeitos. A sociedade exerce, embora com a finalidade de satisfação do passivo social, um direito próprio contra os sócios.

Isto significa que as características enumeradas no art. 175.º, n.º 1, estão incompletas, por a responsabilidade dos sócios ser mais vasta do que a ali enunciada; os sócios das sociedades em nome colectivo respondem: para com a sociedade, pelas suas contribuições (entradas) e pelas importâncias necessárias para a satisfação do passivo social e das despesas de liquidação, nos termos do art. 195.º, n.º 2; para com os credores sociais, subsidiariamente em relação à sociedade e solidariamente com os outros sócios.

A cumulação destas duas últimas responsabilidades não impede, como acima dissemos, o pleno exercício dos direitos dos credores contra os sócios, os quais nem sequer poderão opor que, por força do art. 195.º, n.º 2, já entregaram à sociedade importâncias destinadas à satisfação, total ou parcial, do credor peticionário, se, por qualquer motivo, a sociedade satisfez o credor. Ao pedido da sociedade, o sócio poderá opor o pagamento efectuado a um credor visto que, quanto a este, foi reduzido o passivo social.

## ARTIGO 154.º

### (LIQUIDAÇÃO DO PASSIVO SOCIAL)

**1 — Os liquidatários devem pagar todas as dívidas da sociedade para as quais seja suficiente o activo social.**

**2 — No caso de se verificarem as circunstâncias previstas no artigo 841.º do Código Civil, devem os liquidatários proceder à consignação em depósito do objecto da prestação; esta consignação não pode ser revogada pela sociedade, salvo provando que a dívida se extinguiu por outro facto.**

**3 — Relativamente às dívidas litigiosas, os liquidatários devem acautelar os eventuais direitos do credor por meio de caução, prestada nos termos do Código de Processo Civil.**

**SUMÁRIO**

1. Extinção do passivo social, por pagamento ou outros modos
2. Dívidas a pagar
3. Ordem dos pagamentos
4. Consignação em depósito
5. Dívidas litigiosas

1. O Código Comercial não enumerava expressamente o pagamento das dívidas sociais entre as funções dos liquidatários. Com efeito, nos vários números do art. 134.º, só se falava das dívidas sociais (dívidas passivas, na terminologia do

Código) no n.º 4, para dar ao liquidatário competência para *pactuar* com os credores em juízo ou fora dele sobre o modo de pagamento das dívidas passivas. No entanto, de alguns preceitos, principalmente do art. 138.º, deduzia-se necessariamente o poder-dever de o liquidatário satisfazer as dívidas da sociedade.

No CSC, além de o art. 152.º, n.º 3, al. *b*) mandar o liquidatário cumprir as obrigações da sociedade, o art. 154.º. n.º 1, estabelece ser dever dos liquidatários pagar todas as dívidas da sociedade, para as quais seja suficiente o activo social.

Fala este preceito em *pagar*, mas daí não pode deduzir-se que não entre na competência do liquidatário extinguir as obrigações sociais por algum outro modo permitido em direito. O liquidatário deve extinguir o passivo, a fim de ser atingido um saldo líquido partilhável. A diligência com que deve proceder exige que, conforme os casos, o liquidatário procure outros meios de extinção de obrigações: à consignação em depósito refere-se o n.º 2 do mesmo artigo, mas ele deverá, por exemplo, tornar eficaz, mediante declaração à outra parte, a compensação de alguma dívida social, e poderá obter o consentimento do credor para dações em cumprimento. Assim, as dívidas que o liquidatário tem o dever de pagar, no estrito sentido desta palavra, são aquelas que, durante a fase de liquidação não tenham sido extintas por outro meio, com ou sem intervenção do liquidatário.

2. Devem ser pagas as dívidas da sociedade. É elementar dever do liquidatário certificar-se da existência da dívida, em si mesma e nos diversos elementos, como montante e prazo. Seria absurdo que, por a sociedade estar em liquidação, o liquidatário fosse forçado a aceder a todas as pretensões que fossem apresentadas. O liquidatário nem sequer deve hesitar na recusa de pagamento por desta poder resultar uma situação litigiosa, que, aliás, ele mesmo pode provocar, propondo acções de apreciação ou declaração negativas.

Por outro lado, superior ao seu convencimento pessoal sobre a dívida reclamada é a opinião dos sócios, a cujas deliberações o liquidatário deve obediência. Entendemos que o liquidatário não pode transigir, judicial ou extrajudicialmente, sem a isso estar autorizado por deliberação dos sócios. A transacção importa necessariamente concessões da parte da sociedade, para prevenir ou terminar um litígio e isso excede a competência do liquidatário.

Manda o art. 154.º, n.º 1, que o liquidatário pague *todas* as dívidas da sociedade. Obviamente, todas as dívidas da sociedade são tanto as existentes à data da dissolução como aquelas que forem constituídas durante a fase de liquidação. Também não há distinção a abrir, consoante o credor seja sócio ou terceiro, salvo quando, relativamente aos primeiros, a lei estabeleça algum regime especial; nem, salvo idêntica excepção, haverá que distinguir conforme o crédito do sócio deriva de negócio em que ele aparece como terceiro ou tem o seu fundamento na própria relação de sociedade.

Para cumprir o seu dever de pagar todas as dívidas da sociedade, o liquidatário deve *conhecer* todas essas dívidas e para obter tal conhecimento deve usar a requerida diligência. A lei não pode forçar ao pagamento de dívidas que o liquidatário não possa conhecer, mesmo usando a devida diligência; pelo contrário, é natural que o dolo ou a culpa na descoberta e exposição das dívidas que devem ser pagas durante a liquidação sejam especialmente sancionados — v. art. 158.º.

Assim, o disposto no art. 154.º, n.º 1, com importante consequência no art. 156.º, tem o natural limite da possibilidade de conhecimento, sem dolo ou culpa, pelo liquidatário. A própria lei — art. 163.º — reconhece que, encerrada a liquidação e extinta a sociedade, pode ainda haver passivo não satisfeito nem acautelado, facto que não resulta necessariamente do dolo ou da culpa do liquidatário. Dos numerosos exemplos apontados pela doutrina, destacamos um francês: uma sociedade fora definitivamente liquidada por deliberação da assembleia geral de 31 de Dezembro de 1916 e uma lei de 3 de Março de 1919 estabeleceu retroactivamente novos impostos; independentemente do problema da responsabilidade da própria sociedade ou dos antigos sócios — v. comentário ao art. 163.º — é manifesto que o liquidatário não podia conhecer tal dívida. A frequência com que vão aparecendo entre nós impostos retroactivos justifica o destaque dado ao exemplo.

Existem sistemas que, pelo menos aparentemente, protegem melhor os credores sociais, pois ordenam providências para tornar especialmente conhecida a fase de liquidação em que a sociedade se encontra e levá-los a reclamar os seus créditos. Por exemplo, o projecto modificado de Sociedade Anónima Europeia, art. 255.º, n.º 1, obriga os liquidatários a convidar os credores, referindo-se à dissolução da sociedade, a apresentar os seus créditos e este convite deve ser publicado três vezes, com intervalos pelo menos de duas semanas, nos jornais da sociedade; a AktG, § 267, determina que os liquidatários devem convidar os credores da sociedade a reclamar os seus direitos, dando-lhes conhecimento da dissolução da sociedade, devendo o convite ser publicado, por três vezes, nos jornais da sociedade.

Dando de barato que estas repetidas publicações podem levar os credores sociais a tomar iniciativas que facilitem a satisfação ou acautelamento dos seus créditos, as dificuldades do sistema surgem quando se procura determinar a consequência da falta de correspondência aos convites. O projecto original de SE estabelecia que os créditos não reclamados no prazo de um ano, a contar da última das publicações, extinguem-se; o projecto modificado diz que os credores «ne peuvent plus faire valoir leur créances à l'égard de la société», diferença que, segundo o comentário respectivo, se destinou a permitir que os créditos possam ser reclamados de terceiros co-responsáveis; este prazo de um ano (acrescidos de outros, por motivos diferentes) condiciona as operações de partilha. Na AktG, § 272, o património não pode ser partilhado sem que tenha decorrido um ano a contar do dia em que foi anunciada, pela terceira vez, a convocação dos credores. A doutrina alemã afirma que o decurso desse ano (*Sperrjahr*) não extingue os direitos dos credores sociais, mas, por outro lado, como o património social é irreversivelmente partilhado e como o liquidatário procedeu correctamente, os credores nada podem reclamar nem da sociedade, nem dos accionistas, nem do liquidatário.

Estes sistemas têm a vantagem de tornar claro e seguro o termo da liquidação da sociedade, mas sacrificam sem necessidade os interesses dos credores. Como veremos a propósito do passivo superveniente, os interesses dos credores não podem ser integralmente conservados, por não ser possível accionar a sociedade depois de ela extinta, mas, como mal menor, é possível organizar métodos de, com o mínimo de incomodidade, satisfazer os credores sociais, até onde chegar o activo social partilhado.

O art. 154.º, n.º 1, coloca como limite do dever de pagamento de todas as dívidas da sociedade a suficiência do activo social. Esta disposição deve ser esclarecida quanto a um ponto e corrigida quanto a outro. Comparando essa disposição com o disposto no art. 153.º, n.º 3, verifica-se não haver rigorosa coincidência entre os significados de «activo social»; no referido n.º 3, o activo social não compreende as dívidas de prestações diferidas de entradas dos sócios — v. respectivo comentário — enquanto neste n.º 1, o activo social compreende também as importâncias que o liquidatário tenha podido cobrar dos sócios, nos termos do art. 153.º, n.º 3. A correcção torna-se necessária por causa do disposto no art. 195.º, n.º 2; nas sociedades em nome colectivo, o activo social não constitui limite ao dever de satisfação do passivo, visto que, esgotado aquele, devem ainda os liquidatários reclamar dos sócios ilimitadamente responsáveis as importâncias necessárias para a satisfação do passivo.

3. O CSC não contém norma de carácter geral quanto à ordem de satisfação das dívidas sociais; da exigibilidade das dívidas a prazo que pode influir na ordem de satisfação da totalidade das dívidas, tratámos no comentário ao art. 153.º, n.º 2.

Para as sociedades por quotas, existe uma disposição especial relativa aos créditos dos sócios por suprimentos efectuados. O art. 245.º, n.º 3, al. *a*) determina que, dissolvida por qualquer causa a sociedade, os suprimentos só podem ser reembolsados aos seus credores depois de inteiramente satisfeitas as dívidas daquela para com terceiros.

A principal questão que se coloca quanto à ordem de satisfação do passivo consiste em saber se as dívidas devem ser pagas à medida do seu vencimento ou se devem, por iniciativa dos liquidatários ou dos credores, os pagamentos ser efectuados rateadamente. Por exemplo, o art. 214.º da lei brasileira de sociedades anónimas, Lei n.º 6404, de 15 de Dezembro de 1976, dispõe que «respeitados os direitos dos credores preferenciais, o liquidante pagará as dívidas sociais proporcionalmente e sem distinção entre vencidas e vincendas, mas, em relação a estas, com desconto às taxas bancárias; se o activo for superior ao passivo, o liquidante poderá, sob sua responsabilidade pessoal, pagar integralmente as dívidas vencidas».

Em países onde não existe disposição legal deste género, tem-se chegado a resultados semelhantes, com base na prática e nalgumas decisões jurisprudenciais, sendo, contudo, difícil determinar onde acabam os conselhos aos liquidatários ditados pela prudência e onde começam imposições normativas. Assim, em França os comercialistas descrevem e aconselham o procedimento normalmente seguido pelos liquidatários profissionais: antes de proceder a qualquer repartição, fazer um inventário do passivo, servindo-se dos elementos fornecidos pela contabilidade social e das reclamações que lhes tenham sido apresentadas; para o passivo do balanço de liquidação vão, pelo montante integral, os créditos exigíveis e os créditos a termo, aumentados estes pelos juros que provavelmente vencerão e sem distinguir as dívidas anteriores à dissolução e as contraídas durante a liquidação; as garantias especiais de que alguns desses créditos gozem serão também indicadas; baseando-se neste inventário, o liquidatário procede a repartições sucessivas, conforme as disponibilidades de tesouraria; paga primeiro os créditos privilegiados, respeitando a ordem dos privilégios; paga depois aos credores comuns proporcionalmente aos seus créditos, enquanto houver activo suficiente ou até que todas as dívidas estejam extintas. Pelo que respeita aos tribunais franceses, têm eles considerado dever do liquidatário não pagar integralmente aos credores, à medida que estes se apresentem, mas sim rateadamente; como esta prática não está de acordo com o princípio de que a liquidação não veda as reclamações individuais dos credores, os tribunais adoptam o expediente de conceder à sociedade «un délai de grâce» quando um credor se apresenta isoladamente, a fim de esperar que outro credor se oponha e com esta oposição se deva cair no regime de rateio.

Contrariamente ao que sucede na falência, a liquidação de sociedade dissolvida não comporta nenhum processo colectivo ou concursual de pagamento aos credores. No nosso direito, os credores da sociedade dissolvida não gozam de direito algum de oposição ao pagamento a outros, que possa conduzir a um rateio de pagamentos, direito esse que mesmo em França foi negado por um acórdão da Cassation, de 17 de Outubro de 1973. Salvo pelo que respeita à antecipação do pagamento, a dissolução não altera os direitos dos credores sociais, os quais podem exigir judicial e extrajudicialmente a satisfação dos seus créditos nos termos gerais de direito. A sociedade, pelo liquidatário, tomará quanto aos créditos vencidos, alguma das atitudes práticas que qualquer devedor pode tomar, apenas com a diferença de que a dilação no pagamento está neste caso condicionada pelos próprios fins da liquidação em que a sociedade se encontra. Designadamente, continua aplicável a regra estabelecida no art. 763.º CC, segundo a qual a prestação deve ser realizada integralmente e não por partes, excepto se outro for o regime convencionado ou imposto por lei ou pelos usos, notando-se que, quanto a sociedade dissolvida, não há lei nem usos que imponham regime excepcional.

A conduta do liquidatário, a este respeito, deve ser pautada pelo critério da diligência devida; será, por exemplo, normal que sejam pagas primeiramente as dívidas mais onerosas; que, tendo necessidade de vender certos bens onerados, o liquidatário procure libertar os bens desses ónus; que a oportunidade da venda de certos bens faça retardar o pagamento de certas dívidas, etc. Tudo isso, porém, são considerações limitadas ao devedor, que de nenhuma forma afectam os direitos dos credores.

Ainda dentro dos termos gerais cabem as cautelas que o liquidatário deve ter quanto à eventualidade de uma situação conducente à falência da sociedade; ele deve comportar-se, perante essa eventualidade, como se comportaria um administrador da sociedade, se tal situação tivesse surgido na fase activa, apenas com a diferença de a dissolução tornar estável essa situação, enquanto anteriormente seria possível esperar uma recuperação pela continuação dos negócios sociais.

Essa situação — não o simples facto de a sociedade ser dissolvida — pode impedir o liquidatário de satisfazer alguma dívida vencida, embora tivesse meios para isso; favorecimento de credores, Cód. Penal, art. 327.º

4. O art. 138.º CCom equiparava, para o efeito de se poder proceder à partilha dos valores sociais, a satisfação das dívidas passivas e a consignação das quantias necessárias para o seu pagamento. Discutia-se o significado dessa consignação; eu entendia que — sem prejuízo de o liquidatário poder proceder à consignação em depósito, como meio de extinção de obrigações, nos casos e nos termos em que a lei a admitia — o art.

137.º nem tinha criado um novo pressuposto da consignação em depósito, além dos civilmente admitidos, nem limitava o poder de «consignação» pelos liquidatários aos pressupostos civis desse instituto; «consignar» nesse artigo significava apenas «reservar», por algum meio seguro, como o depósito em instituição de crédito, das quantias necessárias para satisfazer as dívidas.

Orientação diversa seguiu o art. 154.º, n.º 2, CSC, que expressamente se reporta às circunstâncias previstas no art. 841.º do Código Civil. Dir-se-á ser desnecessário um preceito especial, a propósito da liquidação, uma vez que, também no actual direito, nada impede que o liquidatário utilize a consignação em depósito para extinguir alguma dívida da sociedade; o preceito tem, contudo, um triplo alcance: terminar as dúvidas suscitadas no domínio do CCom; criar um *dever* do liquidatário de proceder à consignação em depósito, evitando que alguma dívida social fique por extinguir a pretexto de dificuldades que podem ser vencidas pela utilização daquele instituto; introduzir uma pequena alteração no regime geral da consignação em depósito.

As circunstâncias previstas no art. 841.º CC são: *a*) o devedor, sem culpa sua, não poder efectuar a prestação ou não poder fazê-lo com segurança, por qualquer motivo relativo à pessoa do credor; *b*) o credor estar em mora. É manifesta a utilidade da consignação em depósito, no caso de liquidação da sociedade, sujeita a um prazo, que qualquer das referidas circunstâncias poderia impedir de cumprir. É mesmo tão manifesta que, como dissemos, o art. 154.º, n.º 2, impõe ao liquidatário que a efectue, embora como regra geral a consignação em depósito seja facultativa (art. 841.º. n.º 2, CC).

A parte final do art. 154.º, n.º 2, dispõe que «esta consignação não pode ser revogada pela sociedade, salvo provando que a dívida se extinguiu por outro facto» e relaciona-se com o disposto no art. 845.º CC. Por força deste, o devedor pode revogar a consignação, mediante declaração feita no processo, e pedir a restituição da coisa consignada e este direito de revogação extingue-se se o credor, por declaração feita no processo, aceitar a consignação, ou se esta for considerada válida por sentença passada em julgado; na verdade, o devedor só se libera da sua obrigação depois de a consignação ter sido aceita pelo credor ou declarada válida por decisão judicial (art. 846.º).

Poderia parecer bastante, para a consignação efectuada no decurso de liquidação de sociedade, esse regime geral, mas a faculdade de revogação, até à ocorrência de algum dos factos previstos no art. 845.º, n.º 2, não é recomendável neste caso, porque da certeza da consignação depende, nos termos do art. 154.º, n.º 1, a partilha do activo (restante); não se poderia, portanto, permitir que, iniciada licitamente a partilha, visto estar efectuada a consignação da quantia necessária para extinção dalguma dívida social, a sociedade posteriormente revogasse aquela consignação.

Nesta ordem de ideias se compreende a excepção final do referido n.º 2; se a dívida se extinguiu por outro facto (o que só pode acontecer antes de a obrigação estar extinta por efeito da consignação e, portanto, antes de, nos termos gerais, o direito de revogação estar extinto), a consignação não só pode como deve ser revogada e a coisa consignada deve ser restituída, sem que os credores corram qualquer risco pelo facto de a partilha já ter sido efectuada.

Conforme o fundamento da consignação e o modo como decorrer o respectivo processo — CPC, arts. 1024.º e segs. — pode suceder que a dívida da sociedade se mantenha ou que o depósito seja considerado ineficaz. Daí resultará um passivo ou um activo superveniente, aos quais se aplicarão respectivamente, os arts. 163.º e 164.º CSC.

5. O facto de uma dívida da sociedade ser litigiosa não impede o prosseguimento da liquidação e partilha, desde que seja dado cumprimento ao disposto no art. 154.º, n.º 3. Já

acima vimos as atitudes que o liquidatário pode tomar relativamente às pretensões dirigidas contra a sociedade, designadamente a possibilidade de ele não reconhecer alguma pretensão; daí pode resultar um litígio judicial, de iniciativa da sociedade, pelo liquidatário, ou de iniciativa do (pretenso) credor. Pode, contudo, a situação litigiosa ser anterior à dissolução e protrair-se durante a liquidação.

Não existe, para este caso especial, uma definição de dívida litigiosa. Aplicar-se-á, por analogia, o disposto no art. 579.º, n.º 3 — «Diz-se litigioso o direito que tiver sido contestado em juízo contencioso, ainda que arbitral, por qualquer interessado».

Relativamente às dívidas litigiosas, os liquidatários acautelarão os eventuais direitos do credor por meio de caução, prestada nos termos do Código de Processo Civil; como se trata de caução expontaneamente prestada, aplica-se o art. 433.º desse Código. Pode parecer exagerada esta protecção de quem litigue contra a sociedade, não porque ela não seja justa quando a dívida seja real, mas por poder prestar-se a manobras impeditivas da conclusão da liquidação, bastando que o pedido dirigido contra a sociedade exceda a possibilidade de esta prestar caução. Serão casos excepcionais em que a sociedade procurará reagir conforme as normas gerais lho permitirem; em homenagem aos interesses dos verdadeiros credores, ou se paralisava a liquidação até ao trânsito em julgado da decisão sobre o litígio ou se exigia a caução, como pressuposto da partilha de bens entre sócios.

## ARTIGO 155.º

### (CONTAS ANUAIS DOS LIQUIDATÁRIOS)

**1. Os liquidatários devem prestar, nos três primeiros meses de cada ano civil, contas da liquidação, as quais devem ser acompanhadas por um relatório pormenorizado do estado da mesma.**

**2 — O relatório e as contas anuais dos liquidatários devem ser organizados, apreciados e aprovados nos termos prescritos para os documentos de prestação de contas da administração, com as necessárias adaptações.**

#### SUMÁRIO

1. Dever de prestação anual de contas e respectivo prazo
2. Organização, informação, fiscalização e aprovação das contas

1. Permitindo a lei que a liquidação se protraia por três anos, eventualmente seguidos de uma prorrogação, deliberada pelos sócios, por mais dois anos (art. 150.º) e sendo natural que em muitos casos a liquidação dure efectivamente por mais de um ano, compreende-se que o art. 155.º obrigue o liquidatário a prestar contas anuais.

O mesmo sucede noutras legislações. O art. 413.º da Lei francesa de 1966 manda que o liquidatário apresente, nos três meses seguintes ao encerramento de cada exercício, o inventário, a conta de exploração geral, a conta de perdas e lucros e um relatório escrito pelo qual dará conta das operações de liquidação no decurso do exercício decorrido. A AktG, § 270, tratando simultaneamente do balanço de exercício e das contas anuais, manda que os liquidatários apresentem, no fim de cada ano, a conta anual e um relatório anual.

O nosso art. 155.º, ao determinar que o dever do liquidatário seja cumprido nos três primeiros meses do ano civil, evita, por um lado, a referência a «exercício» feita na lei francesa, a qual pode prestar-se a confusões com os «exercícios» durante a fase activa da sociedade e, por outro lado, elimina questões de precisão do «ano» a que respeitam as contas, como sucede na Alemanha, onde se tende a contar o ano como um «novo ano», a partir da nomeação dos liquidatários. As primeiras contas respeitarão ao período entre o balanço de abertura e o fim do respectivo ano civil; no último ano, em vez da conta anual, aparecerá a conta final da liquidação.

2. A organização, a apreciação, a aprovação das contas anuais do liquidatário são disciplinadas por meio da remissão, feita pelo art. 155.º, n.º 2, para os termos prescritos para o relatório e contas dos gerentes ou administradores, mas «com as necessárias adaptações».

A não ser que se atribua à «apreciação» um sentido muito amplo que neste contexto o termo parece não comportar, a lei é omissa quanto aos direitos dos sócios relativos a informações prévias sobre as contas. A Lei francesa, art. 414.º encara expressamente esse aspecto, dispondo que no período de liquidação, os sócios podem tomar conhecimento dos documentos sociais, nas mesmas condições que anteriormente e a doutrina francesa interpreta o preceito amplamente, entendendo que os sócios têm os mesmos direitos de informação — a exercer pelos mesmos meios — de que gozavam na fase anterior da sociedade. A mesma solução deve ser adoptada entre nós; as razões que levam o legislador a disciplinar por certos modos os direitos de informação dos sócios relativamente à apresentação de contas de exercício são igualmente válidas quando se trata de contas dos liquidatários e nesse campo nenhuma adaptação é necessária.

O liquidatário pode encontrar-se perante duas tarefas diferentes: ou continuar a actividade anterior da sociedade (com ou sem cumulação de operações de redução a dinheiro do activo, não envolvido naquela actividade) ou limitar-se às operações de liquidação previstas no art. 159.º, n.º 3. As contas hão-de reflectir as actividades efectivamente desenvolvidas pelo liquidatário no ano anterior.

Mantém-se a fiscalização das contas pelos conselho fiscal ou por revisores oficiais de contas, conforme anteriormente acontecia para a mesma sociedade.

As contas e o relatório são finalmente apreciados e eventualmente aprovados pela assembleia geral dos sócios. A tal respeito só pode haver dúvidas quanto a sociedades anónimas dotadas de conselho geral, pois este pelo art. 430.º, n.º 5, al. *f*) aprova as contas da direcção, o que transposto para a fase de liquidação, levaria a atribuir-lhe competência para aprovar as contas dos liquidatários.

Com base no argumento textual retirado do § 270, que fala em assembleia geral, a doutrina alemã afasta, após a dissolução, essa competência do *Aufsichtsrat*. Da genérica remissão feita pelo art. 155.º, n.º 2, poderia depreender-se o contrário, mas o facto de o art. 157.º, n.º 4, mandar submeter a deliberação dos sócios os relatórios e contas finais dos liquidatários, sem distinguir se a sociedade tem ou não conselho geral, serve de argumento para que o mesmo suceda quanto aos relatórios e contas anuais.

Na falta de preceitos especiais para as contas anuais dos liquidatários, a falta de apresentação das contas e de deliberação sobre elas, a recusa de aprovação das contas e o regime de invalidade das deliberações seguirão o disposto nos arts. 67.º, 68.º e 69.º.

## ARTIGO 156.º

**(PARTILHA DO ACTIVO RESTANTE)**

**1 — O activo restante, depois de satisfeitos ou acautelados, nos termos do artigo 154.º, os direitos dos credores da sociedade, pode ser partilhado em espécie, se assim estiver previsto no contrato ou se os sócios unanimemente o deliberarem.**

**2 — O activo restante é destinado em primeiro lugar ao reembolso do montante das entradas efectivamente realizadas; esse montante é a fracção de capital correspondente a cada sócio, sem prejuízo do que dispuser o contrato para o caso de os bens com que o sócio realizou a entrada terem valor superior àquela fracção nominal.**

**3 — Se não puder ser feito o reembolso integral, o activo existente é distribuído pelos sócios, por forma que a diferença para menos recaia em cada um deles na proporção da parte que lhe competir nas perdas da sociedade; para esse efeito, haverá que ter em conta a parte das entradas devidas pelos sócios.**

**4 — Se depois de feito o reembolso integral se registar saldo, este deve ser repartido na proporção aplicável à distribuição de lucros.**

**5 — Os liquidatários podem excluir da partilha as importâncias estimadas para encargos da liquidação até à extinção da sociedade.**

**SUMÁRIO**



1. Ocupa-se o art. 156.º da «partilha do activo restante» e é completado pelos arts. 157.º e 158.º.

O disposto no art. 156.º corresponde substancialmente ao disposto nos três primeiros números do art. 1018.º CC, o qual parece ter-se inspirado mais no § 735 BGB e § 266 AktG alemães do que no art. 2282.º Cod. Civile italiano.

O activo restante é, como inicialmente declara o art. 156.º, n.º 1, a porção de activo social que resta depois das operações de satisfação ou acautelamento dos direitos dos credores da sociedade, ou seja, depois dos pagamentos, das consignações em depósito, das cauções, que, conforme os casos, tenham sido efectuados por força do art. 154.º. Rigorosamente, este preceito, por um lado, marca o momento em que podem ser determinados a existência, a composição, o valor do activo licitamente partilhável pelos sócios e, por outro lado, impede que esse momento se coloque antes de satisfeitos ou acautelados os direitos dos credores da sociedade.

Pelo menos à primeira vista, parece que essa parte do art. 156.º. n.º 1, resolve o problema de saber se, no decurso da liquidação, designadamente antes de estarem totalmente satisfeitas ou acauteladas, na forma prescrita pelo art. 154.º, as dívidas da sociedade, é lícito efectuar partilhas parciais. Pode, na verdade, suceder que, de um lado, a satisfação ou o acautelamento dos direitos dos credores sociais sejam, por qualquer motivo, demorados, e, por outro lado, tenha sido apurado um montante de activo que largamente supera o passivo; a impaciência dos sócios pode, em tais casos, levar a partilhas parciais ou, se se preferir, antecipadas, que beneficiam os sócios e não prejudicam os credores. Antes de respondermos perante o nosso actual direito, vejamos como o problema foi resolvido na lei francesa de 1966, para apurarmos as dificuldades que o legislador depara e tenta superar.

O art. 418 da Lei francesa de 1966 dispõe: «Sous réserve des droits des créanciers, le liquidateur décide s'il convient de distribuer les fonds disponibles en course de liquidation. Après mise en demeure infructueuse du liquidateur, tout intéréssé peut demander en justice qu'il soit statué sur l'opportunité d'une répartition en cours de liquidation. La décision de répartition des fonds est publiée selon les modalités fixées par décret.»

Não temos de discutir se este preceito compreende apenas as distribuições de fundos disponíveis entre sócios ou também as distribuições (?) aos credores sociais, como parece ser a opinião corrente na doutrina; limitamo-nos a considerar a distribuição entre sócios embora as dificuldades sejam ainda maiores se ele na verdade compreender tanto os sócios como credores sociais.

Começa-se por encabeçar no liquidatário a decisão de ser conveniente distribuir aos sócios os fundos disponíveis durante a liquidação, o que provoca uma primeira dificuldade, a de saber a quem se reporta a conveniência: à sociedade, parece indiferente distribuir ou não os fundos disponíveis; aos sócios é manifestamente e sempre conveniente recebê-los. Depois, apesar de a decisão ter sido deixada ao liquidatário, admite-se que o sócio interessado em receber coloque em mora o liquidatário, o que significa que o sócio tem o direito de exigir a distribuição (só a ele ou a todos?) e esse direito pode ser reforçado mediante o requerimento ao tribunal sobre a oportunidade de repartição durante a liquidação. Por fim, manda-se que a decisão de repartição seja publicada segundo modalidades fixadas por decreto, as quais consistiram, segundo o D. 278, na publicação no Boletim dos anúncios oficiais e na notificação dos accionistas nominativos. Acresce pelo D. 279, que os fundos disponíveis devem ser depositados numa conta aberta em Banco em nome da sociedade em liquidação, no prazo de quinze dias a contar da decisão de repartição, sob uma severa pena de prisão e de multa.

Tudo isto, é feito *sob reserva dos direitos dos credores*, como consignado nas palavras iniciais do art. 418.º. Em que consiste, porém, essa reserva e que força ela tem, é omisso na lei e objecto de discussão na doutrina. Se, como entendem alguns autores, isso significa que a distribuição efectuada aos sócios não é oponível aos credores sociais, os sócios ficarão obrigados a repetir aquilo que receberam, a fim de que os credores sociais possam satisfazer-se sobre o património social, assim recomposto. Outros pensam em ir mais longe e admitir um direito de oposição dos credores sociais à distribuição *a efectuar* pelo liquidatário, argumentando que a publicidade da decisão não teria utilidade senão para fornecer informação na qual os credores se baseiam para deduzir oposição, mas temem que a total omissão da lei a respeito desse direito dos credores seja impeditiva da existência deste.

Esta breve excursão pelo que se passa em França tem a virtude de mostrar a delicadeza do problema. Haverá certamente casos em que o montante dos bens sociais e, na face oposta, o montante dos débitos sociais tornam altamente improvável que alguma distribuição daqueles entre os associados venha a afectar a satisfação destes; mas haverá outros casos em que falte a segurança quanto ao montante de bens e de dívidas da sociedade; o legislador ou o intérprete não podem esquecer os segundos, lembrando apenas os primeiros.

A lei portuguesa é omissa quanto à possibilidade de partilhas provisórias ou antecipadas entre os sócios. Literalmente, o art. 156.º, n.º 1, não as permite. Não pode buscar-se analogia na distribuição de lucros no decurso do exercício, permitida pelo art. 297.º, visto que esta, além de ser rodeada de um pormenorizado condicionalismo que não está determinado para o caso em discussão nem é possível aplicar-lhe, pressupõe a continuação da actividade produtora da sociedade. Concluo, pois, que as partilhas provisórias são ilícitas, enquanto subsistir passivo por satisfação ou acautelar.

Quando o liquidatário antecipe parcialmente a entrega aos sócios do activo restante, fá-lo-á sob sua responsabilidade, especialmente cominada no art. 158.º, e os sócios deverão restituir à sociedade, pelo menos na medida necessária para satisfação dos credores, as importâncias recebidas. O art. 34.º, na parte em que desobriga os sócios de restituir quantias indevidamente recebidas é aplicável apenas durante a vida activa da sociedade.

2. No sistema alemão — parcialmente adoptado para a Sociedade Anónima Europeia — os liquidatários devem convidar os credores da sociedade a reclamarem os seus créditos, dando-lhes conhecimento da dissolução da sociedade; o convite deve ser publicado, por três vezes, nos jornais da sociedade (AkG, § 267; GmbHG, § 65); correlativamente, o património não deve ser partilhado sem que tenha decorrido um ano a contar do dia em que foi anunciada, pela terceira vez, a convocação dos credores (AktG § 272; GmbHG § 73). No sistema português nunca existiu essa especial convocação dos credores nem esse especial prazo mínimo de espera pela partilha e, apesar de convocação e prazo terem sido propostos em um anteprojecto de lei das sociedades por quotas, não foram consagrados no CSC.

A determinação do momento em que a partilha se torna lícita, por estarem satisfeitos ou acautelados os direitos dos credores da sociedade, cabe em primeira linha ao liquidatário, a quem incumbe o dever de proceder a tais satisfação e acautelamento. Em segunda linha, cabe aos próprios sócios, a quem o liquidatário deve fazer expressa declaração e apresentar os documentos probatórios. Sobre a sanção da violação destes preceitos, v. comentário ao art. 157.º.

3. A segunda parte do art. 156.º, n.º 1, ocupa-se do objecto da partilha e, como dissemos no comentário ao art. 152.º, n.º 3, al. *e*), consagra o princípio da partilha do activo restante *em dinheiro*, uma vez que a partilha em espécie só é legítima desde que esteja prevista no contrato ou tenha sido unanimemente deliberada pelos sócios. Lembramos que este princípio é aplicável à partilha imediata, visto que o art. 147.º remete para o art. 156.º.

A estipulação ou deliberação de partilha em espécie pode, de facto e no caso concreto, estar relacionada com a natureza, também em espécie, das entradas efectuadas, mas não há ligação *necessária* entre entradas em espécie e partilha em espécie; a partilha pode ser determinada em espécie, apesar de todas as entradas terem consistido em dinheiro e também independentemente de, à data da dissolução ou da deliberação sobre o objecto da partilha, se manterem no activo restante bens que constituíram entradas de sócios.

Entre a estipulação contratual de partilha em espécie e a correlativa deliberação dos sócios há uma importante diferença; no segundo caso, os sócios conhecem concretamente os bens componentes do activo restante e, portanto, podem logo deliberar — tanto mais que a deliberação deve ser unânime — os bens que a cada um ficarão pertencendo; no primeiro caso, os sócios mais não poderão fazer do que prescrever a partilha em espécie e regulamentá-la. Daqui resulta, em nosso entender, que a deliberação de partilha em espécie, tomada no decurso da liquidação, não deve forçosamente conter a atribuição concreta dos bens; se tal não pode suceder na hipótese de estipulação contratual, não há motivo para que tal deva suceder na hipótese de deliberação dos sócios. Por outro lado, assim como a cláusula contratual pode regulamentar a partilha em espécie, também isso poderá ser feito pela deliberação dos sócios, o que, aliás, já cabia na faculdade geral de regulamentar a liquidação, prevista no art. 146.º, n.º 5, mas com a diferença de esta deliberação dos sócios dever ser tomada unanimemente, não só por ser complemento da escolha do objecto da liquidação, que deve ser unânime, como por não ser admissível que, sem o seu consentimento, algum sócio seja obrigado a receber concretamente certos bens.

Quando ou o contrato ou uma deliberação dos sócios tenha determinado a partilha em espécie, mas não a tenha regulamentado, ou se entende que cláusula ou deliberação são ineficazes, por estarem incompletas, não havendo maneira legal de as completar, ou há na lei maneira de as completar. Em primeiro lugar há, pois, que averiguar se o disposto no art. 156.º, n.$^{os}$ 2, 3 e 4, é aplicável e resolve este problema. Entendemos que as disposições desses três números são aplicáveis apenas ao activo restante consistente em dinheiro, ou talvez melhor, que os princípios neles estabelecidos podem ser de aplicação geral, mas só por si não bastam para disciplinar a partilha, a não ser que o activo restante seja constituído apenas por dinheiro. Na verdade, eles em nada concorrem para resolver a dificuldade básica da partilha em espécie: o estabelecimento das regras que, na falta de acordo unânime, se imponha aos sócios para se chegar à atribuição concreta de bens a cada um. Concebem-se casos em que a composição do activo restante permite proceder como se ele fosse constituído por dinheiro — por ex. activo restante constituído exclusivamente por títulos de crédito perfeitamente iguais — mas ficam sem cobertura os casos em que tal não aconteça.

A lei mais recente que, de nosso conhecimento, tratou da partilha foi a alteração de 1978 ao art. 1884-9 Code Civil francês, de que transcrevemos os dois trechos com interesse para a presente questão: «Les règles concernant le partage des sucessions, y compris l'attribution préférentielle, s'apliquent aux partages entre associés. Toutefois, les associés peuvent valablement décider, soit dans les statuts, soit par une décision ou un acte distinct, que certains biens seront attribués à certains associés. À défaut, tout bien apporté qui se retrouve en nature dans la masse partagée est attribué, sur sa demande, et à charge de soulte s'il y en a lieu, à l'associé qui en avait fait l'apport. Cette faculté s'exerce avant tout autre à une attribution préferentielle.»

Já vimos ser admissível perante a nossa lei que o contrato ou uma deliberação unânime dos sócios atribuam certos bens, a certos sócios. Sobre a impossibilidade, no nosso ordenamento, de direito de um sócio ao bem que constitui a sua entrada para a sociedade, falaremos no comentário ao número seguinte. Agora interessa-nos o primeiro trecho, que manda aplicar as regras da partilha em sucessão *mortis causa*, e que continua uma longa tradição francesa, acolhida no nosso CCom, art. 138.º, § único.

Não existe no CSC norma semelhante, nem com o alcance geral que parece ter no direito francês, nem com alcance mais restrito. Não pode ser invocada para impor a partilha em espécie, relativamente à partilha em dinheiro, nem para se sobrepor à regulamentação da partilha em espécie feita pelos sócios, nem para completar a regulamentação. Também pensamos que a integração de declarações negociais, tal como estabelecida no art. 239.º CC, não resolve este problema, porque não permite, com fundamento na vontade «que as partes teriam tido» ou de acordo com os ditames da boa fé, criar um sistema pelo qual sejam resolvidos os conflitos de interesses entre sócios, ou os que querem certos bens ou os que não querem certos bens.

Concluímos, pois, que a cláusula de partilha em espécie deve regulamentá-la na extensão mínima indispensável para ser exequível, sem o que terá de ser considerada ineficaz.

4. O art. 156.º, n.º 2, não é inteiramente correcto quando diz «O activo restante é destinado em primeiro lugar ao reembolso das entradas efectivamente realizadas», pois o n.º 5 do mesmo artigo declara que os liquidatários poderão excluir da partilha as importâncias estimadas para encargos de liquidação até à extinção da sociedade. Os encargos da liquidação não terminam no momento em que se determina o

activo restante, podendo os posteriores ser maiores ou menores conforme os casos — por exemplo, remunerações dos liquidatários — mas podendo considerar-se normais os ocasionados pela prestação final de contas do liquidatário e respectiva apreciação pelos sócios, de publicações e registo do encerramento da liquidação. É mais natural, como a lei faz, retirar da partilha as quantias necessárias para esse efeito do que ir buscar aos sócios essas quantias, depois de entre eles partilhados os bens. O liquidatário estimará o montante dos encargos previsíveis, mas a última palavra caberá aos sócios que se pronunciarem sobre a «provisão» estimada.

O art. 156.º, n.os 2, 3 e 4, desdobra as hipóteses de partilha, conforme o activo restante seja ou não suficiente para o reembolso das entradas efectivamente prestadas. Só averiguando-se antes de mais se o activo restante cobre ou não o montante das entradas efectivamente realizadas poderá concluir-se pela existência de lucro ou perda da sociedade.

É evidente, porém, que todas as operações se reduzem a uma só, desde que todos os sócios tenham efectivamente realizado a totalidade das suas entradas, os lucros sejam atribuídos ou as perdas sejam suportadas precisamente em proporção das entradas dos sócios.

A primeira operação consiste no reembolso do montante das entradas efectivamente realizadas. Se algum ou todos os sócios não realizarem efectivamente as entradas contratuais, não pode haver «reembolso»; as obrigações de entrada ou deixaram de ser exigíveis ou são exigíveis apenas, como adiante se verá, para eventuais igualações de perdas entre os sócios.

A palavra «reembolso» e a citada discriminação de operações pode induzir a concepções erradas. O sócio não tem, nem pelo contrato nem por lei, direito a ser reembolsado da entrada realizada; tem direito a receber uma fracção do activo restante, na qual, ou para efeitos de determinação de lucros ou de perdas, se abre uma distinção entre o valor restante e o excesso ou a falta verificada na altura da partilha.

O reembolso é efectuado pelo valor nominal da participação do sócio, sem qualquer correcção monetária. Se os sócios querem ver o valor das suas participações aproximado do valor actual da sua entrada, terão de fazer — se o puderem, nos termos legais ao tempo vigentes — aumento do capital por integração de reservas de reavaliação.

Não há ligação entre o objecto do chamado reembolso e o objecto da entrada efectuada pelo sócio. Partindo da hipótese de que o activo restante já só consiste em dinheiro, porque a este foi reduzido pelas operações realizadas pelo liquidatário, o sócio cuja entrada consistiu em bens diferentes de dinheiro, receberá agora dinheiro. A disposição do art. 1844-9 francês, que atribui ao sócio um dinheiro preferencial a reaver a sua entrada não tem por natureza cabimento nestes casos; logicamente, só poderia ter funcionado antes da partilha, para impedir o liquidatário de ter convertido esses bens em dinheiro, o que, no nosso sistema só poderia acontecer se o contrato ou uma deliberação dos sócios tivessem prescrito a partilha em espécie.

O valor fixado para a entrada, como fracção do capital, é, em regra, a medida do direito do sócio ao saldo de liquidação; é isso que o art. 156.º, n.º 2, determina quando diz «esse montante é a fracção do capital social correspondente a cada sócio». Pode suceder que o valor real dos bens que constituíram entrada de um sócio exceda o valor nominal da participação do sócio no capital da sociedade (arts. 25.º, n.º 1, 295.º, n.º 3, al. *a*); esse ágio não é, em regra, computado para o reembolso da entrada, em partilha. A parte final do art. 157.º, n.º 2, admite, porém, que o contrato disponha diferentemente para o caso de os bens com que o sócio realizou a entrada terem valor superior àquela fracção nominal; pode, portanto, o contrato atribuir a esse sócio direito a uma fracção do activo restante superior à que corresponderia ao valor nominal da entrada.

Se foram reembolsados a todos os sócios os valores nominais das suas entradas, ou, não chegando para isso o activo restante, o reembolso for proporcional às entradas efectuadas, foi respeitado o princípio da igualdade de tratamento dos sócios. Tal princípio não prevalece, porém, contra a vontade unânime dos sócios e por isso são válidas cláusulas que atribuam a um sócio (ou, nas sociedades anónimas, categoria de acções) um direito preferencial ao reembolso de entradas no caso de partilha. A observância de tais cláusulas conduzirá à correspondente redução do activo restante, donde sairão os reembolsos das entradas dos outros sócios, eventualmente acarretando para estes uma perda. O caso está expressamente previsto no § 271 (2) AktG: «O património é partilhado em proporção do valor nominal das acções, se não existirem acções com direitos preferenciais na partilha de bens.» A doutrina alemã tem admitido que a atribuição contratual a um accionista de direito preferencial na distribuição de lucros de exercício não compreende o direito preferencial na partilha, o que admitimos com a ressalva da interpretação da cláusula contratual concreta, ou seja, apenas como critério interpretativo, na falta de elementos directos de interpretação.

As acções ou quotas próprias da sociedade não conferem direito a reembolso — art. 324.º, n.º 1. Consequentemente, o activo restante será utilizado para reembolso das entradas dos (outros) sócios, como se estas quotas ou acções não existissem. Para evitar repetições, dizemos desde já que o mesmo se aplica aos lucros a distribuir e às perdas a suportar.

O chamado reembolso é feito normalmente a quem for sócio na data da partilha, o que se apurará nos termos normais. O direito ao saldo de liquidação é, contudo, alienável e, portanto, o reembolso será efectuado directamente ao actual titular do referido direito, desde que este tenha sido tornado oponível à sociedade.

Se a entrada do sócio consistiu no gozo e fruição de um bem (sem transmissão da propriedade deste), não há que confundir dois aspectos diferentes: o termo do direito da sociedade a gozar e fruir esse bem, o qual não constitui reembolso da entrada, e o reembolso do valor da entrada, que deve ser feito em dinheiro, como o de qualquer outra entrada efectivamente realizada.

5. Se não puder ser feito o reembolso integral, o activo existente é repartido pelos sócios, por forma que a diferença para menos recaia em cada um deles na proporção da parte que lhe competir nas perdas da sociedade (art. 156.º, n.º 3).

Se, apurado o activo restante ou residual, for verificado que este é inferior ao montante global das entradas efectivamente realizadas — admitindo agora, por hipótese, que foram efectivamente realizadas todas as entradas contratuais — a sociedade salda-se por uma perda. Não quer isto dizer que a sociedade tenha sofrido perdas durante toda a sua vida, visto que, em um ou vários exercícios, pode ter havido lucros e estes podem ter sido distribuídos aos sócios; se os lucros desses exercícios foram conservados na sociedade, foram eles perdidos juntamente com todo ou parte do capital; se os lucros desses exercícios foram distribuídos aos sócios, são por estes conservados e nada interessam para o apuramento da perda final.

Não temos que nos preocupar agora com as regras que disciplinam a repartição dos lucros e a atribuição das perdas, mas apenas que lembrar a possibilidade de, por aplicação dessas regras legais ou contratuais, as perdas não deverem ser suportadas proporcionalmente pelos sócios, em função das suas entradas. O texto legal cobre a duas hipóteses possíveis, quando diz «por forma que a diferença para menos recaia em cada um deles na proporção da parte que lhe competir nas perdas da sociedade» — ou proporcionalmente às entradas ou segundo as regras que em cada caso forem aplicáveis; nesse sentido deve ser entendida a «proporção».

Já vimos que, por força do art. 156.º, n.º 3, as cláusulas de diferimento da prestação de entradas caducam na data da dissolução da sociedade, mas os liquidatários só poderão exigir, dessas dívidas dos sócios, as importâncias que forem necessárias para satisfação do passivo da sociedade e das despesas de liquidação, depois de esgotado o activo social, mas sem incluir neste os créditos litigiosos ou considerados incobráveis. A parte final do art. 156.º, n.º 3, determina, porém, que para os efeitos do disposto na parte anterior, «haverá que ter em conta a parte das entradas devida pelos sócios».

A razão do preceito é igualar os sócios, quanto às bases sobre as quais se calculará a atribuição das perdas, visto que, se não fossem tomadas em conta as dívidas de entrada, sucederia que o sócio que não tivesse realizado integralmente a sua entrada veria a sua perda reduzida do montante da sua dívida de entrada.

É por isso indispensável somar ao activo restante o montante das dívidas de entrada, calcular as perdas individuais tendo em atenção esse montante (perdas = montante do capital − soma do activo restante com dívidas de entrada) e imputar aos sócios devedores o montante das suas dívidas. Destas operações pode resultar que o sócio devedor de entrada ainda obtenha alguma participação no activo restante, mas também pode suceder que não só nada receba, mas ainda algo deva pagar; tudo depende do montante da perda social e do montante da prestação de entrada, em dívida. Com maior clareza exprime-se neste sentido o § 271 (3), 2.ª parte, AktG: «Se o activo não chegar para restituição das quantias, os accionistas suportarão o prejuízo em proporção do valor nominal das acções; se for necessário, reclamar-se-ão as quantias não pagas.»

Quanto a essa última hipótese, deve observar-se que ela não é excluída pelo disposto no art. 153.º, n.º 3; a exigência da parte da dívida necessária para igualar as perdas tem assento específico no art. 156.º, n.º 3, devendo os dois preceitos ser coordenados.

Não fornece a lei indicações precisas sobre as circunstâncias da exigência eventual da parte da entrada em dívida necessária para a referida igualação. Afigura-se que, quanto ao tempo da exigibilidade, não pode ser anterior ao apuramento do activo residual, do qual ressalta a insuficiência do activo para reembolso das entradas efectivamente realizadas, e como esse apuramento só está definitivamente acertado pela aprovação das contas finais dos liquidatários, nesta aprovação colocamos o termo *a quo*. Aprovadas essas contas, caberá ainda ao liquidatário, que se mantém em funções até à extinção da sociedade, reclamar do sócio devedor a parte da dívida necessária para aquele efeito; se não obtiver o pagamento, a ele compete ainda propor a respectiva acção, a qual passará a ser uma acção pendente, se entretanto a sociedade se extinguir.

6. Determina o art. 156.º, n.º 4, que, «se depois de feito o reembolso integral (sc. das entradas efectivamente realizadas) se registar saldo, será este repartido na proporção aplicável à distribuição de lucros». Na prática e sobretudo quanto à interpretação de cláusulas contratuais e de contratos de cessão de direitos sociais, convirá ter cuidado com a terminologia, pois umas vezes emprega-se a palavra «saldo» ou a expressão «saldo de liquidação» para significar o activo restante depois da satisfação ou acautelamento dos direitos dos credores («quota de liquidação», arts. 999.º, n.º 1, CC e 183.º, n.º 1, CSC), outras vezes tem-se apenas em vista a parte sobrante do activo restante, depois de reembolsadas as entradas dos sócios.

O critério estabelecido no art. 156.º, n.º 4, «na proporção aplicável à distribuição de lucros» é supletivo, se por «lucros» se entender lucros de exercício; se por lucros se entender amplamente também este saldo, o preceito é tautológico, devendo ser lido como mandando repartir o saldo na proporção aplicável à repartição do saldo. De qualquer modo, é lícito às partes regular, nos termos do art. 22.º, a distribuição dos lucros, nada impedindo que elas estabeleçam critérios diferentes para os lucros de exercício e para o caso de partilha.

É curiosa a este respeito a situação actual do direito francês. O art. 417.º da Lei de 1966 manda efectuar a partilha nas proporções da participação no capital social e esta solução foi conscientemente adoptada por o Senado ter considerado que na altura da liquidação e partilha deixam de ter sentido considerações que possam ter levado os sócios, no contrato de sociedade, a favorecer alguns deles quanto à distribuição de lucros de exercício. Em 1978, o novo art. 1884-9 Code Civil volta a mandar repartir o saldo de liquidação na proporção da repartição dos lucros de exercício. Como os dois preceitos são supletivos, as partes poderão estabelecer — como entre nós — o regime que considerarem mais adequado ao caso concreto e a diferença limita-se aos casos em que, por falta de estipulação contratual, for aplicável o disposto na lei.

7. Ao tratar da personalidade jurídica da sociedade durante a fase de liquidação, vimos que as doutrinas, hoje ultrapassadas, que colocam o termo da personalidade no momento da dissolução, são conduzidas a definir por várias formas a titularidade dos bens e das dívidas da sociedade dissolvida. Quando se procede à partilha do activo restante, a personalidade já extinta não pode intervir e à partilha é atribuída uma natureza jurídica que se coadune com a situação definida para a titularidade daqueles bens.

Por outro lado, também já vimos que a palavra *liquidação* é usada tanto num sentido restrito como num sentido amplo, em que abrange as operações da chamada partilha. Deste facto podem resultar consequências lógicas quanto à natureza da partilha, designadamente pode suceder que, atentando apenas no referido sentido estrito, se coloque o termo da personalidade jurídica no fim das operações de liquidação *stricto sensu* e, portanto, a partilha já ocorra quando não há pessoa jurídica e os bens se encontram numa situação a definir. Por exemplo, se for dado um sentido literal ao princípio e hoje preceito francês, segundo o qual a sociedade dissolvida apenas mantém a personalidade para as necessidades da liquidação e se se atribuir à palavra *liquidação* o referido sentido restrito, a partilha ocorrerá quando a personalidade jurídica da sociedade já cessou.

Pelo contrário, se a sociedade se extinguir e a personalidade jurídica terminar depois da partilha, a natureza jurídica desta tem de ser influenciada por tal facto.

Atento o disposto no art. 160.º, n.º 1, CSC, fica necessariamente afastado o primeiro grupo de doutrinas; a sociedade só se considera extinta pela inscrição no registo do encerramento da liquidação e, neste preceito, a palavra *liquidação* é usada em sentido amplo, como manifestamente decorre do disposto nesse n.º 1 e nos artigos anteriores.

Vamos, no entanto, referir brevemente algumas das doutrinas hoje insustentáveis entre nós, para que melhor ressalte a realidade jurídica actual.

Os autores que colocam o termo da personalidade da sociedade no fim da liquidação *stricto sensu* são forçados a encarar a situação dos bens sociais, desde esse termo, por modo semelhante aos que pensam terminar a personalidade jurídica no momento da dissolução. Nas duas teorias, os bens sociais deixam necessariamente de pertencer à pessoa jurídica, não podem deixar de ter um titular, naturalmente os titulares serão os sócios; quer se pense numa titularidade comum sobre a massa de bens, quer se prefira uma titularidade comum sobre cada um dos bens, haverá que proceder a uma divisão, consoante os critérios que estiverem estabelecidos pela lei ou pelo contrato, visto que, ao fim e ao cabo, esses bens hão-de ficar pertencendo a cada um dos sócios; a partilha é a divisão ou da massa comum ou simultaneamente da comunhão em cada um dos bens.

Para além da condenação legal da teoria, pelo motivo já indicado, tem interesse mostrar que ela, sob certo aspecto, é insatisfatória, pois isso contribui para explicar o aparecimento de outras teorias. Admitindo, por mera hipótese, que a sociedade estava extinta, como pessoa, no momento em que se proceda à partilha, restaria explicar o meio técnico pelo qual os sócios aparecem titulares dos bens. Não o eram enquanto a sociedade deixa de ser pessoa; o problema é saber como se passou de uma para outra situação. Dizer-se que não pode conceber-se logicamente que os bens se tornem *nullius* é explicação insuficiente, por dois motivos: primeiro, porque a atribuição aos sócios de parte divisa ou indivisa dos bens sociais não pode repousar apenas no desejo de evitar que elas fiquem sem proprietário; segundo, porque não bastaria para indicar o fenómeno jurídico que produz a contitularidade dos sócios. Por outras palavras: a mera afirmação de um aspecto negativo — não ficarem essas coisas *nullius* — não explica nem porquê nem como os sócios se tornariam contitulares dos bens sociais restantes.

Por isso um segundo grupo de teorias concentra a sua atenção sobre esta passagem dos bens da pessoa-sociedade para a pessoa dos sócios e tenta explicá-la socorrendo-se do conceito de sucessão. Pomos agora de lado teorias que, seja qual for o seu valor para outras pessoas jurídicas que não sejam sociedades, contendem frontalmente com alguns princípios já assentes em matéria de sociedades (por exemplo, uma teoria que, colocando a extinção da sociedade no momento da dissolução, sustenta que cada membro recebe uma quota da totalidade das relações patrimoniais do ente extinto e seria por isso seu sucessor universal, operando-se depois a liquidação não sobre o património da pessoa colectiva, mas sobre as quotas em que cada um dos sócios teria sucedido).

É tentadora a aproximação da sucessão por morte da pessoa física e da sucessão por extinção da pessoa colectiva, mas logo se observa que o facto comum da extinção da pessoa não pode ocultar as diferenças profundas entre as duas hipóteses; considera-se exagerado tecnicismo equiparar os membros das pessoas colectivas extintas aos herdeiros legítimos ou testamentários da pessoa física falecida. Por isso, há quem prefira atribuir à sucessão das pessoas colectivas um fundamento próprio: tratar-se-ia de uma sucessão teleológica, pois processar-se-ia segundo o escopo do património colectivo, congénito com o nascimento da pessoa colectiva e que se manifestaria ainda depois da extinção dela. Assim, no momento da extinção, haveria que ver qual foi o *fim* da constituição do património e, se foi um interesse público, seria este que deveria perpetuar-se depois de o ente jurídico terminar a sua vida; se foi o interesse de um grupo de pessoas determinadas, para estes devem reverter os bens que pertenceram ao sujeito colectivo.

Esta teoria contém, a nosso ver, uma ideia feliz: a ligação entre o fim para o qual se constitui a pessoa colectiva e a formação e destino do património do ente; sem qualquer semelhança com o caso de pessoa física e sua morte, o património da pessoa colectiva constituiu-se inicialmente e depois desenvolve-se com um determinado *fim*, o qual se projecta mesmo depois da extinção do ente colectivo. Parece, contudo, que a teoria falha quando utiliza o conceito de sucessão universal ou pelo menos quando o aplica indistintamente a todas as hipóteses.

A maioria dos autores entende que a aquisição por um ou mais entes de uma massa de bens depurada dos débitos que pertenceram ao mesmo titular, isto é, uma massa de bens depois de uma liquidação, não constitui sucessão a título universal. Esta doutrina funda-se sobretudo na contraposição da liquidação aos fins da sucessão universal. Esta, diz-se, é um meio técnico a que a lei recorre para assegurar que o sucessor se torna titular dos débitos assim como dos bens; a liquidação é um meio técnico para permitir que um sujeito receba um património líquido (*deducto aere alieno*) de outro; entre as duas figuras existe, pois, uma contraposição irredutível, enquanto uma visa assegurar a transmissão das dívidas e outra procura atingir a transmissão dos bens, desacompanhados de dívidas.

E, acrescenta-se ainda, esta contraposição existe não só quando a massa líquida é atribuída a um certo número de pessoas físicas — por exemplo, os sócios — mas também quando essa massa fica a pertencer a um outro ente teleologicamente comparável ao primeiro; com efeito, a contraposição acima referida baseia-se exclusivamente no facto de intervir uma liquidação e, portanto, pode existir seja qual for o destinatário dos bens e quer haja quer não continuidade do escopo.

Negada a sucessão a título universal, há que admitir uma transmissão a título particular. Nem por isso ficam, porém, resolvidos todos os problemas. Transmissão ou sucessão a título particular significa o ingresso de uma pessoa na mesma relação jurídica ou, como também se diz, uma transmissão de direitos, com identidade de posição jurídica entre transmitente e transmissário. O conceito elucida-nos, pois, sobre a situação em que o novo titular do direito se encontra quanto a este e quanto ao anterior titular, mas nada nos diz sobre o facto determinante da modificação subjectiva; basta pensar na variedade de factos jurídicos que, *inter vivos* ou *mortis causa*, podem produzir uma sucessão a título particular.

Em nosso entender, no caso de sociedades dotadas de personalidade jurídica, a chamada «partilha» só por equívoca e deslocada semelhança com o instituto de direito sucessório é assim denominada. Rigorosamente, ela é o acto de cumprimento da obrigação, resultante do contrato de sociedade, de atribuir a cada sócio uma parte determinada do saldo de liquidação.

Se, com efeito, entre os direitos individuais do sócio, ao lado do direito ao dividendo deliberado, ou lucro de exercício, está colocado o direito à quota do produto de liquidação e se, nesses dois aspectos, os sócios são credores da sociedade e esses direitos de crédito formam parte do seu património privado; se os sócios têm o intuito de repartir entre si os proveitos que possam resultar da sociedade; se a técnica da personalidade colectiva do ente social coloca este como sujeito de relações oposto aos sócios — parece que os sócios recebem uma parte do activo líquido restante para satisfação do seu direito de crédito. Há, portanto, uma sucessão a título particular nos bens recebidos pelos sócios, mas esta sucessão resulta de um acto translativo praticado pela sociedade através de um seu órgão, em cumprimento de uma obrigação anterior.

É este o entendimento corrente na doutrina alemã, para a qual o direito ao produto de liquidação se inclui, como direito patrimonial, nos direitos essenciais do accionista e que, a partir do termo da liquidação e deliberação da assembleia geral, é um *Gläubigerscht*, que pode ser exercido contra a sociedade, representada pelo liquidatário.

Talvez se pense que esta concepção da partilha é demasiado formalista ou conceptualista. Ela decorre, porém, necessariamente, da personalidade jurídica da sociedade e construção legal dos direitos dos sócios. Também não parece duvidoso que ela se ajusta ao tratamento da chamada partilha no CSC, designadamente do disposto nos arts. 157.º e 159.º, que analisamos nos lugares próprios.

## ARTIGO 157.º

### (RELATÓRIO, CONTAS FINAIS E DELIBERAÇÃO DOS SÓCIOS)

**1 — As contas finais dos liquidatários devem ser acompanhadas por um relatório completo da liquidação e por um projecto de partilha do activo restante.**

**2 — Os liquidatários devem declarar expressamente no relatório que estão satisfeitos ou acautelados todos os direitos dos credores e que os respectivos recibos e documentos probatórios podem ser examinados pelos sócios.**

**3 — As contas finais devem ser organizadas de modo a discriminar os resultados das operações de liquidação efectuadas pelos liquidatários e o mapa da partilha, segundo o projecto apresentado.**

**4 — O relatório e as contas finais dos liquidatários devem ser submetidos a deliberação dos sócios, os quais designam o depositário dos livros, documentos e demais elementos da escrituração da sociedade, que devem ser conservados pelo prazo de cinco anos.**

#### SUMÁRIO

1. Âmbito e conteúdo do relatório
2. Organização das contas e projecto de partilha do activo restante

1. As contas finais do liquidatário serão acompanhadas por um relatório completo da liquidação. Não se trata apenas de um relatório, semelhante ao que deve acompanhar as contas anuais e reportado ao último período decorrido, mas de um relatório *completo*, que abrangerá toda a fase de liquidação. Os relatórios anuais poderão evidentemente ser utilizados para a elaboração deste relatório final, mas não é lícito proceder por mera remissão para aqueles. Pretende-se que um só documento forneça uma visão global das operações de liquidação, em correspondência com a conta final.

Sobre o conteúdo pormenorizado do relatório, a lei é omissa e do art. 66.º apenas podem ser agora aproveitadas indicações de ordem tão vaga que já se deduziriam dos princípios gerais. O relatório deve indicar os factos relevantes da actividade do liquidatário ou ocorridos durante a liquidação, que possam ter influenciado esta. Deve ser redigido de modo a permitir fácil, clara e correcta apreciação pelos sócios da evolução e dos resultados da liquidação.

Especialidade deste relatório é a expressa indicação de que estão satisfeitos ou acautelados os direitos dos credores e de que os respectivos recibos e documentos probatórios podem ser examinados pelos sócios — art. 157.º, n.º 2. Há, por este preceito, uma dupla chamada de atenção: para os liquidatários, que, devendo inserir a indicação no relatório, são alertados para a responsabilidade em que incorrem, nos termos do art. 158.º; para os sócios, a quem é lembrado que só podem aprovar a partilha depois de satisfeitos ou acautelados os direitos dos credores sociais.

Nos termos gerais dos direitos de informação dos sócios, poderiam estes examinar os recibos e documentos probatórios. A insistência neste n.º 2 tem os mesmos propósitos de muito especial chamada de atenção para liquidatários e sócios.

2. As contas finais devem ser também acompanhadas por um projecto da partilha do activo restante. O liquidatário não

decide aquilo que a cada sócio deve caber do activo restante; limita-se a apresentar um projecto, para que os sócios deliberem sobre ele. Não interessa para esse efeito a simplicidade ou complexidade da partilha; mesmo que tudo se reduza a simples operações aritméticas, deverá o liquidatário apresentar o projecto. Pode suceder que os sócios tenham, antes da apresentação das contas finais do liquidatário, deliberado que o activo restante seja partilhado em espécie ou que isso já estivesse estipulado no contrato; o projecto deverá, nesses casos, obedecer a tais estipulações ou cláusulas contratuais.

Parece contraditório com a simples apresentação do projecto de partilha o disposto no art. 157.º, n.º 3, quanto à inclusão nas contas finais, do mapa da partilha, segundo o projecto apresentado, mas convirá atentar no processo estabelecido por esse artigo e pelo art. 159.º. O liquidatário apresenta o projecto de partilha, que acompanha as contas, mas nestas inclui o mapa da partilha, segundo o projecto apresentado; depois da deliberação dos sócios e em conformidade com esta, entrega aos sócios os bens que pela partilha ficaram cabendo a cada um.

Poderia o processo ser diferente: o liquidatário apresentaria um projecto de partilha, juntamente com as contas finais; depois da deliberação dos sócios, o liquidatário entregaria os bens aos sócios; finalmente, submeteria aos sócios as contas dessa entrega. O art. 157.º evita esta segunda deliberação; os sócios fixam o objecto do direito de cada um deles; o liquidatário, pela entrega dos bens, satisfaz esse direito, sem prejuízo das acções de sócios contra a sociedade, para conseguirem a entrega, ou contra o liquidatário, por responsabilidade em que esta tenha incorrido.

Assim, as contas finais devem discriminar, como manda o referido n.º 3, os resultados das operações de liquidação efectuadas pelo liquidatário, concluindo-se por um activo restante, e o mapa da partilha desse activo restante, de modo que o final da conta global mostre a completa extinção do património social (ou pelo menos, a completa *disposição* dele: hipóteses de consignação em depósito de importâncias devidas a credores e de somas estimadas para encargos de liquidação, até à extinção da sociedade).

Uma vez que as contas da liquidação *st. sensu*, o projecto da partilha e o mapa da partilha devem ser aprovados pelos sócios, não coincidirão necessariamente com os documentos apresentados pelo liquidatário e, para todos os efeitos, valerá o que constar da deliberação definitiva.

## ARTIGO 158.º

### (RESPONSABILIDADE DOS LIQUIDATÁRIOS PARA COM OS CREDORES SOCIAIS)

**1 — Os liquidatários que, com culpa, nos documentos apresentados à assembleia para os efeitos do artigo anterior indicarem falsamente que os direitos de todos os credores da sociedade estão satisfeitos ou acautelados, nos termos desta lei, são pessoalmente responsáveis, se a partilha se efectivar, para com os credores cujos direitos não tenham sido satisfeitos ou acautelados.**

**2 — Os liquidatários cuja responsabilidade tenha sido efectivada, nos termos do número anterior, gozam de direito de regresso contra os antigos sócios, salvo se tiverem agido com dolo.**

**SUMÁRIO**

1. Responsabilidade geral dos liquidatários por equiparação à responsabilidade dos órgãos de administração
2. Responsabilidade especial dos liquidatários para com os credores sociais
3. Responsabilidade cominada em preceitos especiais

1. Nos termos do art. 152.º, n.º 1, os liquidatários têm — com ressalva das disposições legais que lhe sejam especialmente aplicáveis e das limitações resultantes da natureza das suas funções — a responsabilidade dos gerentes, administradores ou directores da sociedade.

Em princípio, são aplicáveis aos liquidatários as disposições dos arts. 72.º a 79.º CSC; a responsabilidade quanto à constituição da sociedade, prevista no art. 71.º, não abrange, por natureza, os liquidatários.

A natureza das funções dos liquidatários não afecta qualquer das quatro modalidades de responsabilidade previstas naqueles artigos: responsabilidade para com a sociedade, para com os sócios, para com os credores sociais, para com terceiros.

Não vamos expor, a propósito dos liquidatários, toda a teoria da responsabilidade civil de gerentes e administradores, limitando-nos a duas observações de ordem geral.

Admitida pelo art. 152.º, n.º 2, a possibilidade de continuação temporária da actividade anterior da sociedade e se essa actividade, prosseguida pelos liquidatários, encontram-se estes, nesse campo, a actuar como os gerentes ou administradores. Não diremos que, nesse sector, não há lugar para distinções quanto à responsabilidade do liquidatário, a qual seria apurada em paralelo com a responsabilidade dos gerentes ou administradores; apesar de tudo, ainda existe uma distinção, pois a sociedade continua a actividade *temporariamente*, como acima se mencionou, e este facto pode influenciar a conduta exigível ao liquidatário. Salvo este aspecto, a responsabilidade do liquidatário coincide com a de gerentes e administradores, na fase activa da sociedade.

Quando não haja continuação da actividade anterior da sociedade, o liquidatário responde apenas em função dos seus deveres de liquidação, *stricto sensu*. O art. 64.º, com o qual se relaciona o art. 72.º, n.º 1, não pode ser literalmente transposto para o liquidatário, a não ser que se atribua à palavra «gestor» um significado muito amplo e pouco útil. O liquidatário deve ser diligente, criterioso e ordenado, mas numa actividade diferente da gestão, pois destina-se a preparar a extinção da sociedade.

2. O art. 158.º trata da responsabilidade do liquidatário para com os credores sociais, mas encara exclusivamente um aspecto dessa responsabilidade. Não fica, portanto, excluída, por força do disposto no art. 158.º, o disposto no art. 78.º, n.º 1, o qual, em si mesmo, é coadunável com a fase de liquidação, pois pode suceder que, por culpa do liquidatário na condução das operações de liquidação *st. sensu*, o património social, que seria suficiente para satisfação dos respectivos credores, se torne insuficiente para esse fim.

O art. 158.º constitui sanção para uma das possíveis formas de violação do dever atribuído ao liquidatário no art. 157.º, n.º 2: os liquidatários deverão indicar expressamente no relatório que estão satisfeitos ou acautelados todos os direitos dos credores. Por sua vez, este artigo constitui um instrumento de garantia da regra contida no art. 156.º, n.º 1, que só permite a partilha do activo restante, depois de satisfeitos ou acautelados os direitos dos credores da sociedade.

Se o disposto nos arts. 157.º, n.º 2, for frontalmente violado, porque o liquidatário não indica expressamente no relatório que estão satisfeitos ou acautelados todos os direitos dos credores da sociedade, o liquidatário poderá ser responsável, nos termos gerais, mas não nos termos especiais do art. 158.º. Com efeito, naquele primeiro caso, cabe à assembleia apreciar a falta da menção obrigatória e proceder em conformidade, sendo sua responsabilidade se, apesar disso, aprovar relatório, contas e projectos de partilha.

Por força do art. 158.º, o liquidatário é responsável pessoalmente se *a*) indicar falsamente, nos documentos apresentados à assembleia para os efeitos do art. 157.º, que os direitos de todos os credores estão satisfeitos ou acautelados, nos termos da lei; *b*) se, para tanto, agir dolosa ou culposamente; *c*) se a partilha se efectivar. Este último elemento presta-se a uma dúvida: saber se se refere à aprovação pelos sócios do projecto de partilha ou à entrega dos bens, em conformidade com o projecto aprovado; parece preferível o segundo entendimento, pois a simples aprovação do projecto de partilha não lesa os interesses dos credores, que ainda encontram património social sobre o qual podem satisfazer os seus créditos.

Como é natural, os liquidatários respondem apenas para com os credores a quem, com menção individual ou genérica, prejudiquem pela falsa indicação prestada aos sócios, isto é, para com os credores cujos direitos não tenham efectivamente sido satisfeitos ou acautelados.

A responsabilidade do liquidatário consiste no pagamento a esses credores insatisfeitos dos créditos que estes não puderem satisfazer contra a sociedade, antes dela ser extinta ou até mesmo antes de o activo restante ter sido entregue aos sócios; estão compreendidos o pagamento da dívida principal e a indemnização pela mora; é indiferente a origem do crédito. Acresce assim à responsabilidade da sociedade a responsabilidade directa e pessoal do liquidatário, o que para este funciona como uma pena e para o credor como um reforço do seu crédito. Quando dizemos sociedade, pensamos tanto na pessoa colectiva, antes de extinta, como nos sócios que, depois de extinta a sociedade, são responsáveis pelo passivo superveniente, nos termos do art. 163.º.

A responsabilidade do liquidatário é solidária e não subsidiária; não há necessidade de excutir os bens da sociedade ou dos sócios responsáveis. No entanto, nas relações internas, o art. 158.º, n.º 2, admite direito de regresso contra os antigos sócios se a conduta do liquidatário tiver sido meramente culposa; ao fim e ao cabo, a satisfação dos direitos dos credores viria a reduzir o saldo partilhável e a redução dos direitos dos sócios. Quando, porém, o liquidatário tenha agido dolosamente, não goza de direito de regresso.

3. O art. 17.º do Código de Processo das Contribuições e Impostos dispõe: «Na liquidação de qualquer sociedade, deverão os liquidatários começar por satisfazer os débitos fiscais, sob pena de ficarem pessoal e solidariamente responsáveis pelas importâncias em dívida.»

O preceito só aparentemente é claro. À primeira vista, ele impõe que o liquidatário satisfaça os débitos fiscais, antes de praticar qualquer outro acto de liquidação da sociedade, seja de que natureza for. Não se vê, contudo, motivo para que o liquidatário, antes de satisfazer os débitos fiscais não possa iniciar a cobrança de créditos sociais ou a venda de bens do activo social, podendo mesmo suceder que tais actos sejam indispensáveis para que ele possa proceder à satisfação daqueles débitos. O preceito deverá, pois, ser interpretado no sentido de que o liquidatário deve satisfazer os débitos fiscais antes de satisfazer outros débitos sociais, ou seja, que é estabelecida uma ordem de precedência na satisfação de débitos sociais, em benefício do Fisco.

Atingida esta última conclusão, duvidamos de que a precedência da satisfação dos débitos fiscais possa ter o carácter absoluto que se depreenderia do preceito. Na verdade, não é verosímil que ela respeite às próprias despesas inerentes à liquidação, tais como os encargos de manutenção de algum lugar onde a liquidação seja efectuada e as correspondentes despesas com auxiliares do liquidatário e com este. Se assim não fosse, nem os débitos fiscais poderiam ser apurados e pagos pelo liquidatário.

Por outro lado, o legislador deve ter pensado apenas na hipótese simples de serem encerradas na data da dissolução todas as actividades da sociedade; pelo contrário, o CSC prevê como eventualidade normal que na fase de liquidação sejam ultimados os negócios pendentes e, como possibilidade, mediante autorização dos sócios, a continuação temporária da actividade anterior da sociedade. Nestes casos, também se afigura que o citado art. 17.º não impede o liquidatário de efectuar os pagamentos correspondentes às funções que lhe são cometidas.

O art. 17.º do Cód. de Proc. Contr. e Imp. deve ser coordenado com o disposto nos ^os^ 2 dos arts. 147.º e 148.º CSC, o primeiro relativo à partilha imediata e o segundo à liquidação por transmissão global, onde está disposto que «as dívidas de natureza fiscal ainda não exigíveis à data da dissolução não obstam à partilha nos termos do número anterior (e o mesmo quanto à transmissão global), mas por essas dívidas ficam ilimitada e solidariamente responsáveis todos os sócios, embora reservem, por qualquer forma, as importâncias que estimarem para o seu pagamento».

No caso do art. 147.º, não há liquidatário, como dizemos no respectivo comentário; no caso do art. 148.º, há liquidatário e, portanto, pode suscitar-se um conflito com o disposto no citado art. 17.º, visto que o activo social é transmitido para um sócio — embora acompanhado do passivo social, onde se incluem os débitos fiscais — sem o liquidatário ter satisfeito o Fisco.

Pode argumentar-se que nesse caso o liquidatário não satisfaz débitos sociais a outros credores antes de satisfazer os débitos fiscais, pois na realidade ele não satisfaz débitos alguns. Mais directamente, argue-se que o art. 148.º, n.º 2, é um preceito especial, limitado a uma específica hipótese, e que portanto, prevalece sobre aquele art. 17.º.

Dessa estreita visão do legislador, contemplando uma irreal liquidação instantânea da sociedade, resulta ainda uma outra dúvida: saber se os débitos fiscais que o liquidatário deve *começar* por satisfazer são aqueles que já eram exigíveis à data da dissolução da sociedade, aqueles que forem tornados exigíveis durante a liquidação ou ainda aqueles que respeitarem a factos tributáveis ocorridos durante a fase de liquidação. A ideia de *começar por* implica que o legislador teve apenas em vista aqueles débitos fiscais já exigíveis à data em que o liquidatário inicia as suas funções. Se a isso se limita o citado art. 17.º, resta, contudo, saber se, por força de outros preceitos, o liquidatário será responsável por outros débitos fiscais.

Determina o art. 16.º do Código de Processo das Contribuições e Impostos que «Por todas as contribuições, impostos, multas e quaisquer outras dívidas ao Estado que forem liquidadas ou impostas a empresas ou sociedades de responsabilidade limitada são pessoal e solidariamente responsáveis, pelo período da sua gerência, os respectivos administradores ou gerentes e ainda os membros do conselho fiscal nas sociedades em que o houver, se este expressamente sancionou o acto de que deriva a responsabilidade».

O preceito tem suscitado várias dúvidas — natureza da responsabilidade, geralmente aceite como subsidiária; irresponsabilidade de quem não tenha sido de facto gerente, etc. — que não nos interessam agora. Importa-nos apenas verificar se e em que termos ele é aplicável ao liquidatário.

Na sua letra, estão apenas referidos «administradores ou gerentes», mas como, por força do art. 152.º CSC, o liquidatário tem, em geral, a responsabilidade dos órgãos de administração da sociedade, pode, por essa via, chegar-se à aplicação do art. 16.º ao liquidatário. Necessário será, porém, que ocorram os pressupostos básicos desse artigo, o que supomos que só sucederá enquanto a empresa social se mantiver, ou por continuação autorizada pelos sócios ou para ultimação dos negócios pendentes. Só essas actividades — e mais a primeira do que a segunda — pode assemelhar-se à actividade social normal da sociedade, em cujo período é prescrita aquela responsabilidade do liquidatário.

Esse art. 16.º diz «pelo período da sua gerência». Seja qual for o facto que deva ter ocorrido para desencadear a responsabilidade do administrador ou gerente — nós entendemos que é a *liquidação* da contribuição ou imposto ou a *imposição* da multa — é indubitável que deve ocorrer *no período da gerência* daquela pessoa que se torna responsável. Assim, o liquidatário não responde pelas contribuições e impostos liquidados ou pelas multas impostas antes de a sociedade ser dissolvida e ele ter sido nomeado.

Questão diferente é a de saber se a responsabilidade assim contraída permanece depois de extintas as funções do administrador ou gerente, ou, no nosso caso, do liquidatário. Pomos de parte a hipótese de as funções cessarem por renúncia, visto que um facto voluntário do responsável não pode, mesmo indirectamente, extinguir a sua responsabilidade perante o Fisco. Tudo depende da interpretação que for dada àquela frase «pelo período da sua gerência», correntemente entendida como reportada apenas à ocorrência dos factos constitutivos da responsabilidade. Já, porém, ouvimos sustentar que «pelo período da sua gerência» significa que a responsabilidade, uma vez constituída nos termos referidos, só se mantém enquanto a gerência durar, ou, por outras palavras, que a cessação das funções faz extinguir a responsabilidade contraída. Esta interpretação — que a letra da lei, só por si, não repele — tem a apoiá-la o argumento fundamental de que, extintas as suas funções, o administrador ou gerente não tem maneira alguma de forçar a sociedade, principal responsável, a efectuar o pagamento do débito fiscal, argumento que pode ser desenvolvido em diversos corolários, como, por exemplo, a possibilidade de administradores seguintes satisfazerem débitos fiscais mais recentes, para se eximirem à sua própria responsabilidade e deixarem pagar débitos relativos a períodos anteriores.

Aliás, toda a problemática desta responsabilidade dos administradores ou gerentes pelos débitos fiscais deveria ser repensada. Compreende-se que o Fisco pretenda por esse meio levar os administradores ou gerentes a satisfazer a responsabilidade da sociedade para com ele, em vez de a preterir, em benefício dos sócios ou de outros credores sociais. Já não se compreende, porém, que essa responsabilidade seja absoluta em quaisquer circunstâncias, designadamente quando o responsável possa provar a falta de meios para isso. Dir-se-á, talvez, que a responsabilidade do administrador ou gerente é subsidiária, devendo primeiro ser excutidos os bens da sociedade. É, contudo, precisamente nessa hipótese que, por definição, nem todos os bens da sociedade eram suficientes para o pagamento dos débitos fiscais e que, portanto, o administrador ou gerente não os podia satisfazer.

Só para melhor elucidação deste nosso ponto de vista, repare-se no seguinte pormenor. Por força do art. 13.º, n.º 1, da Lei n.º 17/86, de 14 de Junho, é vedado expressamente às entidades patronais com retribuições em dívida aos trabalhadores ao seu serviço, «Efectuar pagamentos a credores não titulares de créditos com garantia ou privilégio cponível aos créditos dos trabalhadores, salvo se tais pagamentos se destinarem a impedir a paralisação da laboração da empresa». Os privilégios dos créditos do Fisco não são oponíveis aos créditos dos trabalhadores (graduação conforme o art. 12.º da mesma lei). O administrador só terá duas lamentáveis alternativas: ou paga aos trabalhadores e não ao Fisco, para evitar a pena de prisão até três anos (art. 13.º, n.º 3), ou fica pessoalmente responsável pelas dívidas ao Fisco.

Publicado durante a composição deste livro, o Decreto-Lei n.º 68/87, de 9 de Fevereiro, pouco adiantou para o esclarecimento e a justiça do regime.

## ARTIGO 159.º

### (ENTREGA DOS BENS PARTILHADOS)

**1 — Depois da deliberação dos sócios e em conformidade com esta, os liquidatários procederão à entrega dos bens que pela partilha ficam cabendo a cada um; se aos sócios forem atribuídos bens para a transmissão dos quais seja necessária escritura pública ou outra formalidade, os liquidatários outorgarão essa escritura ou executarão essas formalidades.**

**2 — É admitida a consignação em depósito, nos termos gerais.**

#### SUMÁRIO

1. Condicionamento da entrega
2. Acto translativo dos bens
3. Formalidades a executar pelo liquidatário
4. Intervenientes, tempo, lugar da prestação; consignação em depósito

1. Depois da deliberação dos sócios e em conformidade com esta, os liquidatários procederão à entrega dos bens que pela partilha ficam cabendo a cada um.

A deliberação referida no art. 159.º, n.º 1, é a deliberação dos sócios prevista no art. 157.º, n.º 4, que incidiu sobre o projecto de partilha apresentado pelo liquidatário. Era desnecessário dizer, mas subentende-se que se trata da deliberação definitivamente fixada, no caso de ter havido impugnação judicial.

A competência do liquidatário para a entrega de bens está, pois, condicionada à existência dessa deliberação e além disso aos termos dela; o liquidatário cumpre a deliberação e não pode modificá-la.

A entrega é feita pelo liquidatário, qualquer que seja a espécie de bens a entregar aos sócios; quando consistam em dinheiro, não pode haver dúvidas; a parte final deste n.º 1 mostra que também a entrega de outros bens é feita pelo liquidatário, ou seja, que o preceito é aplicável também nos casos em que, usando a faculdade conferida pelo art. 156.º, n.º 1, os sócios deliberaram a partilha em espécie.

O sócio tem um direito contra a sociedade que pode exercer judicialmente, no caso de o liquidatário não efectuar a entrega. A acção será proposta contra a sociedade, se esta ainda não estiver extinta, cabendo a representação da sociedade ao liquidatário, nos termos gerais. Se a sociedade já estiver extinta, a reclamação deve obedecer ao regime do passivo superveniente.

2. A entrega pelo liquidatário constitui o acto translativo da propriedade dos bens entregues. Na verdade, a deliberação dos sócios sobre o projecto de partilha não transmite a propriedade de bens alguns. Os bens continuam a pertencer à sociedade — com todos os corolários dessa pertença — até serem entregues pelo liquidatário. A deliberação apenas acerta o objecto de cada uma das obrigações que a sociedade tem para cada um dos sócios e cujo cumprimento deverá ser feito pelo liquidatário, em execução da dita deliberação; os sócios têm o direito de crédito contra a sociedade, esta está vinculada à correlativa obrigação, cujo cumprimento é efectuado pela entrega.

Entre os corolários desta construção jurídica, vale a pena acentuar que após a deliberação dos sócios e até à entrega, nenhum dos sócios tem um direito pessoal sobre nenhum dos bens da sociedade, embora lhe sejam atribuídos pela partilha, e consequentemente a acção que contra a sociedade ele eventualmente venha a propor por os bens não lhe terem sido entregues é uma acção de condenação ao cumprimento de uma obrigação pela sociedade.

3. A segunda parte do art. 159.º, n.º 1, determina que, se aos sócios forem atribuídos bens para a transmissão dos quais é necessária escritura pública ou outra formalidade, os liquidatários outorgarão essa escritura ou executarão essas formalidades, mas limitadas à referida transmissão.

Não poderia ser de outra maneira. Por um lado, as formalidades de transmissão não poderiam ser dispensadas por se tratar de entrega de bens atribuídos em partilha de sociedade; por outro lado, a execução dessas formalidades não poderia ser confiada a outro órgão da sociedade que não fosse o liquidatário. Distingue o preceito duas hipóteses: transmissão dos bens para a qual é necessária escritura pública, o que em cada caso se averiguará, conforme as disposições legais que exijam essa forma para a transmissão; bens para a transmissão dos quais é necessária outra (que não seja escritura pública) formalidade, como por exemplo, as formalidades necessárias para a transmissão de acções ou de obrigações de sociedades ou para cessões de créditos.

As despesas da escritura pública ou dessas formalidades devem ser suportadas pela sociedade, uma vez que sobre esta recai a obrigação de as executar. Os encargos fiscais — por exemplo, o imposto de sisa — devem ser suportados pelo sócio, beneficiário da transmissão.

A frase final «mas limitadas a essa transmissão» — está colocada de modo incorrecto. É evidente que quando se trate de bens cuja transmissão seja sujeita a formalidades que não sejam escritura pública, tais formalidades têm, por natureza, de ser limitadas a esses bens. A frase tem, contudo, um alcance indirecto. Como melhor se verá no comentário ao art. 160.º, o CSC eliminou a descabida exigência de escritura de liquidação; para que não possa ser retirado argumento no sentido da antiga exigência pelo facto de a propósito da natureza dos bens a entregar ser necessária escritura pública, ou para toda a liquidação nesses casos ou para a liquidação em todos os casos, o art. 159.º, n.º 1, limita a necessidade de escritura pública às transmissões que, nos termos gerais, requeiram essa forma.

4. A entrega dos bens partilhados é, em regra, feita ao sócio. Pode, porém, ser feita a pessoa diversa, sempre com ressalva da eficácia para com a sociedade dos negócios que legitimem essa outra pessoa: cessionário do direito à quota de liquidação; credor pignoratício, nos termos do art. 695.º CC, e no caso de penhor quer sobre a participação do sócio quer apenas sobre o direito à quota de liquidação.

Quem, para este efeito, é sócio determina-se em conformidade com as regras normais. Relativamente a accionistas, a doutrina alemã entende que o liquidatário pode exigir a apresentação dos respectivos títulos como documentos de legitimação dos reclamantes, mas não admite que o liquidatário condicione a entrega dos bens à entrega pelos accionistas dos respectivos títulos, argumentando que eles podem ainda ser necessários para outros fins previstos na lei.

Ao tempo e lugar da prestação devida pela sociedade e a realizar pelo liquidatário aplicam-se as regras estabelecidas no CC, e que podem variar conforme se trate de entrega de quantia em dinheiro ou de outros bens.

Dispõe o art. 159.º, n.º 2, que é admitida a consignação em depósito, nos termos gerais. Isso já se depreenderia da natureza jurídica da entrega, tal como a descrevemos, mas compreende-se que o legislador tenha expressamente previsto a hipótese, dada a importância que isso tem para o encerramento da liquidação e extinção da sociedade. Assim, o liquidatário poderá proceder à consignação, quando se verificarem circunstâncias previstas no art. 841.º CC, mas parece que, além dessa faculdade, terá o dever — resultante do critério de diligência regulador da sua conduta — quando o retardamento da prestação, ainda que não culposo por parte da sociedade devedora, impeça o encerramento da liquidação.

## ARTIGO 160.º

### (REGISTO COMERCIAL)

**1 — Os liquidatários devem requerer o registo do encerramento da liquidação.**

**2 — A sociedade considera-se extinta, mesmo entre os sócios e sem prejuízo do disposto nos artigos 162.º a 164.º, pelo registo do encerramento da liquidação.**

#### SUMÁRIO



1. No Projecto de CSC, o art. 64.º, n.º 1, al. *h*) declarava obrigatório o registo do encerramento da liquidação; o art. 167.º, n.º 1, estabelecia: «É dever dos liquidatários requerer o registo do encerramento da liquidação, com base na acta da deliberação prevista no art. 164.º, n.º 4, eventualmente acompanhada pela escritura pública a que se refere o art. 167.º» Assim, este último preceito tinha o especial intuito de vincar o dever do liquidatário e de referir os documentos que deviam acompanhar o requerimento.

Relegada para futuro diploma a enumeração dos actos sujeitos a registo, a redacção do art. 160.º, n.º 1, mantém apenas aquele dever do liquidatário; mais tarde, o CRCom, art. n.º 3.º, al. *s*) sujeita a registo o encerramento da liquidação.

Objecto da inscrição no registo não é a extinção da sociedade, mas o encerramento da liquidação, como melhor veremos adiante.

No caso de partilha imediata, permitida pelo art. 147.º, não há liquidação *stricto sensu*, designadamente, não há liquidatário, mas há partilha. Haverá, portanto, que adaptar o art. 160.º, n.º 1. Mantém-se o dever de requerer a inscrição no registo do encerramento da liquidação *lato sensu*, mas tal dever não pode competir aos liquidatários, que não existem nesse caso; caberá aos gerentes ou administradores.

2. Já vimos que, no sistema francês, a sociedade se considera extinta, terminando a respectiva personalidade jurídica, pelo encerramento da liquidação. Na Alemanha, o § 273 AktG determina que «logo que a liquidação esteja terminada e as contas finais estejam concluídas, os liquidatários devem requerer o registo do termo da liquidação. A sociedade é cancelada.» Em Itália, para sociedades por acções, o art. 2455.º Cod. Civ. determina na 1.ª alínea, que «aprovado o balanço final da liquidação, os liquidatários devem requerer o cancelamento da sociedade no registo de empresa». O projecto modificado de Sociedade Anónima Europeia, art. 259.º, n.º 1, determina: «La liquidation terminée, les liquidataires sont tenus d'en notifier immédiatement la clôture aux fins d'inscription au registre européen du commerce et d'en donner avis dans les journaux de la société.»

A doutrina francesa anterior à Lei de 24 de Julho de 1966 queixava-se de que o encerramento da liquidação não era objecto de uma verificação oficial — donde, nomeadamente, resultasse a fixação da sua data — nem de adequada publicidade. A referida Lei, arts. 397.º, 398.º e 399.º. eliminou essas queixas estabelecendo respectivamente, que no fim da liquidação haverá uma assembleia dos sócios, à qual compete, entre outras coisas, «constater la clôture de la liquidation»; que, se essa assembleia não puder deliberar ou se recusar aprovar as contas do liquidatário, qualquer interessado pode provocar uma decisão judicial; que deve ser publicado um aviso de encerramento da liquidação. O novo sistema criou, porém, novas dúvidas; é previsível a hipótese de o encerramento da liquidação não ser verificado nem por deliberação da assembleia nem por decisão judicial e, apesar disso, haver necessidade de saber quando ele ocorreu; a doutrina teve de se resignar a admitir que, nessa hipótese, se faça a (difícil) prova da data do encerramento da liquidação. No direito francês, a importância da determinação da data do encerramento da liquidação deriva do pacífico entendimento de que a personalidade da sociedade termina nessa data.

No CSC estabelece-se, como vimos no comentário ao art. 157.º, a reunião de assembleia dos sócios para aprovação das contas do liquidatário e do mapa de partilha, mas depois disso ainda haverá que proceder à entrega dos bens partilhados. Nada indica que a liquidação se considera encerrada na data da referida assembleia, antes do disposto no art. 160.º pode deduzir-se que o encerramento ocorre quando a entrega dos bens partilhados tiver terminado.

Com efeito, o art. 160.º, n.º 1, determina que «Os liquidatários devem requerer o registo do encerramento da liquidação». É bastante claro que a palavra «liquidação» está empregada nesse preceito em sentido amplo, que abrange as operações de partilha.

Por força do art. 160.º, n.º 2, CSC, a sociedade considera-se extinta pela inscrição do encerramento da liquidação. O liquidatário ou outro requerente não pede que seja inscrita a extinção da sociedade, mas sim o encerramento da liquidação; a extinção da sociedade não é um facto anterior a esse requerimento, cuja inscrição possa ser pedida, mas, ao contrário, um efeito legal do registo do encerramento da liquidação.

A extinção da sociedade resulta da inscrição no registo do encerramento da liquidação, «mesmo entre os sócios». Não se trata, pois, de, pelo registo, tornar esse facto oponível a terceiros; mesmo entre os sócios, a sociedade mantém-se (incluindo a respectiva personalidade) até ser efectuada aquela inscrição. Na terminologia usual, o registo tem neste caso eficácia constitutiva.

O sistema estabelecido no CSC justifica-se por motivos teóricos e práticos. Por um lado, está em correspondência com o sistema estabelecido para a aquisição de personalidade pela sociedade e existência desta como tal (art. 6.º). Por outro lado, consegue-se a certeza quanto ao momento em que a sociedade se extingue e além disso evitam-se as dificuldades de a sociedade se extinguir pelo que respeita aos sócios, sem no entanto estar extinta pelo que respeita a terceiros.

A extinção opera-se «sem prejuízo do disposto nos arts. 162.º a 164.º», ou seja, do disposto quanto a acções pendentes, activo e passivo supervenientes. Isto não significa que, para os efeitos desse artigo, a sociedade não se considera extinta, mas sim que o facto de a sociedade se extinguir, nos termos referidos, não prejudica as soluções que o legislador criou, nos arts. 162.º a 164.º, para as acções pendentes e para a superveniência de activo ou de passivo.

3. A extinção de uma sociedade validamente constituída ocorre pela inscrição no registo do encerramento da liquidação, mas para atingir esse ponto necessariamente ocorreram vários outros factos. Pode, pois, dizer-se que a *fattispecie* extinta da sociedade é complexa. Dizemos «sociedade validamente constituída» porque, embora a invalidade do contrato de sociedade possa ocasionar uma liquidação, não há nessa hipótese que falar em «extinção» da sociedade.

O facto extintivo complexo é constituído por um facto (que, por sua vez, pode ser complexo) que coloque a sociedade na fase de liquidação e pela efectivação de um processo de liquidação *lato sensu* (mais ou menos complexo).

Além de ser complexa, a *fattispecie* extintiva da sociedade é multiforme. Quando dissemos que ela se compunha de um facto e um processo adoptámos uma fórmula muito vaga, capaz de compreender um número, potencialmente muito vasto, de factos e de processos, todos eles conducentes ao mesmo resultado final, a extinção da sociedade, fórmula que por isso mesmo tem reduzido interesse. Importa, contudo, salientar que a sociedade não poderá extinguir-se sem esses dois elementos, embora genericamente enunciados, da *fattispecie* extintiva, e por outro lado, que essa moldura pode ser preenchida por figuras concretamente diversas. Não temos aqui uma singularidade da extinção das sociedades, pois em muitos outros campos do direito, tanto civil como penal, podem concomitantemente (embora independentemente) várias figuras concretas ser previstas para a produção do mesmo efeito jurídico. No caso das sociedades, além de múltiplas e paralelas figuras legais, há ainda campo para a vontade das partes na regulamentação da liquidação.

Não é, contudo, pacífico, nos sistemas comparados, que a *fattispecie* extintiva da sociedade se componha dos dois elementos genéricos acima referidos, bem como aparecem divergências quanto aos factos que integram aqueles dois elementos. Notemos, contudo, que algumas dessas discrepâncias são, a nosso ver, meramente aparentes, podendo resultar de simples diferenças de terminologia. Assim, como referimos a propósito do conceito de dissolução, nos sistemas inglês e sueco, a palavra dissolução (*dissolution*) designa o ponto final da liquidação e a extinção da sociedade, mas isso não significa que não tenha existido um processo de liquidação, no caso concreto, e bem assim que não exista, na generalidade dos casos, um facto que determine a entrada em liquidação. Também já vimos que, na concepção francesa, a extinção da sociedade ocorre pela deliberação da assembleia ou decisão judicial que a substitua, ficando fora do processo o registo do encerramento da liquidação e da consequente extinção da sociedade.

A dúvida principal respeita, porém, ao primeiro dos dois referidos elementos, o facto dissolutivo, pois há quem sustente que ele não faz parte da *fattispecie* extintiva, a qual teria como primeiro facto a nomeação de liquidatários. A questão é, no nosso entender, teórica e desprovida de interesse, salvo quanto a um seu possível reflexo.

Segundo essa teoria, a liquidação parte de uma «situação jurídica inicial», constituída pela verificação da causa de dissolução, mas para os fins de extinção da sociedade só tem interesse que, verificada essa causa, a assembleia geral tem o poder de nomear liquidatário; nomeado liquidatário, foi iniciado o processo de liquidação; a causa de dissolução não intervém como um elemento de facto na *fattispecie* extintiva, mas cria um elemento de direito, componente da situação jurídica inicial, em que a *fattispecie* extintiva vem a operar.

A teoria repousa sobre dois fundamentos: *a*) A possibilidade de nomear liquidatários pode também derivar legitimamente de factos que não podem considerar-se causas de dissolução; *b*) a falta de uma causa de dissolução tem apenas como efeito a anulabilidade da deliberação de nomear liquidatários e se tal anulabilidade não for feita valer nos termos legais, poderá produzir igualmente — desde que se realizem os outros elementos da *fattispecie* — o efeito extintivo.

O primeiro destes argumentos é verdadeiro, mas não abona a conclusão. No nosso actual direito, a liquidação pode seguir-se ou à dissolução da sociedade ou à invalidade da sociedade; é, pois, de admitir que pode haver liquidação sem ter havido dissolução. Inadmissível é, porém, que haja extinção da sociedade sem ter havido uma sociedade válida e posteriormente dissolvida. Estamos, pois, perante um jogo de palavras: se queremos determinar os elementos componentes do facto complexo que é a extinção da sociedade, não podemos considerar os casos em que a sociedade não se extingue — no sentido próprio do termo — dado ser inválida a sua constituição; se queremos determinar os casos em que o processo de liquidação da sociedade é aplicável, devemos indicar a dissolução ou a invalidade.

O segundo argumento toca o aspecto em que a teoria pode ter interesse, mas não prova a teoria. Suponha-se que a assembleia geral de uma sociedade (ou o juiz, quando para isso for competente) nomeia liquidatário, mas na realidade não existe uma causa de dissolução; a falta da causa de dissolução provocaria a simples anulabilidade da deliberação de nomeação; ora, se nenhum dos interessados intenta a acção de anulação da deliberação (que pode até ter sido unânime) ou se o despacho judicial de nomeação não for impugnado, a nomeação torna-se definitiva; logo, como os liquidatários definitivamente nomeados procederão à liquidação até se extinguir a sociedade, o efeito extintivo acaba por se verificar sem que tenha havido uma causa de dissolução.

Convirá separar os casos em que houve uma decisão judicial, embora errada, sobre a existência de causa de dissolução, que dê lugar à nomeação do liquidatário. Pode discutir-se se o processo judicial de nomeação de liquidatário — que pode consistir num requerimento e num despacho, sem audiência dos sócios não requerentes — oferece garantias suficientes para evitar o perigo de uma indevida liquidação; esse é, porém, problema de crítica legislativa e de reforma da legislação. No direito constituído, desde que por decisão com trânsito em julgado é reconhecida a existência duma causa de dissolução e ordenada esta, o remédio é a resignação, sem que isso imponha que devamos expressamente acrescentar ao referido elemento do facto complexo extintivo uma menção dessa possibilidade, que é um factor comum da vida jurídica.

Passando à hipótese de deliberação social, convirá, em primeiro lugar, interpretá-la. «Nomear liquidatário», como objecto de deliberação social, pode ser apenas uma forma verbal de exprimir a intenção de dissolver ou de reconhecer a dissolução da sociedade. Assim, se não for invocada qualquer causa de dissolução que pudesse conduzir a uma deliberação nos termos dos arts. 141.º, n.º 2, ou 142.º, n.º 3, verificar-se-á se a deliberação reúne os requisitos exigidos para uma dissolução prevista no art. 141.º, n.º 1, al. *b*); se foi invocada uma causa de dissolução, a deliberação de nomear liquidatário poderá ser interpretada como enquadrável nos dois referidos preceitos legais.

O núcleo do problema consiste em ter sido tomada uma deliberação de dissolução (ou por estas mesmas palavras ou falando-se em nomeação de liquidatário) reconhecendo, nos termos do art. 141.º, n.º 2, ou determinando, nos termos do art. 142.º, n.º 3, com fundamento em causa de dissolução inexistente. Admitindo que tal deliberação seja meramente anulável e que a anulação não seja provocada nos termos legais, pode suceder que a liquidação se efectue sem ter existido uma causa de dissolução, mas isso resulta do mecanismo legal da anulabilidade de deliberações sociais e não de que, no sistema legislativo de dissolução, uma sociedade possa entrar em liquidação sem estar dissolvida.

## ARTIGO 161.º

### (REGRESSO À ACTIVIDADE)

**1 — Os sócios podem deliberar, observado o disposto neste artigo, que termine a liquidação da sociedade e esta retome a sua actividade.**

**2 — A deliberação deve ser tomada pelo número de votos que a lei ou o contrato da sociedade exija para a deliberação de dissolução, a não ser que se tenha estipulado para este efeito maioria superior ou outros requisitos.**

**3 — A deliberação não pode ser tomada:**

**_A_) Antes de o passivo ter sido liquidado, nos termos do artigo 154.º, exceptuados os créditos cujo reembolso na liquidação for dispensado expressamente pelos respectivos titulares;**

**_B_) Enquanto se mantiver alguma causa de dissolução;**

**_C_) Se o saldo de liquidação não cobrir o capital social, salvo redução deste.**

**4 — Para os efeitos da alínea _B_) do número anterior, a mesma deliberação pode tomar as providências necessárias para fazer cessar alguma causa de dissolução; nos casos previstos nos artigos 142.º, n.º 1, alínea _B_), e 464.º, n.º 3, a deliberação só se torna eficaz quando efectivamente tiver sido reconstituído o número legal de sócios; no caso de dissolução por morte de sócio, é bastante, mas necessário, o voto concordante dos sucessores na deliberação referida no n.º 1.**

**5 — Se a deliberação for tomada depois de iniciada a partilha pode exonerar-se da sociedade o sócio cuja participação**

**fique relevantemente reduzida em relação à que, no conjunto, anteriormente detinha, recebendo a parte que pela partilha lhe caberia.**

SUMÁRIO



1. Dissolvida uma sociedade e iniciada a fase de liquidação, pode suceder que os sócios pretendam — e assim deliberem — que a sociedade retome a sua actividade e a liquidação termine. Esse fenómeno tem recebido várias designações, cada uma das quais lhe capta um aspecto ou efeito, e algumas das quais são influenciadas pela natureza atribuída ao dito fenómeno: termo voluntário da liquidação, cessação da liquidação, revogação da liquidação, continuação da sociedade, retro-fundação, regresso à actividade social, reactivação. Talvez a mais impressiva seja a corrente em Itália, «revogação da liquidação», mas é tecnicamente incorrecta, visto não existir um *acto de liquidação* da sociedade que possa ser revogado por um acto posterior. Preferimos «termo voluntário da liquidação», mas resignamo-nos com «regresso à actividade social» ou simplesmente «regresso à actividade», como consta dos arts. 1019.º CC e 161.º CSC.

Foi o art. 1019.º CC que pela primeira vez estabeleceu uma regulamentação geral do termo voluntário da liquidação. Da aplicação desse artigo às sociedades comeciais não vale a pena falar, visto que a figura veio a ser consagrada no art. 161.º CSC.

Emitida directamente para sociedades anónimas, mas geral quanto a estas e extensível, segundo a doutrina, a outros tipos de sociedades, encontra-se regulamentação do termo voluntário da liquidação no § 274 AktG.

Noutros países encontram-se legislativamente previstos casos específicos de termo voluntário de liquidação — prorrogação da sociedade, suspensão da falência, por exemplo —, mas nem por isso os problemas suscitados pelo termo voluntário da liquidação têm deixado de ser tratados por doutrinas e jurisprudências com âmbito genérico, e até a construção dogmática daqueles casos esporadicamente previstos em preceitos legais expressos tem sido influenciada pelos resultados gerais atingidos por autores e tribunais.

2. O problema básico em todos os países tem sido o da possibilidade jurídica de os sócios duma sociedade dissolvida porem voluntariamente termo à situação criada por essa dissolução e fazerem a sociedade — *a mesma sociedade* — regressar à actividade normal. A esse problema dá o art. 161.º resposta afirmativa: é lícito o termo voluntário da liquidação. Convirá, no entanto, versar ainda a questão, embora sumariamente, pois isso concorrerá para o esclarecimento da verdadeira natureza do fenómeno previsto nesse artigo.

Os obstáculos postos à admissibilidade liminar de um acto que ponha termo à liquidação duma sociedade, fazendo-a regressar à actividade normal, têm provindo ou dos motivos determinantes de tal acto ou de concepções sobre a sociedade dissolvida ou de limites de capacidade dos órgãos da sociedade dissolvida ou da protecção dos interesses que seriam prejudicados por esse acto.

Motivo geral duma deliberação de sócios duma sociedade dissolvida, tendo por objecto pôr termo à situação de liquidação em que a sociedade se encontra, sem a deixar prosseguir até ao termo normal que é a extinção da sociedade, é manifestamente o desejo de que a sociedade seja reactivada, de que a sociedade regresse à sua vida activa; este primeiro motivo envolve, porém, um outro: o aproveitamento da sociedade ainda existente, com o seu substrato pessoal e material e sobretudo com a sua identidade jurídica (personalidade jurídica, nas sociedades personificadas). Enquanto para uns juristas os motivos abstractos ou concretos do termo voluntário da liquidação são totalmente indiferentes, para outros esses motivos mostrariam que na realidade há economicamente uma sociedade nova, a que deveria corresponder uma nova veste jurídica (estas concepções nem sempre são desinteressadas; por exemplo, o Fisco italiano, a fim de arrecadar impostos sobre duas transmissões, tem procurado desdobrar o fenómeno em dois: extinção da antiga sociedade, com a transmissão de bens para os sócios; criação de uma nova sociedade, com respectiva nova entrada de bens). A esta última opinião contrapõe-se em primeiro lugar que o argumento da novidade económica da sociedade não procederia quando a causa da dissolução fosse apenas o decurso do prazo pelo qual a sociedade fora constituída; em segundo lugar, e embora admitindo-se que o regresso à actividade normal seja — fora da hipótese de decurso do prazo — acompanhado de alterações subjectivas (por exemplo, no caso de os sócios porem termo à liquidação para venderem as suas participações sociais num estado «activo») ou objectivas (por exemplo, no caso de mudança do objecto, ou pelo menos de empresa dentro do mesmo objecto social), não parece que esses factos, quando ocorridos depois da dissolução da sociedade, acarretem maior «novidade» do que quando ocorram antes da dissolução.

Logicamente, a continuação da *mesma* sociedade por deliberação dos sócios de regresso à actividade é inaceitável para quem já veja na sociedade em liquidação uma sociedade *diferente* da anterior sociedade activa (chamada teoria da sucessão) e bem assim para quem, depois da dissolução, restrinja a existência ou personalidade da sociedade aos fins da liquidação. Era esta última a posição da doutrina e da jurisprudência francesas antes da lei de reforma das sociedades comerciais de 1966 e continua a sê-lo depois dela; a *fiction de survie* que prolonga a sociedade para os fins da liquidação não deixa lugar ao regresso à actividade normal e os sócios que pretendam *continuar* a sociedade dissolvida têm de se resignar a constituir uma sociedade nova. Não admira, pois, que a doutrina encare com espanto e tristeza a possibilidade de, relativamente a uma sociedade dissolvida por revogação de um gerente estatutário sócio (Lei de 1966, art. 18.º), uma lei de 12 de Julho de 1967 ter vindo permitir que, posteriormente à dissolução, os outros sócios, por unanimidade, deliberem continuar a sociedade. Também logicamente o repúdio de tais concepções sobre a sociedade dissolvida faz desaparecer o correspondente obstáculo ao regresso à actividade normal.

Na Suíça, o art. 739.º, n.º 2, do Código das Obrigações dispõe que «durante a liquidação, os poderes dos órgãos sociais são restritos aos actos que sejam necessários a essa operação e que, pela sua natureza, não sejam da competência dos liquidatários». Daí deduz a doutrina que a liquidação não pode ser validamente terminada e a sociedade não pode ser continuada. Argumento semelhante é extraído por alguns autores italianos do art. 2451.º do seu Código Civil, segundo o qual «as disposições sobre a assembleia e sobre o colégio sindical aplicam-se também durante a liquidação, enquanto compatíveis com esta». Nem sempre, porém, se vai tão longe e por vezes entende-se que o artigo permite o termo da liquidação por deliberação unânime dos sócios.

Esta linha de argumentação presta-se a distinções subtis, quer se atente apenas na competência dos órgãos sociais, quer se considere esta uma consequência de modificações na capacidade da sociedade; veja-se, por exemplo, como o citado art. 2451.º do Código Civil italiano tem sido objecto de interpretações diametralmente opostas, de uma banda considerando-se incompatível com a liquidação a deliberação pela qual os sócios voluntariamente a terminem e de outra banda entendendo ser compatível com o estado de liquidação deliberar que ele termine.

Olhando o problema do ângulo dos interesses eventualmente prejudicados pelo termo voluntário da liquidação, há que investigar os interesses dos credores sociais, de credores particulares dos sócios e dos próprios sócios.

Os credores sociais não são prejudicados pelo termo voluntário da liquidação; antes de a sociedade ser dissolvida, depois de a sociedade ser dissolvida, depois de a sociedade regressar à actividade, continuam a manter a acção sobre o património social nos mesmos termos. Nem pode dizer-se que a paralisação da actividade social fixou o património social e que o regresso à actividade social faz este correr novos riscos; primeiro, a actividade pode, embora temporariamente, continuar durante a liquidação, com os riscos inerentes; segundo, os credores contrataram com uma sociedade activa e, portanto, sujeitando-se aos riscos dessa actividade; terceiro, saber se o regresso à actividade normal piora ou melhora a situação dos credores sociais é questão solúvel apenas perante os casos concretos e nem sequer no momento em que a questão se coloca, pois depende da consistência do património social na data da dissolução e dos resultados futuros da actividade retomada. No entanto, veremos como o art. 161.º protege os credores sociais e bem assim como o art. 196.º atribui ao credor particular de sócio de responsabilidade limitada um especial direito de oposição.

Tem sido sustentado em Itália que os sócios têm um direito individual a que a liquidação termine (ou expressões equivalentes, mais ou menos ambíguas, como um direito a quota de liquidação, um direito à dissolução, etc.). A questão é, porém, mais funda, pois um direito do sócio, embora individual, é ainda um direito social; ora pode perguntar-se se o sócio terá um direito, que não deva ser considerado de natureza social, a que a liquidação termine apenas pelo seu termo natural. Se esta última hipótese fosse verdadeira, a unanimidade para o regresso à actividade normal seria indispensável, mas como conjunto de vontades exteriores e não interiores à sociedade, e nada poderia substituí-la; assim aconteceria, por exemplo, se a dissolução extinguisse a sociedade e a fase de liquidação estivesse fora do âmbito das relações sociais. Precisamente porque isto não acontece, porque o sócio continua vinculado ao contrato, tudo quanto respeite às vicissitudes desse contrato é *social* e não exterior à sociedade; é o sócio *como sócio* e não como estranho à sociedade, que se opõe à continuação da sociedade ou que a aprova.

Posta a questão no plano dos direitos individuais dos sócios, mesmo que a dissolução lhes tivesse criado algum direito inderrogável, não se poderia concluir pela ilicitude da continuação da sociedade, mas quando muito pela necessidade de unanimidade de votos na deliberação. Desde que o problema se desloque para a possível violação de direitos individuais, já não pode discutir-se se o termo voluntário da liqüidação é ou não lícito (quer seja deliberado por maioria, com ou sem certos complementos, quer seja deliberado por unanimidade), mas apenas se existe o referido direito individual do sócio e qual a consequência da eventual violação dele.

O art. 161.º, n.º 1, dispõe que «os sócios podem deliberar, observado o disposto neste artigo, que termine a liquidação da sociedade e este retome a sua actividade». Isto demonstra que o CSC não está influenciado por nenhuma das concepções da sociedade em liquidação liminarmente impeditivas da continuação, em sentido próprio, duma sociedade dissolvida; essa continuação processa-se dentro da sociedade e não fora dela.

3. Nalguns casos, parece poder-se chegar ao regresso à actividade normal de uma sociedade dissolvida por meio de um processo diferente do acima exposto: pela revogação da deliberação da sociedade. Caso típico será o de a deliberação dos sócios nos termos do art. 148.º, n.º 1, al. *b*) ter constituído, no caso concreto, o facto determinante da dissolução da sociedade; parece que, se os sócios deliberarem revogar a delibera-

ção pela qual dissolveram a sociedade, esta regressará à actividade normal. Tal hipótese é favoravelmente encarada mesmo em sistemas jurídicos onde a «reactivação» da sociedade é geralmente considerada impossível, mas entrecruzam-se a esse respeito várias questões: umas respeitantes à revogabilidade, em geral, de deliberações sociais, outras relativas ao regime específico desta deliberação social. Não é aqui lugar próprio para tratar o primeiro aspecto, embora convenha notar que a revogabilidade de uma deliberação social está condicionada, pelo menos, a não ter sido iniciada a sua execução, o que na prática deve restringir muito a sua eficácia. Quanto ao segundo aspecto, entendemos estar essa deliberação sujeita ao regime do termo voluntário da liquidação.

Outro caso em que se poderia pensar no regresso à actividade sem passar pela peneira do art. 161.º é o de prorrogação da sociedade, por extensão do seu prazo de duração. Assim não acontece, porém, pois o art. 15.º, n.º 2, dispõe que a duração da sociedade pode ser aumentada por deliberação tomada antes de esse prazo ter terminado, mas depois deste facto, a prorrogação da sociedade dissolvida só pode ser deliberada nos termos do art. 161.º.

4. O regresso à actividade processa-se por meio de deliberação dos sócios. Não é exigido nem que a acta desta deliberação seja lavrada por notário, nem a consignação em escritura pública. Dado o princípio da liberdade de forma (CC, art. 219.º), não podem ser aplicados por analogia outros preceitos do CSC, nomeadamente, o art. 152.º, n.º 1. Pode, contudo, suceder que a remoção de causas de dissolução (v. adiante) envolva uma alteração do contrato e, por esse motivo, haja necessidade das formalidades correspondentes.

O objecto desta deliberação está genericamente indicado no art. 161.º, n.º 1: «que termine a liquidação da sociedade e esta retome a sua actividade.» A frase tem sabor pleonástico, porque a deliberação de terminar a liquidação da sociedade só faz sentido se simultaneamente houver a intenção de fazer a sociedade retomar a sua actividade, mas evita alguma hipótese, possivelmente académica, em que os sócios quisessem terminar a liquidação e manter a sociedade inactiva. Não são evidentemente palavras sacramentais: será, por exemplo, bastante deliberar «a continuação da sociedade», como diz a lei alemã. Adiante se verá a influência que sobre esta deliberação pode ter a deliberação de remoção de causas de dissolução.

O art. 161.º, n.º 2, ocupa-se da maioria necessária para a deliberação de regresso à actividade; a deliberação deve ser tomada pelo número de votos que a lei ou o contrato de sociedade exija para a deliberação de dissolução, a não ser que se tenha estipulado para este efeito maioria superior ou outros requisitos.

A parte final do preceito raramente terá aplicação prática; é difícil supor que, logo ao celebrarem o contrato de sociedade, os sócios previram a hipótese de, uma vez a sociedade dissolvida, vir a ser deliberado o regresso à actividade; como tal previsão não é, contudo, impossível, admite-se a cautela do legislador (na prática italiana encontram-se cláusulas contratuais que permitem e regulam — por exemplo, quanto à maioria da deliberação e quanto a direito de exoneração dos sócios — a «revoca della liquidazione», R.S. 1961, pág. 479).

Os requisitos da deliberação estão, pois, dependentes do que estiver disposto, pela lei ou pelo contrato, quanto ao mesmo aspecto da deliberação de dissolução da sociedade, como tal se tomando a deliberação admitida pelo art. 141.º, n.º 1, al. *b*). Compreende-se o paralelo entre a deliberação que dissolva a sociedade e a deliberação que faça a sociedade dissolvida retomar a actividade, mas, se tal paralelo foi, quanto a este ponto, utilizado pelo legislador, não se segue que possa ser utilizado para além disso, visto haver outros interesses a considerar.

Acontece, assim, que o número de votos necessário para esta deliberação varia, conforme a lei, para cada tipo de sociedade, mas além disso pode suceder que a disposição legal seja supletiva — ou totalmente ou nalgum sentido — e que, para certa sociedade, seja necessário um especial número de votos: nos termos do art. 194.º, para a sociedade em nome colectivo, a regra será a unanimidade, mas o contrato pode autorizar a deliberação (de dissolução e reflexamente de regresso à actividade) por maioria, que não pode ser inferior a três quartos dos votos de todos os sócios; nos termos do art. 270.º, para sociedades por quotas, será necessária a maioria de três quartos de votos correspondentes ao capital social, mas o contrato pode exigir uma maioria mais elevada; nos termos do art. 464.º, para as sociedades anónimas, o contrato poderá exigir maioria mais elevada do que a mínima, que é dois terços dos votos correspondentes às acções dos accionistas presentes ou apresentados na assembleia, ou maioria dos votos emitidos, se estiverem presentes ou representados accionistas cujas acções correspondam a metade do capital social; nos termos do art. 461.º, a deliberação deve reunir dois terços dos votos que caibam aos sócios comanditados e dois terços dos votos que caibam aos sócios comanditários (mas, para o regressso à actividade, dever-se-á exigir, quanto aos sócios comanditados, a unanimidade, nos termos do art. 194.º).

O número de votos a exigir para a deliberação de regresso à actividade resulta da situação dos sócios, a partir da dissolução. Sem entrar em construções técnicas dos direitos dos sócios, susceptíveis de conduzir a erros graves por excessivo dogmatismo, ou o legislador entende que o sócio deve ficar sujeito, quanto ao regresso à actividade, à vontade de uma maioria, embora qualificada, nenhum outro meio lhe seja dado para evitar que a liquidação termine e não chegue a haver partilha; ou o legislador exige a unanimidade dos votos e, portanto, concede a cada sócio a possibilidade de defender o seu interesse, mesmo sacrificando o interesse de outros sócios na continuação da sociedade; ou busca um compromisso entre essas duas soluções extremas, admitindo que a deliberação seja tomada por maioria, mas atribuindo ao sócio dissidente o direito de se separar da sociedade, ou seja, o de liquidar separadamente a sua participação social.

Como vimos, a unanimidade de votos está estabelecida, como regra, para as sociedades em nome colectivo, o que se compreende por causa da responsabilidade ilimitada dos sócios; a continuação forçada da sociedade implica a forçosa continuação dessa responsabilidade. Para as sociedades por quotas, a regra da maioria qualificada é acompanhada pela faculdade de exoneração do sócio, nos termos do art. 246.º, n.º 1, al. *a*): o sócio pode exonerar-se da sociedade quando, contra o seu voto expresso, a sociedade dissolvida deliberar o regresso à actividade normal. Para as sociedades anónimas, a lei contenta-se com as referidas maiorias e nenhum outro direito é atribuído ao accionista.

5. A deliberação de regresso da sociedade dissolvida à actividade é condicionada pela verificação das circunstâncias referidas no art. 161.º, n.º 3, e além disso, é susceptível de oposição por parte dos credores de sócios de responsabilidade ilimitada. Começaremos por esta oposição.

O art. 196.º, n.º 1, determina que o credor de sócio (de sociedade em nome colectivo) pode opor-se ao regresso à actividade normal de sociedade em liquidação, contanto que o faça nos trinta dias seguintes à publicação da respectiva deliberação. Lembremos que, segundo o art. 183.º, a execução sobre a parte do sócio de sociedade em nome colectivo está sujeita a regras especiais, onde avulta a incidência da execução apenas sobre o direito aos lucros e à quota de liquidação e a possibilidade de requerimento de dissolução judicial da sociedade, na hipótese prevista no n.º 4 do mesmo artigo. O credor do sócio de responsabilidade ilimitada tem, pois, interesse em que a liquidação termine: se já executou a quota de liquidação, é manifesto esse interesse; no caso contrário, tem interesse em que, pela partilha subsequente à liquidação, o sócio tenha bens sobre os quais ele possa livremente exercer o seu direito de crédito. Este interesse é o fundamento do direito de oposição conferido pelo art. 196.º, n.º 1.

O prazo para o exercício do direito de oposição justifica-se pela necessidade de definir a situação da sociedade; é de trinta dias e conta-se da publicação da deliberação da sociedade, único meio aceitável de conhecimento dela e de eficácia para com terceiros. O n.º 2 do mesmo artigo esclarece que, dentro desse prazo de trinta dias, deve a notificação judicial ser requerida, pondo assim o credor ao abrigo das demoras dos tribunais.

Ainda segundo esse n.º 2, recebida a notificação, pode a sociedade, nos sessenta dias seguintes, excluir o sócio ou deliberar a continuação da liquidação. Se a sociedade delibera a exclusão do sócio, este tem direito ao valor da sua parte social; sobre esses bens se exercerá o direito do credor. Se a sociedade delibera continuar a liquidação, chegar-se-á à partilha e ao livre exercício do direito do credor do sócio.

O art. 196.º, n.º 3, prevê a hipótese de a dívida se manter (se a dívida particular do sócio se extinguir, não há motivo para a sociedade alterar a deliberação de regresso à sociedade ou excluir o sócio) e a sociedade não tomar nenhuma das deliberações previstas na parte final do número anterior, ou seja, não altera a deliberação de regresso à actividade, pois não manda continuar a liquidação, nem exclui o sócio; em tal caso, pode o credor exigir judicialmente a liquidação da parte do seu devedor.

Compreende-se que, perante esse conjunto de hipóteses, o legislador não tenha encontrado outro modo de satisfazer os interesses do credor; designadamente, pouco sentido faria atribuir o direito de requerer a dissolução da sociedade que esteve dissolvida e acaba de regressar à actividade; ordenar que a liquidação continuasse, apesar da deliberação de regresso à actividade, poderia lesar gravemente interesses dos outros sócios, por causa de uma dívida pessoal de um deles.

É difícil, contudo, qualificar tecnicamente o meio utilizado pelo legislador. A liquidação judicial da parte do sócio devedor implica a extinção da participação social desse sócio; não se trata de exclusão, que a sociedade não deliberou, nem de exoneração do sócio, que este não pediu, nem podia pedir, por tal não lhe ser facultado nesta espécie de sociedades. Parece que a oposição do credor particular do sócio, sem a sociedade ter procedido como lhe permite o art. 196.º, n.º 2, acarreta a continuação da liquidação restrita a esse sócio, tornando-se ineficaz relativamente a ele a deliberação de regresso à actividade.

6. O art. 1019.º CC submete a deliberação de regresso à actividade social a duas condições: não estarem ultimadas as partilhas; terem cessado as circunstâncias que determinaram a dissolução resultante da causa imperativa.

A primeira destas condições não está reproduzida no art. 161.º, n.º 3, mas é indispensável pela própria força das coisas. Ultimada a partilha — designadamente, com a entrega dos bens partilhados, nos termos do art. 159.º, já não há bens sociais, que possam suportar a continuação da actividade social, mas bens individuais, que só para uma nova sociedade poderiam entrar. Tem contudo, interesse, para uma apreciação geral dos condicionamentos impostos à deliberação de regresso à actividade pelo art. 161.º, n.º 3, observar o que se passa no direito alemão quanto a este ponto e bem assim quanto a outros pontos relevantes para a interpretação dos nossos preceitos.

O § 274 AktG estabelece um requisito relativo à partilha dos bens sociais: «Enquanto não se tiver começado com a partilha do património pelos accionistas», frase interpretada com máximo rigor pela doutrina alemã, que exclui a licitude da continuação da sociedade desde que aos accionistas ou a um só deles tenha sido entregue algo com fundamento na liquidação e que, além disso, não permite que, para tornar lícita a continuação da sociedade, os accionistas restituam à sociedade aquilo que tiverem recebido a título de liquidação. Este rigor interpretativo justifica-se formalmente por a alínea 3 do mesmo parágrafo mandar que se faça prova, ao requerer a inscrição no registo, de que a divisão do património entre os accionistas ainda não começou. Substancialmente, tal rigor é justificado pela doutrina invocando a necessidade de evitar que os accionistas utilizem o sistema «dissolução-continuação» para obterem restituições das suas entradas em benefício próprio e com prejuízo dos credores. O art. 206.º do projecto modificado de Sociedade Anónima Europeia também só permite aquilo que chama «prorrogation» da sociedade dissolvida, «tant que la répartition du patrimoine entre les actionnaires n'a pas commencé».

Outra questão respeita à extensão da partilha efectuada, relativamente ao capital social. A composição material do activo da sociedade não interessa para o efeito; pode consistir em bens de várias espécies ainda existentes à data da dissolução ou consistir total ou parcialmente em dinheiro resultante das operações de liquidação. Se a lei consente que o regresso à actividade seja deliberado até ao último instante possível — a ultimação da partilha — implicitamente admite que o regresso seja deliberado, seja qual for a composição do activo decorrente das operações que permitiram chegar à partilha. A dúvida importante respeita ao montante líquido do património no momento da deliberação, o qual pode, em princípio, ser inferior ou superior ao montante do capital contratual e/ou ao montante do capital mínimo exigido para a constituição de sociedades do mesmo tipo. A doutrina alemã é pacífica quanto à viabilidade da continuação da sociedade, apesar de o património líquido restante ser inferior ao montante do capital contratual; quanto ao segundo ponto, há opiniões no sentido de que a continuação não é possível, desde que o activo líquido não cubra o capital mínimo exigido para cada tipo de sociedade.

Outro aspecto a considerar é o estado das partilhas quanto à igualdade dos pagamentos já efectuados aos sócios. A doutrina alemã coloca a hipótese de um dos sócios ter recebido total ou parcialmente o seu saldo de liquidação antes de terem sido feitos pagamentos aos outros e, nos termos referidos, considera impossível a continuação da sociedade, por a partilha já ter começado.

A primeira das condições de licitude da deliberação do regresso à actividade respeita à liquidação do passivo; a deliberação não pode ser tomada antes de o passivo ter sido liquidado, nos termos do art. 154.º, exceptuados os créditos cujo reembolso for dispensado expressamente pelos respectivos titulares. É bem claro que este preceito funciona em benefício dos credores, visto impedir que se concretize algum perigo que para eles poderia resultar do regresso à actividade, enquanto eles não estiverem satisfeitos ou não tiverem dispensado essa satisfação no processo de liquidação, ou seja, antes de os sócios voluntariamente porem termo à liquidação.

Seja qual for a interpretação que se dê ao art. 156.º, no respeitante à licitude de reembolsos parciais aos sócios, antes de totalmente satisfeito ou acautelado o passivo, não pode haver dúvida de que o art. 161.º, n.º 3, al. *a*) não permite o regresso à actividade antes de estarem protegidos os credores sociais pelos modos ali descritos.

7. A deliberação de regresso à actividade não pode ser tomada enquanto se mantiver alguma causa de liquidação. O art. 1019.º, n.º 2, CC, dispõe que «Se, porém, a dissolução tiver resultado de causa imperativa, é necessário que tenham cessado as circunstâncias que a determinaram» e tem sido interpretado de duas maneiras.

Para alguns intérpretes, «causas imperativas» de dissolução são todas aquelas e só aquelas que derivam directamente da lei, não sendo, portanto, causas imperativas, para este efeito, nem o acordo dos sócios nem as causas especificadas no contrato, incluindo-se aqui o decurso do prazo fixado para a duração da sociedade. Para nós, imperativa será causa cujos efeitos dissolutórios os sócios não podem impedir, quer esteja prevista na lei, quer no contrato de sociedade.

O art. 161.º, n.º 3, al. *a*) é muito mais exigente do que aquele artigo do CC. Por um lado, não há que atender apenas à causa de que efectivamente resultou a dissolução da sociedade que pretende regressar à actividade, mas à existência de qualquer causa de dissolução, quer tenha já existido à data da dissolução operada por outra causa, quer tenha aparecido posteriormente à dissolução. Neste último aspecto, certo é que a causa posterior à dissolução não funcionou, uma vez que a sociedade está dissolvida, mas isso não impede que ela deva ser tomada em consideração para evitar que regresse à actividade uma sociedade que, no mesmo momento, ficaria dissolvida ou sujeita a dissolução.

Por outro lado, prescinde-se do carácter imperativo da causa; «alguma causa de dissolução» é toda e qualquer causa de dissolução, sejam quais forem a sua fonte e o seu modo de funcionamento.

Este rigor seria absurdo se não fosse possível fazer cessar alguma causa de dissolução; em todo e qualquer caso haveria pelo menos uma causa de dissolução — aquela que efectivamente tivesse operado. Por isso, o disposto naquela alínea *b*) é necessariamente completado pelo disposto no n.º 4.

Refere-se esse n.º 4 à «mesma deliberação». Não vale a pena discutir se a deliberação de regresso à actividade e a deliberação que tome providências para fazer cessar alguma causa de dissolução são ou não materialmente distintas e, na primeira hipótese, não pode correctamente falar-se em «mesma deliberação». A ideia da lei é que o regresso à actividade e as referidas providências formam um todo que deve estar completo para surtir efeitos.

A doutrina alemã defende que a deliberação destinada a remover a causa de dissolução deve *preceder* a deliberação de continuação da sociedade, mas isso parece formalismo exagerado.

Apenas é aberta excepção para a dissolução por redução do número de sócios (art. 142.º, n.º 1, al. *a*)) e por redução dos accionistas de sociedade anónima abaixo do número mínimo legal (art. 464.º, n.º 3). Seria possível exigir que, antes da deliberação de regresso à actividade ou simultaneamente com esta, fosse reconstituída a pluralidade de sócios ou completado o número mínimo legal de accionistas, — visto que as participações sociais continuam a ser transmissíveis apesar de a sociedade estar dissolvida; facilita-se, contudo, o processo, permitindo que essas providências sejam tomadas depois de deliberado o regresso à actividade. Neste caso, porém, a deliberação mantém-se ineficaz — e portanto, a sociedade continua em fase de liquidação — até que efectivamente tenha sido reconstituído o número (dois ou mais) legal de sócios.

No caso de a dissolução ter ocorrido por deliberação dos sócios (o antigo acordo dos sócios), nada será preciso deliberar além do regresso à actividade, pois isso demonstra uma vontade dos sócios contrária à anteriormente manifestada.

Fazer cessar alguma causa de dissolução significa colocar a sociedade em situação de não poder ser dissolvida no momento em que regresse à actividade, pondo voluntariamente termo à liquidação. A dissolução operada por alguma causa e que determinou a entrada na fase de liquidação não é afectada retroactivamente; a sociedade dissolveu-se, normalmente foram praticados actos de liquidação; em certo momento e com efeitos *ex nunc* os sócios terminam a liquidação e simultaneamente evitam que nesse momento alguma causa de dissolução — a efectiva ou outra qualquer — dissolva novamente a sociedade.

Assim, se decorreu o prazo fixado no contrato, os sócios deliberam um novo prazo; se foi completamente realizado o objecto contratual, os sócios estipulam novo objecto; se o objecto contratual se tornou supervenientemente ilícito, os sócios acordam outro objecto lícito, etc. Para o caso de morte de sócio, quer tenha ela sido causa (contratual) efectiva da dissolução, quer ela tenha ocorrido depois de dissolvida a sociedade, a parte final do n.º 4 esclarece que a providência a tomar consiste no voto concordante dos sucessores do sócio falecido, na deliberação de regresso à actividade, e acentua que esse voto concordante é necessário, não bastando, portanto, o voto dos outros sócios.

8. Referimos acima questões causadas pela relação entre o montante do activo líquido da sociedade dissolvida, o montante do capital social contratual e o montante mínimo legal do capital social. Salvo redução — facilitada neste caso pela necessidade de cumprimento do requisito estabelecido na alínea *a*) — a alínea *c*) do n.º 3 não admite a deliberação de regresso à actividade se o saldo de liquidação não cobrir o capital social, manifestamente o capital contratualmente fixado para a sociedade. O capital mínimo legal não interessa, uma vez que o capital contratual deve ser igual ou superior àquele.

Esta disposição pode parecer exagerada, mas não só é compreensível para aqueles casos em que subsistam credores que tenham dado consentimento ao regresso à actividade, como também não se justifica que os sócios se aproveitem do regresso à actividade para esvaziar o património social e iniciar uma actividade sem correspondência naquele património.

Não significa isto que o regresso à actividade determine a constituição duma nova sociedade, para a qual se exija a realização inicial do capital, mas sim que o legislador teve, para o caso de regresso à actividade, uma preocupação igual à do caso de constituição de nova sociedade.

O art. 161.º, n.º 5, mostra que o regresso à actividade pode ser deliberado depois de iniciada a partilha e nesse sentido resolve um problema acima anunciado. Uma vez que, para ser deliberado o regresso à actividade, é indispensável que estejam protegidos os interesses dos credores, torna-se necessário prever os efeitos que o início da partilha tenha tido na relação entre as participações dos sócios, efeito que obviamente não é nenhum se a partilha tiver sido efectuada em rigorosa proporcionalidade.

Prevê este n.º 5 que a participação de um sócio fique relevantemente reduzida em relação à que, no conjunto, anteriormente detinha. Será, por exemplo, o caso de um sócio que, antes da dissolução e início da partilha, detinha uma participação de 50% do capital, já ter recebido o correspondente a 45% (pense-se numa partilha em espécie), enquanto os outros sócios ainda nada receberam, de modo que, depois de deliberado o regresso à actividade, a sua participação seria percentualmente muito inferior à antiga. Para tal hipótese, atribui-se ao sócio direito à exoneração, recebendo a parte que na partilha lhe cabe e que é afinal composto por duas fracções, uma já recebida antes da deliberação de regresso à actividade e outra a receber depois da exoneração.

9. A deliberação de regresso à actividade da sociedade em liquidação está sujeita a registo; CRCom, art. 3.º, al. *s*).

Na Alemanha entende-se que o liquidatário tem o dever — e portanto a legitimidade de requerer este registo. Afigura-se-nos que a inscrição tanto pode ser requerida pelo liquidatário — visto a sociedade continuar em liquidação, relativamente a terceiros, até essa inscrição — como pelos gerentes ou administradores que venham a ser designados.

Durante a fase de liquidação mantiveram-se alguns órgãos da sociedade — assembleia geral e conselho fiscal — que continuam, depois do termo voluntário da liquidação; continuam em abstracto e em concreto, isto é, como organização legal e como pessoas investidas nessas funções, sem que o estado anterior de liquidação acarrete qualquer restrição das suas competências normais numa sociedade em plena actividade.

O órgão administrativo *stricto sensu* — gerência, conselho de administração ou outra modalidade — não pode, contudo, retomar as suas funções em concreto antes de se proceder à designação de novas pessoas que preencham os respectivos cargos. Pela dissolução, esse órgão foi substituído pelos liquidatários; portanto, terminada a liquidação, haverá que proceder a novas designações, embora porventura, mesmo por força da lei, tenha havido coincidência de pessoas, como gerentes ou administradores e liquidatários; a mudança de qualidade está prescrita na lei para passagem de gerente ou administrador a liquidatário, mas não no sentido inverso.

## ARTIGO 162.º

### (ACÇÕES PENDENTES)

**1 — As acções em que a sociedade seja parte continuam após a extinção desta, que se considera substituída pela generalidade dos sócios, representados pelos liquidatários, nos termos dos artigos 163.º, n.ºs 2, 4 e 5 e 164.º, n.ºs 2 e 5.**

**2 — A instância não se suspende nem é necessária habilitação.**

#### SUMÁRIO

1. Problemas determinantes do disposto nos arts. 162.º, 163.º e 164.º
2. Regime estabelecido para as acções pendentes. *A*) Fundamento
3. Idem. *B*) Exposição

1. Os arts. 162.º, 163.º e 164.º ocupam-se de matérias conexas, todas elas derivadas da subsistência de relações jurídicas, depois de extinta a sociedade. Trata-se de matéria delicada, tanto no enquadramento dogmático como na escolha de soluções práticas, justificando-se, por isso, a exposição e apreciação de doutrinas que tentaram resolver tais problemas, na ausência de textos legais expressos.

Seja qual for o momento em que um sistema jurídico coloque a extinção da sociedade e o termo da sua personalidade, pode acontecer que depois dele se verifique a necessidade de definir o destino de certas relações jurídicas que anteriormente tinham tido a sociedade como sujeito: determinar se as relações jurídicas de que a sociedade ainda era titular nesse momento são ou não são afectadas por tal facto e, no caso afirmativo, como são afectadas.

Já acima vimos que, por circunstâncias várias, envolvendo ou não dolo ou culpa dos liquidatários, pode a sociedade ser extinta sem estarem satisfeitos todos os credores. Inversamente, pode suceder que, depois de extinta a sociedade, se descubra a existência de bens que a esta pertenciam e não foram partilhados, bens que tanto podem consistir em direitos reais como em direitos de crédito. Vimos também que a partilha pode ser efectuada existindo dívidas litigiosas da sociedade.

A visão global destas hipóteses aponta uma série de conflitos de interesses de sócios, de credores sociais e de devedores da sociedade. Não admira, pois, que se tenham multiplicado tentativas de soluções, cada uma das quais apresenta aspectos vulneráveis.

No caso de um débito social litigioso, tentava-se satisfazer o interesse do credor invocando a *perpetuatio iurisdictionis*, que manteria até à sentença a personalidade jurídica da sociedade ré, mas esta teoria, além de outros defeitos adiante pormenorizados, pode nada resolver praticamente, como a seguir diremos para uma teoria com âmbito mais vasto, que procura manter a personalidade da sociedade.

Quanto a débitos não litigiosos, a pura e simples extinção deles pelo termo da sociedade devedora — embora, como na lei alemã, precedida de *Sperrjahr* — não só produziria inadmissível prejuízo individual como causaria um dano geral, na medida em que as pessoas recusariam contratar com uma sociedade, por ficarem sujeitas à perda do seu crédito em virtude de um acto voluntário da entidade devedora ou de um facto a que são inteiramente estranhas. Por outro lado, a lógica mandaria que, adoptada essa solução para as dívidas sociais, ela se aplicasse também aos créditos da sociedade e a outros direitos de que ela fosse titular, tudo isto com grave e escusado prejuízo dos sócios.

A manutenção da personalidade social enquanto houver algum débito por satisfazer, traz ao credor uma garantia, mas esta pode ser meramente teórica. Basta reparar em que o activo já foi repartido pelos sócios e aos credores não interessa um devedor sem bens. A eficácia dos processos técnicos, dentro desta ideia, para reconstituir um activo social pode ser exígua.

Se as dívidas não se extinguirem, mas o devedor inicial desaparecer, os credores deverão encontrar quem o substitua e não podem encontrar tal entidade fora dos sócios ou dos liquidatários. As acções dos credores contra os sócios podem — mantendo-nos no campo prático — ser improfícuas e incómodas, como por exemplo resultaria da concorrência dos credores sociais com os credores pessoais dos sócios. Quanto aos liquidatários, mesmo que em todas as hipóteses pudessem ser responsabilizados pelos débitos não satisfeitos, poderiam oferecer aos credores uma capacidade financeira inteiramente diferente da da sociedade dissolvida.

2. Para apreciar o disposto no art. 162.º CSC, convém investigar primeiramente se existe algum princípio de direito processual que fundamente uma solução para as acções pendentes, diversa ou independente da solução geral que se encontre para o problema. Dizemos «princípio de direito processual» porque concordamos com as opiniões de autores italianos que criticaram decisões da Cassazione, de 19 de Junho de 1950 e de 30 de Junho de 1950, as quais, baseando-se em princípios de direito substantivo, decidiram que, havendo um litígio judicial pendente, o encerramento da liquidação, embora acompanhado de todas as formalidades legais, não produz a cessação da personalidade social, que sobreviverá até ao termo do litígio, mas nenhuma nova acção pode ser proposta contra a sociedade, passando a garantia dos credores da sociedade insatisfeitos a ter apenas formas de responsabilidade individual. Não compreendemos como um princípio de direito

substantivo possa variar conforme o débito da sociedade seja ou não litigioso na data em que se complete o processo extintivo da sociedade.

No entanto, reputados autores italianos defenderam opinião contrária. Dizem que há duas exigências opostas: de um lado, não se pode consentir que a sociedade seja forçada a reviver depois de encerrada a liquidação e de ter sido feita a publicidade determinada por lei; de outro lado, também não pode admitir-se que, enquanto estejam pendentes litígios com a sociedade, possa encerrar-se a liquidação e cancelar-se a sociedade do registo, com o resultado de obrigar os credores a prosseguir a acção contra os sócios individuais e a sofrer o concurso dos credores particulares destes. Para satisfazer estas duas necessidades, a solução estaria em a regra repetida nos arts. 2312.º e 2456.º CC italiano — responsabilidade dos sócios e não da sociedade — ser apenas aplicável aos débitos sociais que apareçam depois de cancelada a sociedade.

Está-se perante um sistema que, nos dois referidos artigos, prevê a subsistência de créditos insatisfeitos, depois de cancelada a sociedade, e estabelece que os credores podem actuar contra os sócios ou ilimitadamente, se tal for a responsabilidade destes pelo tipo de sociedade, ou até aos montantes dos bens recebidos pelos sócios segundo o balanço final da liquidação. Pareceria, pois, natural que, quanto às acções pendentes contra a sociedade, se aplicasse o mesmo critério, considerando-se a sociedade substituída pelos sócios; afinal, sendo a acção procedente, fica provado que existe um credor insatisfeito depois da liquidação. A solução contrária adoptada por esses autores italianos corresponde apenas ao desejo de, aproveitando a circunstância fortuita de a acção do credor já estar proposta na data da dissolução, aplicar a estes créditos um regime mais favorável ao credor do que o resultante daqueles preceitos legais.

O princípio processual utilizado para o nosso problema começou por ser a *perpetuatio iurisdictionis*, mas deve notar-se que, ao aplicá-lo, a doutrina italiana se divide e enquanto uns autores concluem que, por causa de tal princípio, a sociedade «extinta» mantém a sua personalidade até ao trânsito em julgado das acções pendentes, outros autores deduzem desse princípio que extinta a sociedade, as acções pendentes continuarão contra os sócios, em substituição da sociedade.

Os autores da primeira corrente entendem a *perpetuatio iurisdictionis* como o princípio segundo qual a sentença que dá a acção como provada deve reconhecer o direito do autor como se isso acontecesse no momento da propositura da acção, sem que tal reconhecimento possa ser prejudicado por factos realizados pela outra parte durante o tempo do processo; a aplicação desta regra ao caso da liquidação levaria a que o credor que tenha proposto uma acção contra uma sociedade ainda não extinta, embora eventualmenete já em liquidação, tem o direito de obter uma sentença de condenação pronunciada contra a própria sociedade, sem que esta última, por um facto voluntário e unilateral — a sua própria extinção — realizado durante o processo, possa subtrair-se a tal condenação.

Os autores italianos que se socorrem deste princípio para defender essa tese buscam a formulação dele num estudo de CHIOVENDA, *Sulla "Perpetuatio Iurisdictionis"*, onde efectivamente o grande processualista escreveu: «Vem depois uma série de normas que respeitam ao vencedor *autor* e que todas se reconduzem a esta ideia fundamental de que a duração do processo, o tempo necessário para a definição da lide, não deve causar dano ao direito do autor; a sentença que acolhe a demanda deve reconhecer o direito como se isso acontecesse no *próprio momento* da *demanda* judicial.» Nesse mesmo estudo, porém, CHIOVENDA acentua que a *perpetuatio* é uma máxima ou princípio que se induz de numerosas leis processuais sobre diversos assuntos e não uma regra como tal definida legislativamente, e que é excessiva a fórmula frequentemente usada pela doutrina, segundo a qual a sentença deve reportar-se ao estado de facto existente ao tempo da demanda; quando fala das aplicações daquele princípio, não se refere ao caso de extinção do sujeito da relação jurídica processual.

Em estudos posteriores, CHIOVENDA atribui já à *perpetuatio iurisdictionis* um sentido mais restrito: «Com a *perpetuatio iuristionis* trata-se por sua vez de evitar os gravíssimos prejuízos que sofreriam os litigantes em geral, sem distinção, sem que importe qual deles tem razão, se pelas modificações sobrevindas durante o juízo nas circunstâncias determinantes da competência, se extinguisse a competência do juiz que está conhecendo da causa.» Está em jogo a competência do juiz e nada mais.

Separado da *perpetuatio* aparece nos estudos de CHIOVENDA o princípio da «insensibilidade da acção a respeito dos factos que se produzem durante o litígio» — a necessidade de servir-se do processo para obter razão não deve voltar-se contra quem tiver razão — mas CHIOVENDA repete a advertência de que a extensão legítima do princípio não é a literal e que ele deve ceder perante circunstâncias que lógica e materialmente sejam incompatíveis com ele. Também entre as aplicações deste princípio não inclui o caso de morte de pessoa física ou extinção de pessoa colectiva, hipótese que versa como modificação subjectiva.

No nosso direito processual, o princípio da estabilidade da instância está consagrado no art. 268.º CPC — «Citado o réu, a instância deve manter-se a mesma quanto às pessoas, ao pedido e à causa de pedir, salvas as possibilidades de modificação consignadas na lei». Uma modificação subjectiva consignada no art. 270.º é consequência da substituição de alguma das partes, quer por sucessão, quer por acto entre vivos, na relação substantiva em litígio e o art. 276.º manda, no n.º 1, al. *a*), suspender a instância «quando falecer ou se extinguir alguma das partes» e determina no n.º 3 que «A morte ou a extinção de alguma das partes não dá lugar à suspensão, mas à extinção da instância, quando torne impossível ou inútil a continuação da lide».

Não é, portanto, o direito processual que determina o destino das acções pendentes em que seja parte uma sociedade que se extingue; o direito processual está organizado de modo a poder acolher as soluções do direito substantivo.

3. Veremos nos comentários aos arts. 164.º e 165.º que o problema do passivo e do activo superveniente foi resolvido no sentido de a responsabilidade e a titularidade passarem, em certos termos, para os sócios; o art. 162.º reflecte, para as acções pendentes, essa solução. Entre as acções pendentes contavam-se as acções de consignação em depósito propostas pelos liquidatários nos termos do art. 154.º, n.º 2.

A extinção da sociedade não produz a extinção da instância nas acções em que a sociedade seja parte; tais acções continuam. A norma expressa na frase inicial do art. 162.º deve, porém, ser entendida sem prejuízo das hipóteses em que a natureza da relação jurídica controvertida torne impossível ou inútil a continuação da lide, pois nesses casos, como determina o art. 276.º, n.º 3, CPC, a instância extingue-se.

A sociedade considera-se substituída pela generalidade dos sócios. Tal regra corresponde aos casos normais, como os de acções de cobrança de dívidas da sociedade, mas não se adapta a toda e qualquer espécie de acção que esteja pendente contra a sociedade. Pode, com efeito, suceder que, em partilha, o bem social a que a acção respeita, tenha cabido a determinado sócio e, portanto, a acção deve continuar só contra este, nos termos gerais.

Sobre o significado de «generalidade dos sócios» e as remissões para os arts. 163.º, n.os 2, 3 e 4 e 164.º, n.os 2 e 3, falaremos nos comentários a estes artigos.

O n.º 2 do art. 162.º dispõe que a instância não se suspende nem é necessária habilitação. Não é hipótese desconhecida no direito processual vigente; assim determina o art. 276.º, n.º 2 CPC para o caso de transformação ou fusão de pessoa colectiva ou de sociedade. O liquidatário já funcionava no processo como representante da sociedade e passará a ser considerado representante legal da generalidade dos sócios.

## ARTIGO 163.º

### (PASSIVO SUPERVENIENTE)

**1 — Encerrada a liquidação e extinta a sociedade, os antigos sócios respondem pelo passivo social não satisfeito ou acautelado, até ao montante que receberam na partilha, sem prejuízo do disposto quanto a sócios de responsabilidade ilimitada.**

**2 — As acções necessárias para os fins referidos no número anterior podem ser propostas contra a generalidade dos sócios, na pessoa dos liquidatários, que são considerados representantes legais daqueles, para este efeito, incluindo a primeira citação; qualquer dos sócios pode intervir como assistente; sem prejuízo das excepções previstas no artigo 341.º do Código de Processo Civil, a sentença proferida relativamente à generalidade dos sócios constitui caso julgado em relação a cada um deles.**

**3 — O antigo sócio que satisfizer alguma dívida, por força do disposto no n.º 1, tem direito de regresso contra os outros, de maneira a ser respeitada a proporção de cada um nos lucros e nas perdas.**

**4 — Os liquidatários darão conhecimento da acção a todos os antigos sócios, pela forma mais rápida que lhes for possível, e podem exigir destes adequada provisão para encargos judiciais.**

**5 — Os liquidatários não podem escusar-se a funções atribuídas neste artigo; tendo eles falecido, tais funções serão exercidas pelos últimos gerentes, administradores ou directores ou, no caso de falecimento destes, pelos sócios, por ordem decrescente da sua participação no capital da sociedade.**

SUMÁRIO



1. A solução do problema do passivo superveniente ou débitos sociais insatisfeitos depois da partilha entre os sócios, que mais favorável se apresenta para os credores sociais — não é inteiramente satisfatória, no sentido de que não atinge o máximo de protecção idealmente concebível, mas é aquela em que a protecção é levada até ao ponto em que o direito tem de recuar perante os factos — é a continuação da personalidade social enquanto houver débitos da sociedade (ou, para não adiantar ideias, débitos que tenham inicialmente sido da sociedade), com todos os corolários que dessa ideia possam ser extraídos. Interessante é notar que, por vezes, na exposição dos autores se afirmam primeiro os corolários e depois se buscam os postulados.

Tomando como exemplo uma obra recente, com o especial interesse de ser posterior à regulamentação legal da liquidação em França — HÉMARD-TERRÉ-MABILAT, *Sociétés Commerciales*, III, n.^os^ 1295 e 1296 — vemos que se começa por uma afirmação que também entre nós é substancialmente verdadeira (vimos acima o significado especial que essa afirmação tem para a doutrina francesa): a continuação da personalidade jurídica da sociedade depois da dissolução e durante a fase de liquidação, continuação essa de que necessariamente decorre a manutenção da distinção entre o património social e os patrimónios individuais dos sócios e a conservação da garantia geral dos credores da sociedade sobre o património desta, com preferência relativamente aos credores pessoais dos sócios. Logo a seguir pergunta-se qual o momento en que este direito de preferência dos credores deve terminar e afirma-se que, a quem pretenda colocar esse momento no encerramento da liquidação, pode objectar-se que a liquidação não é estabelecida no interesse exclusivo dos sócios e que estes não podem, portanto, colocar, em data por eles escolhida, a desaparição do direito de preferência. Por isso, a liquidação só deve considerar-se terminada a partir do momento em que o passivo social estiver integralmente pago. O direito de garantia sobre o activo social sobrevive à partilha e os credores sociais podem fazer valer o seu direito de preferência sobre os bens que tenham pertencido à sociedade, desde que provem que estes bens passaram para o património do sócio, em execução da partilha. Mas isto supõe que a partilha do saldo de liquidação foi efectuada em espécie *(en nature)*, que os bens recebidos pelo sócio demandado estão individualizados e que eles se encontram ainda em espécie no seu património, na altura da demanda. Desde que não se possa conhecer aquilo que, no património do sócio, proveio da sociedade — como nas circunstâncias acima referidas para a partilha em espécie e, por maioria de razão, para a partilha em dinheiro resultante da realização de bens do activo — os credores sociais sofrem o concurso dos credores pessoais dos sócios.

Assim fixados os corolários, passam aqueles autores a explicar o fundamento do direito de preferência dos credores sociais sobre os bens já partilhados e, lembrando a teoria segundo a qual a personalidade jurídica se mantém, relativamente aos credores sociais não pagos, mesmo depois de encerrada a liquidação e até depois de efectuada partilha, afastam-na por dois motivos: primeiro, porque essa explicação lhes parece concebida *a posteriori*, para atingir este resultado; segundo o art. 391.º, al. 2, da Lei de 1966 fixa expressamente o termo da personalidade jurídica no momento do encerramento da liquidação e parece-lhes ousado sustentar que esta disposição respeita às relações entre os sócios e não também às relações com terceiros. Finalmente, apontam como explicação satisfatória, parecer-lhes que «a desaparição definitiva da entidade moral na altura do encerramento da liquidação não deve ter como efeito impedir os credores insatisfeitos de fazer valer o seu direito de preferência sobre os bens atribuídos em espécie aos sócios, nas mesmas condições que antes da reforma» (sc. da lei de 1966).

O menos que pode dizer-se desta exposição é que, por um lado, tanto se quer proteger os credores sociais que se acaba por os desproteger, reduzindo o seu direito de preferência, relativamente aos credores pessoais dos sócios, às referidas e contingentes hipóteses; por outro lado, que, afastado o fundamento tradicional da doutrina francesa, principalmente por causa do obstáculo encontrado na nova lei, se produz uma afirmação sem vislumbre de fundamentação.

Esse direito preferencial dos credores protege-os, quanto a bens determinados, anteriormente pertencentes à sociedade, contra os credores pessoais dos sócios. Independentemente dessa protecção especial, reconhece-se aos credores sociais, enquanto os seus créditos não estiverem prescritos e na medida em que tenha havido um saldo de liquidação, um direito de exigir satisfação aos sócios, mesmo que os bens partilhados já tenham sido alienados ou não sejam susceptíveis de individualização.

A doutrina tradicional francesa começa por assentar princípios que considera seguros, mas depois assusta-se com a aplicação rigorosa dos seus corolários. Expomo-la resumidamente, seguindo BASTIAN, *La survie de la personalité morale des sociétés pour les besoins de leur liquidation*, 1937, págs. 42 e segs.

Colocar o termo (real) da personalidade da sociedade no momento da partilha seria uma solução lamentável de facto e criticável de direito. Os credores sociais, dignos de protecção, ficariam sujeitos a prejuízos graves, causados por uma partilha precipitada, que os próprios sócios provocariam, em muitos casos malevolamente, como os tribunais têm reconhecido. Por outro lado, a ideia de que a liquidação termina necessariamente antes da partilha é corolário da concepção da liquidação como preliminar da partilha, concepção errada porque liquidação e partilha são distintas e independentes, podendo excepcionalmente a liquidação seguir-se à partilha, ao contrário do que sucede nos casos normais. A liquidação não está terminada enquanto houver créditos por satisfazer e a partilha nessa hipótese será prematura e incapaz de comprometer os direitos dos credores.

A personalidade da sociedade manter-se-á, porém, apenas relativamente aos credores e não relativamente aos sócios. A liquidação é um conjunto de actos organizados para protecção dos credores e dos sócios, podendo acontecer que os meios técnicos divirjam quanto a uns e quanto a outros; os sócios podem dispor, por acordo, dos seus interesses, e terminar a liquidação renunciando à personalidade moral da sociedade. A seguir à partilha, os sócios não podem invocar entre si a ficção da personalidade e deste facto resultam numerosas consequências, como, por exemplo, os sócios não poderem accionar a sociedade, representada pelo liquidatário, e só serem concebíveis acções entre os sócios individualmente considerados e, portanto, sujeitas aos termos normais de competência e de processo judicial.

Perante terceiros e especialmente os credores sociais, a decisão de encerramento da liquidação é *res inter alios acta* e não lhes pode ser oposta. Relativamente aos terceiros, a personalidade moral subsiste mesmo depois da partilha e eles conservam, apesar da decisão de encerramento da liquidação, a possibilidade de fazer valer contra a sociedade os direitos que relativamente a ela tinham adquirido. Para os terceiros, a liquidação só se considera terminada quando todo o passivo tiver sido extinto e até esse momento durará a ficção de personalidade. É, portanto, contra a sociedade, representada pelo liquidatário, que em qualquer altura os credores devem dirigir-se e a esta faculdade não poderá opor-se que deixou de haver liquidatário, porque na realidade o liquidatário mantém-se enquanto houver liquidação. Só a prescrição dos direitos de crédito sobre a sociedade extinguirá, portanto, definitivamente, a responsabilidade e a personalidade dela.

Aceitem-se ou não os pontos de partida desta teoria, deve reconhecer-se que ela se desenvolve logicamente, até ao ponto referido. A partir daí surge a grande dificuldade: o facto material irrecusável de a partilha estar efectuada, a sociedade não possuir bens e estes estarem em poder dos sócios. Donde, estes autores verem-se forçados a admitir que uma acção proposta contra a sociedade desprovida de bens é um contra-senso e que, pela força das coisas, os credores sociais terão que accionar os antigos sócios, detentores desses bens. E então surgem as distinções quanto à natureza dos bens partilhados, à sua identificação e à sua subsistência no património dos sócios, que acima expusemos.

Explorando logicamente todas as possibilidades para fazer a sociedade responder pelos débitos supervenientes, aparece ao lado da continuação da personalidade jurídica, a *reconstituição* da personalidade jurídica. Se o que se pretende é a existência, na altura da reclamação por um credor de um débito superveniente, da pessoa jurídica sociedade, pode chegar-se aí por um de dois meios: ou a personalidade se manteve *sempre*, porque se mantém até estar satisfeito o último credor, ou a personalidade cessou mas *reconstituiu-se* quando apareça um credor a reclamar um crédito. Este segundo caminho foi explorado, mas por um autor italiano, GHIDINI, *Società personali*, págs. 880 e segs., segundo o qual a personalidade jurídica da sociedade não pode manter-se depois da partilha, mas se aparecerem ainda credores insatisfeitos, como a personalidade jurídica é uma organização estabelecida pelo legislador com o fim de assegurar o privilégio dos credores sobre uma certa massa de bens (património social), deve afirmar-se em princípio que a sociedade se reconstitui. GHIDINI diz «em princípio» porque a reconstituição verificar-se-ia: *a*) quando a liquidação terminou mas ainda se não procedeu à partilha; *b*) depois da partilha, apenas antes de se ter verificado a prescrição e, cumulativamente, se não houver sócios de responsabilidade ilimitada e a liquidação tiver produzido um saldo positivo. Afinal — acentua ele — a sociedade extingue-se quando estão pagos todos os credores sociais e não quanto os liquidatários crêem erradamente ter pago todos. Os bens foram mal distribuídos entre os sócios e, portanto, não se pode reconhecer eficácia a tal distribuição; a sociedade ressurge (e assim voltam a funcionar os órgãos sociais) e exerce contra os sócios um direito de crédito para que restituam à sociedade o percebido, na medida necessária para a cobertura do novo débito social. Seria, porém, errado, supor que a sociedade reconstituída *torna a viver*; na realidade, não chegou a ser extinta e também não pode pensar-se na constituição de uma nova sociedade.

Não vamos demorar-nos em crítica aprofundada desta teoria, uma vez que ela é certamente afastada pela nossa lei, mas pode notar-se que nem resolve totalmente o problema — é particularmente grave a sua falha nos casos de partilha em dinheiro em que acaba por não dispensar acções dos credores contra sócios — nem é curial a ideia de uma personalidade mantida ou reconstituída apenas relativamente a certas pessoas que eventualmente apareçam a reclamar créditos.

Tendo de afastar, por insatisfatórias, teorias que, por um ou outro processo técnico, mantêm a responsabilidade da sociedade para com os credores supervenientes, a realidade não permite encontrar como eventuais responsáveis por esses débitos, mais do que duas outras espécies de entidades: os liquidatários ou os (antigos) sócios.

A primeira solução é imediatamente de recusar. Admitimos que os liquidatários possam ser responsáveis para com credores sociais por actos ou omissões praticados no exercício das suas funções, mas tal responsabilidade funda-se na culpa ou dolo: assim, por um lado, ficam a descoberto as hipóteses em que durante a fase de liquidação credores sociais não tenham sido satisfeitos sem culpa ou dolo dos liquidatários e, por outro lado, quer tenha quer não tenha havido culpa ou dolo dos liquidatários, nada garante que o património pessoal deles suporte tal carga.

Resta, pois, a responsabilidade pessoal dos (antigos) sócios. Sem querer antecipar agora quanto ao que adiante diremos a respeito da limitação da responsabilidade de tais sócios, convirá notar que o facto de, em nenhuma teoria ou lei, a dita responsabilidade, quanto a sócios de sociedades de responsabilidade limitada, exceder as importâncias que eles tenham recebido em partilha dos bens sociais, não constitui impedimento a serem os sócios responsáveis *até* esse montante. Basta reparar em que são aspectos distintos a existência e o montante da responsabilidade.

A explicação da responsabilidade pessoal dos sócios, nas referidas circunstâncias e montantes, tem sido procurada pela doutrina em uma de três zonas: tratar-se ainda de uma consequência da relação de sociedade; haver um enriquecimento injusto; ocorrer uma sucessão nas dívidas da sociedade.

No primeiro sentido, observa-se que a consideração da sociedade como pessoa sob o ponto des vista jurídico não deve fazer esquecer as realidades económicas e levar a uma exagerada aproximação com a pessoa física (ASCARELLI). Designadamente, no aspecto dos patrimónios, os bens que juridicamente se encontram no património da sociedade têm uma correspondência no património dos sócios. «Somando ao património líquido da Montecatini o valor das acções Montecatini possuídas pelos seus accionistas, incorrer-se-ia numa óbvia duplicação.» Por esta razão fundamental, quando se dá a liquidação, o domínio dos sócios sobre a pessoa colectiva e sobre as alterações desta tem como consequência que, desaparecida a personalidade ou alterada a sua estrutura, os direitos de terceiros não podem ser prejudicados. A transferência de bens por motivo da partilha da sociedade para os sócios, bem como a responsabilidade destes por força dos arts. 2312.º e 2456.º ou o seu direito sobre os bens anteriormente sociais descurados na partilha é a consequência da relação social e não importa na realidade um correspondente incremento no património do sócio. A transferência dos bens do património da sociedade para o de um accionista, depois da liquidação e a assunção, determinada pelo art. 2456.º, dos débitos sociais pelos sócios têm contrapartida na extinção das acções que anteriormente se encontravam no património do sócio e como o valor dessas acções era o que resultasse da diferença entre todos os bens e todas as dívidas, devem também ser consideradas as que não tenham sido satisfeitas durante a liquidação.

Não nutrimos grande respeito pelos exageros da aplicação da personalidade jurídica, mas também não nos sentimos habilitados a esquecer essa realidade jurídica e incoerentemente utilizá-la para certos aspectos e desprezá-la para outros. A exposição económica acima reproduzida é inteiramente correcta; uma acção vale o que valer proporcionalmente o património da sociedade, os sócios no seu património não têm dois valores, o das acções e o da parte proporcional do património da sociedade; extinta a sociedade, acabaram-se as acções e directamente existe no património de cada sócio uma fracção do antigo património social. Somente, a personalidade jurídica, com as inegáveis vantagens práticas que fornece aos interessados, tem um preço: a coerência no seu funcionamento. Retomando o exemplo de ASCARELLI, juridicamente, a Montecatini e os sócios da Montecatini são pessoas diversas, com patrimónios separados; aceite este princípio, há corolários inafastáveis: um direito que estava no património de um sócio e que passou a estar, por motivo da constituição da sociedade no património da Montecatini foi objecto de uma transmissão; um direito que estava no património da Montecatini e passou a estar no património de um sócio antes da dissolução daquela, foi objecto de uma transmissão; não podemos, pois, contentar-nos, do ponto de vista jurídico, com a pseudo-explicação de que tudo o que era da Montecatini é agora dos sócios só porque houve uma sociedade e ela se extinguiu. Evidentemente, é a relação de sociedade que, ao fim e ao cabo, há-de explicar que o sócio adquira certos direitos e assuma certas responsabilidades pela extinção da sociedade — é de extinção de sociedades que estamos a tratar e não de outras coisas — mas isso só por si não explica os fenómenos jurídicos ocorridos.

Entre o *sujeito* e a *relação* há um nexo de precedência do primeiro sobre o segundo e, portanto, não se deve deduzir a existência do sujeito porque a relação persiste, mas sim afirmar a extinção da relação quando o sujeito deixa de existir — afirmação de CARNELUTTI, que nos parece certíssima, tanto na parte inicial, como na seguinte, mas esta com ressalva de eventual sucessão na dita relação. Na verdade, continua o mesmo autor, terminada a personalidade social pela partilha ou outro facto, as relações em que ele é sujeito, não havendo sucessão, extinguem-se. Os sócios que receberam uma parte dos bens sociais, dos quais não foram deduzidos os necessários para o pagamento dos credores, locupletam-se injustamente. Pela distinção subjectiva entre a sociedade e os sócios, estes poderiam responder aos credores que o débito não lhes respeita, mas também é verdadeiro que se a liquidação não tivesse ficado incompleta, os sócios não teriam recebido aquilo que não lhes pertencia e que teria, pelo contrário, sido recebido pelos credores. Aí residiria o injusto enriquecimento.

No domínio do CCom e perante o silêncio deste quanto ao activo e ao passivo supervenientes, sustentei o seguinte, embora logo apontando para melhores soluções *de iure condendo*.

No respeitante aos débitos supervenientes, deveria antes de mais verificar-se se os actos extintivos da sociedade deveriam considerar-se válidos ou nulos (não interessa agora especificar quais seriam então os actos extintivos, mas tinha especialmente em vista a deliberação de partilha); se fossem válidos, estaria fora de questão a manutenção de tais débitos como débitos da sociedade, extinta para todos os efeitos; se fossem nulos, a liquidação só aparentemente estava terminada, a sociedade subsistia com a sua personalidade própria e os bens que do património social tivessem sido transferidos para os patrimónios dos sócios, regressaram àquele, onde estariam sujeitos às pretensões dos credores sociais. Embora reconhecesse os inconvenientes práticos da solução, afigurava-se-me que a nulidade absoluta existia, desde que fosse violado o art. 138.º CCom, o qual visava proteger os credores sociais. Quando, porém, a hipótese concreta não se enquadrasse precisamente na referida violação, os sócios (entenda-se ex-sócios) sucederiam nas dívidas da sociedade, por aplicação do princípio *non sunt bona nisi deducto aere alieno.*

No respeitante ao activo superveniente, afastava um pretenso dilema consistente em ou se entender que a sociedade só se extingue realmente (seja qual for a aparência) depois de estar totalmente esgotado o activo social pela sua atribuição aos sócios, ou teríamos que reconhecer que os bens corpóreos se tornam *nullius* e os créditos sociais se extinguem. Entendia eu que ocorria uma sucessão dos sócios no antigo activo social não partilhado e para isso argumentava que o título jurídico da atribuição de bens aos sócios pelo liquidatário no decurso da liquidação «lato sensu» é o cumprimento da obrigação em que a sociedade se encontra constituída para com os sócios, obrigação cujo objecto não é apenas os bens que os liquidatários efectivamente liquidaram e partilharam, mas tudo aquilo que realmente constitua saldo da actividade social; aquele título é, portanto, válido para a atribuição aos sócios da parte dos bens partilhados e da parte que deles sobrar.

Perante os preceitos do CSC que hoje disciplinam o passivo e o activo supervenientes, não há que partir de construções dogmáticas para chegar a soluções concretas, mas sim que enquadrar aqueles preceitos numa explicação dogmática adequada.

Expressamente estabelecida na lei a responsabilidade dos sócios, em certa medida, pelas dívidas sociais e a titularidade dos sócios nos bens sociais, uns e outros não incluídos na liquidação, ficam afastadas teorias que, por qualquer processo técnico-jurídico, concluam ou pela cessação de qualquer titularidade ou que atribuam esta à sociedade. Há apenas que explicar *como e porquê* esses débitos, bens, créditos que tinham como sujeito a sociedade passam a ser encabeçados nos sócios.

O *como* não pode deixar de ser uma sucessão; só assim não seria se admitíssemos que, antes de extinta a sociedade, tais activo e passivo já pertenciam aos sócios, ou seja, se desprezássemos a personalidade jurídica da sociedade. Como tal não podemos fazer, temos de aceitar este corolário.

O *porquê* é, em primeiro lugar, intuitivo; desaparecida a sociedade-sujeito, e mantidos vivos os direitos da sociedade ou contra esta, só os sócios podem ser os novos titulares desse activo e passivo. A explicação jurídica dessa intuição reside na extensão do direito de cada sócio relativamente ao património ex-social. Os sócios têm direito ao saldo da liquidação, distribuído pela partilha. Se tiverem recebido *mais* do que era seu direito, porque há débitos sociais insatisfeitos, terão de os satisfazer; se tiverem recebido *menos*, porque não foram partilhados bens sociais, terão direito a estes.

Designadamente, a construção que antigamente fizéramos com base no art. 138.º CCom não tem hoje cabimento. Os actos extintivos da sociedade são válidos e esta validade constitui o pressuposto necessário das disposições legais que ordenam a referida sucessão para os sócios, ou melhor, antigos sócios.

2. O art. 1020.º CC, epigrafado «responsabilidade dos sócios após a liquidação» adaptou o art. 2312.º, 2.º tr. CC

italiano, o qual dispõe «Desde o cancelamento da sociedade os credores sociais que não tenham sido satisfeitos podem fazer valer os seus créditos dirigindo-se aos sócios, e, se a falta de pagamento derivou de culpa dos liquidatários, também relativamente a estes», e aparece no capítulo dedicado à sociedade em nome colectivo, tipo de sociedade em que todos os sócios respondem solidária e ilimitadamente pelas obrigações sociais (art. 2391.º). Na sociedade civil portuguesa, embora o art. 997.º, n.º 1, CC diga que pelas dívidas sociais respondem a sociedade e, pessoal e solidariamente, os sócios, o n.º 3 do mesmo artigo permite que a responsabilidade dos sócios que não sejam administradores seja modificada, limitada ou excluída por cláusula expressa do contrato, excepto no caso de a administração competir unicamente a terceiros. Assim, encarando a responsabilidade dos sócios depois de encerrada a liquidação e extinta a sociedade, havia que contar com as várias modalidades de responsabilidade assumida pelos sócios no contrato de sociedade.

A solução consignada no art. 1020.º consiste em os antigos sócios continuarem responsáveis perante terceiros pelo pagamento dos débitos que não tenham sido saldados, como se não tivesse havido liquidação. Por outras palavras, a responsabilidade dos sócios para com terceiros, relativos aos débitos sociais não satisfeitos durante a liquidação, não é afectada pelo facto de a liquidação ter terminado e a sociedade ter sido extinta. Manifestamente, haverá que coordenar esta regra com a situação em que a sociedade se encontra e, portanto, não é possível uma igualdade completa das responsabilidades nos dois períodos: o sócio demandado para pagamento dos débitos da sociedade depois de esta extinta não pode exigir a prévia excussão do património social (art. 997.º, n.º 2), porque já não existe património social.

O alcance do art. 1020.º é, contudo, duvidoso. Para os sócios que tenham assumido responsabilidade ilimitada, a manutenção desta responsabilidade depois de extinta a sociedade resolve capazmente o problema do chamado passivo superveniente; já o mesmo, porém, não acontece quando, pelo contrato de sociedade, a responsabilidade dos sócios perante terceiros tenha sido limitada ou excluída: se na partilha o sócio limitadamente responsável recebeu valores superiores ao limite da sua responsabilidade ou o sócio de responsabilidade excluída recebeu alguns valores, põe-se o problema da legitimidade da retenção desses valores, apesar de o passivo não estar inteiramente satisfeito.

O art. 1020.º, na sua letra, é susceptível de duas interpretações: ou regula totalmente o problema do passivo superveniente e então não interessa a partilha efectuada entre os sócios, podendo acontecer que alguns sócios deixem de responder, mesmo com os bens recebidos em partilha, ou absoluta ou parcialmente; ou tem apenas a intenção de esclarecer que a responsabilidade dos sócios para com terceiros não é afectada pela extinção da sociedade, mas deixa em aberto, porque não se ocupa dele, o problema da especial responsabilidade dos sócios resultante de a partilha ter sido efectuada apesar de não estar integralmente extinto o passivo. A primeira interpretação conduz a reduzir a garantia dos credores sociais à responsabilidade daquele (haverá pelo menos um sócio nessas condições) ou aqueles sócios que tenham assumido responsabilidade ilimitada, e eventualmente a uma responsabilidade parcial de outros sócios que tenham assumido responsabilidade limitada. Ora, nós não vemos relação lógica entre, por um lado, a recepção por um sócio de bens da sociedade que deveriam responder por débitos sociais e deixariam de responder por a sociedade ter sido extinta e, por outro lado, a responsabilidade ilimitada *de outro sócio*. Preferimos, portanto, a segunda interpretação.

3. O art. 163.º, n.º 1, CSC, pressupõe que a liquidação esteja encerrada e extinta a sociedade. Bastaria ter dito «extinta a sociedade», uma vez que a extinção da sociedade,

segundo o art. 160.º, ocorre depois de a liquidação estar encerrada e o saldo estar partilhado. As palavras iniciais desse número servem, contudo, para se deduzir que, no espírito do legislador, o passivo superveniente não conduz a uma reabertura da liquidação.

A responsabilidade recai sobre os «antigos sócios», corroborando o adjectivo que a sociedade está terminada e afastando a ideia de que, para esse efeito limitado, se considere constituída alguma nova sociedade. São de tomar como «antigos sócios» aqueles que tinham essa qualidade no momento da extinção da sociedade; no caso de posteriormente falecer algum antigo sócio, respondem os seus sucessores nos termos gerais.

Os antigos sócios respondem pelo passivo social não satisfeito ou acautelado. Que a responsabilidade não abranja passivo já satisfeito, é de pura evidência; que os antigos sócios não respondam pelo passivo acautelado, é verdade, desde que nos reportemos a responsabilidades individuais.

Já vimos no comentário ao art. 154.º que a lei prevê duas dificuldades na satisfação do passivo conhecido durante a fase de liquidação. Para uma delas, é admitida a consignação em depósito e, se neste processo tudo correr normalmente, a dívida acabará por ser extinta; se, porém, a extinção da dívida, por esse processo, não tiver ocorrido antes de a sociedade ser extinta, há uma acção pendente, na qual a generalidade dos sócios se substitui à sociedade. De qualquer modo, enquanto correr o processo de consignação o credor não poderá utilizar contra os sócios o disposto no art. 163.º, n.º 1, mas, se o depósito for julgado ineficaz, a dívida mantém-se e por ela respondem os antigos sócios.

Relativamente às dívidas litigiosas, os direitos do credor serão acautelados, nos termos do art. 154.º, n.º 3, mas verifica-se a substituição referida, na acção pendente. O sentido do preceito consiste em permitir que os sócios sejam individualmente demandados nos termos do art. 163.º, n.º 1, uma vez que a dívida poderá ser satisfeita por meio da caução prestada pela sociedade antes de ser extinta.

A responsabilidade dos antigos sócios é limitada ao montante que receberam na partilha, sem prejuízo do disposto quanto a sócios de responsabilidade ilimitada. Para estes últimos, a responsabilidade não resulta do disposto no art. 165.º, n.º 1, mas sim do próprio contrato de sociedade e mantém-se depois de extinta a sociedade.

«Montante que receberam na partilha» apura-se relativamente a cada sócio, i.e., cada sócio é responsável até ao montante *por ele* recebido na partilha e não por aquilo que outros sócios também tenham recebido, o que atingiria potencialmente a totalidade do activo partilhado.

Fixada a responsabilidade até esse momento, tem ela natureza solidária. O credor não necessita de ratear a dívida entre os antigos sócios, segundo algum critério; necessita apenas de, em cada demanda individual, não ultrapassar o montante percebido na partilha pelo sócio demandado, podendo, portanto, suceder que apenas um ou alguns sócios venham a ser demandados, assim como poderá suceder que algum sócio esteja isento desta responsabilidade por nada ter recebido na partilha.

O limite da responsabilidade é um *montante*, fácil de determinar quando tenha sido partilhado dinheiro; quando a partilha tenha sido efectuada total ou parcialmente em espécie, o credor não tem direito algum quanto aos bens percebidos pelos sócios, embora ainda se conservem no património destes à data da demanda, ao contrário da conclusão a que chega a doutrina francesa acima referida. Nesse caso, o limite é constituído pelo valor dos bens percebidos.

Para a aplicação deste preceito não há que distinguir conforme o montante percebido pelo sócio corresponda à respectiva fracção de capital ou constitua um lucro; aquela fracção que, na expressiva terminologia da lei, foi reembolsada separa-se do restante activo apenas para o efeito das operações de partilha, mas pertencia à sociedade e até ao seu montante estendia-se a responsabilidade do sócio, sendo indiferente que ela se perca durante a vida activa da sociedade, durante a fase de liquidação ou por causa do passivo superveniente.

4. O antigo sócio pode ter sido demandado, até ao mencionado limite, por uma dívida cujo montante exceda a sua responsabilidade proporcionalmente à dos restantes antigos sócios e, como vimos, não pode escusar-se a pagar, com tal fundamento. As proporções são restabelecidas por meio de direito de regresso, garantido no art. 163.º, n.º 3.

O direito de regresso compete, nos termos gerais, ao sócio que tenha satisfeito alguma dívida da extinta sociedade, por força do disposto no n.º 1 do art. 163.º. Como a satisfação de passivo superveniente por sócio de responsabilidade ilimitada não está abrangida nesse n.º 1 (v. *supra*), o n.º 3 não se aplica a estes sócios, embora os resultados possam coincidir.

O direito de regresso deve ser exercido de maneira a ser respeitada a proporção de cada um nos lucros ou nas perdas. Podem ocorrer circunstâncias diversas. Na hipótese mais simples, é igual a proporção de cada sócio nos lucros e nas perdas e haverá apenas que restabelecer essa igualdade. Pode suceder que a importância da dívida satisfeita pelo sócio demandado não esgote as importâncias recebidas na partilha pelos sócios a título de lucro; descontar-se-á à importância total do lucro partilhado a importância da dívida e o lucro restante caberá aos sócios na proporção estabelecida para a divisão de lucros; o acerto, relativamente ao sócio demandado, far-se-á exercendo este direito de regresso até ser recomposta a importância que relativamente lhe deva caber. Na hipótese inversa, a sociedade salda-se com uma perda e pelo mesmo processo será ressarcido o sócio que tenha desembolsado para um credor social importância superior à que lhe competia suportar segundo o critério de repartição das perdas.

5. A aplicação do disposto no art. 163.º, n.º 1, não envolve necessariamente o recurso pelos credores a meios judiciais; os sócios podem, como deveria normalmente acontecer, satisfazer voluntariamente as suas responsabilidades. Para as hipóteses em que assim não aconteça, o art. 163.º, n.º 2, estabelece um regime especial.

Se, encerrada a liquidação e extinta a sociedade, os antigos sócios respondem pelo passivo social não satisfeito ou acautelado, até ao montante que receberam na partilha, seguir-se-ia, naturalmente, na hipótese de os sócios não pagarem voluntariamente a dívida da antiga sociedade, a propositura de acções contra os sócios responsáveis e na medida em que estes o forem. Nada impede que os credores procedam dessa maneira, tratando-se de acções propostas depois de extinta a sociedade, visto que para as acções pendentes à data dessa extinção é obrigatória a aplicação do art. 162.º. O art. 163.º, n.º 2, oferece, porém, aos credores sociais uma alternativa que pode facilitar a sua actuação, sem por isso os sócios serem prejudicados.

A intenção deste preceito consiste em estabelecer um mecanismo que coloque os credores sociais na situação, relativamente a litígios judiciais, tanto quanto possível idêntica àquela que eles deparariam se a sociedade não se tivesse extinguido, mas sem, contudo, esquecer esta extinção. Enquanto a sociedade se manteve em liquidação, os credores sociais tinham um único devedor, representado pelos liquidatários e correlativamente proporiam uma única acção: depois de extinta a sociedade, têm uma pluralidade de devedores, desprovidos, em princípio, de uma representação unitária e embora os pudessem demandar conjuntamente, nos termos do art. 30.º, n.º 1, CPC, estariam sujeitos a incómodas contingências para a identificação dos actuais réus (por exemplo, dificuldades de determinação dos sucessores, no caso de falecimento de algum antigo sócio; desconhecimento dos antigos titulares de acções não registadas) e a complicações processuais, como as citações de numerosos réus e a eventual separação das defesas destes.

Também pelo lado dos antigos sócios pode haver vantagem na representação global pelos liquidatários: trata-se de dívidas da sociedade resultantes de negócios jurídicos ou de outros factos, que eles, a não ser acidentalmente, desconhecem e, portanto, de pretensões que eles não estão em posição adequada para avaliar e contra as quais têm dificuldade em reagir. Lembremo-nos de que a sociedade extinta tanto pode ter sido uma sociedade por quotas com dois sócios como uma sociedade anónima com milhares de accionistas.

A solução alternativa consagrada no art. 165.º, n.º 2, consiste em «despersonalizar» os sócios, para efeitos processuais, admitindo a propositura das acções contra a «generalidade» dele e ao mesmo tempo atribuir aos liquidatários (ou outras pessoas, na falta deles) a representação processual dessa «generalidade».

A acção será proposta contra a generalidade ou totalidade dos sócios da extinta sociedade, que o credor pode logo identificar, não sendo, contudo, obrigado a fazê-lo. Para essa acção, a generalidade dos sócios tem representante legal necessário: os liquidatários da extinta sociedade (por comodidade, só aos liquidatários nos referiremos agora), os quais devem ser identificados na petição, o que o credor não tem dificuldade em fazer, bastando-lhe consultar o registo comercial. Talvez fosse dispensável a referência ao recebimento de primeira citação, facto incluído na representação legal, mas o excesso de cautela do legislador não prejudica ninguém.

Este sistema não coincide com nenhum outro previsto no Código de Processo Civil. Aproxima-se do disposto no art. 22.º, quanto a patrimónios autónomos e sociedades ou associações que careçam de personalidade jurídica, mas é manifesto que esse art. 22.º não seria directamente aplicável, visto que no caso agora discutido não há um património autónomo — os bens pertencem individualmente a cada sócio e também cada um destes é individualmente responsável pela dívida, até certo limite — e muito menos uma associação ou sociedade, mesmo desprovidas de personalidade. No entanto, a ideia básica é idêntica; há neste caso uma sobrevivência de um interesse, que foi comum a todos os antigos sócios sob a égide da sociedade, e que ainda é em substância idêntico, pois todos eles estão sujeitos a responder pela dívida, sofrendo eventualmente um prejuízo igual ao que sofreriam se tal dívida tivesse feito reduzir o activo partilhável.

É provável que a doutrina venha a investigar e discutir o enquadramento dogmático da hipótese, nomeadamente se, por força do referido preceito, a «generalidade dos (antigos) sócios» tem personalidade judiciária. Acautelados expressamente pela lei os aspectos mais importantes do sistema, a investigação pode vir a ser meramente académica, mas a nossa resposta é afirmativa. Supomos que ninguém tentará confundir a personalidade judiciária da generalidade dos sócios com a personalidade jurídica (e seu reflexo processual) da sociedade extinta.

A distinção entre a posição processual da generalidade dos sócios e as eventuais posições processuais individuais dos sócios, é vincada pela parte do preceito que permite a qualquer dos sócios intervir como assistente. A intenção prática é abrir o processo a qualquer sócio, para este poder fazer valer nele as razões que porventura sejam omitidas pelos liquidatários, mas a implicação dogmática é que os liquidatários não estão a actuar como representantes de cada sócio individualmente considerado.

A sentença é sempre proferida relativamente à generalidade dos sócios; esta será absolvida ou condenada. Enquanto isso bastará nos casos referidos no art. 22.º CPC, pois neles há um património autónomo, por onde os credores poderão ressarcir-se, neste caso a sociedade está extinta, os bens estão partilhados e, (exceptuado o caso de ter sido prestada caução relativamente a acção pendente) entregues aos antigos sócios.

Importa, por isso, que o resultado da acção não se limite aos sócios na sua generalidade, antes se torne eficaz para execuções individuais. O art. 163.º, n.º 2, estabelece, como regra, que a sentença proferida relativamente à generalidade dos sócios constitui caso julgado para cada um deles e, sendo condenatória, pode ser executada na medida das responsabilidades individuais. Abre, porém, excepção, para o caso de sócio que tenha intervindo como assistente, visto que a força do caso julgado relativamente ao assistente está regulada no art. 341.º CPC; assim, o sócio-assistente não é obrigado a aceitar, em qualquer causa posterior, os factos e o direito que a decisão judicial tenha estabelecido, *a*) se alegar e provar, na causa posterior, que o estado do processo no momento da sua intervenção ou a atitude da parte principal o impediram de fazer uso de alegações ou meios de prova que poderiam influir na decisão final; *b*) se mostrar que desconhecia a existência de alegações ou meios de prova susceptíveis de influir na decisão final e que o assistido não se socorre deles intencionalmente ou por negligência grave.

6. Os liquidatários actuam judicialmente como representantes da generalidade dos sócios; recebem da lei o encargo de defender interesses alheios, em continuação duma função que, relativamente à sociedade, aceitaram exercer. Compreende-se, por isso, que o art. 165.º, n.º 3, os mande dar conhecimento da acção, pela forma mais rápida que lhes for possível, a todos os antigos sócios. Não pode dizer-se *a priori*, qual a forma a utilizar, dada a diversidade de situações que podem apresentar-se.

7. Durante a liquidação da sociedade, as funções dos liquidatários podem terminar por várias causas, acima referidas. A possibilidade de os sócios, depois de extinta a sociedade, destituírem os liquidatários, para lhes evitarem posteriores incómodos, não existe, pois esta representação posterior deriva da lei e não da nomeação dos interessados. A mesma

circunstância impediria que os liquidatários renunciassem, mas a lei dispõe expressamente que eles não podem escusar-se das funções atribuídas nesse artigo, terminologia mais correcta do que «renúncia», nas circunstâncias em que eles são obrigados a actuar.

Uma causa de impossibilidade de exercício destas funções é inevitável — a morte, anterior à propositura da acção pelo credor ou posterior a ela. Encarando tal eventualidade, a lei procurou encontrar outra pessoa a quem se justifique a confiança do mesmo encargo. O art. 163.º, n.º 5, aponta em primeiro lugar os últimos gerentes, administradores ou directores da sociedade — se não tiverem sido eles também os liquidatários falecidos — como pessoas que mais directamente estiveram envolvidas nos negócios sociais; prevendo ainda a morte destes, recorre aos (antigos) sócios, por ordem decrescente da sua participação no capital social.

À morte de liquidatários, gerentes, administradores, deve ser equiparada a sua incapacidade legal para o exercício do cargo de liquidatário. Não se recorrerá a gerentes, administradores, directores ou a sócios, enquanto existir, respectivamente, algum liquidatário, gerente ou administrador vivo e capaz.

## ARTIGO 164.º

### (ACTIVO SUPERVENIENTE)

**1 — Verificando-se, depois de encerrada a liquidação e extinta a sociedade, a existência de bens não partilhados, compete aos liquidatários propor a partilha adicional pelos antigos sócios, reduzindo os bens a dinheiro, se não for acordada unanimemente a partilha em espécie.**

**2 — As acções para cobrança de créditos da sociedade abrangidos pelo disposto no número anterior podem ser propostas pelos liquidatários, que, para o efeito, são considerados representantes legais da generalidade dos sócios; qualquer destes pode, contudo, propor acção limitada ao seu interesse.**

**3 — A sentença proferida relativamente à generalidade dos sócios constitui caso julgado para cada um deles e pode ser individualmente executada, na medida dos respectivos interesses.**

**4 — É aplicável o disposto no artigo 163.º, n.º 4.**

**5 — No caso de falecimento do liquidatário, aplica-se o disposto no artigo 163.º, n.º 5.**

#### SUMÁRIO

1. Activo superveniente e partilha adicional
2. Regime das acções judiciais relativas a activo superveniente

O art. 164.º ocupa-se do activo superveniente, expressão cuja correcção merece críticas paralelas às referidas para passivo superveniente.

Extinta a sociedade, os bens que não tiverem sido partilhados pertencem aos sócios, como acima dissemos e justificámos. Precisamente por que esses bens não foram partilhados, não pode pensar-se em titularidade individual de cada sócio, sendo forçoso que sobre eles fiquem existindo direitos compatíveis com a indivisão. Assim, tratando-de de direito de propriedade, haverá uma compropriedade; tratando-se de direitos de crédito, haverá uma contitularidade. Não pode ser excluída a hipótese de algum direito da sociedade se extinguir juntamente com ela, mas trata-se de hipóteses excepcionais, resultantes de circunstâncias especiais da constituição ou da natureza de tais direitos.

O art. 164.º, n.º 1, nem sequer se pronuncia sobre a pertença aos sócios do activo superveniente, tão clara ela é; pressupõe-na, contudo, ao regulamentar a respectiva partilha.

A situação de indivisão em que esses bens se encontram depois de extinta a sociedade poderia dispensar outros cuidados com a partilha, aplicando-se os preceitos reguladores da divisão de coisa comum. Não por simetria do sistema, mas porque isso pode ser útil aos sócios — pense-se em sociedades com numerosos sócios — a nova situação voltou a ser colocada, como a antiga, sob a égide dos liquidatários. Nada impede, contudo, que, os sócios partilhem directamente entre si os bens adicionais, dispensando a intervenção de liquidatário, quer a partilha se efectue em espécie quer os novos bens consistam em dinheiro.

Quando os sócios não tenham afastado a intervenção dos liquidatários, a estes competirá reduzir os novos bens a dinheiro e propor aos sócios a partilha. São poderes paralelos aos que a lei lhes confere durante a fase de liquidação, mas que devem ser entendidos de harmonia com a mudança verificada. Assim, os liquidatários já não são órgãos da sociedade em liquidação, mas representantes legais da generalidade dos sócios.

Os liquidatários não efectuam a partilha — propõem-na aos sócios e a estes caberá efectuá-la. Não pode, contudo, haver neste caso uma deliberação de sócios, pois já não há sociedade; terá de haver um acordo de partilha e tal acordo deve ser unânime, visto que, fora da sociedade, a regra da maioria não funciona.

2. O art. 164.º, n.º 2, é paralelo ao art. 163.º, n.º 2, mas enquanto a frase inicial — «As acções necessárias para os fins referidos no artigo anterior» — é adequada para o caso do passivo, já não liga perfeitamente com o disposto no art. 164.º, n.º 1; a intenção é, contudo, facilmente discernível — se, para cobrança de créditos da antiga sociedade ou para fazer reconhecer e efectivar os direitos sobre bens nas referidas circunstâncias, for necessário propor acções. De nenhum modo estão incluídas acções resultantes de discordâncias entre antigos sócios.

O comentário a esta disposição está feito ao comentarmos o art. 163.º, n.º 2, salvo no respeitante à propositura de acções individuais. Aos antigos sócios é permitido propor acção limitadamente ao seu interesse, afastando-se, portanto, da generalidade dos sócios, representada pelo liquidatário. Deste preceito expresso extraem-se duas consequências: a primeira é a inexistência de solidariedade activa, pois a acção deve ser limitada ao interesse de cada um; a segunda é a impossibilidade de acção individual quando a pretensão for indivisível.

### ARTIGO 165.º

### (LIQUIDAÇÃO NO CASO DE INVALIDADE DO CONTRATO)

**1 — Declarado nulo ou anulado o contrato de sociedade, devem os sócios proceder à liquidação, nos termos dos artigos anteriores, com as seguintes especialidades:**

*A*) **Devem ser nomeados liquidatários, excepto se a sociedade não tiver iniciado a sua actividade;**
*B*) **O prazo de liquidação extrajudicial é de dois anos, a contar da declaração de nulidade ou anulação do contrato, e só pode ser prorrogado pelo tribunal;**
*C*) **As deliberações dos sócios serão tomadas pela forma prescrita para as sociedades em nome colectivo;**
*D*) **A partilha será feita de acordo com as regras estipuladas no contrato, salvo se tais regras forem, em si mesmas, inválidas;**
*E*) **Só haverá lugar a registo de qualquer acto, se estiver registada a constituição da sociedade.**

**2 — Nos casos previstos no número anterior, qualquer sócio, credor da sociedade ou credor de sócio de responsabilidade ilimitada pode requerer a liquidação judicial, antes de ter sido iniciada a liquidação pelos sócios, ou a continuação judicial da liquidação iniciada, se esta não tiver terminado no prazo legal.**

**SUMÁRIO**



1. A nulidade e a anulabilidade do contrato de sociedade estão regulados nos arts. 41.º a 52.º CSC, que serão comentados no lugar próprio. De momento, apenas interessa salientar que o art. 52.º trata dos efeitos da invalidade e determina no seu n.º 1 que «A declaração de nulidade e a anulação do contrato de sociedade determinam a entrada da sociedade em liquidação, nos termos do art. 165.º, devendo este efeito ser mencionado na sentença».

A formulação do preceito não deixa dúvida sobre a directa ligação entre a invalidade e a liquidação e, portanto, não permite pensar que o *iter* consista em a invalidade produzir a dissolução e esta acarretar a liquidação. Como várias vezes dissemos, a fase de liquidação e o respectivo processo não são exclusivos da dissolução da sociedade, ou, por outras palavras, a dissolução da sociedade não é necessariamente o único facto que justifica o seguimento duma fase de liquidação. A liquidação pretende atingir determinados fins: assegurar a satisfação dos credores antes de o activo social ser partilhado pelos sócios; preparar a partilha pela redução do activo a bens o mais possível partilháveis em condições de igualdade para os sócios. Sempre que tais fins existam, a liquidação deve ser ordenada pelo legislador e esse é o caso das sociedades nulas ou anuladas.

Assim não seria se a invalidade do contrato de sociedade impedisse absolutamente o estabelecimento de relações jurídicas entre a sociedade e terceiros e entre a sociedade e os sócios. Como se verá no comentário ao art. 52.º, tais relações existem — seja qual for o seu enquadramento jurídico — e postulam a liquidação.

2. Pressupostos da aplicação do art. 165.º, segundo a letra deste, são a declaração de nulidade ou a anulação do contrato de sociedade. Na primeira inclui-se a declaração *judicial* de nulidade, como, aliás, se vê pela referência a «sentença». Deve, contudo, considerar-se abrangido também o reconhecimento da nulidade pela totalidade dos sócios (palavra que empregamos por comodidade, uma vez que a nulidade impede a existência de verdadeiros sócios).

Só se a nulidade não é reconhecida por todos os sócios, será necessário convencer judicialmente alguns deles e a liquidação seguir-se-á à declaração judicial; não faria sentido que a sociedade entrasse em liquidação, desde que alguns sócios a considerem válida. As circunstâncias do caso indicarão o caminho judicial a seguir, podendo a iniciativa do esclarecimento da situação pertencer a qualquer dos grupos de sócios.

Quando confrontámos a dissolução com a nulidade e a anulação do contrato de sociedade, dissemos que, nas hipóteses de mera anulabilidade, pode suceder que coincidam uma causa de dissolução e uma causa de anulabilidade e logo também dissemos que essa cumulação apenas suscita problemas se a causa de dissolução ocorrer antes de ter decorrido o prazo durante o qual a anulação podia ser requerida e antes da anulação ter sido judicialmente decretada; no primeiro caso, o contrato é válido e, no segundo caso, o contrato já está anulado.

Como a anulabilidade opera por meio de acção judicial, pode duvidar-se do regime aplicável quando a causa de dissolução ocorra ou antes ou depois de proposta a acção. Antes de mais, convirá lembrar as duas modalidades de causa de dissolução; se a causa ocorrida tem efeito imediato, essa é a ocorrência a considerar; se a causa de dissolução é facultativa, «ocorrência» será a activação, judicial ou não, dessa causa por requerente legítimo.

A solução mais simples do problema é entender que, como o contrato de sociedade é válido até ser anulado, a ocorrência de causa de dissolução antes da sentença de anulação transitada em julgado (incluindo o período anterior à proposição da acção), opera a dissolução da sociedade. Tal solução será cómoda para causas de dissolução de eficácia imediata, mas quanto a causas facultativas pode provocar um conflito entre as duas acções, a de anulação e a de dissolução.

Entendemos que o problema não pode ser resolvido pelo momento em que termine alguma das duas acções. Deve prevalecer sempre a causa de anulação, porque este é um vício constitucional do contrato, que os interessados têm direito de fazer actuar, a não ser que estes renunciem a ele, e que no caso já fizeram actuar. Assim, não será admissível que o sócio requerente da dissolução judicial da sociedade venha depois propor acção de anulação do contrato; aquela primeira acção sanou o vício e o contrato é definitivamente válido. Fora dessas hipóteses de sanação do vício, é indiferente a ordem das causas ou das acções judiciais, pois nunca poderá considerar-se validamente dissolvida uma sociedade cujo contrato venha a ser anulado, embora a acção de anulação seja proposta depois da ocorrência da causa de dissolução. Por exemplo, se a sociedade for dissolvida por deliberação dos sócios (não votada pelo sócio legítimo para requerer a anulação) deve essa deliberação ser considerada nula, se posteriormente for decretada a anulação do contrato de sociedade. Contra isto não pode dizer-se que a anulação da sociedade não tem efeito retroactivo: não o tem, no sentido de que é indispensável uma liquidação, em vez de reposição *in pristinum*, mas este conflito entre anulação e dissolução nada tem a ver com isso.

3. Ocorrido algum dos referidos pressupostos, devem os sócios proceder à liquidação, o que está em consonância com o disposto no art. 52.º, n.º 1. Este dever existe quer a sociedade tenha ou não tenha iniciado a sua actividade — o art. 165.º, n.º 1, al. *a*) refere expressamente a hipótese de a sociedade não ter iniciado a sua actividade — sem embargo de diferenças relativas ao processo de liquidação.

A liquidação deve ser feita «nos termos dos artigos anteriores», entre os quais se conta o art. 146.º, n.º 4, relativo às condições em que a liquidação deve ser feita judicialmente, mas que não se aplica, por ser substituído para este caso pelo art. 165.º, n.º 2.

O art. 131.º, § 2.º, CCom determinava que quando a sociedade for judicialmente havida como não existente, pela insanável nulidade da sua constituição, deverá o respectivo juízo nomear os liquidatários, preceito geralmente entendido à letra, no sentido de que a intervenção judicial se limitava à nomeação de liquidatários e não forçava a seguir integralmente o processo judicial de liquidação. Nos trabalhos preparatórios do Código de Processo Civil de 1939, o então Ministro da Justiça, Prof. Manuel Rodrigues, entendia que, quando houvesse inexistência ou nulidade da sociedade, teria que se aplicar integralmente o processo de liquidação judicial, mas este entendimento não foi acolhido pela Comissão Revisora, que se pronunciou no sentido de, qualquer que seja a causa da liquidação, a liquidação poder ser feita extrajudicialmente, desde que esta forma de liquidação seja aceite pela maioria dos sócios, que representem três quartas partes do capital social; assim apareceu o art. 1122.º desse CPC.

Na última versão desse artigo a inexistência, nulidade ou anulação do contrato aparecem apenas como factores de competência do tribunal, quando este tenha intervindo.

Do disposto no art. 165.º, n.ºs 1 e 2, resulta inequivocamente que a liquidação da sociedade nula ou anulada pode ser feita extrajudicialmente; claros são também os pressupostos do processo judicial de liquidação. A regra estabelecida no art. 146.º, n.º 4, é inadequada a estes casos. Admitir a cláusula contratual exigente da liquidação judicial, seria dar efeito a uma cláusula de contrato nulo ou anulado, quando isso não é absolutamente indispensável; esperar por uma deliberação de sócios, por maioria qualificada, quando o próprio caso concreto mostra que os sócios nem sequer se preocuparam com a forma legal — como é mais corrente — ou com o vício existente e sua sanação eventual, é ingénuo.

O art. 165.º, n.º 2, encarou o problema pelo prisma da eficácia prática; é conveniente que uma sociedade nula ou anulada não deixe de ser liquidada; portanto, ou entra efectivamente em liquidação ou há que providenciar para que, quanto possível, a liquidação não deixe de ser efectuada. Essas providências são de duas ordens: abrir o caminho da liquidação judicial a qualquer sócio: estender a legitimidade dessa iniciativa a entidades diversas dos sócios.

Se foi iniciada pelos sócios a liquidação extrajudicial, é de presumir que ela chegará a bom termo; devem, portanto, os sócios ou outros interessados aguardar o desenvolvimento desse processo. Se, porém, a liquidação não foi iniciada pelos sócios, pode qualquer deles, credor social ou credor de sócio de responsabilidade limitada requerer a liquidação judicial. Não vale a pena requerer apenas a nomeação judicial do liquidatário, pois o desinteresse manifestado pelos sócios quanto à liquidação torna presumível que, dominada por eles, ela se protraia. Para o caso de a liquidação ter sido extrajudicialmente iniciada pelos sócios, atribui-se às mesmas entidades a faculdade de requerer a continuação judicial da liquidação, o que não só é compreensível em si mesmo, como indirectamente justifica o recurso inicial à liquidação judicial, que, no caso de demora, conduziria à continuação judicial.

4. O processo extrajudicial de liquidação e partilha das sociedades nulas ou anuladas tem várias especialidades, umas coligidas no art. 165.º, n.º 1, outras dispersas noutros preceitos, dos quais sobressai o art. 52.º, para cujo comentário voltamos a remeter.

É indispensável a nomeação de liquidatário, excepto se a sociedade não tiver iniciado a sua actividade (al. *a*). O preceito constitui excepção ao disposto no art. 151.º, n.º 1; por força dele, as pessoas que tenham actuado como gerentes ou administradores não assumem, logo após a dissolução, as funções de liquidatários, mas nada impede que sobre elas recaia, mediante nomeação, esse encargo. Ficam também derrogados os preceitos contratuais que disponham sobre os liquidatários, quer coincidam com aquele preceito legal, quer se estabeleça outra qualquer norma. Isto é consequência da nulidade ou anulação do contrato.

O disposto na primeira parte desse n.º 1 só é aplicável se a sociedade tiver iniciado a sua actividade; quando assim não tenha acontecido, a liquidação é muito simples, pois a sociedade não tem passivo e o seu activo é constituído simplesmente por entradas que os sócios tenham efectuado e que devem ser restituídas. Quando muito, poderá haver, a deduzir das entradas, algumas despesas que, conforme os casos, tenham sido feitas para a constituição da sociedade.

Literalmente, pode parecer que a primeira parte desse n.º 1 impede que nesses casos seja utilizado o disposto no art. 147.º, n.º 1. Não vemos, contudo, razão para que, sendo a sociedade nula ou anulada, não possam os sócios proceder imediatamente à partilha dos haveres sociais, se a sociedade não tiver dívidas. O legislador não pretendeu dificultar a liquidação, nesses casos, antes, pelo contrário, de tudo quanto o CSC dispõe a respeito de irregularidades do contrato de sociedade depreende-se haver o intuito de abrir vias para que as situações irregulares terminem rápida e efectivamente; a nomeação de liquidatário nesses casos seria inútil.

O prazo de liquidação extrajudicial é de dois anos, a contar do reconhecimento ou declaração da nulidade ou da anulação. É assim derrogado o disposto no art. 150.º, n.os 1 e 2, mas continua aplicável, com adaptação, o n.º 3; se a liquidação não terminar no prazo judicialmente prorrogado, deve ser continuada judicialmente, como aliás está previsto no art. 165.º, n.º 2.

As deliberações dos sócios serão tomadas pela forma prescrita para as sociedades em nome colectivo (al. *c*).

A liquidação não fica entregue apenas ao liquidatário; os sócios mantêm a sua competência de regulamentação e direcção da liquidação. Uma vez, porém, que a sociedade é nula ou foi anulada, não valem as normas legais ou contratuais que, conforme o tipo de sociedade pretendido pelos interessados, disciplinariam as deliberações. Seja qual for esse tipo, aplicar-se-ão sempre as regras que, para esse efeito, estão editadas na lei para as sociedades em nome colectivo, art. 186.º.

A partilha será feita como estipulado no contrato, salvo se esta estipulação for em si mesma inválida (al. *d*). O preceito, que abrange todos os casos de nulidade ou anulação, deve ser interpretado sem esquecimento da invalidade do contrato, à qual não escapam as cláusulas relativas à partilha. Havendo, contudo, processo técnico para, apesar da invalidade do contrato, a intenção dessas normas contratuais inválidas ser respeitada, o legislador preferiu fazê-lo: as cláusulas do contrato nulo (ou anulado) que interessem para o efeito da partilha *convertem-se* em convenções sobre esta. Deste regime exceptuam-se as cláusulas que intrinsecamente contrariarem a lei ou, por outras palavras, forem, em si mesmas, inválidas; o motivo da invalidação não é, nesta hipótese, a falta de forma ou um vício de outra parte do conteúdo do contrato, antes a estes vícios acrescem outros relativos às próprias cláusulas e que impedem a conversão.

Só haverá lugar a registo de qualquer acto, caso esteja registada a constituição da sociedade (al. *e*). Seria ilusório supor que os outorgantes de um contrato nulo por falta de forma legal e portanto não registado, iriam tomar a iniciativa de registar actos de liquidação da mesma sociedade; o legislador tem, pois, de resignar-se a dispensar os registos, a não ser que a constituição da sociedade já esteja registada.

# ÍNDICE REMISSIVO

# ÍNDICE GERAL